Chris Reiter / Will Wilkes

Totally kaputt?

CHRIS REITER
WILL WILKES

TOTALLY KAPUTT?

Wie Deutschland sich selbst zerlegt

Aus dem Englischen von Oliver Lingner

PIPER

Mehr über unsere Autorinnen, Autoren und Bücher:
www.piper.de

MIX
Papier | Fördert gute Waldnutzung
FSC® C014496

VERANTWORTUNG • PRODUZIERT MIT VERANTWORTUNG

ISBN 978-3-492-07328-8
Die Originalausgabe erschien 2025 unter dem Titel *Broken Republik: The Inside Story of Germany's Descent into Crisis* bei Bloomsbury, London

Für einen direkten Kontakt und Fragen zum Produkt
wenden Sie sich bitte an: *info@piper.de*
Satz: Uhl + Massopust, Aalen
Gesetzt aus der Arno Pro
Litho: Lorenz & Zeller, Inning am Ammersee
Druck und Bindung: GGP Media GmbH, Pößneck
Printed in Germany

Inhalt

Einleitung: Ausländer rein 7
Wills Geschichte 9
Chris' Geschichte 12
Deutsche Missstände 16

01 Das Haus verfällt 17
Eine kurze Bestandsaufnahme der Baustellen 19

02 Das verhätschelte Kind 41
Der beschützende Onkel 43
Die Sünden des Vaters 53
Geschwisterrivalität 62
Mutti 68

03 Entlarvte Mythen 81
Der Mythos der Effizienz 82
Der Mythos der Umsichtigkeit 91
Der Mythos der progressiven Nation 99
Der Mythos der klaren moralischen Haltung 106

04 Geborstene Rohre 114
Tiefes Unbehagen 117
Faustischer Pakt 122
Grüne Triebe 127
Asche zu Asche 130

05 Geplatzter Boiler 137
Sonnenuntergang im Autoland 140

Die Fließbänder kommen zum Stillstand 153
Nichts in Sicht am Horizont 159

06 Verfall der Nachbarschaft 167
Risse im Straßenbelag 168
Wackelige Brücke 180
Ende der Fahnenstange 185

07 Die zerbrochene Leiter 194
Offensichtlicher Erbe 196
Harte Decke 204
Leere Versprechen 216

08 Das Haus ist gespalten 224
Falsche Freunde 227
Zielscheibe 241
Tag X 248

09 Angst und Isolation 257
»Sie« sind ein Problem 258
Kulturkampf 264
Die Tore schließen 276

10 Flickwerk 285
Reparieren und neu beginnen 286
Habitat für Heimat 291
Digitales Bockspringen 296
Alle Kraft dem Volk 299
Zusammen feiern! 302

Schlussbemerkungen: **Ein Haus für alle** 306

Anmerkungen 312

Einleitung

Ausländer rein

»Erst indem wir darüber sprechen, vermenschlichen wir, was in der Welt, wie das, was in unserem eigenen Innern vorgeht, und in diesem Sprechen lernen wir, menschlich zu sein.«
HANNAH ARENDT[1]

Keiner der Autoren wurde in Deutschland geboren. Aus verschiedenen Gründen entschieden wir uns jedoch beide, hier sesshaft zu werden, eine Familie zu gründen und Kinder großzuziehen. Wir sind mehr als nur Passanten oder externe Beobachter. Wir sind ein aktiver Teil der deutschen Gesellschaft und haben uns mit allem herumgeschlagen, was damit einhergeht – von Schulanmeldungen und Steuererklärungen bis zum Einkaufen und Pendeln.

Als Journalisten haben wir aber tiefere und umfassendere Einblicke in das Land bekommen als der durchschnittliche Einwanderer oder sogar manch Einheimischer. Über die Jahre haben wir mit Spitzenpolitikern, Industriebossen und Fließbandarbeitern gesprochen. Wir waren bei Demonstrationen, Besprechungen im Hinterzimmer und Unternehmenseröffnungen (beziehungsweise in letzter Zeit vermehrt Unternehmensschließungen) dabei. Wir standen im Regen, als Wolfgang Porsche seine Niederlage gegen seinen Cousin Ferdinand Piëch im großen Machtkampf um die Kontrolle über Volkswagen bekannt gab; wir haben mit Überlebenden von rechtsextremen Amokläufen gesprochen und an Wahlabenden bange auf die Ergebnisse gewartet.

Zusätzlich zu den Erfahrungen, die wir durch Recherche und Berichterstattung in Deutschland gesammelt haben, können wir das

Land auch aus der Perspektive eines Amerikaners und eines Engländers betrachten. Unsere Heimatländer haben schon seit Jahren mit gesellschaftlicher Spaltung und einem allgemeinen Niedergang zu kämpfen. Deutschland scheint das nun auch bevorzustehen. Das Scheitern der Koalition von Olaf Scholz nur wenige Stunden nach der Wiederwahl von Donald Trump war eine eindringliche Warnung, wie fragil und unberechenbar Deutschland geworden ist.

Ehrlich gesagt, als wir anfänglich die Idee hatten, ein Buch zu schreiben, lag der Schwerpunkt auf der versteckten Krise hinter Deutschlands trügerischer Stabilität. Aber die Fragilität des Landes ist inzwischen offen zutage getreten. Eine Krise jagt die nächste, wodurch gravierende Probleme offenbar werden, aber das Land reagiert darauf nur zögerlich und halbherzig und scheint nicht bereit, neue Wege gehen zu wollen. Dafür ist eine typisch deutsche Furcht vor Veränderungen verantwortlich, aber auch eine Arroganz, die sich nach Jahrzehnten des Erfolgs eingestellt hat.

In diesem Buch wollen wir den vielen verschiedenen Problemen auf den Grund gehen, denen Deutschland gegenübersteht. Das Ziel ist dabei nicht, unsere Wahlheimat schlechtzureden, sondern existierende Probleme in einem größeren Kontext zu betrachten und womöglich Denkanstöße für Verbesserungen zu geben. Letzten Endes reflektiert dieses Buch auch den derzeitigen Zustand der westlichen Welt vor dem Hintergrund der zunehmend prekären Lage überall auf unserem Planeten. Das in der Geschichte der Menschheit unaufhaltsame Streben nach größeren Freiheiten scheint mehr und mehr der Vergangenheit anzugehören. Wenn es in Deutschland Rückschritte geben kann, dann auch in jedem anderen Land. Aber wie das deutsche Sprichwort sagt: Die Hoffnung stirbt zuletzt. Und wir glauben, dass unser neues Heimatland noch immer dazu fähig ist, einem deutschen Trump oder einem Abstieg in den Chauvinismus, wie er dem Brexit vorausging, zu entgehen; aber dafür muss Deutschland neue Wege beschreiten, um den gesellschaftlichen Zusammenhalt zu stärken.

Wills Geschichte

Ich, Will Wilkes, war 1989 gerade alt genug, um mich heute noch an die Übertragung des Mauerfalls in den 18-Uhr-Nachrichten der BBC erinnern zu können. Wie bei vielen britischen Kindern waren meine ersten Eindrücke von Deutschland die verblüffenden Fahrkünste von Michael Schumacher und die brutale Effizienz deutscher Elfmeterschüsse. Auch deutsche Technik ist mir schon seit der Kindheit vertraut. In der Garage meines Elternhauses türmten sich Teile und Anleitungen für verschiedene Volkswagen-Modelle, darunter ein neuer Motor für einen ersteigerten verbeulten Polo, der dann auf dem Weg nach Hause liegen geblieben war. Geschichten vom Krieg spielten in unserer Familie ebenfalls eine Rolle: von Verwandten, die nach dem Ersten Weltkrieg nicht heimgekehrt waren, und von Luftschutzbunkern und Lebensmittelrationierungen im Zweiten Weltkrieg.

Mein erster echter Kontakt mit Deutschland und den Deutschen fand im Rahmen eines Schulausflugs nach Nordrhein-Westfalen statt. In diesem Bundesland bestaunten wir Wunder, die damals in Nordengland noch rar waren, wie elektrifizierte Bahnstrecken und eine Industrie, die diese Bezeichnung auch verdient hatte. Die Deutschen fand ich insgesamt witzig und sympathisch. Die Warnungen meiner Großmutter, dass man ihnen nicht trauen könne, schienen mir ungerechtfertigt. Ihr Urteil war sicherlich geprägt von angstvollen Stunden im Morrison-Schutzraum, einer Art Stahlkäfig zum Schutz vor den Angriffen der deutschen Luftwaffe.

Ich wollte schon immer Journalist werden. Mit 17 Jahren konnte ich dann zum ersten Mal eine Nachrichtenredaktion von innen erleben: die der *Westfälischen Rundschau,* einer Regionalzeitung für Südwestfalen und Teile des Ruhrgebiets. Später unterrichtete ich als Englischlehrer Kinder und Chemiearbeiter in Dormagen, einer Industriestadt südlich von Düsseldorf. Mittlerweile wohne ich in Frankfurt/M., aber der ausgedehnte Rhein-Ruhr-Ballungsraum weckt in mir immer noch Heimatgefühle, besonders wenn ich die bahnbrechende Musik von *Kraftwerk* höre oder der Zug über den Rhein rattert und der Kölner Dom vor mir aufragt.

Die deutsche Kultur hat ebenfalls ihre Spuren bei mir hinterlassen – von der elektronischen Musik der 1970er-Jahre oder Ellen Allien über die faszinierenden Bilder von Otto Dix oder Jeanne Mammen bis zu den vielschichtigen Schriften von W. G. Sebald hat das Land sehr kreative Kunst hervorgebracht, die man in einem Menschenleben nicht ausloten kann. Außerdem habe ich das Glück, regelmäßig im Land herumreisen zu können, und bin entzückt von den Städten, Dörfern und Landschaften. Vom Sonnenaufgang über der Berliner Oberbaumbrücke bis zu den luftigen Gipfeln der Berchtesgadener Alpen, vom Nachtleben in Leipzig-Connewitz bis zu den steilen Weinberghängen am Oberrhein (wenn auch die Erinnerung an sie vom Riesling vernebelt ist) gehören die deutschen Städte und Naturlandschaften zu den ergreifendsten in Europa, einem an Schätzen reichen Kontinent. Auch die Jahreszeiten haben ihre besonderen Reize – während der Herbst in meiner ursprünglichen Heimat England eher schläfrig wirkt, wenn der Abend dämmert, ist diese Jahreszeit in Deutschland erfüllt von klaren Tagen, an denen die Luft vor Energie vibriert. Auch die Sommer sind länger, in denen selbst unser hektischer Wohnort Frankfurt sich beruhigt.

Als überzeugter Germanophiler studierte ich schließlich Deutsch und Italienisch in London, wonach ich dort sieben Jahre lang als Journalist arbeitete und regelmäßig nach Berlin, München und Frankfurt reiste, um über die Auswirkungen der Finanzkrise von 2008 in Europa zu berichten. Nach zehn Jahren in London hatte ich genug von der wachsenden Ungleichheit und den beengten Wohnverhältnissen und verlegte Ende 2015 meinen Wohnsitz nach Deutschland, bevor in meinem Heimatland der Brexit-Albtraum losging. Kurz darauf lernte ich meine Frau kennen, eine Italienerin, mit der ich mittlerweile zwei Kinder habe – beide haben Babybodys von Eintracht Frankfurt erhalten, wie alle Kinder, die dort in städtischen Krankenhäusern geboren werden.

Unsere älteste Tochter besucht einen deutschen Kindergarten und bringt uns mit ihrem akzentfreien Deutsch in Verlegenheit. Von ihr haben wir deutsche Kinderreime gelernt, zum Beispiel den über eine Maus, die vor einem Ausflug durch das Weltall sorgfältig ihren Koffer packt. Auch Batterien und ein Mikrofon dürfen nicht fehlen – eine Einführung in die deutsche Neigung zu akribischer Planung. Da meine Frau und ich schon seit acht Jahren hier leben, hat unser jüngstes Kind gemäß dem deutschen Einbürgerungsrecht neben der britischen und der italienischen automatisch die deutsche Staatsbürgerschaft erhalten. Die Sprache spricht sie noch nicht perfekt, sie kennt aber schon die Schaukeln und Rutschen auf den sorgsam gepflegten Spielplätzen. Es wäre elterliche Übergriffigkeit, unseren Kindern meine eigenen nationalen oder kulturellen Vorlieben aufzuzwingen, und es ist gut möglich, dass sie sich als Erwachsene vorwiegend als Deutsche fühlen werden.

Mein Beruf führt mich in alle Ecken der Bundesrepublik, um mit Politikern, Wirtschaftsbossen, Gewerkschaftsführern und Arbeitern zu sprechen. Ich weiche nicht nur Industrierobotern im wohlhabenderen Süden des Landes aus, sondern besuche auch regelmäßig ostdeutsche Bergbauregionen wie die Lausitz, die von starker Deindustrialisierung geprägt sind und zu Hochburgen der Alternative für Deutschland (AfD) wurden. Auch im Ruhrgebiet und im Saarland bin ich öfters zu Gast.

Briten beeindruckt in Deutschland in besonderem Maße, dass hier gewöhnliche Berufe Millionen von Menschen einen angemessenen Lebensstandard sichern. Bis vor einigen Jahren noch war hierzulande eine andere Einstellung gegenüber Habenichtsen und ein sozialer Zusammenhalt spürbar, der zu Hause in England weitgehend fehlt. Als ich 2015 nach Deutschland umsiedelte, setzte die deutsche Zivilgesellschaft Himmel und Erde in Bewegung, um 1,5 Millionen Flüchtlinge willkommen zu heißen und zu integrieren. Mein eigenes Land geriet schon wegen einiger Tausend Migranten in Panik, die mit Booten in Dover ankamen.

Dennoch sind die neuerdings auf Deutschland angestimmten Lobeshymnen irritierend, und die Deutschen selbst widersetzen sich wohlweislich diesem Trend. Insbesondere die berühmte deutsche Stabilität bröckelt seit Jahren und scheint zunehmend bedroht zu sein. Von den Arbeitern, die in den glühend heißen Stahlwerken im Ruhrgebiet schuften, bis zu den Führungskräften der Automobilindustrie, die von den Hightech-Unternehmen im Süden Deutschlands aus globale Imperien leiten – sie alle plagen wachsende Sorgen über die deutschen Zukunftsaussichten. Abseits der anglofonen Bars in den hippen Bezirken Berlins beschäftigt Lokalpolitiker, Gewerkschaftsführer und einfache Bürger die bange Frage, wie die Wirtschaft in Zukunft den im internationalen Vergleich großzügigen Sozialstaat finanzieren soll. Die soziale Ungleichheit wächst, und insbesondere im Osten regt sich spürbarer Unmut. Gleichzeitig fällt Neuzuwanderern die Integration schwer, da die Gesellschaft ihnen mit Argwohn und Verachtung begegnet.

Insbesondere der Aufstieg der AfD wirkt wie der Vorbote eines politischen Erdbebens – zwar in anderer Form, aber von ähnlichem Ausmaß wie der Brexit. Beobachter konzentrieren sich vorwiegend auf steigende und fallende Umfragewerte, aber der entscheidende Punkt ist, dass sich die Rechten in Deutschland wieder als große politische Kraft in der Parteienlandschaft etabliert haben und die einst stabile Mitte schwächen. Deutschland wird oft als das einzige Land angesehen, das wirklich aus seiner Geschichte gelernt hat, aber die Übernahme rechtsextremer Argumente durch Mainstream-Politiker hat den Glauben an die angebliche deutsche Einzigartigkeit erschüttert.

Chris' Geschichte

Für mich, Chris Reiter, war Deutschland schon seit meiner Geburt in einem wohlsituierten Vorort von Chicago ein Teil meines Lebens. Mein Vater – der starb, während Will und ich dieses Buch schrieben – wurde in Österreich geboren, als das Land dem Dritten Reich angehörte. Mein Großvater war wenige Monate nach dem »Anschluss« 1938 der NSDAP beigetreten. Er war in der Nähe der österreichisch-ungarischen Grenze stationiert, als er meine Großmutter mit dem wunderbaren deutschen Namen Gisela kennenlernte.

Nach Kriegsende war meine Familie wegen der Mitgliedschaft in der NSDAP in Österreich unerwünscht. So flohen meine Großmutter, mein Vater und seine zwei Geschwister nachts über die wieder errichtete Grenze und ließen sich in einem Dorf am Ufer des Walchensees nieder. Mein Großvater – der mir als strenger, ernster Mann in einem dunklen Holzhaus in Erinnerung ist – war in russische Kriegsgefangenschaft geraten. Er war von Beruf Fischer gewesen und hatte sich von der Uniform, dem Machtgefühl und der sinnstiftenden Ideologie der Nazis ködern lassen. Aus seiner Militärakte ging hervor, dass er SS-Offizier war (mit dem Rang eines Rottenführers) und dass er und meine Großmutter versichern mussten, an die nationalsozialistische Sache zu glauben, um heiraten zu können. Ihre Abstammung wurde erfasst, und ihre körperlichen Merkmale wie Schädelgröße und Körperproportionen wurden gemessen, um ihre »rassische Reinheit« zu bestimmen.

Der Legende nach war es meinem Großvater gelungen, aus der sowjetischen Kriegsgefangenschaft in Nowosibirsk nach Bulgarien zu fliehen. Von dort lief er zu Fuß quer durch Osteuropa, um seine Not leidende Familie in Süddeutschland zu suchen. Es waren harte Zeiten, und mein Vater erzählte mir, dass er im Wald Nesseln und andere essbare Pflanzen gesammelt hatte, um zu überleben. Für ein Kind in einem wohlhabenden Chicagoer Vorort war das schwer zu begreifen. Dort konnte man nur zwei Straßenecken weiter Süßigkeiten kaufen.

Vielleicht wegen dieser Zeit der Entbehrung wurde mein Vater Koch. Im zarten Alter von 14 Jahren verließ er sein Elternhaus, um den Beruf zu erlernen und Geld zu verdienen. Als Deutschland aus der Asche auferstand, kochte er für amerikanische Soldaten, die im Nachkriegsdeutschland stationiert waren. In den 1960ern, mit etwa 23 Jahren, machte er sich auf nach Amerika. Während er in der Nähe von Chicago arbeitete, lernte er meine Mutter kennen, ein Mädchen vom Lande aus Iowa, die in den Ferien als Kellnerin ihr Geld verdiente.

Den Rest seines Lebens verbrachte mein Vater in den USA, aber für die Einheimischen blieb er immer ein *Kraut,* der Bierkrüge sammelte, deutsche Volkslieder sang und seinen VW mit »Freistaat Bayern«-Aufklebern schmückte. Er liebte Bratwürste, Schnaps und deutsches Vollkornbrot und kochte Semmelknödel, Sauerbraten und Spätzle. Erdnussmus und labbrige amerikanische Hotdogs waren ihm ein Gräuel, aber er gewöhnte sich an die lockere amerikanische Lebensart, wurde zu einem eingefleischten Fan der Chicagoer Football- und Baseballteams und angelte in den Seen und Flüssen, sooft er konnte. Er war in der Gemeinde aktiv und baute zusammen mit unseren Nachbarn aufwendige Festwagen für die Paraden am 4. Juli, dem Nationalfeiertag, an dem wir stets alte amerikanische Volkslieder sangen, während wir die Hauptstraße hinuntermarschierten. In den Sommermonaten feierten wir Nachbarschaftsfeste, und es wurde oft spontan gegrillt. Mein Vater trainierte die Jugendfußballmannschaft, in der ich spielte, und wir gewannen regelmäßig gegen unsere Rivalen, die von Wolfgang trainiert wurden, einem anderen deutschen Vater – Mannschaften, die von Amerikanern trainiert wurden, stellten damals keine ernst zu nehmende Konkurrenz dar.

Wenn wir die Verwandtschaft in Deutschland besuchten, brachte mir mein Onkel (ein bayerischer Braumeister) bei, wie man von der Weißwurst die Haut sauber abzieht, ohne die Finger zu benutzen, und am Weihnachtsabend durfte ich miterleben, wie plötzlich das Christkind auftauchte. Der Baum mit seinem Schokoladenschmuck und echten Kerzen zog mich magisch in seinen Bann, und als Elternteil in Deutschland habe ich sehr wohl die Tradition zu schätzen gelernt, am Abend bei einem Glas Wein zu feiern, statt in aller Herrgottsfrühe und von Müdigkeit benommen bei einer Tasse Kaffee.

Nachdem ich während des Studiums in England meine Frau, eine »Berliner Göre«, kennengelernt hatte, zog ich 1999 mit Ende 20 nach Deutschland. Ich hatte einige Monate lang in Paris gelebt und ein Semester lang in Wien studiert, und so hatte ich eigentlich genug Welterfahrung, um mich auch hier wohlzufühlen, tat es aber nicht. In den USA war es leicht gewesen, mich als Amerikaner und Deutscher zu sehen, aber in Deutschland fühlte ich mich sehr amerikanisch und nicht wirklich deutsch, obwohl ich über ein familiäres Unterstützungsnetzwerk verfügte und in den Freundeskreis meiner Frau integriert wurde, aber immer klar als »Ami« abgestempelt. Anfangs dachte ich, ich müsste nur den geheimen Code verstehen und mein Deutsch verbessern (das ich nicht in der Kindheit gelernt hatte), dann würde ich mich zu Hause fühlen. Aber auch das half nichts, selbst bei einem »guten« Ausländer wie mir, mit direkten Verwandtschaftsbeziehungen und dem sehr deutschen zweiten Vornamen Horst. Erst nachdem ich jahrelang über Deutschland berichtet und hier gelebt hatte, wurde mir klar, dass es nicht nur mir so ging. Wie ich verspürten auch viele andere Menschen in Deutschland ein Gefühl der Isolation. Ausländer haben jedoch eine Vergleichsmöglichkeit, die das Unbehagen deutlicher macht, wohingegen es die Deutschen nicht anders kennen.

Anfangs empfand ich diesen postnationalen Staat als befreiend und reifer als das inbrünstige Flaggenschwenken in den USA, aber später bemerkte ich eine dunkle Seite daran. Der Mangel an Gemeinschaft ist befremdlich. Um sich in den USA zu integrieren, muss man nur drei Dinge tun: den Unabhängigkeitstag am 4. Juli feiern, an Thanksgiving gemeinsam mit Freunden oder der Familie essen und den Superbowl schauen (oder es aktiv verweigern). Das ist natürlich eine etwas überspitzte Anleitung dafür, wie man Amerikaner wird, aber damit fängt es an. Alle diese Ereignisse erlebt man zusammen und überbrückt damit sozioökonomische, religiöse und politische Trennlinien. In Deutschland sind höchstens die Spargelzeit und der *Tatort* am Sonntagabend damit vergleichbar.

Das »andere« lauert jedoch überall, und ich fiel eindeutig in diese Kategorie.

Der Ton ist rauer und intoleranter geworden, und die stagnierende Wirtschaft erweckt Ideen wieder zum Leben, die man längst verbannt geglaubt hatte. Auch wenn generell anerkannt wird, dass etwas schiefläuft, gibt es keinen erkennbaren Plan, etwas dagegen zu tun – ja, nicht einmal einen gesellschaftlichen Konsens, dass etwas getan werden sollte. Wenn ich mir jedoch vergegenwärtige, welche Anziehungskraft die Nazis auf meinen Großvater ausübten, mache ich mir Sorgen, in welchem Deutschland meine Kinder einmal leben werden, und ich hoffe, dass sich diese Entwicklungstendenzen noch umkehren lassen.

Deutsche Missstände

In diesem Buch wollen wir gemeinsam die zunehmenden Missstände in Deutschland und die Risiken, mit denen das Land gegenwärtig konfrontiert ist, detailliert und so präzise wie möglich aufzeigen. Wir möchten Licht auf die sich verdüsternden Zukunftsaussichten und den gefährdeten sozialen Zusammenhalt werfen – nicht aus Schadenfreude, sondern als konstruktiven Beitrag zu einer sich intensivierenden Debatte darüber, welchen Weg die Führungsmacht Europas in Zukunft einschlagen wird.

Wir appellieren an die deutschen Bürger, zu der gemeinsamen Unerschrockenheit zurückzufinden, mit der ein Weg aus den Zerstörungen der Nazizeit gebahnt werden konnte. Dazu bedarf es unseres Erachtens einer optimistischen Grundhaltung.

Vielleicht erscheint unsere Darstellung an manchen Stellen sehr schonungslos, aber eine Beschönigung der Dinge wäre noch respektloser. Dadurch würde der Niedergang als unausweichlich akzeptiert, und die Leser und Leserinnen würden mit der Vorstellung getröstet, dass in anderen Ländern alles noch viel schlimmer ist. Von all den Deutschland derzeit plagenden Problemen ist das vielleicht gefährlichste ein sich einschleichender Fatalismus. Dem wollen wir mit diesem Buch entgegenwirken. Und wenn Deutschland es schafft, vereint der Zukunft ins Auge zu blicken, können auch andere Länder davon lernen.

01 Das Haus verfällt

»[…] oft [erscheinen] die äußeren, sichtbarlichen und greifbaren Zeichen und Symbole des Glückes und Aufstieges erst […], wenn in Wahrheit alles schon wieder abwärts geht.«
THOMAS MANN[1]

An einem wolkigen Frühlingsmorgen im Jahr 2024 holte ein starker Ruck die Bewohner eines Mietshauses im wohlhabenden Berlin-Schöneberg unsanft aus dem Schlaf. In der Fassade zeigten sich Risse, die auf bröckelndes Mauerwerk hindeuteten. Dieses Gebäude in Toplage war nach dem Zweiten Weltkrieg restauriert worden, und jetzt war es einsturzgefährdet. Das Leben der Menschen, die dort wohnten und arbeiteten, wurde schlagartig auf den Kopf gestellt. Der Schaden war das Resultat jahrelanger Vernachlässigung und ignorierter Warnsignale. Notfallmaßnahmen wurden ergriffen, um das Gebäude zu stabilisieren, aber es war unklar, wie marode die tragenden Wände waren. Dieser Vorfall ist ein bitteres Sinnbild für die Lage, in der sich Deutschland gegenwärtig befindet.

Auf dem Höhepunkt der Industrialisierung im späten 19. Jahrhundert durchlief Deutschland eine Phase rascher wirtschaftlicher Entwicklung, die sogenannte Gründerzeit. Gebäude aus dieser Zeit – wie jenes, das in Schöneberg fast einstürzte – zierte auf der Straßenseite oft eine imposante Fassade, hinter der sich Wohn- und Lagerräume, Produktionsstätten und Nutztierstallungen befanden. Es war im Grunde ein Mikrokosmos des Landes. Inmitten der Wohnblöcke befanden sich Innenhöfe – manchmal mehrere, und der ehemalige Meyers Hof in Berlin hatte acht. Zwischen den einzelnen Gebäuden musste ausreichend Platz sein, dass ein von Pferden gezogener Löschwagen wenden konnte. Mit preußischer Präzision war berechnet worden, dass hierfür eine Fläche von 5,34 mal 5,34 Metern nötig war. Die eleganten Wohnungen auf der Vorderseite waren mit Ornamenten verziert, hatten hohe Decken und oft separate Eingänge. Weiterhin gab es karge Kammern für die Dienerschaft und die berüchtigten »Mädchenkammern«, die kaum mehr als unter die Zimmerdecke gezwängte Schlafkojen waren.

Der Gründerzeitstil war weitgehend eine rückwärtsgewandte Wiederbelebung der extravaganten Renaissance- und Barockarchitektur, mit der das aufstrebende Industriebürgertum sich den Prunk des Adels aneignen wollte. Einige wenige führten ein komfortables Leben, aber die meisten fristeten ein elendes Dasein.

Diese Form der Ungleichheit breitet sich heute wieder aus. Um die Probleme Deutschlands zu veranschaulichen, werden wir in diesem Buch immer wieder auf die Metapher eines bröckelnden Gründerzeithauses und die Konflikte zwischen seinen Bewohnern zurückgreifen. Wir nennen es das »Deutsche Haus«.

Obwohl das Land noch beeindruckend gut funktioniert, bröckelt doch die Fassade der Stabilität, und darunter werden tiefe Risse sichtbar. Ausländerfeindlichkeit, Angriffe auf Politiker und eine zunehmende Wirtschaftsmisere schwächen den sozialen Zusammenhalt. Nach Jahrzehnten der wirtschaftlichen Stabilität und dem Ignorieren struktureller Herausforderungen haben sich große Probleme aufgestaut, die in Deutschland und darüber hinaus gelöst werden müssen. In mancherlei Hinsicht ist die Situation des Landes speziell, aber es gibt Gemeinsamkeiten mit anderen freiheitlichen Demokratien. Die deutschen Probleme stehen in direktem Zusammenhang mit der zerfallenden Nachkriegsordnung. Wie auch in anderen westlichen Ländern wird die Bundesregierung von Unternehmensinteressen und reichen Machtmenschen beeinflusst, was zulasten der Bevölkerung geht. Die wachsende Ungleichheit macht es Populisten leicht, Zweifel und Frustration zu schüren. Deutschland ist jedoch verwundbarer als andere Länder, und es braucht einen frischen Blick, um diese bedrohliche Lage zu entschärfen.

Eine kurze Bestandsaufnahme der Baustellen

Deutschland hat zweifellos Stärken. Die ausgereiften deutschen Industriegüter sind immer noch auf der ganzen Welt begehrt, nicht zuletzt, weil das deutsche Modell der Berufsausbildung weltweit seinesgleichen sucht. Das System der Zusammenarbeit zwischen den Angestellten und der Betriebsführung, die sogenannte Mitbestimmung, zwingt Unternehmen zur Einnahme von Perspektiven, die über Quartalsergebnisse und jährliche Bonuszahlungen hinausgehen. So findet sich in den Vorstandsetagen eine Form demokratischer Teilhabe wieder. Auch wenn dieses System gefährdet ist, gleicht es doch ein Stück weit die Hilflosigkeit aus, der Arbeiter in anderen Ländern ausgesetzt sind – vor allem, da künstliche Intelligenz und andere Technologien dramatische Veränderungen in der Arbeitswelt erzwingen. Mit dem Grundgesetz wurde ein politisches System geschaffen, das Kompromisse zwischen den Parteien erfordert, was polarisierende Rhetorik gewöhnlich entschärft. Auf der sozialen Ebene sind die Deutschen bereit, Flüchtlinge willkommen zu heißen, den Opfern von Naturkatastrophen rund um die Welt zu helfen und Widerstand gegen Regierungsentscheidungen zu leisten.

Aber trotz Jahrzehnte währender Stabilität und einem soliden Fundament werden Risse sichtbar. Die Probleme sind tiefer gehend, als viele es nachvollziehen können, und drängender, als viele glauben wollen. Das gilt für Menschen innerhalb und außerhalb des Landes. Die Wunschvorstellungen sind weitverbreitet, dass die schwächelnde Wirtschaftsleistung zyklisch und nicht strukturell bedingt ist, dass politische Spannungen lediglich eine auf Krisen folgende holprige Phase sind und dass die soziale Polarisierung nicht schlimmer als in anderen Ländern ist. Optimisten argumentieren, dass Deutschland diese stürmischen Zeiten, wie schon so oft, überstehen wird. Das ist nicht zuletzt deshalb ein verlockendes Narrativ, weil die Vorstellung, dass Deutschland von der freiheitlichen Grundordnung abrückt, die verstörende Vergangenheit wieder lebendig werden lässt und eine Destabilisierung des Westens heraufbeschwört.

Diese Risiken dürfen jedoch nicht ausblendet werden. Auch wenn die Probleme der Bundesrepublik denen anderer Industrieländer ähnlich sind, drohen deutsche Eigenheiten das Land schneller als andere Länder entgleisen zu lassen, sodass es einmal mehr einer dunklen, unberechenbaren Zukunft entgegenginge. Die gute Nachricht ist, dass Deutschland nach wie vor über eine hohe Wirtschaftsleistung und eine vitale Zivilgesellschaft verfügt. Es gibt Möglichkeiten, die gegenwärtige Dynamik umzukehren (einige Ideen dafür unterbreiten wir in Kapitel 10).

Die hier behandelten Themengebiete sind weitläufig, weshalb wir teilweise oberflächlich bleiben, um an anderer Stelle weiter ausholen zu können. Der Fokus des Buchs ist größtenteils auf Westdeutschland gerichtet, insbesondere wenn es um den Zeitraum vor der Wiedervereinigung geht. Diese ein Stück weit unvermeidliche Perspektivenverengung ist in der Eingliederung und Marginalisierung Ostdeutschlands begründet.

Eine unserer wichtigsten Feststellungen ist, dass nur wenige Dinge das Land überhaupt zusammenhalten. Die schwarz-rot-goldene Fahne zu hissen wurde bis zur 2006 in Deutschland abgehaltenen Fußballweltmeisterschaft von der Mehrheit der Bevölkerung als nationalistisch und inakzeptabel angesehen. Das war ein starker – und wohltuender – Kontrast zum inbrünstigen Flaggenschwingen in Großbritannien und den USA. Wie wir aus unseren Heimatländern wissen, kann Nationalismus (oder Patriotismus, um ihm eine weniger negative Konnotation zu geben) scheußliche Auswüchse haben, aber ein rudimentäres Zusammengehörigkeitsgefühl hat durchaus seinen Nutzen. Es kann dazu beitragen, dass sich Menschen zusammentun, um ein gemeinsames Ziel zu erreichen, oder zumindest die Gesellschaft in harten Zeiten vereinen, die plötzlich zur Realität für viele Deutsche wurden und in der größten Wirtschaftsmacht Europas noch härter zu werden drohen. Vielleicht scheute das Land die unangenehme Aufgabe der Nationenbildung, nachdem es zwei Weltkriege angezettelt hatte, aber dieses wichtige Thema zu vernachlässigen wäre gefährlich.

Es fehlt an Angeboten, eine deutsche Identität zu leben, die alle einbezieht. Das Brot ist wahrscheinlich das beste der Welt, aber das wird nicht öffentlich zusammen gegessen. Das Gleiche gilt für den Verzehr von weißem Spargel im Frühling. Lokale Traditionen wie der Karneval im Rheinland und das Oktoberfest in Bayern existieren vereinzelt und bringen Menschen zusammen, aber nicht auf nationaler Ebene. Das DFB-Pokalfinale ist der Saisonhöhepunkt im deutschen Fußball, aber außer den zwei beteiligten Mannschaften und ihren Fans identifiziert sich kaum jemand damit. Im Gegensatz dazu ist der Superbowl in den USA ein landesweites Event, bei dem American Football nur als Kulisse dient. In Deutschland sind die meisten Feiertage christlich, wohingegen nationale Gedenktage historisch bedingt einen düsteren Charakter haben und sich eher durch politische Reden als durch öffentliche Beteiligung auszeichnen. Es gibt wenige Traditionen und Bräuche, die sich jenseits religiöser, ethnischer und sozioökonomischer Grenzen bewegen, und so sind die Bande dünn, die die 84 Millionen Menschen in Deutschland miteinander vereinen.

Deutschland hat seinen sogenannten Verfassungspatriotismus, der das Grundgesetz zum vereinenden Element der Nation erhebt. Seine Bedeutung hängt mit dem relativ späten Zusammenschluss des Bundes zusammen. Das Deutsche Reich entstand erst 1871 infolge eines Krieges gegen Frankreich. Der errungene Sieg erfüllte das Land mit Nationalstolz, und durch Investition der Reparationszahlungen wurde neben militärischer auch industrielle Macht erlangt. Doch diese deutschen Traditionen vereinigten sich verhängnisvoll und führten zu neuen Kriegen und zum rassistischen Nationalismus der Nazizeit. Deshalb nimmt die Entstehung einer konstitutionellen Demokratie in Deutschland nach dem Zweiten Weltkrieg einen wichtigen Platz im Nationalgefühl ein.

Das Grundgesetz gibt staatlichen Institutionen tatsächlich eine robuste Struktur, und unabhängige Richter wachen über ehrgeizige Werte wie den Schutz der Menschenwürde. Mit der Verabschiedung des Grundgesetzes sollte sichergestellt werden, dass Deutschland nie wieder zu einer faschistischen, autoritären Macht wird. »Die Mütter und Väter des Grundgesetzes wollten ein besseres Deutschland bauen«, sagte Bundespräsident Frank-Walter Steinmeier beim Staatsakt zum 75. Jahrestag der Verkündung des Grundgesetzes am 23. Mai 2024. »Sie haben uns ein freiheitliches, ein demokratisches, ein gutes Deutschland hinterlassen. Bewahren wir das Erbe, das uns anvertraut ist.«[2]

Letzten Endes ist es jedoch nur ein Gesetzestext. Man würde sich wohl kaum mit Freunden treffen, um auf die Gewaltenteilung zwischen Bund und Ländern anzustoßen und zu jubeln, wenn eine Parade von Gesetzesartikeln vorbeimarschiert. Und so nobel die Absichten des Grundgesetzes auch sein mögen – die Alltagsrealität weicht von den darin formulierten Idealen und Prinzipien ab. Zu erwarten, dass sich Menschen an der Demokratie erfreuen, wenn sie ihren Arbeitsplatz verloren haben oder das Geld für steigende Mieten aufbringen müssen, ist selbst von den glühendsten Verfassungspatrioten zu viel verlangt.

Wie in vielen anderen westlichen Ländern hat sich auch in Deutschland eine tiefe Kluft zwischen Staat und Bevölkerung aufgetan. Die politische Klasse scheint nicht in der Lage zu sein, der sozialen Spaltung entgegenzuwirken, und die Parteilisten sind mit Kandidaten gefüllt, die sich parteiintern nach oben gearbeitet haben. Es gibt kompetente Sprecher und Technokraten mit guten Absichten, aber im politischen Geschehen zählen Networking-Kompetenzen mehr als neue Ideen. Menschen werden oft nach oben befördert, weil sie Engagement für die Sache zeigen, und nicht wegen herausragender Fähigkeiten. Festgefahrene Debatten drängen das große Ganze in den Hintergrund, und die Aufmerksamkeit ist auf Umfrageergebnisse und taktische Manöver zwischen den Parteien gerichtet.

Die zunehmende Abgehobenheit wurde 2024 deutlich, als sich die Bundestagsabgeordneten eine sechsprozentige Gehaltserhöhung gönnten und gleichzeitig Haushaltskürzungen beschlossen, die dringend benötigte Investitionen in die wirtschaftliche Wettbewerbsfähigkeit zur Sicherung der Zukunft der Bevölkerung gefährdeten. Die zusätzlichen 635,50 Euro monatlich für die Abgeordneten sind mehr als das Bürgergeld, mit dem Menschen ihre gesamte Existenz bestreiten müssen. Viele konservative Politiker haben großzügige Gehaltserhöhungen in Anspruch genommen, nutzen dann aber Sozialhilfeempfänger als Sündenböcke für Haushaltskürzungen. Die Unterstützung für »faule Deutsche« und »schmarotzende Flüchtlinge« dient als Erklärung dafür, dass die Schulen in einem solch schlechten Zustand sind und Straßen und Brücken nicht repariert werden können.

Diese schrille Dissonanz und der Mangel an praktikablen Lösungen haben den gegen das herrschende System gerichteten Bewegungen und vor allem der AfD Zulauf beschert. Die nationalistische Partei macht sich die Frustration zunutze, indem sie sich mit rassistischen Parolen an unzufriedene Deutsche wendet. Diese Strategie wird in weiten Teilen des Westens genutzt, hat aber tiefe Wurzeln in Deutschland, und bisher mangelt es an einem überzeugenden Narrativ, das dem entgegengesetzt werden kann. Remigration, ein Euphemismus für Massendeportation von unerwünschten Ausländern (und vielleicht sogar manchen nicht weißen Deutschen), hat sich bei den Rechtsextremen von einer Provokation zu einem offen diskutierten Vorschlag entwickelt.[3] Ob es Deutschland gefällt oder nicht – der fremdenfeindliche Nationalismus hat sich wieder etabliert, und das Land muss sich ihm stellen.

Oft wird die europäische Identität als ein verbindendes Element für Deutsche angeführt. Die Zahl der Deutschen, die sich als Europäer fühlen, ist verglichen mit anderen Ländern des Kontinents tatsächlich relativ hoch, aber es sind vorwiegend gebildete Städter, wohingegen die Arbeiterschicht und die ländliche Bevölkerung eher nationalistisch eingestellt sind. Eine deutliche Mehrheit der Menschen ohne Universitätsabschluss würde es vorziehen, dass Deutschland die eigenen Interessen verfolgt, anstatt die europäische Integration voranzutreiben.[4] Während der Staatsschuldenkrise zeigte sich deutlich, dass die europäische Identität nicht als Ersatz dienen konnte. Rechtsgerichtete Mainstream-Medien schürten nationalistische Ressentiments, indem sie die Griechen als faul anprangerten und ihnen unterstellten, sie würden auf Kosten der hart arbeitenden deutschen Steuerzahler leben. *Bild* forderte, die hellenische

Republik aus der Eurozone auszuschließen, und beschwor Angela Merkel, eine »eiserne Kanzlerin« zu sein und Rettungsgeldern für Athen eine Absage zu erteilen. Das Magazin *Focus* titelte »Betrüger in der Euro-Familie« und zeigte die antike griechische Statue Venus von Milo mit hochgerecktem Mittelfinger auf der Titelseite. Die Feindseligkeiten gingen in beide Richtungen. Griechische Zeitungen bildeten regelmäßig Merkel und Finanzminister Wolfgang Schäuble als Nazis ab, und als 2012 ein Staatsbesuch der Kanzlerin in Athen anstand, gab es öffentliche Proteste.

Solche Szenen spalteten die deutsche Gesellschaft in Bezug auf das europäische Projekt. Die Finanzhilfen für leichtsinnige Nachbarn verärgerten die Konservativen, die daher versuchten, die zunehmende Anziehungskraft einer paneuropäischen Identität zu unterminieren. Die Rechtsextremen adaptierten dieses Konzept wiederum für sich in Form eines Zusammenschlusses von europäischen Nationalstaaten, die gemeinsam den Multikulturalismus im Vaterland bekämpfen. In einer Plakatkampagne der Berliner AfD im Jahr 2019 mit dem Titel »Aus Europas Geschichte lernen« wurde ein Gemälde aus dem 19. Jahrhundert gezeigt, in dem eine nackte kaukasische Frau von dunkelhäutigen, Turban tragenden Sklavenhändlern inspiziert wird. Der Slogan lautete: »Damit aus Europa kein ›Eurabien‹ wird!«

Zwar bleibt die offene Skepsis gegenüber der Europäischen Union weiterhin auf populistische Randgruppen beschränkt, doch die Anzeichen mehren sich, dass die Begeisterung für das europäische Projekt nachlässt. Eine Studie der Konrad-Adenauer-Stiftung stellte fest, dass nur ein Drittel der Deutschen überzeugte Anhänger der EU sind und fast einer von fünf Befragten Brüssel misstraut.[5] Auch wenn es höchst unwahrscheinlich ist, dass Deutschland je aus der EU austreten wird, ist dies ein weiterer Streitpunkt, der in einer Zeit der geopolitischen Instabilität die Bemühungen um eine stärkere europäische Integration behindern kann. Als Anzeichen des wachsenden Unmuts gegen das europäische Projekt wird eine 14 Meter hohe Skulptur des Eurozeichens in Frankfurt – dem Hauptsitz der Europäischen Zentralbank – so häufig zum Ziel von Vandalismus, dass die städtischen Behörden die Entfernung der Skulptur erwägen, falls sich kein Sponsor zur Finanzierung der Reinigungskosten findet.[6]

Angesichts des mangelnden Zusammengehörigkeitsgefühls schürten wachsende Frustration und sich vertiefende Ungleichheit Instabilität und eine tiefe Spaltung, ähnlich wie in der Weimarer Republik nach dem Ersten Weltkrieg. Aber auch die Erfahrungen der Nazizeit können diese Risse nicht heilen. In der Nachkriegszeit war die Entwicklung des Landes gehemmt durch das Trauma des Zusammenbruchs, und so richtete es den Fokus darauf, was nie wieder passieren sollte, anstatt auf die Möglichkeiten, die die Zukunft bot.

Infolgedessen kann Deutschland kaum als moderne Nation angesehen werden, sondern gleicht eher einem gemeinsamen Wirtschaftsraum, der durch viel Geld zusammengehalten wird: 1,2 Billionen Euro pro Jahr, um genau zu sein.[7] Das ist das jährliche Sozialbudget und im Grunde der Preis für den Zusammenhalt. Es ist eine große finanzielle Bürde für den Staat, wenn die Grundlagen der Wettbewerbsfähigkeit des Landes bröckeln und eine angespannte Haushaltslage herrscht. Aber es ist auch eine fadenscheinige Methode, eine Gemeinschaft von Millionen Menschen zusammenzuhalten. Geld mag zwar die Welt regieren, aber zu einer Nation gehört mehr als das Eintreiben und Verteilen von Steuern. Ein Gemeinschaftsgefühl schweißt Menschen zusammen und kann sinnstiftend wirken. Das versetzt eine Gesellschaft in die Lage, turbulente Zeiten zu überstehen. Die USA sind trotz ihrer tiefen gesellschaftlichen Spaltung nach wie vor überzeugt, das großartigste Land der Welt zu sein. Die Briten bejubeln immer noch ihre Monarchen und können die Wirren des Brexits mit ihrem Sinn für Humor überbrücken, und die Franzosen würden wieder auf die Barrikaden gehen, um ihre Republik zu verteidigen. Aber was könnte die Deutschen vereinen, ohne wieder den Blut-und-Boden-Nationalismus aufkeimen zu lassen?

Naheliegenderweise war Nationenbildung nach dem Zweiten Weltkrieg unmöglich, weshalb die neue, zivile deutsche Identität vage blieb. Wegen weit in die Vergangenheit zurückreichender

Spannungen zwischen einzelnen Landesteilen wie Preußen und Bayern war Deutschland auch schon vor den Weltkriegen immer auf »das andere« angewiesen, um sich selbst zu definieren. Während der deutschen Einigung im 19. Jahrhundert diente, wie bereits erwähnt, ein Krieg gegen Frankreich dazu, das Land zusammenzuschweißen, und das Dritte Reich machte zu diesem Zweck Juden zur Zielscheibe. In der Nachkriegszeit befindet sich das »andere« oft innerhalb des Landes. Ganz grundsätzlich definiert sich das moderne Deutschland dadurch, nicht nationalsozialistisch zu sein (was nicht notwendigerweise rassistischen Nationalismus unter anderem Namen ausschließt). Aber der Krieg ist seit mehreren Generationen vorbei, und die Auffassung der Nazizeit als nationaler Schande verblasst zunehmend. Dadurch wachsen die Spielräume, Gruppen wie Zuwanderer und Muslime wieder zu »anderen« zu erklären.

Die deutsche Praxis, sich seiner selbst zu vergewissern, indem man feststellt, was man nicht ist, hängt mit kulturellen Faktoren zusammen, die das Überbrücken interner Spaltungen erschweren. Dazu gehören die subtilen Irritationen, die durch unpersönliche Interaktionen entstehen (nicht zuletzt durch den standardmäßigen Gebrauch der förmlichen Anrede »Sie«). Diese distanzierte Form der Kommunikation erschwert es, sich Landsleuten gegenüber solidarisch zu zeigen. Wie entwickelt man nationale Solidarität, wenn schon die Pfade zur Interaktion Hürden beinhalten? Stattdessen bricht sie alle paar Jahre bei großen Fußballturnieren hervor, oder wenn deutsche Reisende sich im Ausland zueinandergesellen – oft, um sich über die Qualität des Brots und des Biers zu beklagen. Im Allgemeinen ist gegenseitiges Misstrauen weiter verbreitet als Kameradschaft. Interaktionen in der Öffentlichkeit sind selten positiver Natur, und so reagieren Fremde oft defensiv, wenn man sie auf der Straße oder in der Schlange an der Supermarktkasse anspricht.

Gegenseitiges Misstrauen fördert wiederum einen verstärkten Rückgriff auf Strukturen, um zwischenmenschliche Beziehungen zu regeln. Dazu gehören zahlreiche Regeln zur Unterbindung unerwünschten Verhaltens. Wenn man zum Beispiel nach einem Picknick seinen Müll nicht einsammelt, kann das eine Geldbuße von bis zu 1500 Euro nach sich ziehen, und besonders schwere Fälle von »Wildpinkeln« können sogar mit bis zu einem Jahr Gefängnis geahndet werden.[8] Eine weitere Manifestation der Besessenheit mit Struktur ist die Haftpflichtversicherung – eines der ersten komplexen deutschen Wörter, mit denen Ausländer wahrscheinlich konfrontiert werden, wenn sie das Land betreten. Die Policen sichern Schäden am Hab und Gut anderer ab, falls man zum Beispiel von einem Freund zum Abendessen eingeladen wird und dort eine Vase kaputtmacht. Die deutschen Behörden empfehlen eine Schadensdeckung von mindestens 10 Millionen Euro pro Person – und 50 Millionen Euro, um auf der sicheren Seite zu sein. Man ist also sogar abgesichert, wenn durch eine achtlos umgestoßene Kerze ein Mehrfamilienhaus niederbrennt. Obwohl Haftpflichtversicherungen nicht gesetzlich vorgeschrieben sind, haben die meisten Haushalte eine.[9] Weitverbreitete Versicherungen über die Haftpflicht hinaus zeugen von latentem Misstrauen, einer Besessenheit von Geld und auch einem tief verwurzelten Verlangen nach Sicherheit. Letzteres kann zu einer Schwäche für eine Nation werden, die auf eine Zeit großer Instabilität zusteuert, besonders wenn die Wirtschaft eine wichtige Rolle für das nationale Wohlbefinden spielt.

Im Zuge der Auferstehung Westdeutschlands als Enklave der Alliierten nach dem Zweiten Weltkrieg wurde das Wirtschaftswunder zum prägenden Element. Die durch geopolitische Umstände begünstigte Wiederbelebung des Wirtschaftslebens gab dem Land wieder ein Gefühl von Stolz auf das nach dem Krieg Geleistete (mit den historischen Wurzeln des modernen Deutschlands beschäftigen wir uns im nächsten Kapitel). Ludwig Erhards politischer Schlachtruf von 1957 bringt den Zeitgeist auf den Punkt: »Wohlstand für alle.« Deutschland ist tatsächlich gut im Herstellen von Dingen, und viele Jahrzehnte lang genügten technologische Errungenschaften – und einige sehr gute Fußballnationalmannschaften – dem Land, um sich als Nation zu betrachten. Solange es in Deutschland aufwärtsging, herrschte auch ein Gefühl des Zusammenhalts, gestützt durch ein umfangreiches und immer umfassenderes Sozialsystem. Das Land musste nicht wie die fanatischen Amerikaner Flaggen schwenken oder wie die Briten einer längst überholten Monarchie huldigen. Deutschland hatte schnelle Autos und Autobahnen und wachsende Bankkonten. Das genügte und sorgte jahrzehntelang für Stabilität, wenngleich diese mehrfach durch Phasen der extremistischen Gewalt infrage gestellt wurde.

Auch wenn Erhards Wohlstandsversprechen immer noch regelmäßig vorgetragen wird, scheint es für Millionen Deutsche unwiederbringlich gebrochen worden zu sein. Die soziale Ungleichheit ist eine der höchsten in Europa. Während wohlhabende Deutsche in den Großstädten in riesigen SUVs von Porsche oder Mercedes-Benz herumkurven, wächst bei anderen wegen steigender Mieten und Nebenkosten die Angst. Mit demagogischen Parolen gegen sozial Schwache wird vom wachsenden Reichtum der Elite abgelenkt, während auch normale Berufstätige zunehmend Probleme haben, finanziell zurechtzukommen. Trotz des Reichtums der drittgrößten Volkswirtschaft der Welt sind immer mehr Menschen von Armut bedroht. Die Lage am Arbeitsmarkt verschlechtert sich, und die finanziellen Rücklagen schwinden dahin.

In Deutschland sind mehr Menschen von Wirtschaftskrisen und Sparmaßnahmen betroffen als in vielen anderen Ländern Europas. Es sind höchstwahrscheinlich mehr als die mit 14,2 Millionen angegebene Zahl der Armen. Das ist ein großer Bevölkerungsteil, der der geschätzten deutschen Stabilität entsagen kann, weil sie ihm nicht zugutekommt. Zu einem großen Teil liegt diese Schwachstelle des Landes in den hohen Kaufnebenkosten begründet, die eine Hürde zum Wohnungseigentum darstellen. Im Zusammenspiel mit der angestammten Risikoscheu, die viele Menschen vor der Verantwortung eines Hauseigentümers zurückschrecken lässt, hat das dazu geführt, dass die Mehrzahl der Deutschen Mieter ist, ohne Rücklagen – außer einem Auto, das rapide an Wert verliert. Wenn also die Wirtschaft stagniert, was vor allem die einst gut abgesicherten Industriearbeiter zu spüren bekommen, sieht sich ein großer Teil der Deutschen mit schwindenden Möglichkeiten und einem bedrohten

Lebensstandard konfrontiert. Gleichzeitig kürzt die Regierung die Sozialausgaben, die ursprünglich die deutsche Gesellschaft zusammengehalten hatten.

Diese Kombination schafft eine toxische Mischung. In einem Land, in dem die Regierung eigentlich durch die Verfassung verpflichtet ist, für ihre Bürger zu sorgen, schürt das Wut auf die Eliten, die an den Grundfesten eines Landes rüttelt, das eigentlich ein Stabilitätsanker Europas sein sollte. Kurz gefasst spielt es im menschlichen Empfinden eine viel größere Rolle, in welche Richtung die Entwicklung vermeintlich geht, als wo man sich eigentlich befindet – und für viele in Deutschland geht es steil bergab. Das Gefühl, abzustürzen, löst den Reflex aus, sich an etwas festhalten zu wollen. Das ist in weiten Teilen des Westens mit dem Aufkeimen des Rechtspopulismus offensichtlich. Aber anders als andere Länder hat Deutschland keine starken bürgerlichen Traditionen, um diese Spannungen zu absorbieren. Dagegen ist der rassistische Nationalismus für die deutsche Identität etwas Altbekanntes, und die Wiederbelebung des verlockenden Mythos von Deutschlands wehrhafter Stärke findet zunehmend fruchtbaren Boden.

Die Zunahme von legalen und illegalen Zuwanderern im letzten Jahrzehnt hat zusammen mit dem Massenzustrom von Flüchtlingen das Gefühl hervorgerufen, in der eigenen Heimat zu Fremden zu werden. Zusammen mit der wirtschaftlichen Misere weckt das düstere Zukunftserwartungen und die Vorstellung, dass dringend etwas getan werden muss. Rechte Bewegungen unter Führung der gegen Zuwanderer und den Euro hetzenden AfD machen sich das zunutze und emotionalisieren die Situation mit einem neu verpackten »Blut und Boden«-Patriotismus.

Die Antwort des Establishments besteht bisher darin, an das gute Gewissen der Wähler zu appellieren, die Demokratie zu verteidigen. Aber mit welcher Motivation? Was bedeutet politische Freiheit noch, wenn die wirtschaftlichen Möglichkeiten ungerecht verteilt sind und die bisherige Lebensweise gefährdet ist? Wenn das System nicht im Sinne der Bevölkerung funktioniert, warum sollte ihm Loyalität entgegengebracht werden? Eine Offenheit für Regimewechsel passt zum Mythos, dass das deutsche Volk verschiedene Epochen und Regierungsformen überdauert hat. Einer messianischen Auslegung nach wartet das Land sogar auf die Wiederkehr eines legendären Königs, der es wieder zu Ruhm und Ehre führen soll.[10] Verglichen mit einer solchen Sage klingt das Credo des Mainstreams, alles beim Alten zu lassen, ziemlich fade. Es erschöpft sich letztendlich darin, zu sagen: »Wir haben eine tolle Verfassung und sind keine Nazis.«

Die Risse in der Gesellschaft drohen sich mit einer stagnierenden Wirtschaft zu vertiefen, durch die sich die Lage der Arbeiterschicht weiter verschlechtert. Deutschlands angestammte Führerschaft in der Metall verarbeitenden Industrie ist bedroht, was die Unsicherheit und den finanziellen Druck auf Arbeiterhaushalte noch verstärkt. Die Konkurrenz aus China ist stark und wird mittlerweile auch in der Automobilindustrie bedrohlich, wo Deutschland einst glaubte, einen uneinholbaren Vorsprung zu haben. Der Wert der deutschen Technik verblasst mittlerweile gegenüber den digitalen Technologien, die Deutschland jahrelang vernachlässigt hat. Das Energieversorgungssystem, die Lebensader des verarbeitenden Gewerbes, befindet sich wegen vieler fehlgeleiteter Entscheidungen inmitten eines beunruhigenden Wandels, der dem Land durch die russische Wandlung vom falschen Freund zum imperialistischen Aggressor plötzlich aufgezwungen wurde.

Der Umbau des Energiesystems ist nur eine der vielen »Wenden«, die das Land vollziehen will. Neben der Energiewende sind da die Wärmewende und die Verkehrswende, die in Zusammenhang mit der – Autobahnen und andere wirtschaftsrelevante Verbindungsglieder betreffenden – Infrastrukturwende stehen, sowie die Technologiewende für die stockende Digitalisierung des Landes. In den vielen unvollendeten Transformationen zeigt sich die Komplexität, mit der die deutsche Zukunft konfrontiert ist. Sie alle sind nach Jahren der zögerlichen Politik, häppchenweiser Reformen und knausriger Investitionen dringlich geworden. Für die Bevölkerung ist aber die Dimension dieser erforderlichen Transformationen und der mit ihnen verbundenen Ungewissheiten verwirrend – insbesondere angesichts dessen, dass den Deutschen Veränderungen im besten Fall nur unangenehm sind.

Zusätzlich zu den wirtschaftlichen Umstellungen gibt es jetzt auch noch die von Bundeskanzler Olaf Scholz proklamierte »Zeitenwende«, mit der das deutsche Verlangen abgeschüttelt werden soll, sich aus der Geopolitik rauszuhalten. Konkret bedeutete das, 100 Milliarden Euro in die Modernisierung der maroden deutschen Streitkräfte zu investieren, aber diese Aussage beinhaltete auch die Einstimmung der Bevölkerung darauf, das Land zu einem durchsetzungsfähigeren Akteur auf der internationalen Bühne zu machen. Das ist ein drängendes Thema, da sich Europa – zumal in Anbetracht des offenen Krieges in der Ukraine – nicht mehr auf den US-Sicherheitsschirm verlassen kann und eine wachsende Unbeständigkeit die exportorientierte deutsche Wirtschaft bedroht. Aber der Widerstand gegen dieses Vorgehen ist im Land weitverbreitet und vereint den Nachkriegspazifismus, die linke Tradition der Beschwichtigung gegenüber Russland und den rechten Nationalismus. Es ist unklar, wie sich die deutsche Außenpolitik bestenfalls ausrichten sollte, und die Anpassung an die neuen Gegebenheiten erweist sich als schwierig. Leider war die Geschichte mit dem Fall der Berliner Mauer nicht an einen Endpunkt gelangt. Russlands Krieg gegen die Ukraine zeigt, dass sich die Machtpolitik erneut durchgesetzt und die stetige Expansion der Globalisierung abrupt zum Stillstand gebracht hat. Das sind schlechte Nachrichten für Deutschland, und die Zukunft des Landes wird dadurch noch unsicherer.

Das Land lebt vom Handel und war jahrelang stolzer Exportweltmeister, bevor es 2009 von China überholt wurde. Auch wenn dieser Titel verloren ging, ist Deutschland mehr denn je auf Handelsgeschäfte angewiesen. Es verfügt kaum über Bodenschätze und muss deshalb Rohstoffe und Treibstoff für seine Unternehmen importieren, deren Güter an Kunden rund um den Globus geliefert werden. Der Inlandsmarkt spielt nur eine untergeordnete Rolle. Laut Daten der Weltbank ist das Handelsvolumen stetig gewachsen und entsprach im Jahr 2022 exakt 100 Prozent des Bruttoinlandsprodukts (BIP). Die mit dieser hohen Exportabhängigkeit verbundenen Risiken (z. B. Wechselkursschwankungen) sind im Vergleich zu China fast dreimal und im Vergleich zu den USA sogar viermal so hoch. Auch für Länder mit kleineren Inlandsmärkten stellen Handelsschwankungen ein geringeres Risiko dar. In Frankreich und Großbritannien beispielsweise entspricht der Handel nur 75 Prozent des BIP und in Japan weniger als der Hälfte der Wirtschaftsleistung.[11]

Deutschlands Stärke hat sich in eine Schwachstelle verwandelt. Das blauäugige Vertrauen auf ausländische Partner führte im Winter des Jahres 2022 beinahe zu einem Desaster, als Russland als Vergeltung für Sanktionen wegen der Ukraine-Invasion die Gaslieferungen einstellte. Der Kreml hatte diesen Schachzug sorgfältig vorbereitet, indem er dafür sorgte, dass die deutschen Gasreserven langsam geleert wurden, die zu einem großen Teil in der Hand des russischen Staatskonzerns Gazprom sind. Dank eines geschickten Krisenmanagements, eines relativ warmen Winters und eines Rückgangs der Industrieproduktion, der auf absehbare Zeit wohl nicht wieder aufgeholt werden kann, hat das Land diese Gefahr abgewendet. Deutschland wäre aber fast zum Stillstand gekommen, weil es einer autokratischen Regierung beträchtliche Einflussmöglichkeiten eingeräumt hatte.

Das war nicht das erste Mal und wird auch nicht das letzte Mal bleiben. Trotz der gerühmten Selbstbeherrschung Deutschlands wird alle Vorsicht über Bord geworfen, wenn es eine Gelegenheit zum Geldverdienen gibt. Der Grund dafür ist die merkantilistische Herangehensweise an die Außenpolitik, die als »Wandel durch Handel« bezeichnet wird und letztlich nur eine kaum verhüllte Beschönigung für Geschäfte mit Despoten und Autokraten ist. Die eigennützige Theorie besagt, dass mit einem Austausch von Gütern auch freiheitliche Werte transportiert werden. Dieses Konzept ist gescheitert. Deutschland konnte sich zwar aus seiner Energieabhängigkeit von Moskau herauswinden, doch China stellt das größere Risiko dar.

Die asiatische Supermacht stellt viele der Produkte her, die einst Deutschlands Spezialgebiet waren, aber zu einem niedrigeren – möglicherweise künstlich gedrückten – Preis. China bezog einst

Inspiration und Fachwissen aus Deutschland, aber der Lehrling wurde zum Meister. Das führte in den letzten Jahren zu großen Handelsbilanzdefiziten. Pro Kopf kaufte 2023 jeder Deutsche Waren und Dienstleistungen im Wert von 1900 Euro von China, erzielte aber weniger als 1200 Euro durch den Verkauf derselben an den größten Handelspartner des Landes – eine subtile, aber nicht unbedeutende Belastung für den Geldbeutel und die nationale Psyche. Seit sich der »Wandel durch Handel« als Mythos entpuppt hat und gescheitert ist, versucht sich Deutschland vorsichtig von China zu distanzieren, um die wirtschaftlichen Risiken zu mindern (»De-Risking«). Eine drastischere Maßnahme, die Entkopplung der Volkswirtschaften (»De-Coupling«), könnte angesichts der ausgeprägten Handelsverflechtungen, besonders in der Automobilbranche, katastrophale Folgen haben. Diese semantische Feinheit mag das Land beruhigen, hat aber darüber hinaus keine Bedeutung. In Anbetracht des gewaltigen Handelsdefizits und der engen Verbindungen von Unternehmen wie Volkswagen und BASF mit China hat Deutschland jeglichen Einfluss verloren, den es einst gehabt haben mag. Unterdessen versucht Peking schon längst nicht mehr, den Schein freier Märkte und fairer Wettbewerbsbedingungen zu wahren. Gesuche, von wettbewerbswidrigen Dumpingpreisen abzusehen und die Menschenrechte zu schützen, treffen bestenfalls auf höfliche Gleichgültigkeit.

Deutschlands Exekutive ist nicht dafür geschaffen, China oder auch fast jedem anderen starken Land die Stirn zu bieten, und das liegt nicht nur an den politischen Führungskräften. Es ist beabsichtigt, dass die Bundesregierung nur über wenig Macht verfügt. Als sich der Kalte Krieg nach dem Zweiten Weltkrieg abzuzeichnen begann, wollten die Alliierten Deutschland in das freiheitlich-demokratische Lager integrieren, hegten aber noch Misstrauen gegenüber dem Land. Deshalb stellten sie sicher, dass die Macht dezentralisiert wurde. So entstand die Bundesrepublik Deutschland, in der die Macht zwischen Bund und Ländern aufgeteilt ist. Das Grundgesetz erklärt eine Abkehr vom föderalen System für »unzulässig«.[12] In der Praxis sind daher Dinge wie Raumordnung,

Gesundheitspolitik und öffentliche Sicherheit Ländersache, aber die Macht der Bundesländer geht darüber hinaus, denn im Zweifelsfall werden Befugnisse auf sie übertragen. Artikel 30 besagt: »Die Ausübung der staatlichen Befugnisse und die Erfüllung der staatlichen Aufgaben ist Sache der Länder, soweit dieses Grundgesetz keine andere Regelung trifft oder zulässt.« Die Trennung zwischen Bund und Ländern bedeutet auch, dass die Bundestagsabgeordneten von der komplexen Umsetzung der von ihnen verabschiedeten Gesetze entbunden sind. Ein Stück weit ist es, wie wenn ein Ingenieur ohne Rücksprache mit den Fließbandarbeitern ein Auto entwirft. Es besteht das Risiko, dass bei der Montage Schwierigkeiten auftreten. Diese Entkopplung hat zur aufgeblähten Bürokratie in der Bundesrepublik beigetragen.

Die Stärkung der Landesregierungen und die Machtbeschränkung der Bundesregierung mögen mit guten Absichten erfolgt sein, aber das Ergebnis des deutschen Föderalismus ist ein überregulierter und undurchschaubarer Staatsapparat. Anstatt Probleme zu lösen, bleiben Entscheidungen in einem Gewirr konkurrierender Zuständigkeiten und Behörden stecken, und die Institutionen sind eher darauf bedacht, Fehler zu vermeiden, als Dinge zu erledigen. So werden Verfahrensweisen und Prozesse unnötig verkompliziert, womit sich Deutschland in seiner Handlungsfähigkeit selbst behindert und die Bedürfnisse der Bevölkerung aus dem Blick verliert. Kurz gesagt: Die für alle gesellschaftlichen Aufgaben notwendige Bürokratie ist zu schwerfällig geworden. Dabei bleibt nicht nur die hochgelobte deutsche Effizienz auf der Strecke, sondern auch die Fähigkeit zur engeren sozialen Bindung.

Eine weitere deutsche Besonderheit ist neben dem Föderalismus das Grundgesetz, das den Sozialstaat gesetzlich verankert, der Menschen ein Leben in Würde bieten soll. Die wachsende Zahl der Deutschen, die mit Armut und prekären Lebensumständen konfrontiert sind, lässt er in vielerlei Hinsicht im Stich, vor allem bezüglich des Grundbedürfnisses nach Wohnen. Wie die meisten westlichen Länder hat Deutschland den Wohnungsbau Investoren überlassen. Der Markt soll dort das Angebot schaffen, wo es Nachfrage gibt. In der streng regulierten Welt der Immobilien funktioniert das jedoch nicht so. Für Immobilienbesitzer ist Knappheit eine gute Sache, weil sie die Preise in die Höhe treibt, aber davon profitiert in Deutschland nur eine Minderheit. Beim Wohnungsbau besteht der Anreiz, den Grundstückswert zu maximieren, weshalb mehr teure als günstige Wohnungen gebaut werden. Folglich ist das Angebot an Mietwohnungen knapp, und die Preise schießen in die Höhe. In Deutschland hat das schlimmere Auswirkungen als in anderen Ländern, da die bereits erwähnten hohen Kaufnebenkosten eine große Hürde für einkommensschwache Familien darstellen. Daher hat Deutschland eine der niedrigsten Wohneigentumsquoten der westlichen Welt, und der deutschen Mittelschicht fehlt anders als in den USA somit häufig ein finanzielles Sicherheitspolster. Die Möglichkeiten zum Erklimmen der sozioökonomischen Leiter sind in Deutschland also sehr beschränkt, und gleichzeitig sind viele nur eine Kündigung vom Abrutschen in die Armut entfernt.[13]

Darüber hinaus steht das staatliche Rentensystem vor einer wachsenden Finanzierungslücke, was einen weiteren Keil in die Gesellschaft treibt. Statt durch einen Kapitalstock wird das System durch die Beiträge der aktuellen Arbeitnehmer und Arbeitgeber finanziert. Wenn die geburtenstarken Jahrgänge der 1960er-Jahre in den Ruhestand gehen, fällt das zahlenmäßige Verhältnis von Beschäftigten zu Rentnern stark ab. In den Niederlanden wird zum Beispiel ein größerer Anteil der Rentenbeiträge am Kapitalmarkt investiert, sodass ihr Wert steigen kann und weniger von den Beiträgen der aktuell Beschäftigten abhängt. In Frankreich funktioniert das System zwar ähnlich wie in Deutschland, doch es wird erwartet, dass die Zahl der Einwohner im arbeitsfähigen Alter in den kommenden Jahrzehnten wächst. Im Gegensatz dazu soll Deutschland bis 2035 rund fünf Millionen Menschen im erwerbsfähigen Alter verlieren (das ist fast die Einwohnerzahl von Berlin und München zusammengenommen).[14]

Renten spielen auch wegen der großen Zahl von Mietern eine wichtige Rolle. In Italien ist die Wohneigentumsrate deutlich höher, weshalb alte Menschen vergleichsweise weniger auf ihre Rente angewiesen sind, um ein Dach über dem Kopf zu behalten. Niedrige Renten können in Deutschland buchstäblich dazu führen, dass ältere Menschen auf der Straße landen. Im Jahr 2023 wurde zum Beispiel dem 84-jährigen Manfred Moslehner die Räumung angedroht – aus dem Haus, in dem der Berliner geboren wurde. Die neuen Eigentümer wollten das Haus modernisieren, doch von seiner mageren Rente hätte der Mieter die gestiegene Miete nicht finanzieren können, also kündigten sie seinen Mietvertrag und drohten ihm mit Geldstrafen und sogar Gefängnis.[15]

Die deutsche Rentenkrise verängstigt die Alten und belastet die jungen Menschen, die ohnehin schon mit vielen Unwägbarkeiten wie der sich wandelnden Arbeitswelt und der sich verschärfenden Klimakrise zu kämpfen haben. Mit Rentenkürzungen gewinnt man keine Wahlen, deshalb bleibt es bei oberflächlichen, kurzfristigen Behelfslösungen, die wenig dazu beitragen, die Ängste bei Jung und Alt abzubauen. So wird die Sozialstruktur immer brüchiger.

Systemische Probleme verstärken die bestehende Identitätskrise in Deutschland, was sich an dem steinigen Weg zur Akzeptanz der Migration gezeigt hat. Zu Beginn der 1950er-Jahre wuchs die Wirtschaft so schnell, dass helfende Hände benötigt wurden. 1955 wurde das erste Anwerbeabkommen für Arbeitskräfte mit Italien unterzeichnet, gefolgt von entsprechenden Vereinbarungen mit Spanien, Griechenland, der Türkei, Marokko, Portugal, Tunesien und dem ehemaligen Jugoslawien. Millionen Hilfsarbeiter kamen, um den Wirtschaftsboom zu unterstützen, aber sie wurden nur deshalb willkommen geheißen, weil sie Wohlstandszuwachs repräsentierten. Einer von ihnen war Armando Rodrigues de Sá.

Der portugiesische Schreiner traf am 10. September 1964 in Deutschland ein, ohne zu wissen, dass ihm ein Platz in der deutschen Nachkriegsgeschichte als millionster Gastarbeiter zuteilwerden sollte. Ohne Vorankündigung wurde der verdutzte 38-Jährige am Kölner Hauptbahnhof empfangen und bekam ein Zertifikat, einen Strauß Nelken und ein Zündapp-Moped überreicht.[16] Deutschland feierte ihn einen kurzen Moment lang als Meilenstein und vergaß ihn dann rasch. Er arbeitete in verschiedenen Städten, hatte aber Schwierigkeiten mit der Sprache und der Bürokratie (so wie heute noch viele Ausländer). So entrichtete er jahrelang einen zu hohen Steuersatz, weil ihm Dokumente zum Nachweis seiner Ehe in Portugal fehlten. Als er 1970 seinen Heimatort besuchte, wurde er krank, woraufhin bei ihm Krebs diagnostiziert wurde. Er kehrte nie nach Deutschland zurück. Da er nicht wusste, dass er bei der deutschen Krankenversicherung versichert war, ließ er sich seine deutsche Rente vorzeitig auszahlen und brauchte das meiste Geld auf, das er während seiner jahrelangen Tätigkeit als Gastarbeiter angespart hatte, um für die Behandlungskosten aufzukommen. Deutschland ließ ihn im Stich, und er starb 1979.

Im selben Jahr forderte Heinz Kühn, der erste Ausländerbeauftragte der Bundesregierung, in einem Memorandum Maßnahmen zur Integration der von Deutschland angeworbenen Arbeitskräfte. »Es muß anerkannt werden, daß hier eine nicht mehr umkehrbare Entwicklung eingetreten ist«, schrieb der Sozialdemokrat im September 1979 und forderte das Optionsrecht auf Einbürgerung für in der Bundesrepublik geborene und aufgewachsene Kinder, das Wahlrecht sowie das Ende der Segregation in Schulen.[17] Dem Establishment ging das einen Schritt zu weit. 1981 veröffentlichte eine Gruppe von 15 Universitätsprofessoren das sogenannte Heidelberger Manifest, das die »Unterwanderung des deutschen Volkes« und die »Überfremdung unserer Sprache, unserer Kultur und unseres Volkstums« durch »Ausländer« anprangerte.[18] Diese Fremdenfeindlichkeit wurde 1982 in der Koalitionsvereinbarung zwischen der CDU/CSU und der FDP offiziell zum politischen Kurs des Landes erklärt. Die Regierungsparteien konstatierten unverblümt, dass Deutschland kein Einwanderungsland sei und »daher alle humanitär vertretbaren Maßnahmen zu ergreifen [seien], um den Zuzug von Ausländern zu unterbinden«. Das war der Wortlaut des Dokuments, das die Grundlage für Helmut Kohls erste Amtszeit als Bundeskanzler bildete.[19]

Es dauerte zwei Jahrzehnte, bis Deutschland diese Haltung offiziell änderte. 2001 erkannte die Regierung von Gerhard Schröder an, dass Millionen von Migranten, die angeworben worden waren und anschließend im Land Familien gegründet hatten, tatsächlich zu Deutschland gehörten.[20] Vier Jahre später, im Jahr 2005, wurden erstmals offizielle Statistiken über Menschen mit »Migrationshintergrund« geführt. Dieser weit gefasste Begriff umgeht absichtlich unbequeme ethnische und religiöse Kategorien. Genau ein halbes Jahrhundert zuvor war das erste Abkommen zur Anwerbung ausländischer Arbeitskräfte verabschiedet worden.

Neben den Herausforderungen, die sich durch die Zuwanderung ergeben, hat auch die deutsche Wiedervereinigung die Bildung einer geeinten, solidarischen Nation erschwert. Die ost- und westdeutschen Nachkriegserfahrungen unterschieden sich erheblich. Der Osten litt unter einem autoritären Polizeistaat, den das Volk schließlich stürzen konnte. Doch dieser Sieg wurde durch die darauffolgenden gewaltigen Umwälzungen praktisch zunichtegemacht. Das Leben fast aller Ostdeutschen wurde durch die Wiedervereinigung gründlich umgekrempelt – viele verloren ihren Arbeitsplatz, und die Einwohnerzahl vieler Städte im Osten sank, weil die jungen Leute auf der Suche nach besseren Lebensbedingungen fortzogen. Das damit verbundene Leid wird im wohlhabenden Westen nicht wirklich anerkannt – hier war die Wiedervereinigung kaum zu spüren.[21] Im Gegensatz dazu wurde der Weg des Westens zu Freiheit und Wohlstand durch die alliierten Mächte geebnet, denen ein blühendes Westdeutschland als Bollwerk gegen die Ausbreitung des sowjetischen Einflusses wichtig war. Nach dem Fall der Berliner Mauer wurden die Verwaltung und die Wirtschaft des Landes zusammengelegt, aber die Bildung einer gemeinsamen Identität wurde vernachlässigt. Ostdeutschland war in vielerlei Hinsicht das »andere«, durch das sich der Westen definierte und »gut« fühlte. So war der Westen nicht in der Lage, dem Osten ein Solidaritätsgefühl zu vermitteln, das sich in Westdeutschland ohnehin nie wirklich eingestellt hatte.

Bei einem Stadtrundgang durch das moderne Berlin lassen sich Anzeichen für komplexe Unterströmungen finden, die mehr als 30 Jahre nach der Wiedervereinigung im heutigen Deutschland bestehen. Entlang der Prachtstraße Unter den Linden – der stattlichen, von Bäumen gesäumten Allee, die die von der UNESCO als

Weltkulturerbe anerkannte Museumsinsel mit dem symbolträchtigen Brandenburger Tor verbindet – verkaufen Kioske immer noch kleine Stücke der Berliner Mauer sowie Postkarten, T-Shirts und Kaffeebecher, die vom ikonischen Ostberliner Fernsehturm und dem Hut tragenden ostdeutschen Ampelmännchen geziert sind. Die Wiedervereinigung wird hier als freudiges Ereignis präsentiert. Neben dem Berliner Dom zeigt das DDR-Museum mit mehr als einem Hauch von Ostalgie den Alltag im früheren kommunistischen Polizeistaat und das allgegenwärtige Überwachungsgefühl. Zudem gibt es einen Fahrsimulator für den liebenswerten, aber schmutzigen Trabi. Diese Kombination erweckt den falschen Eindruck, dass die Kultur und die Menschen der zwei deutschen Staaten nach der Wiedervereinigung einen gleichberechtigten Platz nebeneinander eingenommen hätten.

In Wirklichkeit ist das Land jedoch gespalten. Angela Merkel selbst hat einmal gesagt, dass ihr ostdeutscher Hintergrund als »Ballast« angesehen wurde, der nach dem Mauerfall zugunsten ihrer politischen Karriere über Bord geworfen werden musste. Die abschätzige Haltung gegenüber dem Osten wurde auch an der Entscheidung deutlich, den Palast der Republik, das frühere Parlamentsgebäude des Ein-Parteien-Staates, zugunsten einer 700 Millionen Euro teuren Huldigung an das deutsche Kaiserreich einfach abzureißen. Der Abriss steht symbolisch für die verpasste Gelegenheit, sich auf Ostdeutschland und das Leben seiner 16 Millionen Bürger differenzierter einzulassen. Die Spaltungen zwischen Ost und West sind mit der Zeit immer komplexer geworden, aber die unzufriedenen Deutschen vereint zumindest die Orientierungslosigkeit.

Ohne eine positive Vorstellung von nationaler Einheit besteht die intuitive Reaktion vieler Deutscher immer noch darin, am Konzept des Volkes festzuhalten, selbst nach den Schrecken der NS-Todesmaschinerie. Fortbestehender Rassismus und strukturelle Hürden für Minderheiten lassen Zweifel daran aufkommen, ob Deutschland seine problematische Vergangenheit wirklich hinter sich gelassen hat.

Es besteht jedoch noch Hoffnung. Wenn Deutschlands wissenschaftliche und technische Fähigkeiten mit Energie und Kreativität kombiniert werden, entstehen daraus weltverändernde Innovationen. Dafür ist BioNTech ein leuchtendes Beispiel aus jüngster Zeit. Das von türkischen Einwanderern gegründete Mainzer Unternehmen hat mit dem ersten mRNA-Impfstoff der Welt dazu beigetragen, die Bedrohung durch Covid-19 zu entschärfen – ein technologischer Durchbruch, der die Zellen lehrt, wie sie Krankheiten abwehren können. Und während die politische Klasse zunehmend den Kontakt zur Wählerschaft verliert, gibt es kaum ein anderes Land mit ausgeprägterem bürgerschaftlichem Engagement. Sei es, die Regierung für die Verfehlung der Klimaziele zur Rechenschaft zu ziehen, die Kaution für Menschen zu bezahlen, die wegen Schwarzfahrens im Gefängnis sitzen, Lücken im sozialen Netz zu schließen oder ukrainische Kriegsflüchtlinge zu beherbergen – die Deutschen engagieren sich. Das ist eine mächtige Ressource, die für die Erneuerung genutzt werden könnte, wenn die deutschen Institutionen sie mehr zulassen und ermutigen würden. Das bürgerschaftliche Engagement ist ein Zeichen, dass der soziale Wille vorhanden ist, während in vielen anderen westlichen Ländern Apathie herrscht.

Angesichts der Dynamik, die das soziale Gefüge bedroht, wird es nicht leicht sein, die Dinge wieder in Ordnung zu bringen. Ein Anfang wäre, mehr gesellschaftliche Berührungspunkte zu schaffen, um das Gemeinschaftsgefühl zu stärken und ein wenig Selbstvertrauen und Optimismus zu erzeugen. Das könnte den Hang der Deutschen zu düsterem Grübeln abmildern. Zudem müssen mehr Menschen an den gesellschaftlichen Möglichkeiten und am wirtschaftlichen Erfolg teilhaben können. Um dies zu erreichen, sollte die politische Klasse die Eigeninitiative der Bevölkerung stärken und die vorhandene Energie nutzen sowie Strukturen beseitigen, die Eigeninitiative ausbremsen und Wandel im Keim ersticken. Das erfordert Demut und das Hinterfragen der eigenen selbsterhaltenden Mythen. Um diesen Prozess in Gang zu setzen, müssen wir verstehen, wie Deutschland zu dem wurde, was es heute ist.

02 Das verhätschelte Kind

»Anmut sparet nicht noch Mühe
Leidenschaft nicht noch Verstand
Daß ein gutes Deutschland blühe
Wie ein andres gutes Land.«
BERTOLT BRECHT[1]

Wie sind wir hierhergekommen? Um Deutschlands zunehmendes Unbehagen zu verstehen, müssen wir zurückblicken auf die »Stunde Null« nach dem Zusammenbruch des Nationalsozialismus. Im Mai 1945 waren die Armeen des Reiches besiegt, die deutschen Städte lagen in Trümmern, und die Überlebenden irrten verloren durch die Trümmer. Rund 40 Millionen Menschen hatten auf dem europäischen Kriegsschauplatz ihr Leben verloren, darunter über sieben Millionen Deutsche. Nun hielten die siegreichen Alliierten das Schicksal des Landes in ihren Händen. In Nürnberg wurden 24 führende Nazis angeklagt, zehn davon gehängt, und zwei weitere waren schon tot. Mitten in dieser Verwüstung beginnt unsere Geschichte.

Einige Vertreter der Siegermächte planten, Deutschland zu einem Agrarland zu degradieren, das nicht in der Lage war, seine Nachbarn zu bedrohen. Die Deutschen hatten zweimal so viel Schmerz und Leid über die Völker Europas gebracht; sie sollten sich nie wieder erheben dürfen. Doch als Europa wirtschaftlich zusammenbrach und sich die müden Massen dem Kommunismus zuwandten, änderten die westlichen Alliierten ihren Kurs. In der Konfrontation der Supermächte nach dem Ende des Zweiten Weltkriegs machte die

Unterdrückung Westdeutschlands keinen Sinn. Für die Sowjetunion durfte Ostdeutschland nicht aus dem Griff Moskaus entgleiten. Mit Mauern und Stacheldraht wurden die beiden Länder voneinander getrennt. Im Westen erwachten die Fabriken und Baustellen dank der Großzügigkeit der ehemaligen Feinde, die zu Beschützern geworden waren, zu neuem Leben.

Nach und nach wurden Schutt und Asche weggeräumt, und die westdeutsche Gesellschaft wurde wiederbelebt. Die Wirtschaft des europäischen Kraftzentrums erwachte wieder zum Leben. Die Bürger machten sich an die Arbeit. Reich zu werden und Dinge zu kaufen half, die Leere zu füllen, und sie konzentrierten sich auf die Arbeit. Allmählich wurde es zu viel. Helfende Hände wurden aus dem Ausland angeworben, oft aus Griechenland, Italien und der Türkei. Die Deutschen begrüßten diese Arbeiter als Beitrag zum Wohlstand, aber einige waren überrascht, als sie blieben und Gemeinschaften aufbauten. Wie Max Frisch schrieb, gab es einen Ruf nach Arbeitskräften, und daraufhin kamen Menschen.

Zur Verwirrung trugen auch die öffentlichen Prozesse gegen rangniedrigere Nazis bei. Diese Prozesse brachen das Schweigen über die Schuld der Deutschen am Holocaust. Während ein nicht unerheblicher Teil der Bevölkerung die Vergangenheit vergessen oder beschönigen wollte, kämpften vor allem Studenten und Intellektuelle dafür, eine Aufarbeitung zu provozieren. Die Wut und das Misstrauen über nicht erzählte Geschichten lösten Gewalt und weitere Repressionen aus. Von den 1960er-Jahren bis in die 1980er-Jahre tobten im öffentlichen Diskurs Debatten darüber, wie Deutschland seine Vergangenheit bewältigen sollte. Trotz der wirtschaftlichen Stärke Westdeutschlands blieb eine breitere nationale Vision unklar. Der Lauf der Geschichte gab den Deutschen nicht die Möglichkeit, diese Fragen aufzuarbeiten.

1989 schwappte eine revolutionäre Welle liberal-demokratischer Bewegungen durch Ost- und Mitteleuropa und führte zum Zusammenbruch des ostdeutschen Regimes. Deutschland konnte wiedervereinigt werden. Die Westdeutschen, die sich ihrer Identität nicht sicher waren, konzentrierten sich auf das, was ihrer Meinung nach aus Ostdeutschland werden sollte – eine wettbewerbsfähige Marktwirtschaft, die es mit dem Westen aufnehmen konnte. Unternehmensberater und Verwalter setzten sich durch, schlossen Fabriken und stürzten die ostdeutsche Wirtschaft in die Depression. Die Schlangen vor den Arbeitsämtern wurden länger, und die Frustration schwelte. Die wirtschaftliche Not hatte immense soziale Kosten – die Bevölkerung Ostdeutschlands hat sich nie erholt, da die Menschen abwanderten oder Familiengründungen hinauszögerten. Die Westdeutschen fühlten sich in ihrer Großzügigkeit brüskiert, und die fremdenfeindliche Haltung der Ostdeutschen passte nicht zu der Vorstellung, dass Deutschland ein Land war, das sich seiner Nazivergangenheit gestellt hatte. Das Misstrauen und die Missverständnisse auf beiden Seiten halten bis heute an und haben es der rechtsextremen AfD ermöglicht, im verärgerten Osten eine Machtbasis aufzubauen.

Nach der schwierigen Wiedervereinigung und vielen Entbehrungen blieb Deutschland ängstlich und verunsichert zurück. Angela Merkel hat sich in dieser schwierigen Zeit durchgesetzt, und zu Beginn ihrer Amtszeit fing die deutsche Wirtschaft an, sich zu erholen. Obwohl sie als Reformerin begann, wechselte sie schnell zur Rolle der Stabilitätsgarantin. Ihr fiel es dann zu, die Deutschen vor einer Reihe internationaler Krisen zu bewahren, aber ansonsten das Land in Ruhe zu lassen und sich nicht den wachsenden Herausforderungen zu stellen. Während der komfortablen Jahre ihrer Kanzlerschaft verfiel Deutschland in Selbstgefälligkeit. Jetzt, wo das Land von allen Seiten von Krisen heimgesucht wird, kämpft es darum, ein Abgleiten in Stagnation und Groll zu verhindern.

Der beschützende Onkel

Der Krieg in Europa ist zu Ende. In ganz Deutschland liegen Städte infolge von Bombenangriffen und Häuserkämpfen in Schutt und Asche. Nachdem die Schüsse aufgehört haben und der Rauch sich legt, machen sich die Überlebenden ein Bild von der Verwüstung. Ein Foto von 1945 fängt die Niederlage treffend ein. Zwei Männer sitzen auf den Überresten eines Gebäudes in Frankfurt und blicken in die Ferne. Dies war der Geburtsort von Johann Wolfgang von Goethe, Deutschlands größtem Dichter.

Der ältere Mann ist Ernst Beutler, der Vorsitzende des Kulturinstituts, das Goethes Haus als Denkmal für einen der führenden Intellektuellen der Romantik bewahrt hatte. Hier im Großen Hirschgraben hatte Goethe die Arbeit an seiner Tragödie *Faust* begonnen. Der Protagonist des Stücks geht einen schicksalhaften Pakt mit dem Teufel ein, bevor er von Engeln gerettet wird. Die Deutschen, die einen Pakt mit den Nazis geschlossen hatten, um dem Chaos der Zwischenkriegszeit zu entrinnen, konnten nicht auf eine solche Erlösung hoffen. Wie um den Niedergang des Landes zu verdeutlichen, das von sich behauptete, das »Land der Dichter und Denker« zu sein, liegt zu Beutlers Füßen eine Büste, die den großen Dichter, Philosophen und Arzt Friedrich Schiller darstellen könnte. Beschädigt ragt sie unter dem Schutt hervor und ist jetzt nur noch ein weiteres Trümmerstück.

Adolf Hitler hatte die Deutschen mit einer Vision von großen Veränderungen geködert. Dieses Versprechen hatte er dann mehr als eingelöst. Zwölf Jahre nach der Machtergreifung der Nazis und sechs Jahre nach Kriegsbeginn war der Großteil des Landes tatsächlich nicht mehr wiederzuerkennen. Die berühmte Frankfurter Altstadt mit ihren Fachwerkhäusern war weitgehend dem Erdboden gleichgemacht. Die eleganten Häuser der charmanten Rheinmetropole Köln waren für immer ausradiert. Die Bäume im Berliner Tiergarten wurden gefällt, weil die Anwohner Brennmaterial zum Heizen brauchten. Das »Elbflorenz« Dresden wurde komplett in Schutt und Asche gelegt. Auch die Zahl der Toten war immens. Etwa 7,4 Millionen Deutsche waren dem Krieg zum Opfer gefallen, und Millionen weitere befanden sich in Kriegsgefangenschaft.[2] Die Trümmerfrauen mussten nun von Hand die Verwüstung beseitigen. Die politische Landkarte veränderte sich, da ein Viertel des Landes von Polen und der Sowjetunion annektiert wurde. Königsberg, die lebenslange Heimat des deutschen Philosophen der Aufklärung Immanuel Kant, wurde zu Kaliningrad.

In ganz Europa hatten Völker durch den deutschen Angriffskrieg Verluste zu beklagen. Über 15 Millionen Europäer hatten ihr Leben verloren. In einem akribisch geplanten und durchgeführten Völkermord wurden etwa zwei Drittel der jüdischen Vorkriegsbevölkerung des Kontinents ermordet. Einst hatte die deutsche Kultur für Aufklärung, Vernunft und Wissenschaft gestanden, und nun wurde sie mit Mord, Zerstörung und Massenhysterie assoziiert. Ein 1948 veröffentlichtes Gedicht von Paul Celan sprach für einen gequälten Kontinent: »Der Tod ist ein Meister aus Deutschland«.[3]

Im Zuge der Besetzung Deutschlands nach Kriegsende begannen die siegreichen Alliierten sogleich mit der Entnazifizierung und ergriffen Maßnahmen, die verhindern sollten, dass das Land den Frieden erneut bedrohen konnte. Die aktive Unterdrückung des Feindes war das Gebot der Stunde. Laut einer Direktive an die US-Streitkräfte sollte das besetzte Deutschland als »besiegter Feindstaat« behandelt werden, und der dortige Lebensstandard durfte nicht höher sein als in den Nachbarstaaten.[4] Eine US-Direktive an die Besatzungsmächte lautete: »Es muss den Deutschen klargemacht werden, dass [...] sie nicht der Verantwortung für das entgehen können, was sie selbst auf sich geladen haben.«[5]

Doch es kam überraschend schnell zu einem Sinneswandel, der neue Weichen für die deutsche Zukunft stellte. Schon 1946 wurde die Haltung der USA gegenüber ihrer Besatzungszone freundlicher. Deutschland in eine ärmliche Subsistenzwirtschaft zu verwandeln machte wenig Sinn. Europa war zerstört, die Menschen waren durch den jahrelangen Krieg verarmt und erschöpft. Den Wiederaufbau der deutschen Wirtschaftsunternehmen zu verhindern würde den Kontinent nur seiner produktivsten Arbeitskräfte berauben. Zudem rangen die USA mit der Sowjetunion um globalen Einfluss. Kommunisten marschierten in Städten wie Paris, Rom und Wien, und ihre Bewegungen bekamen immer größeren Zulauf.

Angesichts des aufkommenden Kalten Krieges vollzog Washington eine Kehrtwende. In einer Rede in Stuttgart im September 1946 rückte US-Außenminister James F. Byrnes formell von dem Prinzip der Vergeltung ab. Die USA würden stattdessen gezielt den politischen und wirtschaftlichen Wiederaufbau des Landes vorantreiben. Laut Byrnes wollte das amerikanische Volk, dass die Deutschen wieder ihren »ehrenwerten« Platz in der Welt einnahmen.[6] Einem Land, das sich auf ungewisse Jahre in der Wildnis eingestellt hatte, gab diese Rede neue Hoffnung. Wie in Goethes *Faust* war die Erlösung plötzlich unverhofft nah. Den ermutigenden Worten der USA folgte 1948 der Economic Recovery Act, besser bekannt als Marshallplan. Dieses Hilfspaket sollte Deutschland und anderen europäischen Ländern die für einen schnellen Wiederaufbau erforderlichen Mittel zur Verfügung stellen. Die deutsche Gesellschaft hatte noch nicht einmal begonnen, sich dem kollektiven Trauma und der Kriegsschuld zu stellen, und nun stürzte sie sich in den Wiederaufbau, um das alles zu vergessen.

Es gab viel zu tun. Das drängendste Problem waren die Millionen von obdachlosen Menschen, von denen viele in zerbombten Ruinen hausten. Neue Straßen, Schulen und Krankenhäuser wurden ebenfalls benötigt. Die Grundlage für einen nachhaltigen Aufschwung fehlte jedoch. Die deutsche Reichsmark hatte wegen jahrelang überhöhter Kriegsausgaben an Wert verloren. Das führte zu einer galoppierenden Inflation und einem florierenden Schwarzmarkt, auf dem verzweifelte Bürger Dinge wie Zigaretten gegen Lebensmittel tauschten. Wegen der Preiskontrollen, die zur Vermeidung von Hunger unter der Bevölkerung eingeführt wurden, lohnte es sich nicht, neue Konsumgüter zu produzieren. Die angeschlagenen deutschen Banken konnten die notwendigen Wiederaufbauarbeiten nicht finanzieren.

Westdeutsche und alliierte Verantwortliche nahmen die Probleme in Angriff. Mit Geld aus dem Marshallplan gründete das entstehende Westdeutschland die Kreditanstalt für Wiederaufbau. Wegen einer weiteren ruinösen Inflationswelle wurde im Juni 1948 in der amerikanischen, der britischen und der französischen Besatzungszone eine neue Währung eingeführt, die Deutsche Mark. Den Bürgern wurde anfangs ein Kopfbetrag von 40 DM ausgezahlt; einen Monat später erhielten sie nochmals 20 DM. Das vernichtete zwar die alten Reichsmark-Ersparnisse der Menschen, stellte aber das Vertrauen in Geld als Tauschmittel wieder her, was zur Wiederbelebung der Wirtschaftstätigkeit beitrug. Nur wenige Wochen später hob die Verwaltung unter der Leitung des späteren Finanzministers und Bundeskanzlers Ludwig Erhard die Preiskontrollen auf und brachte damit die Produktion dringend benötigter Güter in Schwung. Der Wiederaufbau nahm Fahrt auf, und die Bühne für das Wirtschaftswunder war bereitet.

Die Anstrengungen zum Wiederaufbau Westdeutschlands blieben im Kreml nicht unbemerkt. Das Ziel des sowjetischen Regierungschefs Josef Stalin war ein vereinigtes und mit dem Ostblock verbündetes Deutschland. Er betrachtete insbesondere die Währungsreform als gefährlichen Affront. Obwohl die Deutsche Mark zunächst nicht in Westberlin eingeführt wurde – einer von den Alliierten kontrollierten Enklave, die von der sowjetischen Besatzungszone umgeben war –, wurde die Stadt zum Ziel seines Zorns.

Kaum eine Woche nach Einführung der neuen Währung blockierten Soldaten der Roten Armee die Schienen-, Straßen- und Wasserzugänge nach Westberlin. Damit sollte Washington zum Einlenken gezwungen werden. Über Nacht waren zwei Millionen Menschen ohne Lebensmittel und Treibstoff gefangen, da Stalin die Entschlossenheit der Alliierten brechen und die volle Kontrolle über Berlin erlangen wollte.

Ein gewaltsamer Durchbruch der Blockade war unmöglich. Nur 20 000 amerikanische, britische und französische Soldaten in Westberlin standen 1,5 Millionen sowjetischen Soldaten gegenüber, die rund um die ehemalige Hauptstadt stationiert waren.[7] Ein offener Konflikt würde mit Sicherheit einen weiteren vernichtenden Krieg nach sich ziehen. Die weltweite Aufmerksamkeit war aber auf Berlin gerichtet, und so konnte man Stalin auch nicht gewinnen lassen. Dem Kreml nicht die Stirn zu bieten würde unentschlossenen Regierungen auf der ganzen Welt signalisieren, dass die USA kein verlässlicher Partner sind. Der Berliner Bürgermeister Ernst Reuter flehte die Westmächte an zu intervenieren: »Ihr Völker der Welt, [...] schaut auf diese Stadt und erkennt, daß ihr diese Stadt und dieses Volk nicht preisgeben dürft und nicht preisgeben könnt!«[8]

Die Planer der Alliierten machten das Unmögliche möglich. Da der Landzugang gekappt war, konnte Westberlin nur über Luftkorridore versorgt werden, die mit den Sowjets vor Kriegsende vereinbart worden waren. Die Versorgung der Bevölkerung mit Nahrungsmitteln und Heizmaterial per Flugzeug war eine große Herausforderung. Jeden Tag mussten mehrere Tausend Tonnen Lebensmittel und Treibstoff eingeflogen werden. Die alliierten Streitkräfte hatten schon mit dem Abzug begonnen, und so mangelte es an Piloten und Flugzeugen. Das Unternehmen konnte nur gelingen, wenn in Schichten rund um die Uhr geflogen wurde, was Mensch und Maschine bis zum Äußersten strapazierte. Zudem waren Sturm, Regen und Gewitter in Berlin keine Seltenheit. Untätig zu bleiben war aber keine Option, und so hoben nach eiliger Vorbereitung die ersten Flugzeuge ab.

Nach einem zögerlichen Start nahm die Berliner Luftbrücke an Fahrt auf. Der von den Nazis erbaute Flughafen Tempelhof in Westberlin war das Drehkreuz, wohin Kohle, Treibstoff und Lebensmittel eingeflogen und dann mit Lastwagen eilig in die Stadt transportiert wurden. Es herrschte ein so reger Betrieb, dass die einzige Start- und Landebahn Schlaglöcher bekam und in großer Hast eine neue gebaut werden musste.[9]

Die Luftbrücke war so erfolgreich, dass Stalin im Frühling 1949 die Zwecklosigkeit seiner Blockade einsehen musste und sie wieder aufhob. Washington hatte dem Kreml die Stirn geboten und gewonnen. Auch wenn die Luftbrücke die Welt in einen neuen Krieg zu stürzen drohte, hielt US-Präsident Harry Truman sie rückblickend weiterhin für richtig. »Ich hatte entschieden, dass wir in Berlin bleiben würden, komme, was wolle.«[10]

Unterdessen intensivierten Großbritannien, Frankreich und die USA ihre Bemühungen, Westdeutschland in die globale Familie der freiheitlichen Demokratien einzugliedern. Kurz nach Ende der Luftbrücke, am 23. Mai 1949, wurde die Bundesrepublik Deutschland gegründet. Anhand von Vorgaben der Alliierten hatte der Parlamentarische Rat das Grundgesetz ausgearbeitet, das Westdeutschland zu einer parlamentarischen Demokratie mit Minderheitenschutz und klarer Gewaltenteilung machte. Das verschlafene, unscheinbare Bonn wurde zur Hauptstadt erklärt, und die Bundesrepublik sollte ein Bollwerk gegen eine Rückkehr des Totalitarismus und ein Vorzeigebeispiel für eine freiheitliche Demokratie werden. Aus Angst, die neue Verfassung könnte die Ost-West-Teilung unumkehrbar machen, bestanden die deutschen Verfassungsgeber darauf, dass es ein vorläufiges Dokument sein sollte, bis das Land wiedervereinigt war. »Wir beginnen mit dieser Arbeit in der Absicht und dem festen Willen, einen Bau zu errichten, der am Ende ein gutes Haus für alle Deutschen werden soll«, sagte Karl Arnold, Ministerpräsident von Nordrhein-Westfalen in der britischen Besatzungszone.[11]

Als Reaktion darauf wurde in Ostdeutschland unter sowjetischer Direktive die Deutsche Demokratische Republik gegründet. Bei der ersten Wahl im Jahr 1950 durften die Bürger der DDR nur Kandidaten von einer genehmigten Liste wählen, und Walter Ulbricht von der marxistischen Sozialistischen Einheitspartei Deutschlands (SED) wurde erster Staatschef. Nachdem Bismarck Deutschland 1871 geeint hatte und das Land in zwei Weltkriegen zusammengehalten worden war, war es nun wieder geteilt.

Westdeutschland hatte das bessere Los gezogen. Die Bundesrepublik profitierte weiter von der Fürsorge ihrer neuen Beschützer. 1953 willigten über 20 Länder ein, Deutschland mehr als die Hälfte der Auslandsschulden zu erlassen, damit dem Land mehr Geld für einen schnelleren Wiederaufbau zur Verfügung stand. Auch den deutschen Unternehmen wurde unter die Arme gegriffen. Deutschland wurde wieder zum Wirtschaftsmotor Europas – vor allem dank der Unterstützung von Ländern, die es kurz zuvor noch als Feinde bezeichnet hatte.

Ein weiterer Meilenstein war die Aufnahme Westdeutschlands in die NATO im Jahr 1955. Die Mitgliedschaft in dem Militärbündnis war eine reine Formalität, da ohnehin zahlreiche westliche Streitkräfte im Land stationiert waren. Doch damit war nun der Platz Westdeutschlands in der Weltordnung gesichert. Bundeskanzler Konrad Adenauer sagte in seiner Rede anlässlich des deutschen

Beitritts, das Bündnis stehe in vollem Einklang mit »den natürlichen Interessen des deutschen Volkes, das sich nach den schrecklichen Erfahrungen zweier Weltkriege wie kaum ein anderes Volk nach Sicherheit und Frieden sehnt«.[12]

Die deutsche Wirtschaft erholte sich rasch vom Krieg, dies galt allerdings nicht für die einzigartige deutsche Kultur, die während der Weimarer Zeit ihre Blüte erlebt hatte. Viele berühmte Künstler waren während der Naziherrschaft ins Exil gegangen und kehrten nicht zurück. Der Regisseur Fritz Lang, bekannt für den bahnbrechenden Science-Fiction-Film *Metropolis* aus dem Jahr 1927, ließ sich in Hollywood nieder. Andere von den Nazis als »entartet« eingestufte Künstler kamen zurück, aber erlangten nicht mehr die Bekanntheit, die sie vor Hitlers Machtergreifung gehabt hatten. Jeanne Mammen war eine führende Malerin der Neuen Sachlichkeit, die den Expressionismus ablehnte und die sozialen Verhältnisse im Lande in den Fokus rücken wollte. Die Nazis hatten ihr das Publizieren und Ausstellen verboten, und als sie nach dem Krieg wieder ausstellen konnte, konnte sie nicht an ihren Erfolg in der Weimarer Zeit anknüpfen. Andere blieben berühmt, aber waren nicht mehr in Deutschland künstlerisch tätig. Billy Wilder, ein österreichisch-jüdischer Drehbuchautor und Regisseur, der zur Zeit der Machtergreifung der Nazis in Berlin gearbeitet hatte, war nach Paris und dann weiter in die USA geflohen. Er wurde zu einer Hollywoodgröße und drehte Filme wie *Manche mögen's heiß* mit Marilyn Monroe, der mit sechs Oscars ausgezeichnet wurde.

Das kulturelle Vakuum in Westdeutschland wurde mit dem wachsenden Wohlstand gefüllt. Das Land entwickelte sich schnell zu einer Konsumgesellschaft, wobei den Käufern die Solidität wichtiger war als die Begeisterung. Unternehmen, deren Zielgruppe die neuen wohlhabenden Westdeutschen waren, stellten fest, dass die Konsumenten eine Vorliebe für als hochwertig empfundene Waren hatten.[13] Es gab ein Elixier namens *Frauengold,* das zur Nervenberuhigung der viel beschäftigten westdeutschen Hausfrau vermarktet wurde, wobei hauptsächlich der relativ hohe Alkoholgehalt die Wirkung erzielte. Auch andere kulturelle Bewegungen wie die in den

1950er-Jahren populär gewordenen *Heimatfilme* schienen den Deutschen Sicherheit zu geben. Sie spielten typischerweise in ländlichen Gegenden, und in der Handlung triumphierten traditionelle Werte über Widrigkeiten. Der Film *Die Mädels vom Immenhof* aus dem Jahr 1955 erzählt die Geschichte dreier Mädchen, die nach dem Krieg aus Preußen fliehen, um bei ihrer Großmutter auf einem Pferdehof in Schleswig-Holstein zu leben. Der finanzielle Ruin droht, aber die Familie trotzt singend allen Problemen, bis schließlich das Geld eines Pferdekäufers sie rettet. Der Film war ein großer kommerzieller Erfolg, und es wurden zwei Fortsetzungen gedreht.

Das Leben im Osten war schwerer. Aus Wut über den sinkenden Lebensstandard und die zunehmende Sowjetisierung der Wirtschaft gingen Bauarbeiter in ostdeutschen Großstädten zu Massendemonstrationen auf die Straße. Diese Erhebung wurde von sowjetischen Truppen gewaltsam niedergeschlagen, wobei am 17. Juni 1953 125 Demonstranten getötet wurden. Der Westen reagierte darauf nicht. Die Proteste konnten zwar die Sowjetisierung verlangsamen, doch die ostdeutschen Dissidenten erkannten, dass sie ihren Kampf gegen den Totalitarismus allein führen mussten. Es sollte noch eine ganze Generation dauern, bis es erneut zum massenhaften Ungehorsam kam.

Im Westen wurde dagegen die Stimmung in den 1950er-Jahren immer besser, und man triumphierte angesichts des Wirtschaftswunders. Der VW Käfer war ein Hit, und so ging im Nachhinein doch noch Hitlers Traum von einem Volksauto in Erfüllung, dessen Entwicklung das Regime bei Ferdinand Porsche in Auftrag gegeben hatte. 1955 rollte im noch von den Nazis errichteten Wolfsburger Werk das millionste Fahrzeug vom Band. Seine goldene Lackierung und die mit Strasssteinen besetzte Stoßstange verkörperten den Prunk und Glanz des westlichen Kapitalismus.

1957 veröffentlichte Wirtschaftsminister Ludwig Erhard das Buch *Wohlstand für Alle,* das den vom Wirtschaftswunder bescherten höheren Lebensstandard pries und die Phrase prägte, die bis heute als Ersatz für nationale Solidarität dient. Die Transformation der deutschen Gesellschaft war in der Tat bemerkenswert. In den 1950er-

Jahren wuchs die westdeutsche Wirtschaft jährlich um etwa acht Prozent, schneller als in fast jedem anderen europäischen Land. Durch dieses rapide Wachstum verdoppelte sich der Lebensstandard innerhalb eines Jahrzehnts. 1950 lebten noch Hunderttausende Deutsche in Flüchtlingslagern. 1956 baute das Land schon weit über eine halbe Million Wohnungen jährlich.[14] 1950 gab es etwa 600 000 Autos in der Bundesrepublik. 1960 hatte sich diese Zahl mit 4,5 Millionen schon versiebenfacht.[15] Der Bierkonsum vervierfachte sich fast. Das war aber nicht das einzige Wunder, das die Stimmung in Westdeutschland hob. 1954 besiegte die Fußballnationalmannschaft den Favoriten Ungarn und gewann die Weltmeisterschaft, was den Nationalstolz wiederbelebte, der aber fast ausschließlich auf sportliche Ereignisse beschränkt blieb.

In Ostdeutschland zog sich jedoch die totalitäre Schlinge zu, die sich schon bald in einer fast unüberwindbaren Mauer manifestieren sollte. Viele DDR-Bürger flohen schon seit Jahren in den freien und prosperierenden Westen, es vollzog sich ein einschneidender Braindrain. Die meisten der 3,5 Millionen bis 1960 geflohenen Menschen waren jung und zählten zu den am besten gebildeten der Gesellschaft. Das ostdeutsche Regime hatte die Kontrollen an vielen Grenzübergängen verstärkt, aber es war immer noch relativ einfach, über Westberlin zu fliehen. Aus Angst vor dem Kollaps der DDR beschloss der ostdeutsche Staatschef Ulbricht 1961, etwas dagegen zu unternehmen.

Die Berliner Mauer, die offiziell »Antifaschistischer Schutzwall« hieß, wurde am 13. August 1961, dem »Stacheldrahtsonntag«, errichtet. Sie erstreckte sich über 155 Kilometer um ganz Westberlin herum und war von bewaffneten Soldaten bewacht, die den Befehl hatten, jeden zu erschießen, der den Todesstreifen zu überwinden versuchte. Allein im ersten Jahr starben zwölf Menschen beim Versuch, die Absperrungen zu überqueren, die fast über Nacht errichtet wurden, Berliner Familien auseinanderrissen und Westberlin in eine bizarre Insel verwandelten. Die Ostdeutschen waren daraufhin fast 30 Jahre lang isoliert. Auch wenn US-Präsident John F. Kennedy 1963 für seine »Ich bin ein Berliner«-Rede nach Berlin reiste, bedeuteten diese Worte für die Ostdeutschen wenig, insbesondere, da er bei einer anderen Gelegenheit verlauten ließ, die Teilung sei einem Krieg vorzuziehen.[16] Die Bürger der DDR waren also sich selbst überlassen und mussten das Beste aus ihrem Leben hinter dem Eisernen Vorhang machen.

Als in Westdeutschland die 1960er-Jahre anbrachen, hätten nur wenige mit dem Trauma und der Spaltung gerechnet, die das neue Jahrzehnt mit sich bringen sollte. In den 15 Jahren nach dem Krieg hatte die Gesellschaft ihre gesamten geistigen und körperlichen Kapazitäten der Herkulesaufgabe des Wiederaufbaus gewidmet. Das Wirtschaftswunder hatte ein politisches Wunder hervorgebracht: Ein totalitärer Staat hatte sich innerhalb weniger Jahre in eine blühende Demokratie verwandelt. Die Deutschen hatten zweimal versucht, die europäische Ordnung zu stürzen; nun wurden zumindest die Westdeutschen ein Teil des freiheitlichen, demokratischen Staatenblocks. Die Alliierten unterstützten das Land großzügig beim Wiederaufbau und ebneten den Weg zurück zur Demokratie, aber eine Nation ist mehr als das. Die Aufarbeitung der nationalsozialistischen Vergangenheit stand noch aus, ebenso wie die noch schwerere Klärung der Frage, was die Deutschen jenseits des Wiederaufbaus und des rein materialistischen Wohlstands zusammenhielt. Das Land musste sich diesen unangenehmen Themen früher oder später stellen.

Die Sünden des Vaters

Der Frankfurter Weihnachtsmarkt sah 1963 aus wie jeder andere. Menschenmengen strömten auf den Platz vor dem Römer, um Glühwein zu trinken und kunsthandwerkliche Stände zu bewundern. Der Römer war zur gleichen Zeit wie das Goethehaus von Bomben zerstört und ebenso wie andere originalgetreu wiederaufgebaut worden. 1955 wurde das Rathaus von Bundespräsident Theodor Heuss feierlich eröffnet. Darin befand sich unter anderem das Oberlandesgericht Hessen. Während draußen Chöre Weihnachtslieder sangen, braute sich drinnen im Gerichtssaal ein Donnerschlag zusammen, der jahrzehntelang durch die deutsche Gesellschaft hallen sollte.

Am 20. Dezember 1963 begann in Frankfurt der Auschwitz-Prozess, in dem über die Schuld von 22 Offizieren niederen und mittleren Rangs geurteilt werden sollte, die in dem Konzentrationslager gearbeitet hatten.[17] Höhere Beamte waren gleich nach dem Krieg vor Gericht gestellt worden. 1947 wurde zum Beispiel der Lagerkommandant Rudolf Höss für seine Beteiligung an der Ermordung von 1,1 Millionen Menschen in Auschwitz gehängt. Bei diesem Prozess sollten jedoch zum ersten Mal rangniedere an den Verbrechen Beteiligte zur Rechenschaft gezogen werden. Zu den Angeklagten gehörte auch der Rapportführer Oswald Kaduk, der von den Sowjets freigelassen worden war und als Krankenpfleger in Westberlin arbeitete.

Für Hessens Generalstaatsanwalt Fritz Bauer war der Prozess der Höhepunkt jahrelanger forensischer Ermittlungen und eines noch längeren Kampfes gegen den Faschismus. Bauer wurde 1903 als Sohn jüdischer Eltern in Stuttgart geboren und hatte in seiner Geburtsstadt bis zu Hitlers Machtergreifung 1933 als Richter gearbeitet. Die Nazis hatten ihn als Juden und sozialdemokratischen Aktivisten seines Amtes enthoben und ins Konzentrationslager Heuberg in Süddeutschland geschickt, wo er geschlagen worden war und die Latrine reinigen musste. Nachdem er eine Loyalitätserklärung für das Regime unterzeichnet hatte, ließen ihn die Nazis frei, und er floh 1936 nach Dänemark. Als die deutsche Armee 1943 dort einfiel, schmuggelte der dänische Widerstand Bauer und 7000 andere auf Fischerbooten nach Schweden. Während seiner Zeit dort ging Bauer journalistischer und politischer Arbeit nach, um über die Runden zu kommen. Er traf auch den zukünftigen deutschen Bundeskanzler Willy Brandt, und sie gründeten gemeinsam eine Zeitung für im Exil lebende Sozialdemokraten.[18]

Nach der Gründung der Bundesrepublik kehrte Bauer nach Deutschland zurück und erhielt wieder eine juristische Anstellung. 1956 wurde er zu Hessens oberstem Staatsanwalt ernannt, eine mächtige Stellung mit 200 Untergebenen. Aufgrund seiner Bekanntheit spielte er eine entscheidende Rolle bei der Jagd nach Adolf

Eichmann, der einer der wichtigsten Planer des Holocaust gewesen war. 1957 bekam Bauer einen Tipp, dass sich Eichmann in einem Dorf in Argentinien versteckte. Aus Angst, deutsche Amtsträger könnten den Flüchtigen warnen, um einen peinlichen Gerichtsprozess zu vermeiden, gab Bauer die Information an den israelischen Geheimdienst Mossad weiter. In einer waghalsigen Operation reisten israelische Agenten nach Argentinien, entführten Eichmann und schmuggelten ihn nach Jerusalem, wo er vor Gericht gestellt wurde. Dort wurde er im Juni 1962 für Verbrechen gegen die Menschlichkeit schuldig befunden und gehängt.

Unterdessen widmete sich Bauer schon einem neuen Projekt. 1959 hatte ihm ein Journalist eine Liste von Wachleuten in Auschwitz zukommen lassen, denen vorgeworfen wurde, Gefangene bei Fluchtversuchen erschossen zu haben, und Bauer wollte in diesen Fällen Urteile erreichen. Nachdem er die Genehmigung erhalten hatte, den Prozess in Frankfurt abzuhalten, sammelte er Beweise und suchte Zeugen, die zur Aussage bereit waren. Ende 1963 begann schließlich der Prozess.

Zum ersten Mal erfuhr die deutsche Öffentlichkeit Details über den Horror von Auschwitz. Der Prozess dauerte zwei Jahre, in denen Menschen von ihren schrecklichen Erfahrungen im Lager berichteten. Als der Angeklagte Wilhelm Boger mit der »Boger-Schaukel« konfrontiert wurde, einem Folterinstrument, an dem Gefangene nackt und kopfüber aufgehängt wurden, während Wärter sie mit Brechstangen totschlugen, wies er jegliche Schuld kühl von sich, da er nur Befehle befolgt habe. Ein anderer Zeuge beschuldigte Boger, den Kopf eines kleinen Jungen gegen eine Wand geschlagen und ihn so getötet zu haben. Der Zeuge sei anschließend gezwungen worden, die entstandenen Blutflecken von den Steinen zu entfernen. Boger empfand den Prozess zunächst als Unrecht, denn in Deutschland hatte es ja schon die Entnazifizierung gegeben, und sein Verfahren war eingestellt worden. Am Ende zeigte er jedoch zumindest ein wenig Reue: »Heute sehe ich, dass die Idee, der ich anhing, Verderben gebracht [hat] und falsch war«, sagte er in seinem Schlusswort.[19]

Der Fall war kaum zu ignorieren, auch für Deutsche, die lieber den Kopf in den Sand gesteckt hätten. Zwischen November 1963 und September 1965 erschienen allein in vier großen Zeitungen über 900 Artikel über den Prozess.[20] Er erregte insbesondere das Interesse junger Menschen, deren Fragen an ihre Eltern zu Beginn des Wirtschaftswunders auf taube Ohren gestoßen waren. Schüler und Studenten erschienen zahlreich und regelmäßig zur Verhandlung. Andere Deutsche sahen wiederum Bauers Bemühungen als Provokation an, und das Gericht erhielt Hunderte von Briefen, die Kritik an dem Prozess äußerten.

Am Ende entschieden die Richter, dass die Angeklagten nur für persönlich begangene Verbrechen verurteilt werden konnten, und so fielen die Urteile relativ mild aus. Boger, der einen kleinen Jungen ermordet hatte, erhielt als einer der wenigen eine lebenslängliche Freiheitsstrafe. Bauer hatte gehofft, dass die deutsche Bevölkerung den Prozess als Rechtsprechung über sich selbst begreifen würde, und er war von dem Ausgang schwer enttäuscht. Drei Jahre später litt er an schwerer Bronchitis, die er mit Alkohol und Schlaftabletten behandelte. Sein lebloser Körper wurde in der Badewanne gefunden.

Bauer hatte geglaubt, dass sein Lebenswerk gescheitert sei, aber tatsächlich brachte der Prozess die schmerzhafte Vergangenheitsbewältigung voran. Die Deutschen konnten nicht mehr so tun, als ob lediglich hochrangige Nazis Schuld an den Verbrechen trugen. Westdeutschland war aus seiner materialistischen Realitätsflucht in den Wiederaufbau und das Wirtschaftswunder wachgerüttelt worden. Nun war klar, dass die gesamte Gesellschaft Schuld an den Naziverbrechen trug, und die Jugend begann, großes Misstrauen ihren Eltern und dem von ihnen errichteten Staat gegenüber zu hegen. Die Wahl im Jahr 1966 trug wenig dazu bei, diese Befürchtungen zu besänftigen. Kurt Georg Kiesinger, ein ehemaliges Mitglied der NSDAP, wurde Kanzler der von der CDU/CSU angeführten Großen Koalition mit der SPD.

Das Misstrauen gegenüber der westdeutschen Gesellschaft und dem Staat verstärkte sich beim Staatsbesuch des iranischen Schahs in Berlin im Jahr 1967. Es kam zu einer Konfrontation zwischen studentischen Demonstranten und der Polizei sowie den Sicherheitsbeamten des Schahs. Dabei wurde der Student Benno Ohnesorg von einem Polizisten mit einem Schuss in den Hinterkopf getötet. Das 26-jährige Opfer war verheiratet und erwartete sein erstes Kind. Der Polizist wurde vor Gericht gestellt, aber freigesprochen, was die gesellschaftlichen Spannungen verschärfte und die Spirale der Gewalt weiter anheizte. 1968 wurde der Studentenführer Rudi Dutschke von einem Rechtsextremen angeschossen, was heftige Studentenproteste gegen den Springer-Verlag hervorrief, dessen Boulevardzeitung *Bild* Dutschke als Umstürzler diffamiert hatte. Der Aktivist hatte zuvor zu einem »Marsch durch die Institutionen« aufgerufen, um die laut ihm nach wie vor autoritäre Gesellschaft in Deutschland zu revolutionieren. Dutschke überlebte die Schüsse zwar, erlitt aber schwere Hirnschäden, an denen er 1979 im Alter von 39 Jahren starb.

Eine weitere Stufe der deutschen Konfrontation mit der Vergangenheit wurde im Dezember 1970 erreicht, als der sozialdemokratische Bundeskanzler Willy Brandt nach Warschau reiste. Schweigsam und ernst näherte er sich dem Denkmal für den Ghettoaufstand von 1943 und fiel dramatisch auf die Knie. Sein gesenkter Kopf und die vor ihm verschränkten Händen wurden als öffentliche Bitte um Vergebung für die Ermordung Zehntausender Ghettobewohner durch die Deutschen verstanden. International brachte ihm diese Geste Bewunderung ein, aber in seiner Heimat stieß sie auf wenig Gegenliebe. Eine Umfrage des Nachrichtenmagazins *Spiegel* ergab, dass eine Mehrheit der Deutschen zwischen 30 und 59 Jahren Brandts Kniefall übertrieben fand.[21]

Der Bundeskanzler war in die polnische Hauptstadt gereist, um einen weiteren umstrittenen Bruch mit der Vergangenheit zu vollziehen. Er unterzeichnete ein Abkommen, laut dem die Bundesrepublik Ansprüche auf die nach dem Zweiten Weltkrieg abgetretenen Gebiete aufgab. Dieser Schritt erzürnte die deutschen Vertriebenenverbände. Der Warschauer Vertrag war Teil einer Reihe von Vereinbarungen, mit denen die Beziehungen Deutschlands zu Polen und der Sowjetunion verbessert werden sollten. Aber wie beim Kniefall vor dem Ghetto-Ehrenmal hatte Brandt auch hier nicht die Unterstützung der gesamten deutschen Bevölkerung. In einer Bundestagsdebatte bezeichneten Politiker der CDU/CSU die Verträge als »Ausverkauf deutscher Interessen«.[22]

In den 1970ern wuchsen in der Bundesrepublik die innenpolitischen Spannungen. Zu Beginn des Jahrzehnts bewaffneten sich junge Linksradikale und bildeten die Rote-Armee-Fraktion (RAF), wegen der beiden Gründungsmitglieder Andreas Baader und Ulrike Meinhof auch Baader-Meinhof-Gruppe genannt. Diese militante Splittergruppe der 1968er-Studentenbewegung verübte Anschläge auf US-Militäreinrichtungen, hochrangige Unternehmer und Politiker; über 30 Menschen fielen den Anschlägen zum Opfer. Die RAF verurteilte die Bundesrepublik als Polizeistaat, der ihrer Anschauung nach größtenteils von denselben Menschen regiert wurde, die auch den Holocaust zu verantworten hatten. Dem Führungsmitglied Gudrun Ensslin wird folgende Aussage zugeschrieben: »Dieser faschistische Staat ist darauf aus, uns alle zu töten. Wir müssen Widerstand organisieren. Gewalt kann nur mit Gewalt beantwortet werden. Dies ist die Generation von Auschwitz – mit denen kann man nicht argumentieren.«[23]

Trotz der verübten Gewalttaten und Attentate auf führende Repräsentanten aus Wirtschaft und Politik genoss die RAF Sympathien in der jungen Generation, was Rückschlüsse darüber zulässt, wie groß deren Misstrauen gegenüber dem westdeutschen Staat war und wie tief die durch die nationalsozialistische Vergangenheit entstandenen Spaltungen reichten. Eine Umfrage im Jahr 1971 ergab, dass einer von zehn Deutschen bereit wäre, Mitglieder der RAF zu verstecken.[24] Im Januar 1972 veröffentlichte der Autor Heinrich Böll einen Artikel, der die Berichterstattung der Springer-Presse zu diesem Thema kritisierte. Daraufhin wurde ihm unterstellt, mit der RAF zu sympathisieren. Böll ließ sich davon nicht einschüchtern und konterte 1974 mit seinem Buch *Die verlorene Ehre der Katharina Blum,* das ein recht unverhohlener Angriff auf die Verteufelung linker Aktivisten durch die konservative Springer-Presse war.

In anderen Ländern gab es zwar auch studentische Terrorbewegungen (wie den Weather Underground in den USA), aber sie erfuhren selten so großen Zuspruch aus der Bevölkerung wie in Deutschland. Allenfalls die Stadtguerillaaktionen der Roten Brigaden in Italien – ein weiteres Land, das sich mit der Aufarbeitung seiner faschistischen Phase schwertat – entzweite die Gesellschaft in ähnlicher Weise. Deutschland hatte sich während der Nachkriegszeit auf den Wiederaufbau konzentriert, und nun drohte ein Konflikt zwischen den Generationen die Gesellschaft ins Chaos zu stürzen.

Die Gewalt der RAF erreichte ihren Höhepunkt Ende 1977, im sogenannten Deutschen Herbst. Entgegen dieser Bezeichnung begannen die Gewalttaten schon im Frühling. Im April verübten Mitglieder der RAF ein Attentat auf Generalbundesanwalt Siegfried Buback und töteten ihn, seinen Fahrer und einen Kollegen. Buback wurde nicht nur als oberster Staatsanwalt der Bundesrepublik Zielscheibe der RAF, sondern er war auch ehemaliges Mitglied der NSDAP. Im Sommer wurde Jürgen Ponto, Vorstandsvorsitzender der Dresdner Bank, ermordet. Im September entführten RAF-Mitglieder den ehemaligen SS-Offizier Hanns Martin Schleyer, der nach dem Krieg zum Chef des Bundesverbandes der Deutschen Industrie aufgestiegen war und die Interessen von Unternehmen wie Siemens, Volkswagen und Mercedes-Benz vertrat. Die bewaffnete Gruppe versuchte, Schleyer gegen mehrere inhaftierte RAF-Mitglieder, darunter Andreas Baader, auszutauschen, der im Hochsicherheitsgefängnis Stammheim bei Stuttgart einsaß.

Die Bundesregierung weigerte sich zu verhandeln, und so entführte die RAF gemeinsam mit der Volksfront zur Befreiung Palästinas am 13. Oktober eine Lufthansa-Maschine auf dem Weg von Palma de Mallorca nach Frankfurt, und der Pilot wurde gezwungen, in Mogadischu zu landen. Am 19. Oktober befahl Bundeskanzler Helmut Schmidt schließlich einem Sondereinsatzkommando die Stürmung des Flugzeugs. Dabei wurden vier Entführer getötet und alle Geiseln befreit. Am nächsten Morgen wurden drei inhaftierte RAF-Mitglieder, darunter Baader, tot in ihren Zellen aufgefunden. Alle drei Todesfälle wurden als Selbstmorde eingestuft, aber andere

RAF-Mitglieder und Teile der Gesellschaft verdächtigten den Staat außergerichtlicher Tötungen und stellten die demokratische Gesinnung der politischen Klasse in Deutschland infrage.

In den 1980er-Jahren beruhigte sich die innenpolitische Situation in der Bundesrepublik. Die Herkulesaufgabe des Wiederaufbaus und der Vergangenheitsbewältigung hatte aber die Diskussion darüber in den Hintergrund treten lassen, was die Nation im Kern zusammenhalten sollte. Der Philosoph Jürgen Habermas behauptete, dass Westdeutschland seinen angestammten völkischen Nationalismus durch den Verfassungspatriotismus ersetzt habe, der das Land auf der Basis freiheitlicher und demokratischer Werte zusammenhielt. Das klang beruhigend, aber es wurde nie genauer untersucht, wie tief diese Einstellung wirklich in der Gesellschaft verankert war. Es sollte noch mehrere Jahrzehnte dauern, bis Habermas' These durch den wiederaufkommenden Nationalismus auf die Probe gestellt wurde und sich als zweifelhaft herausstellte.

Ende der 1980er-Jahre waren die Deutschen immer noch auf der Suche nach ihrer Identität, und es war ihnen auch nicht wirklich bewusst, was »Gesellschaft« eigentlich bedeutete. Anstatt sich mit solchen komplexen Fragen zu beschäftigen, wollte man das Nachkriegsdeutschland als etwas ganz Neues sehen, das mit der Nazizeit nichts mehr zu tun hatte. Es blieb aber unklar, was das eigentlich hieß. Bundespräsident Richard von Weizsäcker sprach am 8. Mai 1985 in einer Bundestagsrede anlässlich des 40. Jahrestages des Endes des Zweiten Weltkriegs von der »Befreiung« Deutschlands vom Nationalsozialismus und rief seine Mitbürger auf, die Vergangenheitsbewältigung weiter voranzutreiben. Die Rede wurde zwar für ihre moralische Klarheit gelobt, aber sie wich der schweren Aufgabe aus, sich der kollektiven Schuld zu stellen, und gab auch keine Anregungen für weitere konkrete Schritte. Nur wenige Tage zuvor hatten Bundeskanzler Helmut Kohl und US-Präsident Ronald Reagan internationale Empörung ausgelöst, als sie beim Besuch eines Militärfriedhofs nahe der luxemburgischen Grenze eine Gedenkveranstaltung an einem Grab abhielten, in dem Angehörige der Waffen-SS beerdigt waren.

Die daraus resultierenden Diskussionen entfachten den sogenannten Historikerstreit zwischen konservativen und linken Intellektuellen über die Bedeutung des Holocaust für die deutsche Geschichte. Die Konservativen um Ernst Nolte bestritten, dass die »Endlösung der Judenfrage« durch die Nazis beispiellos in der Menschheitsgeschichte sei. Andere Nationen hätten ähnliche Schuld auf sich geladen. Dagegen argumentierten Persönlichkeiten wie Habermas, dass diese Behauptung die Naziverbrechen relativieren würde. Der Streit wurde in Zeitungen und Talkshows ausgetragen, ohne dass je eine Einigung erzielt wurde. Der Maler Gerhard Richter fing den inneren Konflikt der Nation auf der Leinwand ein. 1988 schuf er das Gemälde »Betty«, ein Porträt seiner elfjährigen Tochter, die vom Betrachter abgewandt war. Es erinnerte an die westdeutschen Schwierigkeiten, sich mit seiner Nachkriegsidentität auseinanderzusetzen.

Doch bald sollte durch die Wiedervereinigung von zwei deutschen Staaten nach 40 Jahren die Neudefinition einer nationalen Identität noch schwieriger werden. Nachdem in den 1980ern deutlich geworden war, dass die ostdeutsche Wirtschaft nicht funktionierte, wurde die Unzufriedenheit mit der regierenden SED immer größer.

Vor dem Hintergrund der von Michail Gorbatschow in der Sowjetunion eingeleiteten Politik der Perestroika bildeten sich Ende der 1980er-Jahre in mehreren Ostblockstaaten, darunter auch in der DDR, erste Demokratiebewegungen. Im September 1989 versammelten sich friedliche Demonstranten vor der Nikolaikirche in Leipzig und forderten Reisefreiheit und freie Wahlen. Die wöchentlichen Proteste wurden als Montagsdemonstrationen bekannt und breiteten sich bald in der ganzen DDR aus. Die Teilnehmerzahlen wuchsen stetig, und am 16. Oktober marschierten in Leipzig über 120 000 Menschen, ohne sich von den Gewaltandrohungen des Regimes einschüchtern zu lassen. Der einst gefürchtete Polizeistaat schien plötzlich geschwächt. Wenige Monate zuvor hatte Erich Honecker noch geschworen, die Berliner Mauer werde weitere 50 bis 100 Jahre überdauern, aber am 18. Oktober musste er dann zurücktreten, wodurch die Brüchigkeit des Regimes vollends offensichtlich wurde. In der darauffolgenden Woche stieg die Zahl der Demonstranten auf über 300 000. Die Ostdeutschen wollten Freiheit, und ihre Parole lautete: »Wir sind das Volk!«

Geschwisterrivalität

Harald Jäger, ein Beamter der gefürchteten Stasi, musste bei seinem Dienst am Grenzübergang Bornholmer Straße zwischen Ost- und Westberlin mit einer völlig neuen Situation zurechtkommen. Es war der 9. November 1989, und er hatte als Leiter des Postens den Befehl, Menschen zu erschießen, die »Republikflucht« begehen wollten. Gerade hatte jedoch ein führender Funktionär zögerlich eine Änderung der Reisebestimmungen bekannt gegeben. Den eingepferchten Ostdeutschen war es nach Jahrzehnten wieder erlaubt, ohne vorherige Genehmigung nach Westberlin zu gehen. Das sollte Demonstranten inmitten der Unruhen im Warschauer Pakt beschwichtigen, und die Neuigkeit verbreitete sich wie ein Lauffeuer. Gegen Abend berichteten schon alle großen westdeutschen Nachrichtensender davon, die ostdeutsche Haushalte auch empfangen konnten. Tausende DDR-Bürger strömten zu dünn besetzten Grenzübergängen wie dem von Jäger. Die »friedliche Revolution« war erfolgreich gewesen, und die deutsche Geschichte nahm abermals eine schicksalhafte Wendung.

Immer mehr Menschen fanden sich am Bornholmer Übergang in Berlin-Mitte ein, und Jäger stand einer großen, rastlosen Menschenmenge gegenüber. Über Funk bat er seine Vorgesetzten um Anweisungen, die ihm sagten, er solle Provokateure passieren lassen, aber alle anderen zurückweisen. Das war ein unmöglich auszuführender Befehl. Aus Angst vor einem tödlichen Ansturm öffnete Jäger daher schlicht die Grenze und Tausende Ostberliner strömten ungehindert über die Bösebrücke. Die Berliner Mauer war offen, und Europa hatte sich für immer verändert.

Nach einer mehr als 30 Jahre währenden Teilung war Deutschland nun im Freudentaumel, und die Westdeutschen hießen die so lange von ihnen getrennten Landsleute willkommen. Sie umarmten völlig Fremde und verteilten Bananen als Zeichen der Kameradschaft. In Bonn erhoben sich die Bundestagsabgeordneten und sangen spontan die Nationalhymne. Auf westdeutschen Straßen fuhren ostdeutsche Trabis, die in die schwarz-rot-goldene Flagge der Bundesrepublik eingehüllt waren. Weniger als ein Jahr später, am 3. Oktober 1990 um Mitternacht, wurde die Wiedervereinigung offiziell vollzogen. Zuvor hatte es eine Feier mit schwungvollen Reden und einer bebenden Darbietung von Beethovens *Ode an die Freude* gegeben. Anschließend wandte sich Bundeskanzler Helmut Kohl an den Bundestag und sagte triumphierend: »In freier Selbstbestimmung haben wir Deutschen die staatliche Einheit unseres Vaterlandes vollenden können – ohne Gewalt und Blutvergießen, in vollem Einvernehmen mit allen unseren Nachbarn. Ein Traum ist in Erfüllung gegangen.«[25]

Dieser Traum sollte jedoch besonders für die Ostdeutschen schon bald zu einem Albtraum werden. Aber auch für die Westdeutschen legte die unverhofft eintretende Wiedervereinigung die tief sitzenden Defizite der deutschen Nation bloß. Die Bundesrepublik hatte sich zwar wirtschaftlich von der von den Nazis hinterlassenen Verwüstung erholt, nicht aber sozial und kulturell. Das Vorgehen nach der Wiedervereinigung machte das deutlich: Der Fokus lag auf dem Geld, und die ostdeutsche Wirtschaft wurde in einem beängstigenden Tempo in die westdeutsche integriert. Manche unterschätzten die daraus resultierende Belastung für den Osten, andere verheimlichten sie der Öffentlichkeit. Der nun folgende Kulturschock war nicht bedacht worden, weil er nicht verstanden wurde. Der rechtliche Akt der Wiedervereinigung war eine Sache, ein wirkliches Zusammenkommen von zwei getrennten Welten eine ganz andere.

Doch die Rettung der zusammenbrechenden Wirtschaft in Ostdeutschland hatte nun Vorrang. In dem Versuch, die Kluft zwischen den alten und den neuen Bundesländern zu schließen, unterzogen die westlichen Entscheidungsträger den Osten einer wirtschaftlichen Schocktherapie. Kohl hatte versprochen, die ostdeutschen

Bundesländer in »blühende Landschaften« zu verwandeln, stattdessen gab es jedoch für die Ostdeutschen ein böses Erwachen. Im Juli 1990 wurde in den neuen Bundesländern die D-Mark eingeführt, wodurch die veralteten DDR-Fabriken schlagartig dem Wettbewerb mit der technologisch überlegenen Konkurrenz im Westen ausgesetzt wurden. Tausende Arbeiter wurden entlassen, Hunderte Produktionsstätten mussten schließen. Doch das war erst der Anfang. Die im März gegründete Treuhandanstalt bekam die Aufgabe, die rentablen Staatsunternehmen des Ostens zu privatisieren und alle anderen zu schließen. Im Grunde war sie ein Konkursverwalter für die ostdeutsche Wirtschaft.

Die plötzliche Schließung von Fabriken und anderen Unternehmen ließ die Arbeitslosigkeit in Ostdeutschland auf 15 Prozent hochschnellen, höher als in jedem anderen Land des ehemaligen Ostblocks.[26] Wirtschaftshistoriker verglichen die in Ostdeutschland angerichtete Zerstörung mit der Großen Depression der 1930er-Jahre. Die sozialen Folgen waren ebenso gewaltig. Die Bevölkerung der neuen Bundesländer ist seit der Wiedervereinigung um zwei Millionen Menschen geschrumpft. Etwa 1,2 Millionen vorwiegend junge Menschen gingen in den Westen.[27] Zudem sank die Geburtenrate rapide, da die Bevölkerung damit beschäftigt war, über die Runden zu kommen, und keine Kapazitäten für die Familiengründung hatte. Die hohe Arbeitslosigkeit befeuerte eine Phase rechtsextremer Gewalt, die als die »Baseballschlägerjahre« bekannt ist. Wegen der Bevölkerungsabwanderung mussten Fußballvereine, Tanzzentren und Schulen schließen, was bis heute negativ spürbar ist. Laut Umfragen ist die ostdeutsche Bevölkerung deutlich unglücklicher als die westdeutsche,[28] und Einsamkeit ist doppelt so weit verbreitet.[29]

Während Deutschland mit den wirtschaftlichen Folgen der Wiedervereinigung zu kämpfen hatte, wurde das Thema der gemeinsamen Identität verdrängt oder ignoriert. Wegen Befürchtungen, dass die Sowjetunion doch noch intervenieren könnte, entschied sich Westdeutschland für die schnelle und simple Lösung und gliederte den Osten einfach ein.

Das Grundgesetz der Bundesrepublik von 1949 sollte eigentlich nur vorläufig gelten, bis die beiden Teile Deutschlands eine gemeinsame Verfassung ausarbeiten konnten, aber am Ende wurde der Geltungsbereich einfach um die neuen Bundesländer erweitert. Die ostdeutsche Nationalhymne *Auferstanden aus Ruinen* wurde abgeschafft und das westdeutsche *Deutschlandlied* zur einzigen Hymne erklärt. Auch andere geschätzte ostdeutsche Symbole wurden entfernt oder zerstört, womit die Wiedervereinigung eher einer Eroberung als einem gleichberechtigten Zusammenschluss glich.

Am Schicksal des Palastes der Republik wird dieses rücksichtslose Vorgehen sehr deutlich. Er wurde 1976 fertiggestellt und war ein Symbol für das kulturelle Leben des sozialistischen Staates. Neben dem Parlament beherbergte das Gebäude auch Bars, eine Bowlingbahn, eine Diskothek und Restaurants. Für viele Ostdeutsche waren mit dem Gebäude persönliche Erinnerungen verbunden. Junge Paare schauten sich an der Milchbar des Palastes in die Augen, und ältere Bürger reisten von weit her an, um auf Bällen zu tanzen, die an das glanzvolle kaiserliche Wien erinnerten. Das Gebäude erhielt den Schein der Volksnähe des ostdeutschen Regimes aufrecht und zeigte gleichzeitig, wie die Bürger mit den Gegebenheiten im totalitären Staat zurechtkamen und das Beste daraus machten. Die Ostberliner waren zwar hinter dem Eisernen Vorhang eingesperrt, aber etwas vom Freigeist der Hauptstadt lebte weiter.

Dieses Denkmal wurde von der Landkarte getilgt. Kurz vor der Wiedervereinigung wurde Asbest in der Decke gefunden, und es wurde geschlossen. Jahrelang diskutierte die deutsche Gesellschaft, was damit geschehen sollte. Regierungsbeamte wollten es abreißen lassen, aber was dann? Ein Hamburger Millionär hatte die rettende Lösung: Man könnte die kommunistische Zeit überspringen und die preußische Königsresidenz wiederaufbauen, auf deren Ruine der Palast errichtet worden war. Im Februar 2006 rückten die Bulldozer an, und es wurde mit den Bauarbeiten am neoklassizistischen Berliner Stadtschloss begonnen.

So verloren die Ostberliner diese Verbindung zu ihrer Vergangenheit. Entscheidungsträger verweisen darauf, dass Teile davon andernorts weiterleben, aber das ist kaum ein Trost. Stahlträger des Palastes wurden im gewaltigen Burj Khalifa in Dubai verbaut, in dem von Giorgio Armani designte Hotelsuiten über 2400 Euro pro Nacht kosten. Andere Metallteile wurden in der sechsten Generation des VW Golf wiederverwendet, der eines der berühmtesten Symbole des westlichen Massenkonsums ist. Das Fundament des Palastes existiert noch unter der Erde, wie vergrabene Beweise eines Familiendramas. Deutschland wird oft für seinen aufrichtigen und intensiven Umgang mit der Vergangenheit gelobt. Der Umgang mit dem Palast der Republik zeigt aber, dass der Fokus darauf liegt, ganz bestimmte Versionen der Vergangenheit zu erhalten und zu ehren.

Doch nicht nur der Osten fühlte sich durch die Wiedervereinigung gekränkt. Falsche Vorstellungen führten zu Frustrationen auf beiden Seiten. Der Westen verstand nicht, warum die Ostdeutschen so unzufrieden waren und sich beklagten, obwohl sie doch angesichts der maroden Infrastruktur der ehemaligen DDR Geld für neue Straßen und die Renovierung von Rathäusern bekamen. Seit der Wiedervereinigung haben deutsche Steuerzahler Transferzahlungen in Höhe von etwa zwei Billionen Euro an den Osten geleistet. Das entspricht fast dem addierten Wert der 100 größten Unternehmen, die an der britischen FTSE-Börse notiert sind, darunter Shell, AstraZeneca und HSBC.[30]

Neue Autobahnen und restaurierte Wahrzeichen konnten aber nicht die doppelte Belastung der wirtschaftlichen Not und eines verlorenen Identitätsgefühls ausgleichen. Die persönlichen Werte waren nie thematisiert worden, und die Frage, wie Ost und West zu einem Gemeinschaftssinn finden könnten, blieb unbeantwortet. Westdeutschland hatte diese Frage nie wirklich für sich selbst beantwortet und war daher nicht in der Lage, mit dem Osten und seinem komplexen Trauma adäquat umzugehen. Die Basis der westlichen Solidarität war der Wohlstand, und so wollte man dem Osten neben dem großen Geschenk der politischen Freiheit ein Stück dieses Wohlstands zuteilwerden lassen. Die empfundene Undankbarkeit veranlasste die Westler, ihre Landsmänner als »Jammerossis« zu bezeichnen.

Diese hingegen fühlten sich als Bürger zweiter Klasse und beschwerten sich über die »Besserwessis«, was nicht ungerechtfertigt war. Selbst heute beträgt der Anteil der Ostdeutschen an der Elite des Landes nur zwölf Prozent, was deutlich unter deren Bevölkerungsanteil von 20 Prozent liegt.[31] In den Medien und in der Unternehmensführung sind Ostdeutsche nur mit acht Prozent vertreten, und das ändert sich nur langsam. 2003 bezweifelte Fußballlegende Günter Netzer, dass der im Osten aufgewachsene Michael Ballack das Zeug zum Kapitän der Nationalmannschaft habe.[32] 2016 bemerkte Armin Laschet, Scholz' späterer konservativer Konkurrent um das Kanzleramt, der ostdeutsche Staat habe »die Köpfe der Menschen zerstört«.[33] 2023 sagte angeblich Mathias Döpfner, der Chef der Springer-Mediengruppe, dass Ostdeutsche entweder Kommunisten oder Faschisten seien, »dazwischen tun sie es nicht«.[34]

Auch neben dem Berliner Schloss zeigt sich, dass die Wiedervereinigung zum Stillstand gekommen ist. 2007 gab es eine Ausschreibung des Bundestags für ein Denkmal für die »friedliche Revolution«; der Gewinnerentwurf war eine 150 Tonnen schwere Metallstruktur, die einer flachen Schale glich. Sie sollte auf hydraulischen Dämpfern befestigt werden, die sie nach Osten oder Westen kippen ließen, je nachdem, auf welche Seite sich die Besucher bewegten. Der intendierte Symbolismus war unschwer erkennbar. Eigentlich sollte das Denkmal 2013 eingeweiht werden, aber wegen des Baus einer nahe gelegenen U-Bahn-Station kam es zu Verzögerungen. Mittlerweile finden viele den Entwurf zu unbeholfen. »Letztendlich [will es] doch niemand«, sagte Olaf Zimmermann, der Geschäftsführer des Deutschen Kulturrats.[35]

Deutschland hatte nicht nur mit der Wiedervereinigung zu kämpfen, auch die Integration der Gastarbeiter aus der Zeit des Wirtschaftswunders und die Bewältigung der Nazivergangenheit blieben Dauerbaustellen. Als die Berliner Mauer fiel, war das Land wie ein behüteter Jugendlicher, dem seine Privilegien und seine Familiengeschichte nicht bewusst waren. Es war eingebildet und hatte gute Absichten, aber ihm fehlte die Reife, um sich um traumatisierte Familienangehörige zu kümmern. Wie Mahatma Gandhi einst sagte: »Die Kultur einer Nation lebt im Herz und in der Seele seines Volkes«, aber die deutsche Gesellschaft war gespalten. Anfang der 2000er-Jahre wurden die negativen Auswirkungen der Wiedervereinigung in beiden Teilen Deutschlands spürbar, als drastische Kürzungen sozialstaatlicher Leistungen den bequemen Wohlstand bedrohten. Das war nur schwer zu ertragen. Das Land hatte genug vom ewigen Drama und sehnte sich nach Trost. Und den personifizierte Angela Merkel.

Mutti

In ihrer CDU-Parteitagsrede in Leipzig im Dezember 2003 gab sich Angela Merkel kämpferisch. Die Partei hatte gerade die Spendenaffäre hinter sich, wegen der Helmut Kohl auf seinen Ehrenvorsitz verzichtet hatte, und Merkel sollte nun den Sozialdemokraten und gegenwärtigen Kanzler Gerhard Schröder in der 2005 bevorstehenden Wahl besiegen. Das Land litt damals unter einer schwächelnden Wirtschaft und einer anhaltend hohen Arbeitslosigkeit, weswegen es »der kranke Mann Europas« genannt wurde.[36] Angela Merkel war in Ostdeutschland aufgewachsen und hatte einen Doktortitel in Physik. Sie brachte frischen Wind in die CDU und stand als erste Frau an deren Spitze. Einst war sie als Kohls »Mädchen« bekannt gewesen, aber sie hatte am Sturz ihres Mentors mitgewirkt, nachdem dieser sich weigerte, die Namen der Spender von bis zu zwei Millionen D-Mark für die CDU preiszugeben. Merkel versprach ihren Parteikollegen, nicht vor schweren Entscheidungen zurückzuschrecken, um die CDU wieder zur Regierungspartei zu machen.

Deutschland war Merkel zufolge bei Bildung und Infrastruktur ins Hintertreffen geraten und schlafwandelte auf eine demografische Felsklippe zu. Das alte Versprechen »Wohlstand für alle« werde durch tektonische Verschiebungen wie Globalisierung und Digitalisierung infrage gestellt. Eine überbordende Bürokratie bremse die Wirtschaft aus. In einer mitreißenden Rede sagte Merkel, es sei an der Zeit, die Selbstzweifel zu bezwingen und ein Deutschland zu schmieden, in dem alle gut leben konnten. Unter großem Applaus versprach sie, das Land auf den richtigen Weg zu bringen. »Deutschland steht am Scheideweg«, sagte sie. »Die Alternative steht fest, liebe Freunde: Entweder vom Wandel überrollt werden, oder den Wandel gestalten.«[37]

Auf dem Höhepunkt des Wahlkampfs im Jahr 2005 schien Merkel der Sieg gewiss, obwohl nicht alles wie geplant verlaufen war. Die Wähler standen Merkels Vision der Transformation Deutschlands mit marktwirtschaftlichen Reformen skeptisch gegenüber. Besonders die Pläne zur Mehrwertsteuererhöhung und zur Reform der Finanzierung des Gesundheitswesens riefen Stirnrunzeln hervor. Schröders Partei erschien zum Sommeranfang noch chancenlos, hatte aber aufgeholt. Dennoch war Merkel siegesgewiss. Die meisten Wahlumfragen errechneten kurz vor der Wahl einen Vorsprung der Konservativen um fast zehn Prozentpunkte.

Als die Ergebnisse eintrafen, wurde jedoch klar, dass die Umfragen falschgelegen hatten. Konservative und Sozialdemokraten waren fast gleichauf. Merkels reformistischer Eifer war nach hinten losgegangen. Die Konservativen hatten im Vergleich zur vorherigen Wahl sogar Stimmen verloren und lagen nur knapp vor den Sozialdemokraten, die noch mehr Stimmen verloren hatten. Die drei kleineren Parteien verzeichneten einen deutlichen Stimmenzuwachs, was ein erstes Anzeichen für die Fragmentierung war, die sich in den folgenden Jahren verstärken sollte. Für eine Koalition mit der von Merkel bevorzugten neoliberalen FDP reichte es nicht, daher wurde zum ersten Mal seit den späten 1960er-Jahren eine sogenannte Große Koalition der zwei größten Parteien gebildet. Ein Pakt mit den Sozialdemokraten schob aber der Medizin des freien Marktes, die Merkel verabreichen wollte, einen Riegel vor, und bedeutete für ihre Zukunft Ungewissheit. Nach Verkündung der endgültigen Ergebnisse traten eine zerknirschte Merkel und ein sturköpfiger Schröder vor die Kamera und behaupteten beide, ein Mandat für das Amt des Bundeskanzlers zu haben.

Nach wochenlangen angespannten Verhandlungen konnte sich

Merkel durchsetzen und Schröder trat beiseite. Deutschlands erste Kanzlerin wurde am 22. November 2005 vereidigt. Die Wähler hatten ihr jedoch einen peinlichen Hieb versetzt. Sie hatten jahrelang unter Schröder gelitten, aber dennoch war kein rechter Enthusiasmus angesichts seiner Nachfolgerin spürbar. Merkel und ihr Team nahmen sich diese Lektion zu Herzen. Von nun an war sie eine andere Politikerin und stand nicht mehr für Wandel, sondern für Stabilität.

Zum Glück für die neue Bundeskanzlerin besserte sich 2006 die düstere Stimmung im Land. Im Juni und Juli richtete Deutschland die erste Fußballweltmeisterschaft seit der Wiedervereinigung aus, bei der die Hauptstadt Berlin und ihre rapide Gentrifizierung zur Schau gestellt wurden. Jahrelang war die Stadt ein Symbol für das geteilte Europa gewesen, doch vor dem Eröffnungsspiel Deutschland gegen Costa Rica in München konnten Fernsehzuschauer auf der ganzen Welt sehen, wie die Fans in Berlin durch das Brandenburger Tor strömten, wo einst die Mauer gestanden hatte, gekleidet in die schwarz-rot-goldenen Farben der Bundesrepublik. Die junge deutsche Mannschaft überraschte nach mehreren Niederlagen in den Vorbereitungsspielen mit sehenswertem Angriffsfußball und hob die allgemeine Stimmung weiter. Nach dem 3:0-Sieg gegen Ecuador im letzten Gruppenspiel fragten sich die Sportreporter sogar, ob Deutschland das Turnier gewinnen könnte.[38] Die Spieler lieferten nicht nur eine gute Leistung ab, die Mannschaft schien auch das moderne Deutschland zu repräsentieren, da Ost- und Westdeutsche sowie Angehörige ethnischer Minderheiten vertreten waren. Der Patriotismus der Bevölkerung schwoll stark an. Fans jeder Couleur trugen die Nationalfarben und schwenkten gemeinsam die Fahne.

Auch wenn die Nationalmannschaft letzten Endes im Halbfinale gegen Italien verlor, war die Austragung der Weltmeisterschaft ein großer Erfolg und ein Segen für Deutschland und Merkel. Unter dem Motto »Die Welt zu Gast bei Freunden« hatte Deutschland eine wilde einmonatige Party veranstaltet. Der Titel eines Dokumentarfilms, dessen Produzenten das Team während der Meisterschaft begleiteten, fasste die Stimmung im Land treffend zusammen: *Deutschland. Ein Sommermärchen.*

Auch in wirtschaftlicher Hinsicht verbesserten sich die Dinge. Die Weltwirtschaft erlebte einen Aufschwung, was die Nachfrage nach Autos und Industrierobotern »Made in Germany« erhöhte. Die seit Jahren hohe Arbeitslosigkeit sank rapide, was auch auf Schröders Reformen zurückzuführen war, die mit Verzögerung Wirkung zeigten. Das Wirtschaftswachstum in Deutschland war das höchste im entwickelten Teil der Welt, was die *Financial Times* zu der Frage veranlasste, ob Deutschland an der Schwelle zu einem »neuen Wirtschaftswunder« stand.[39]

Anstatt den Boom als Rückenwind für dringend notwendige Reformen zu nutzen, verschaffte Merkel Deutschland und seinen krisenmüden Bürgern eine Atempause. Abgesehen von einer schrittweisen Anhebung des Renteneintrittsalters, die 2007 eingeführt wurde, unterließ sie große Veränderungen. Die Deutschen schienen die Zurückhaltung wertzuschätzen. Anfang Sommer 2007 bewerteten über 70 Prozent der Bevölkerung Merkel positiv. Auch ihr sorgfältig einstudiertes Auftreten fand in der Öffentlichkeit Anklang. Die Deutschen hatten Schröders Machogehabe ertragen müssen, und nun gefiel ihnen Merkels gemäßigte Zurückhaltung. Obwohl sie sich bezüglich ihres Privatlebens recht bedeckt hielt, erschien sie als eine Frau des Volkes. Es gab Fotos von ihr beim Lebensmitteleinkauf, und sie baute Kartoffeln an, die sie mit einem Handstampfer zu Kartoffelsuppe verarbeitete. Bei Fußballspielen trank sie Bier. Den Sommerurlaub verbrachte sie wandernd in den Alpen. Globale Ereignisse sollten jedoch schon bald verhindern, dass Merkels Kanzlerschaft einem Spaziergang in sonnigen Höhen glich.

Im September 2008 nahm die Finanzkrise mit dem Zusammenbruch des Investmentbanking-Schwergewichts Lehman Brothers jedoch erst richtig an Fahrt auf. Auch die Aktien der deutschen Finanzriesen Allianz, Commerzbank und Deutsche Bank stürzten ab, da Anteilseigner eine Ausweitung der Krise fürchteten. Das besorgte deutsche Volk erhoffte sich nun von Merkel die Wiederherstellung der Ruhe. Nach anfänglichem Zögern brachte die Kanzlerin schließlich ein 500 Milliarden Euro schweres Rettungspaket für das Finanzsystem des Landes auf den Weg. Dennoch erlebte Deutschland den schlimmsten Abschwung der Nachkriegszeit. Die Exporte sanken durch den globalen Schock, und das Land geriet Ende 2008 in eine Rezession. Laut Prognosen sollte die wirtschaftliche Erholung lange dauern.

Zum Glück war Hilfe in Sicht. Aus Sorge wegen der Konjunkturkrise verabschiedete die chinesische Regierung ein gewaltiges Konjunkturprogramm, das die Nachfrage nach Waren »Made in Germany« wie Maschinen von Siemens und Autos von Mercedes-Benz wieder ankurbelte. Dadurch wurde Deutschland zwar abhängig von der asiatischen Autokratie aber Merkel und die Deutschen wollten damals um jeden Preis eine Rückkehr des Wachstums, und so ließ die deutsche Wirtschaft die Rezession schon Mitte 2009 hinter sich. Der damalige Finanzminister Wolfgang Schäuble hatte davor gewarnt, dass die Finanzkrise zu einer Massenarbeitslosigkeit führen könnte – ähnlich der, die den Aufstieg Hitlers begünstigt hatte. Mit der Kurzarbeit, im Rahmen derer der Staat einen großen Anteil der Löhne während Produktionsunterbrechungen zahlt, konnten jedoch viele Stellen gerettet werden. Die deutsche Arbeitslosenquote war kaum gestiegen und fiel 2009 schon wieder.

Der große Rettungsschirm, der den zweitgrößten Anstieg der Staatsverschuldung der deutschen Nachkriegsgeschichte verursachte, sorgte jedoch insbesondere unter den christdemokratischen Finanzkonservativen für Unmut. Um sich ihre Unterstützung zu sichern – und auch in Hinblick auf die bevorstehenden Bundestagswahlen im Herbst –, schlug Merkels Regierung vor, Sparsamkeit in der Verfassung festzuschreiben. Die jährliche Nettoneuverschuldung sollte demnach auf 0,35 Prozent des Bruttoinlandsprodukts begrenzt werden. Mit diesem harten gesetzlichen Durchgreifen sollte gezeigt werden, dass die Bankenrettung während der Finanzkrise eine einmalige Sache war. Am 29. Mai 2009 stimmte der Bundestag der Änderung des Grundgesetzes mit einer Zweidrittelmehrheit zu, und der Bundesrat schloss sich dem am 12. Juni an. Die Legende der sparsamen schwäbischen Hausfrau war Teil des deutschen Grundgesetzes geworden und hemmte in den Folgejahren staatliche Investitionen in Schulen, Infrastruktur und das Militär. Es war nicht das erste und nicht das letzte Mal, dass unter Merkel eine politische Notlösung zur kurzfristigen Stabilisierung Deutschlands eine langfristige Destabilisierung zur Folge hatte.

In jenem Sommer 2009 begann der Wahlkampf für die Bundestagswahl. Da Merkel und die CDU 2005 fast gegen Schröder verloren hatten, wählten sie nun eine andere Herangehensweise. Anstatt gesellschaftlichen Wandel vorantreiben zu wollen, versuchten sie, politische Debatten zu entschärfen. Mit der als »asymmetrische Demobilisierung« bezeichneten Taktik versuchte die CDU, Meinungsverschiedenheiten mit der SPD zu verwischen. Wenn sie den Sozialdemokraten den Wind aus den Segeln nehmen konnte, so die Hoffnung, dann würde Merkel allein wegen ihrer hohen Beliebtheit und ihres Status als Amtsinhaberin gewinnen. In TV-Duellen mit ihrem Herausforderer Frank-Walter Steinmeier hielt sich Merkel daher bewusst zurück und vermied Kritik an ihrem Gegner. Themen wie die stockende Digitalisierung und die verfallende Infrastruktur, die sie einst dringend hatte anpacken wollen, tat sie nun mit Plattitüden ab. Als der Wahlabend am 27. September näher rückte, waren viele Reporter einfach nur froh, dass es endlich vorbei war, und einer beschrieb den Wahlkampf als das politische Äquivalent zu »entkoffeiniertem Kaffee, einem Blutdrucksenker oder einer Yoga-Entspannung«.[40] Es entpuppte sich als effektive Strategie für Merkel, politischen Debatten den Wind aus den Segeln zu nehmen. Ihre Partei verlor zwar abermals Stimmen, aber für die SPD lief es noch schlechter und sie verlor fast zehn Prozent. Die kleinen Parteien verzeichneten alle einen Stimmenzuwachs, was die Fragmentierung verstärkte. Grüne und Linke erhielten jeweils über zehn Prozent der Stimmen. Die Freien Demokraten bekamen fast 15 Prozent, sodass Merkel in ihrer zweiten Amtszeit mit ihrem bevorzugten Koalitionspartner regieren konnte.

Anfang der 2010er-Jahre gab die Bewältigung der Staatsschuldenkrise in der Eurozone Merkel viel zu tun. Sie moralisierte oft und zögerte Rettungspakete hinaus, stimmte aber am Ende doch deutschen Hilfsleistungen zu. Die Krise trug dazu bei, ihren Ruf als Retterin Europas zu zementieren. Oft waren ihre Maßnahmen aber nur Behelfslösungen, die den Kontinent temporär über Wasser hielten. Mit ihrer Zurückhaltung sicherte sie sich zwar die Gunst banger deutscher Steuerzahler, verurteilte jedoch gleichzeitig Millionen von Menschen zu wirtschaftlicher Not und ließ den Traum von europäischer Einheit und Solidarität unerfüllt.

Innenpolitisch zeigte die deutsche Gesellschaft Anzeichen einer zunehmenden Spaltung. 2010 veröffentlichte Thilo Sarrazin, ehemals SPD-Finanzsenator im Berliner Senat und kurzzeitig Vorstandsmitglied der Deutschen Bundesbank, ein kontroverses Buch, in dem er davor warnte, dass sich Deutschland durch sinkende Geburtenraten selbst zerstöre. Gleichzeitig bilde sich durch zunehmende Einwanderung, insbesondere aus muslimischen Ländern, eine wachsende Unterschicht.[41] Die Vergangenheitsbewältigung wurde 2011 mit der Verurteilung des Wachmanns John Demjanjuk fortgesetzt. Ihm wurde die Beteiligung am Mord von 28 000 Menschen im Vernichtungslager Sobibor zur Last gelegt. 2012 wurde öffentlich, dass der Verfassungsschutz Dokumente und Daten vernichtet hatte, die mit der Mordserie der Neonazi-Gruppe Nationalsozialistischer Untergrund (NSU) zu tun hatten.

Es geschahen aber auch erfreuliche Dinge. 2010 belegte Deutschland den dritten Platz bei der Fußballweltmeisterschaft in Südafrika, und Lena Meyer-Landrut gewann den Eurovision Song Contest.

Merkels Rolle bei der Aufrechterhaltung der deutschen Stabilität in der Krise bescherte ihr 2013 das beste Wahlergebnis ihrer 16-jährigen Amtszeit. Ihre Konkurrenten lieferten einen glanzlosen Wahlkampf ab, und die CDU konnte sich 41,5 Prozent der Stimmen sichern, was Merkel eine trügerische Aura der Unbesiegbarkeit verlieh. Das Ergebnis unterbrach zwar den Trend der Stimmenverluste, war aber immer noch schlechter als bei jeder Bundestagswahl zwischen 1950 und 1990. Zudem begann nun eine neue Phase der politischen Zersplitterung, da die europafeindliche AfD bei ihrer ersten Bundestagswahl nur knapp den Einzug ins Parlament verpasste. Die Zusammenarbeit mit Merkel erwies sich für die FDP als vergifteter Kelch. Sie schied aus dem Parlament aus, und so wurde abermals eine Große Koalition mit der SPD gebildet. Merkels scheinbar unerschütterliche Stellung sollte nicht von Dauer sein.

2015 brachte ihre schlecht kommunizierte Entscheidung, die deutschen Grenzen für syrische Flüchtlinge zu öffnen, die Wähler gegen sie auf, und ihre Popularität nahm ab. Ihre politischen Rivalen witterten ihre Chance, die Konservativen wieder nach rechts zu rücken, und attackierten ihre zentristische Politik. Personen wie CSU-Chef Horst Seehofer kritisierten Merkel öffentlich für die ihrer Meinung nach falsche Strategie bei der Flüchtlingskrise. Schon 2016 war ihre Machtposition deutlich geschwächt.

Als die Wahl 2017 bevorstand, war fraglich, ob Merkel ein viertes Mal kandidieren und damit so lange wie Kohl amtieren würde, aber globale Ereignisse veranlassten sie am Ende doch dazu. Dazu gehörte 2016 das Brexit-Referendum in Großbritannien, das den EU-Austritt des Landes in die Wege leitete. Es war eine brisante Situation, mit der eine dauerhafte Schwächung der westlichen Demokratien drohte. Im selben Jahr gewann Donald Trump die US-Präsidentschaftswahl, was eine ebenso große Herausforderung darstellte. Beide Ereignisse waren entscheidende Siege für den Rechtspopulismus, und Merkel wurde weithin als eine der wenigen Politikerinnen gesehen, die die freiheitliche Demokratie verteidigen konnten.

Sie gewann zwar die Wahl im Jahr 2017, aber Wähler waren in Scharen abgewandert, was der CDU/CSU ihr schlechtestes Ergebnis seit 1949 einbrachte. Merkels Autorität war nun stark geschwächt, und die anschließenden Koalitionsverhandlungen vergrößerten noch die Demütigung. Die SPD hatte geschworen, bei einer Wahlniederlage in die Opposition zu gehen, und so blieb Merkel nichts anderes übrig, als eine Drei-Parteien-Koalition mit den Grünen und der FDP anzustreben. Zur sogenannten Jamaikakoalition fanden wochenlange Verhandlungen statt, aber wegen der zahllosen Meinungsverschiedenheiten, von der Bildung bis zur Einwanderungspolitik, brach FDP-Chef Christian Lindner die Gespräche ab und sagte, es sei »besser, nicht zu regieren, als falsch zu regieren«.[42]

Schon wurde spekuliert, das könne das Ende von Merkels Kanzlerschaft bedeuten, aber sie überzeugte schließlich die SPD, doch noch einmal eine Große Koalition zu bilden.

Merkel hinkte in ihre letzte Amtszeit und stand unter beinahe dauerndem Beschuss der Opposition und ihrer eigenen Partei. Als die CDU (bzw. die Schwesterpartei CSU) im Herbst 2018 bei den Landtagswahlen in Bayern und in Hessen große Verluste hinnehmen musste, trat sie als Parteivorsitzende zurück und machte einer Nachfolgerin den Weg frei. Im Dezember wurde die Ministerpräsidentin des Saarlands Annegret Kramp-Karrenbauer zur CDU-Vorsitzenden gewählt. Merkel war sichtlich erleichtert, dass die von ihr favorisierte ebenfalls zentristische Kandidatin ihren langjährigen Gegner Friedrich Merz knapp geschlagen hatte. Dieser hatte sich aus der Politik zurückgezogen, um für den Finanzgiganten BlackRock zu arbeiten, nachdem er zwei Jahrzehnte zuvor den Machtkampf gegen Merkel verloren hatte.

Kramp-Karrenbauer punktete hauptsächlich damit, Merkels Erbe weiterzuführen, aber ihr mangelte es an nationaler Bekanntheit, und sie konnte sich nur schwer profilieren, während Merkel noch das Land führte. Das Verhältnis zwischen den beiden verschlechterte sich, besonders nachdem Kramp-Karrenbauer 2019 Verteidigungsministerin wurde. Auch die Wähler waren sich unsicher, und ihr Beliebtheitsgrad war deutlich geringer als der von Oppositionspolitikern, gegen die sie vermutlich in der kommenden Bundestagswahl würde antreten müssen. Nach den Fehltritten verstärkten sich auch die Zweifel, und im Februar 2020 kam der finale Hieb. Die Thüringer CDU widersetzte sich den Anweisungen der CDU-Spitze und stimmte zusammen mit der AfD für einen FDP-Abgeordneten als Ministerpräsidenten, um zu verhindern, dass, wie geplant, ein Kandidat der Linken den Posten einnahm. Damit war das Tabu der Kooperation mit Rechtsextremen gebrochen worden, was international Aufsehen erregte. Zudem trat dabei Kramp-Karrenbauers mangelnde Durchsetzungsfähigkeit deutlich zutage. Wenig später verkündete sie ihren Rücktritt als CDU-Vorsitzende, wodurch angesichts der Bundestagswahlen im darauffolgenden Jahr ein neuer

Machtkampf entbrannte. Die Fassade der politischen Stabilität unter Merkel bekam also schon vor ihrem Abgang Risse.

Das Schicksal hatte jedoch noch eine Krise für Merkel parat, in der sie ein letztes Mal als »Mutti« glänzen konnte. Ende 2019 verbreitete sich von der chinesischen Provinz Hubei aus das Covid-19-Virus, und es entwickelte sich schnell eine Pandemie. Anfang 2020 musste die ganze Welt drakonische Lockdowns ertragen, um die Ausbreitung des Virus zu verlangsamen.

Im Verlauf der Coronakrise konnte Merkel noch mal ihre Stärken ausspielen. Rund um die Welt gerieten Regierungen in Panik, aber dank ihres akademischen Hintergrunds hatte Merkel einen beruhigenden Einfluss auf die deutsche Bevölkerung. In regelmäßigen Ansprachen demonstrierte sie ihr Wissen über Konzepte wie den Reproduktionsfaktor und erklärte geduldig, warum Lockdowns notwendig waren. Gleichzeitig zeigte sie Mitgefühl für die durch die Maßnahmen hervorgerufenen Entbehrungen. Ihre Führungsstärke wurde oft als Grund dafür angeführt, warum die Infektionssterblichkeit in Deutschland niedriger als in anderen europäischen Ländern wie Frankreich und Großbritannien war. Als Merkel schließlich ihr Amt niederlegte, zeigte ihr Beliebtheitsgrad, dass die Deutschen sich gefreut hätten, wenn sie noch ein wenig geblieben wäre.

Anders als im Jahr 2016 hielt Merkel jedoch an ihren Plänen für den Ruhestand fest. Covid verzögerte aber die Frage der CDU-Nachfolge bis Januar 2021. Da musste Friedrich Merz dann eine erneute Niederlage gegen einen gemäßigten Politiker einstecken, den Ministerpräsidenten von Nordrhein-Westfalen Armin Laschet. Er war zwar bekannter als Annegret Kramp-Karrenbauer, aber es mangelte ihm eindeutig an Erfahrung auf der nationalen politischen Ebene.

Bei einer Flutkatastrophe in Westdeutschland im Juli 2021 mit 180 Toten sah man Laschet bei einer Trauerfeier für die Opfer im Hintergrund kichern. Merkels gemäßigte Verlässlichkeit war eine jahrelange Konstante gewesen, und nun hegten die Wähler Zweifel an Laschets Eignung als Kanzler. Die regelmäßigen Kommentare des CSU-Chefs Markus Söder taten ihr Übriges. Er machte keinen Hehl daraus, dass er sich für einen besseren Kanzlerkandidaten hielt.

Der SPD-Rivale Olaf Scholz wirkte hingegen ruhig und ausgeglichen. Er hatte als einziger Kandidat Erfahrung auf bundespolitischer Ebene – als amtierender Finanzminister und zuvor auch schon als Arbeitsminister. Scholz war ebenso wie Merkel ein pragmatischer Politiker der Mitte, obgleich er der rivalisierenden Partei angehörte. Daher bewarb seine Partei ihn auch als einen Merkel-Nachfolger. Auf einem Foto posierte er sogar mit der Merkel-Raute. Angesichts des Chaos in der CDU reichte dieser Schachzug aus, und die Sozialdemokraten gingen als Sieger aus der Wahl am 26. September hervor. Der Stimmenanteil der SPD hatte sich zwar seit der vorhergehenden Wahl verbessert, aber das Ergebnis konnte kaum als überschwängliche Unterstützung des Volkes bezeichnet werden. Die 25,7 Prozent der Stimmen waren das schwächste Wahlergebnis für einen Kanzler in der gesamten Nachkriegszeit und ein weiterer Beweis für das Ende der Ära politischer Stabilität.

In Scholz' sogenannter Ampelkoalition mit den Grünen und der FDP zeigt sich diese neue Realität. Die Koalitionsgespräche verliefen freundschaftlich, und die Parteichefs posteten unbeschwerte Selfies, während sie den Koalitionsvertrag aushandelten, aber die politischen Positionen wichen stark voneinander ab, und es wurde über alles von Geschwindigkeitsbegrenzungen bis zum Haushalt gestritten. Angesichts der politischen Turbulenzen und der zahlreichen ungelösten Probleme hatte Merkels Image als umsichtige Beschützerin Deutschlands stark gelitten. Ihre lang anhaltende Popularität beruhte auf dem wohlverdienten Ruf, Deutschland sicher durch Krisen zu führen, aber nun zeigten sich die Altlasten. Seit ihrer flammenden Rede im Jahr 2003, in der sie ihren Parteigenossen Reformen versprochen hatte, war kaum etwas geschehen, und die vielen Probleme hatten sich nur verschlimmert. Der Wandel hatte Deutschland geformt, und nicht andersherum.

In den folgenden Kapiteln werden die vielfältigen Herausforderungen genauer betrachtet, denen die deutsche Wirtschaft gegenübersteht, von der bedrohten Energiesicherheit und Wettbewerbsfähigkeit bis zur stotternden Autoindustrie und den demografischen Problemen. In all diesen Bereichen hatte Merkel politisches Kapital und öffentliche Unterstützung, aber entschied sich, nicht mit dringend nötigen Reformen Staub aufzuwirbeln. So wurde die Liste der Probleme immer länger.

Merkel und der knausrige Finanzminister Wolfgang Schäuble brüsteten sich damit, der Bund würde die Vorgabe eines ausgeglichenen Haushalts einhalten, doch der Preis dafür war hoch. Wegen mangelnder Investitionen in die Verkehrsinfrastruktur bekamen Brücken Risse, und das Schienennetz wurde zu einem der unzuverlässigsten in Westeuropa. Merkels Entscheidung zum Atomausstieg im Jahr 2011 fand bei den Wählern Anklang, aber dadurch fehlte Deutschland eine wichtige CO_2-freie Stromquelle, was die Abhängigkeit von russischem Gas vergrößerte. Bei der Digitalisierung fielen die zukunftsträchtigen deutschen Industriezweige weit zurück. In Merkels Regierungszeit vergrößerte sich auch die deutsche Abhängigkeit von China als Exportmarkt und Russland als Energielieferant, wodurch das Wachstumsmodell des Landes für die zunehmenden globalen Schwankungen anfälliger wurde.

Auch beim Kampf gegen den Klimawandel blieb Merkel zögerlich, um die Industriezweige zu schützen, die weiter fossile Brennstoffe nutzen wollten, allen voran die Autoindustrie. Als die Deutsche Umwelthilfe sich für Fahrverbote für Dieselfahrzeuge einsetzte, die die gesetzlichen Emissionsgrenzwerte überschritten, änderte Merkel einfach das Gesetz zugunsten der Autohersteller. Ihre Politik der kleinen Schritte erlitt einen peinlichen Rückschlag, als das Bundesverfassungsgericht jungen Klimaaktivisten recht gab und die Kanzlerin gezwungen war, ihre Pläne zu überarbeiten.

Nach dem Ende von Merkels Regierungszeit symbolisierte eine scheinbare Hommage an sie den fragilen Zustand, in dem sie Deutschland hinterlassen hatte. Der Künstler Wilhelm Koch fertigte ein Standbild von Merkel an, das vor dem Tempel Museum Etsdorf in Bayern enthüllt wurde. Es zeigte sie gebieterisch zu Pferd und war aus nachhaltigen Materialien im 3D-Druckverfahren gefertigt worden. Aber nur 18 Monate nach der Enthüllung im Oktober 2021 fiel der rechte Arm ab und dann der Kopf des Pferds. Koch konnte zwar beides mit Klebeband wieder befestigen, aber das grellgelbe Band war auf der Bronzeoberfläche nicht zu übersehen. Also malte er die gesamte Skulptur weiß an, doch danach gewann man den Eindruck, sie sei aus billigem Plastik gefertigt. Das Regenwetter erledigte den Rest, und die Skulptur brach zusammen. Das einst stolze Bild von Merkel war in sich zusammengefallen. Unabhängig davon, ob das vom Künstler beabsichtigt gewesen war oder nicht, war es wie ein bissiges Resümee ihrer Regierungszeit.

Ohne eine tröstende elterliche Figur, die Probleme beschönigt, hat die Ära nach Merkel für Deutschland eine schmerzhafte Realitätsprüfung eingeleitet. Die verlorenen Jahrzehnte haben dazu geführt, dass das Land dringend auf Solidarität angewiesen ist, aber nicht die Mittel hat, um die Menschen zusammenzubringen. Die nationalen Legenden, die einst Trost spendeten und den Glauben stützten, dass Deutschland das Unglück überstehen würde, versagen, während sich die Krisen häufen. Kurz gesagt: Das Land braucht ein neues Narrativ, um den Prozess der Überwindung der Dunkelheit des Zweiten Weltkriegs zu beginnen.

Es wäre einfacher, den Problemen Deutschlands zu entkommen, wenn das Land offen und bescheiden über seine Probleme sprechen würde. Doch viele Eliten erkennen das Unbehagen nur langsam. In der Zwischenzeit rücken Rivalen und Verbündete gleichermaßen vor. Diese Kurzsichtigkeit und Insularität rühren von den Mythen über deutsche Effizienz und Fleiß, Fortschrittlichkeit und außergewöhnliche Redlichkeit her. Diese Mythen stützen den Glauben, dass sich alles automatisch verbessern wird, wenn die deutsche Gesellschaft unverändert bleibt. Um die Falle zu erkennen, müssen wir die Mythen, die Deutsche und Außenstehende über das Land verbreiten, und ihre Abkopplung von der Realität untersuchen.

03 Entlarvte Mythen

»Uns're Tugenden sind meistens die Bastarde unserer Sünden«
FRIEDRICH HEBBEL[1]

Die deutsche Nachkriegsgeschichte mag zwar alles andere als ein gemütlicher Spaziergang in Richtung Wohlstand gewesen sein, aber dennoch vermochte es eine verwüstete Nation auf bemerkenswerte Weise, ihren Platz in der freiheitlichen Weltordnung wieder einzunehmen. Das Land stellte sich offen der Schande, die es mit dem Nationalsozialismus auf sich geladen hatte, und die zerstörte industrielle Basis wurde wiederaufgebaut. »Made in Germany« erlangte den Stellenwert als bekanntes Qualitätssiegel zurück, und die militaristische Bedrohlichkeit war durch einen glühenden Pazifismus verdrängt worden. Deutschland war wieder da, aber besser. Und dann fand die »friedliche Revolution« statt, die den Weg für die Wiedervereinigung bereitete. Das Misstrauen gegenüber den Deutschen wich Stück für Stück einem widerwillig gezollten Respekt, den der englische Fußballstar Gary Lineker kleinlaut auf den Punkt brachte, nachdem England bei der Weltmeisterschaft 1990 im Halbfinale gegen Deutschland im Elfmeterschießen verloren hatte: »Fußball ist ein simples Spiel. 22 Männer jagen 90 Minuten einem Ball hinterher, und am Ende gewinnen immer die Deutschen.«

Die Entwicklungen während der folgenden Jahrzehnte nährten die Legenden über deutsche Tugenden, wie einen Hang zur Ordnung, ernsten Fleiß und geerdete Logik. Diese Charakterzüge waren über Generationen verinnerlicht worden und verliehen dem Land eine sture Widerstandsfähigkeit. Diese bewies Deutschland beispielsweise mit der europaweit beispiellosen Export- und Produktionsstärke, die für eine schnelle Erholung von der globalen Finanzkrise 2008/09 sorgte, aber ebenso auch mit der Aufnahme von über einer Million syrischen Bürgerkriegsflüchtlingen und im Zuge der Covid-Pandemie. Die Welt mag sich verändern, aber der deutsche Charakter befördert das Land unaufhaltsam nach vorn wie ein technisch perfekter Mercedes-Benz. So oder so ähnlich wird über das deutsche Haus gesprochen.

Die nationalen Mythen waren nicht nur für die Außenwelt bestimmt, auch die Deutschen selbst machten sie sich zu eigen. Deutschland liebt es, sich als »Land der Dichter und Denker« zu bezeichnen, als ob Immanuel Kant, Johann Wolfgang von Goethe und Friedrich Schiller heute noch richtungsweisend wären. Sicherlich können nur wenige Länder mit dem deutschen Kanon an Philosophie und Literatur mithalten, und der nationale Stolz darüber ist wichtig und verdient. Ein Großteil der Werke hat jedoch im modernen Deutschland wenig Relevanz und ließ stattdessen eine chauvinistische Strömung aufkommen, die eine fragile nationale Identität stützt. Sieht man die sogenannten deutschen Tugenden als einen beständigen Teil des nationalen Charakters an, der dem Land in schweren Zeiten Halt gibt, besteht kaum Bedarf an grundlegenden Veränderungen. Aber das funktioniert nicht mehr. Die Probleme häufen sich, und Deutschland kann es sich nicht leisten, unbeirrt so weiterzumachen wie bisher. Deshalb wollen wir nun einige der bekannten Mythen über Deutschland genauer unter die Lupe nehmen.

Der Mythos der Effizienz

»Was du heute kannst besorgen,
das verschiebe nicht auf morgen«[2]

Ein weitverbreiteter Mythos ist die deutsche Effizienz. Um es allerdings ganz deutlich zu sagen: Die Züge sind nicht pünktlich! Das dysfunktionale Staatsunternehmen Deutsche Bahn ist eine Plage für das ganze Land. Dennoch war der Eindruck lange verbreitet, dass der Zugverkehr wie am Schnürchen läuft.

Es ist ein wichtiger Bestandteil des allgemeinen Eindrucks, dass hier alles gut funktioniert – auf jeden Fall besser als in den meisten anderen Ländern. Wie so viele der ungelösten Probleme in Deutschland begann auch der Niedergang der Deutschen Bahn mit der Wiedervereinigung. Der Westen begriff nicht, wie komplex die Zusammenführung grundverschiedener Bevölkerungsgruppen war. Anstatt von Grund auf neu zu beginnen und Gemeinsamkeiten zu finden, wurde dem Osten das westdeutsche System aufgezwungen – nicht zuletzt aufgrund der Überzeugung, die Legende von den deutschen Tugenden sei wahr und Westdeutschland deren von importierten kommunistischen Idealen unverfälschte Manifestation.

Die nationalen Mythen verleiten Deutschland dazu, die Ordnung im Land quasi als Naturzustand anzusehen. Störungen seien daher lediglich temporär, und die Normalität könne mit gezielten Anpassungsmaßnahmen wiederhergestellt werden. Dadurch werden die Ursachen des Chaos ignoriert. Um diesen nationalen Dünkel zu entlarven, beginnen wir bei der Bahn.

Mehr als ein Drittel der deutschen Fernverkehrszüge hatte 2023 Verspätung. In Italien, Ungarn und fast allen anderen Ländern Europas kamen die Fahrgäste pünktlicher an. Die mangelnde Zuverlässigkeit ist auf marode Infrastruktur, alte Züge und Personalmangel zurückzuführen. Die Schweiz will sogar Züge aus Deutschland nicht mehr auf ihr Schienennetz lassen, wenn sie bei Ankunft an der Landesgrenze Verspätungen aufweisen, denn sie würden den fein abgestimmten Fahrplan des Alpenlandes durcheinanderbringen – Züge aus Italien sind dagegen schon eher willkommen.

Nicht nur der tägliche Betrieb der Bahn ist betroffen, auch Prestigeprojekte versinken im Chaos. Der »Stuttgart 21« genannte Umbau des Eisenbahnknotens der Autostadt Deutschlands hinkt sechs Jahre hinter dem Zeitplan her. Die Kostenschätzungen liegen mittlerweile bei über elf Milliarden Euro und haben sich damit mehr als verdoppelt.

Die Probleme begannen 1994, als die verschuldete westdeutsche

Bundesbahn und die klapprige ostdeutsche Reichsbahn zusammengelegt und als Privatunternehmen neu strukturiert wurden. Das Profitstreben sollte genutzt werden, um eine aufgeblasene Verwaltung in ein wettbewerbsfähiges Transportunternehmen zu verwandeln, als Vorbild für alle anderen maroden Betriebe. Veränderungen waren in der Tat notwendig. 1993 war der deutsche Zugverkehr hoch verschuldet und schrieb rote Zahlen. Die Einnahmen deckten nicht einmal die Personalkosten. Die Politiker strahlten daher vor Stolz über diesen Schachzug. »Das neue Deutschland, das neue Europa braucht eine neue Aufbruchstimmung, ein neues Fitnessprogramm zum Wohle unserer Bürgerinnen und Bürger und zum Wohle unseres Landes«, sagte der damalige Verkehrsminister Matthias Wissmann.[3]

Die Umstrukturierung hauchte der Deutschen Bahn tatsächlich Leben ein und bewirkte ein gewisses Maß an Kunden- und Serviceorientierung. Die Fahrgastzahlen stiegen um ein Drittel, und das Gütertransportvolumen verdoppelte sich fast. In zwei wichtigen Bereichen blieb die Privatisierung jedoch hinter den Erwartungen zurück, was auf politisches Versagen auf unterer Ebene zurückzuführen ist.

Ein Bereich ist die Infrastruktur. Seit Jahren werden hier nur unzureichend Investitionen getätigt. Seit der Bahnreform fahren mehr Züge auf einem um fast zwölf Prozent geschrumpften Schienennetz, und der resultierende Verschleiß hat mittlerweile einen kritischen Punkt erreicht. Das von der Bahn betriebene Schienennetz hat eine Länge von 33 000 Kilometern (das längste in Europa), und über ein Viertel davon muss erneuert werden. Das gilt zudem für ein Drittel aller Weichen. Die Deutsche Bahn schätzt, dass sich die Gesamtkosten der Instandsetzung auf 90 Milliarden Euro belaufen werden.[4]

Hinzu kommt die überalterte Technologie. Viele Computer laufen noch mit dem Betriebssystem Windows 3.11, das Microsoft vor einem Vierteljahrhundert für obsolet erklärt hat.[5] Trotz dieses großen Rückstaus sind die Ausgaben nicht gestiegen. 2022 entsprachen die Investitionen pro Kopf in Deutschland nur einem Viertel derjenigen in der Schweiz, und die Elektrifizierung des Netzes (ein wichtiger Baustein, um die Bahn klimafreundlich zu machen) war weniger fortgeschritten als in Polen, Spanien und Italien.[6]

Die Infrastruktur steht in Zusammenhang mit dem zweiten Problem – dem Ziel, die Deutsche Bahn an die Börse zu bringen. Um Investoren anzulocken, war eine aggressive Transformation in Richtung Profitgenerierung nötig, was die Funktion der Bahn als öffentliche Dienstleistung in den Hintergrund treten ließ. Die Strategie führte zu Akquisitionen wie der des globalen Logistikunternehmens Schenker-Stinnes im Jahr 2002. Zudem wurden unprofitable Strecken stillgelegt, Dienstleistungen eingestellt und über 2800 Bahnhöfe verkauft.[7]

Für kurze Zeit schien es, als sollte diese Strategie Erfolg haben. 2006 wurde der neue Berliner Hauptbahnhof in der Nähe des ehemaligen Todesstreifens an der Berliner Mauer eröffnet und symbolisierte das Versprechen der Wiedervereinigung. In jenem Sommer spielte die Deutsche Bahn eine wichtige Rolle bei der von großer Euphorie begleiteten Fußballweltmeisterschaft. Sie kutschierte 15 Millionen Fans kreuz und quer durch das Land zu den Spielen. 2007 war das beste Geschäftsjahr in der Geschichte der Bahn. Der Konzern expandierte und kaufte ein dänisches Busunternehmen, eine spanische Güterbahn und ein britisches Eisenbahnverkehrsunternehmen. Kurz darauf platzte jedoch die Bahnblase.

Nach einer holprigen Vorlaufzeit wurde die lang erwartete Börsennotierung für Oktober 2008 angesetzt. Der Zeitpunkt hätte schlechter nicht sein können. Mitte September ging die US-Investmentbank Lehman Brothers pleite, was die weltweite Finanzkrise in Gang setzte und die deutsche Regierung zwang, den Börsengang abzubrechen. Die Deutsche Bahn wollte sich jedoch nicht geschlagen geben und kaufte 2010 das britische Verkehrsunternehmen Arriva, womit noch mehr Geld verschwendet wurde.[8] Gleichzeitig verfiel in Deutschland das Schienennetz; der Service und die Finanzlage verschlechterten sich weiter, und der Börsengang der Bahn verschwand still und leise von der Tagesordnung.

Die Spar- und Expansionspläne von Vorstandschef Hartmut Mehdorn mögen die Bahn kurzzeitig für Investoren interessant gemacht haben, aber zu einem hohen Preis für die deutschen Bürger. Genau wie vor der Bahnreform decken die Einnahmen der Bahn nicht die Ausgaben, und seit 2016 muss sich das Staatsunternehmen jeden Tag umgerechnet fünf Millionen Euro leihen.[9] Die Krise der Deutschen Bahn ist inzwischen chronisch und gefährdet »das gesamte System Eisenbahn«, heißt es in einem Bericht des Bundesrechnungshofs. »Nichts funktioniert mehr«, sagte Karsten Ulrichs, Vorsitzender der Zentralen Fachgruppe Lokfahrdienst der Gewerkschaft EVG. »Politik und Management haben mehr als versagt und die einst stolze und zuverlässige Bahn nicht saniert, sondern an den Abgrund gestellt. Die Bahnreform, die vor 30 Jahren die DB aus den roten Zahlen führen sollte, ist gescheitert und ein Neustart notwendiger denn je«.[10]

Das Debakel der Bahn weist die gleichen Merkmale auf wie andere Misserfolge, für die niemand bereit ist, Verantwortung zu übernehmen. Nach der fragwürdigen Erfolgsbilanz der Deutschen Telekom und der Deutschen Post konnte es kaum sinnvoll erscheinen, ein weiteres Staatsunternehmen an die Börse zu bringen. Hat aber die Elite einmal eine Entscheidung getroffen, gibt es kaum Möglichkeiten zur Kurskorrektur. Das würde bedeuten, Fehler einzugestehen, was die angebliche Umsichtigkeit der Entscheidungsträger infrage stellen würde (mehr zu diesem Mythos in Kürze).

Die Deutschen tun sich besonders schwer damit, Schuld (ein Wort, das in moralischer wie finanzieller Hinsicht verstanden werden kann) einzugestehen oder anzuerkennen. Dieser nationale Komplex tritt oft zutage. Wenn zum Beispiel ein Kind auf dem Spielplatz hinfällt und anfängt zu weinen, ruft ein anderes reflexartig aus: »Ich war das nicht«, anstatt den Spielkameraden zu trösten oder ihm zu helfen. Auch die staatlichen Strukturen in Deutschland verzetteln sich bei der Rechenschaftspflicht und weigern sich zu handeln, bis restlos geklärt ist, wer die Verantwortung trägt. Das Ziel ist es, nicht beschuldigt zu werden, wenn etwas schiefgeht. Selbst wenn eindeutig Fehler gemacht wurden, wird häufig mit dem Finger auf andere gezeigt. Bahnchef Mehdorn steht sinnbildlich dafür. Anstatt ein Jahrzehnt nach dem gescheiterten Börsengang seine früheren Entscheidungen zu reflektieren, wies er Vorwürfe, er habe die Deutsche Bahn in den Ruin getrieben, pauschal als »falsch und haltlos« zurück.[11]

Mehdorn steht auch in Verbindung mit einem anderen deutschen Verkehrsdesaster: dem Berliner Flughafen BER. Der mit großer Verzögerung fertiggestellte neue Knotenpunkt ist ein Paradebeispiel für die neue deutsche Ineffizienz. Nachdem keine privaten Investoren gefunden werden konnten,[12] leiteten die Stadt Berlin, das Land Brandenburg und der Bund das Projekt. Das mangelnde Fachwissen war unübersehbar. Brandschutzsysteme funktionierten nicht, Rolltreppen waren zu kurz, Türen ließen sich nicht öffnen und Rohre passten nicht aufeinander. Insgesamt gab es Zehntausende Probleme.[13] Unterdessen bezog der Flughafenchef eine halbe Million Euro Gehalt pro Jahr.[14] Die Kosten explodierten, und die Welt drehte sich weiter. Während der neunjährigen Verzögerung konzipierte, baute und eröffnete China den Flughafen Peking-Daxing. 2013 wurde Mehdorn angeheuert, um den BER auf Vordermann zu bringen, aber er konnte seine Position nur zwei Jahre lang halten und verpasste die Eröffnung, die schließlich im Jahr 2020 stattfand. In seiner Tätigkeitszeit sprach er einen Hauptgrund für die deutsche Behäbigkeit an: »Gesetze sind Gesetze, aber da ist auch viel Unsinn dabei.«[15] Mit einem Wort: Bürokratie.

Anstatt als effektives System zur Implementierung des Willens der Staatsmacht zu fungieren, ist die Bürokratie zu einem System der institutionalisierten Vermeidung von Verantwortlichkeit verkommen. Trotz jahrelanger politischer Versprechungen, die Verwaltung effizienter zu gestalten, ist der Wust an Vorschriften immer weitergewachsen. Unternehmen, öffentliche Dienstleistungen und Bürger mussten im Jahr 2023 26,8 Milliarden Euro für die Erfüllung staatlicher Vorschriften aufwenden, was einen Anstieg von 9,3 Milliarden Euro im Vergleich zum Vorjahr bedeutete.[16] Um das Ausmaß des Problems zu überblicken, erstellt das Statistische Bundesamt seit 2012 für Unternehmen monatlich einen Bürokratiekostenindex. Der Index bewegt sich mittlerweile größtenteils auf einem gleichbleibenden Level, sank aber im Jahr 2024, dank Neuerungen wie der

Einführung digitaler (statt papiergebundener) Krankschreibungen, obligatorischer elektronischer Rechnungen für Unternehmen und der Abschaffung der Pflicht zur Ausstellung eines Röntgenpasses.

Das Vorschriftsdickicht sieht beispielsweise vor, dass Lkw-Fahrer eine jährliche Fahrerunterweisung in den von ihnen täglich genutzten Fahrzeugen erhalten müssen, dass Bäcker schriftlich festhalten müssen, wann Rührgeräte gereinigt wurden, und dass Holzstände von Märkten, die im Sommer unter freiem Himmel stattfinden, Schneelast standhalten können müssen. Es kann bis zu sechs Jahre dauern, bis alle behördlichen Hürden für den Bau einer Windkraftanlage überwunden sind, und der Bau eines Radwegs benötigt bis zu sieben Jahre.

Um ein paar konkrete Beispiele nur aus der Stadt Tübingen zu nennen: Für den Bau eines Hotels musste ein Schutzzaun für Eidechsen errichtet werden (nur während der Bauphase – danach blieben sie sich selbst überlassen); diese Auflage kann pro Eidechse 10 000 Euro kosten. Auf Schloss Hohentübingen sind Konzerte im Innenhof verboten, weil es die Herzöge von Württemberg beim Bau vor 500 Jahren versäumt hatten, die Regularien für Fluchtwege zu berücksichtigen. Während der Energiekrise 2022 wurden die Stromsparmaßnahmen der schwäbischen Universitätsstadt ausgebremst – die Vorschriften untersagten es, Straßenlaternen zwischen 1 und 5 Uhr nachts auszuschalten.[17]

Die Regulation des Alltags bis ins kleinste Detail geht auf den deutschen Hang zur Risikovermeidung zurück, der auch das Risiko des Beschuldigtwerdens miteinschließt. So wurden Hierarchien der Verantwortlichkeit geschaffen, die die Gesetzgeber von der Umsetzung der Gesetze abkoppeln. Generell werden Regeln auf Bundesebene festgelegt, aber auch Länder und Gemeinden sind dazu imstande. Zudem gibt es Gesundheits-, Sicherheits- und Umweltbehörden, die alle ein Wörtchen mitreden wollen, um nicht beschuldigt zu werden, falls etwas schiefgeht. Der resultierende systemische Wirrwarr zeigt, in welchem Maß sich die politischen Institutionen und Behörden von der Bevölkerung abgekoppelt haben und dringend anstehende Problemlösungen ignorieren. »Kern vieler Probleme ist, dass die zuständigen Stellen in der Regel nur auf ihr eigenes Anliegen schauen und den Blick für sinnvolle, ergebnisorientierte, effiziente und bürgerfreundliche Lösungen nie einnehmen mussten«, schrieben die Bürgermeister dreier schwäbischer Städte, einschließlich Tübingen, in einem Brief an Bundeskanzler Olaf Scholz.

Bürokratie spielt zwar eine wichtige Rolle beim Verbraucherschutz und für die Aufrechterhaltung der Ordnung, aber die deutsche ist zu einem Koloss geworden. Im Jahr 2024 hat die Bundesgesetzgebung 1797 Gesetze mit 52 401 Einzelnormen sowie 2866 Rechtsverordnungen mit 44 475 Einzelnormen erlassen. Das ist der höchste Stand seit mindestens 2010.[18] Es werden jedoch kaum Gedanken daran verschwendet, ob die Mittel den Zweck heiligen. Brauchen Handwerksberufe eine Gesundheits- und Sicherheitszertifizierung für schwangere Frauen, wenn dort keine arbeiten? Verbessert es die Sicherheit, wenn Kinderausweise jährlich erneuert werden müssen, anstatt alle sechs Jahre, wie es bis 2023 der Fall war? Hilft es dem innerstädtischen Verkehr, wenn der Entscheidungsspielraum von Kommunen beschnitten wird, wo sie Tempo-30-Zonen einführen dürfen? Fördert es die Integration von Migranten, wenn sie den Ämtern einen Arbeitsplatzwechsel persönlich melden müssen?

Mit der Ausgestaltung des föderalen Systems in Deutschland sollte ein großer Teil der staatlichen Macht an die Länder delegiert werden, um die Bildung einer starken Zentralmacht zu verhindern, die im nationalsozialistischen Deutschland eine wesentliche Basis der Diktatur war. Nach Kriegsende mag das Sinn ergeben haben, doch daraus resultieren große Ineffizienz und eine lange Befehlskette, die die Öffentlichkeit von den Entscheidungsträgern trennt.

Der bürokratische Wildwuchs hemmt nicht nur die Wirtschaft und verschlingt Ressourcen, sondern birgt auch tiefergreifende Gefahren. Selbst das persönliche Verhalten wird reguliert, wie und wann der Müll zu entsorgen ist und wo man skateboarden darf. Es ist kodifiziertes gegenseitiges Misstrauen – unter den Deutschen und zwischen der Bevölkerung und ihrer Regierung. Statt dass die

Staatsmacht für öffentliche Ordnung sorgt, wird sie zu einer Kontrollmacht, der man sich widersetzt und die man verachtet. Laut einer im Februar 2024 durchgeführten Befragung von etwa 5000 Erwachsenen gibt fast jeder zweite Mensch in Deutschland zu, Vorschriften ignoriert oder nicht vollständig eingehalten zu haben.[19] Dieses Verhalten weicht vom traditionellen Bild der gesetzestreuen und regelgebundenen Deutschen ab und untergräbt die Legitimität des Staates.

Die gute Nachricht ist, dass viel Verbesserungspotenzial besteht. Deutschland wird immer noch mit Fax und Papier verwaltet. Die Bundesverwaltung verbrauchte 2023 über 750 Millionen Blätter Papier, wofür umgerechnet 52 Bäume pro Tag gefällt werden mussten.[20] Es bedürfte keiner großen Anstrengungen, um diese Verschwendung einzudämmen und die Verwaltung effizienter zu gestalten – vorausgesetzt, das Land macht endlich Ernst mit der Digitalisierung. Bisher ist das aber nicht der Fall, und laut OECD belegt Deutschland bei der Umsetzung der digitalen Verwaltung Platz 25 von 30 Ländern, hinter Chile, Italien und Brasilien.[21] Die Online-Ausstellung von Anwohnerparkausweisen scheitert beispielsweise an Richtlinien, die die Dicke des zu verwendenden Papiers vorschreiben, was das Ausdrucken zu Hause praktisch unmöglich macht. Um die Verwaltung effizient zu gestalten, ist sicherlich kein weiteres Bürokratieentlastungsgesetz erforderlich (2024 wurde bereits das vierte verabschiedet).

Deutschland könnte sich vielmehr von den Niederlanden eine systematischere Methode für den Bürokratieabbau abschauen. Das Nachbarland war in den 1980er-Jahren mit einem ähnlichen Zusammenbruch seines Wirtschaftsmodells konfrontiert, woraufhin die dortigen Behörden eine Reihe konzertierter Maßnahmen einführten, um die Bürokratie schrittweise abzubauen und Innovationen zu fördern. Die Niederlande setzten sich Ziele für die Reduktion von Vorschriften und für eine bessere Absprache mit Unternehmen und Verbänden darüber, was Innovation fördert und was sie hemmt. 2023 lagen die Niederlande in einem Wettbewerbsfähigkeitsranking, das die Qualität der Infrastruktur und die Effizienz der Verwaltung bewertete, auf Platz 5, wohingegen Deutschland auf Platz 22 zurückgefallen war.[22] Damit Deutschland wieder effizient funktionieren kann, muss in der politischen Klasse ein Umdenken stattfinden. Die von oben ausgeübte Kontrolle muss zugunsten einer Ermächtigung der Basis verringert werden. Der Staat muss zu einem Vermittler werden und sich ansonsten raushalten, wenn er wirklich an die angeborenen Tugenden der Nation glaubt. Es wird nicht funktionieren, Probleme mit den bisherigen Methoden in den Griff zu bekommen. Wie Albert Einstein gesagt haben soll: »Die Definition von Wahnsinn ist, immer wieder das Gleiche zu tun und andere Ergebnisse zu erwarten.«

Der Mythos der Umsichtigkeit

»Wer den Pfennig nicht ehrt, ist des Talers nicht wert«[23]

Das angeblich so nüchterne und rationale Deutschland ist zu einem Land geworden, in dem 1,9 Milliarden Euro aus dem Nichts auftauchen können … und dann noch schneller wieder verschwinden. Wirecard, einst ein Unternehmen im Höhenflug mit Rückendeckung von ranghohen Vertretern aus Politik und Wirtschaft, hat diesen Taschenspielertrick vollbracht und dabei gezeigt, wie leichtgläubig die Deutschen sein können.

Das Scheitern des elektronischen Zahlungsdienstleisters spiegelt eine Reihe deutscher Missstände wider, wie eine beschränkte Auffassung von Verantwortlichkeit und blindes Vertrauen in die Strukturen des Landes. Enge Verflechtungen zwischen Wirtschaft und Regierung sowie die Sehnsucht nach einem deutschen Starunternehmen in der Techbranche beförderten institutionelle Voreingenommenheit. So genoss die deutsche Antwort auf PayPal einen Vertrauensvorschuss der Behörden, als Kritiker – allen voran die *Financial Times* – Zweifel an Wirecards Buchhaltungs- und Geschäftspraktiken äußerten. Anstatt genauer hinzusehen, was hinter den Kulissen des geheimnisvollen Shootingstars der deutschen Wirtschaft vor sich ging, schützte das deutsche Establishment einen der ihren. In diesem Skandal offenbarte sich ein klägliches Versagen der besonnenen Umsichtigkeit, die Deutschland zugeschrieben wird.

Wirecard brach zusammen, als bekannt wurde, dass ein Drittel des Unternehmensvermögens gar nicht existierte. Schon bevor die *Financial Times* die gefälschte Buchführung und Phantomgeschäfte enthüllte, häuften sich Warnsignale, dass etwas mit dem schnellen Aufstieg des Unternehmens nicht stimmte.[24] Und doch wurde ein Unternehmen mit Wurzeln im Porno- und Glücksspielgeschäft und einer Gründungsgeschichte, die gestohlene Laptops beinhaltete,[25] in den Deutschen Aktienindex aufgenommen, der die größten börsennotierten Unternehmen Deutschlands enthält. Dieses Gütesiegel verleiht Legitimität und eröffnet den Zugang zur Macht. Die Sicherheitsmaßnahmen versagten nicht nur, sie wurden in der Hoffnung über Bord geworfen, dass Wirecard das Tech-Wunder war, das Deutschland so unbedingt haben wollte. Bundeskanzlerin Angela Merkels innerer Kreis, die Finanzaufsichtsbehörden und die Münchner Staatsanwaltschaft unterließen es allesamt, genauer nachzufragen. So lösten sich schließlich mehr als 20 Milliarden Euro in Luft auf. Noch schwerer wog jedoch der beschädigte Ruf von Deutschland.

Der Wirecard-Skandal richtete besonders großen Schaden an, weil es großflächige – wenn auch unwissentliche – Komplizenschaft bei dem Betrug gab. So etwas sollte in Deutschland nicht passieren. Die Nation steht für Verlässlichkeit, für Regeln und für Struktur, die die stetige Anhäufung von Wohlstand sichern und vor allem Störungen abwenden sollen. Während die USA eine ekstatische Goldgräbermentalität und ein »Alles oder nichts«-Gehabe an den Tag legen, ist »Boom and Bust« nicht die deutsche Art, nicht zuletzt wegen des Traumas der Hyperinflation in den 1920er-Jahren. Doch als das System auf den Prüfstand gestellt wurde, versagte es.

Am 18. Februar 2019 wurde Deutschland vom überraschten Zuschauer zum Komplizen. An jenem Tag erließ die Bundesanstalt für Finanzdienstleistungsaufsicht (BaFin) ein noch nie da gewesenes Verbot für Leerverkäufe von Wirecard-Aktien. Anleger konnten somit nicht länger darauf wetten, dass die Aktien des Unternehmens fallen würden. Damit wurde effektiv eine negative Bewertung des Unternehmens offiziell verboten. Diese Maßnahme wurde ergriffen, um einen befürchteten Angriff von Spekulanten – in Deutschland auch »Heuschrecken« genannt – abzuwehren. Es war ein Eingriff in das freie Spiel des Finanzmarktes. Das ist ein äußerst gewichtiger Schritt für ein Land, in dem Wirtschaft oberste Priorität hat. Damit wurde impliziert, dass Deutschland die Wahrheit kannte und die Wirecard-Kritiker sich geirrt hatten. Die BaFin verstärkte diesen Eindruck, indem sie Strafanzeige gegen Dan McCrum, den wichtigsten Wirecard-Reporter der *Financial Times,* stellte. Damals schien es ein entscheidender Schritt zu sein, aber er erwies sich als falsch.

Später zeigte sich, wie wenig ausgereicht hatte, um die BaFin zum Ergreifen von Schutzmaßnahmen zu bewegen – und das war nur Teil eines größeren institutionellen Versagens. Die ergriffenen Schritte der Aufsichtsbehörde stützten sich auf drei Dinge: einen mittelbaren Zeugen einer angeblichen Marktmanipulation; Gerüchte, dass ein Hedgefonds einen Whistleblower von Singapur nach London fliege, um die Wirecard-Aktie anzugreifen; eine bizarre Geschichte über Erpressung und geheime Absprachen, in der die *Financial Times* und das US-Medienunternehmen Bloomberg (der Arbeitgeber der Autoren dieses Buches) vorkamen.[26] Alle Spuren führten zu Jan Marsalek, dem Chief Operating Officer von Wirecard, der schon damals über seine Verbindungen zu russischen Spionen prahlte und seit dem Zusammenbruch des Unternehmens auf der Flucht ist.[27]

Auch wenn die Behörde damals nicht diese Fakten kannte, waren die Hinweise, die sie zum Handeln bewegten, äußerst dürftig. Der Zeugenbericht bestand in einer nicht unterzeichneten schriftlichen Erklärung einer Person, die im Zusammenhang mit Drogengeldern verurteilt worden war. Er wurde von einem Wirecard-Anwalt übermittelt und nicht von offizieller Seite unabhängig überprüft. Die physische Anwesenheit eines Wirecard-Insiders in London ist für den Aktienhandel irrelevant. Außerdem wurde der angebliche Informant wie eine Bedrohung behandelt und nicht wie eine potenziell wertvolle Informationsquelle. Die abenteuerlichste Behauptung war jedoch, dass Reporter und Redakteure von Bloomberg sich einer Kampagne der *Financial Times* gegen Wirecard anschließen würden, falls sie nicht sechs Millionen Euro erhielten. Das ist für Journalisten eine absurde Summe. Und außerdem: Würden diese zwei erbittert rivalisierenden Medien zusammenarbeiten, wäre das, als würden Adidas und Puma gemeinsam einen Schuh auf den Markt bringen. Den Münchner Staatsanwälten, die diese Informationen an die BaFin weitergaben, erschien aber plausibler, dass zwei nichtdeutsche Medien konspirierten, als dass ein erstklassiges heimisches Unternehmen Betrug beging. Es war eine typische »Wir und die«-Situation, und Wirecard nutzte die besonders in den oberen Gesellschaftsschichten präsente deutsche Voreingenommenheit eiskalt aus.

Während der gesamten Aufbauphase und insbesondere nach der Aufnahme in den DAX im September 2018 pflegte Wirecard Beziehungen zur deutschen Elite, darunter zum ehemaligen Hamburger Bürgermeister Ole von Beust und zu Klaus-Dieter Fritsche, Kanzleramtsmitarbeiter unter Merkel. Die Unternehmer gaben sich als die smarten Jungs aus der Gegend, die dankbar für die Hilfe des erfahrenen Establishments waren. Die gestreichelten Egos wirkten als Schutzschild gegen unbequeme Blicke. Wer dennoch einen Blick hinter den Vorhang wagte, wurde überwacht, gehackt und eingeschüchtert. »Unabhängige Zeitungen, glatte Banker, reiche Investoren, teure Wirtschaftsprüfer, sachkundige Regulierungsbehörden und gefürchtete Staatsanwälte verfolgten den ungleichen Kampf und kamen zu dem Schluss, dass ich derjenige war, der im Unrecht und möglicherweise korrupt war«, sagte McCrum.

Einer von Wirecards ahnungslosen Gehilfen war Karl-Theodor zu Guttenberg. Der Adelige war als Bundeswirtschaftsminister und anschließend als Bundesverteidigungsminister kurzzeitig der beliebteste Politiker des Landes und wollte unbedingt wieder mit am Tisch sitzen. Er ist ein Beispiel für die deutsche Faszination an der eigenen Gesellschaftselite. Wie Wirecard hatte zu Guttenberg einen kometenhaften Aufstieg und einen spektakulären Fall erlebt. 2009 wurde er begeistert als das jüngste Kabinettsmitglied im Nachkriegsdeutschland begrüßt. An der Seite seiner Frau Stefanie, einer statuenhaften Gräfin und Nachfahrin von Otto von Bismarck, wurde er dafür gefeiert, moderne Sensibilitäten und nationale Traditionen zu vereinen.[28] Das Glück war jedoch nur von kurzer Dauer, und zu Guttenberg musste 2011 mit 39 Jahren wegen eines Plagiatsskandals zurücktreten. Doch obwohl die Weimarer Republik 1919 die Adelsprivilegien abgeschafft hatte, besitzt eine adelige Abstammung in Deutschland bis heute Gewicht. Ein »von« oder »zu« im Nachnamen ist ein Türöffner, und so war zu Guttenberg, dessen Stammbaum und Wappen Hunderte von Jahren zurückreichen, ein Comeback gewiss. Wirecard war die ersehnte Gelegenheit dafür. Nach seinem Ausstieg aus der Politik[29] hatte zu Guttenberg seine Kontakte genutzt, um ein Beratungsunternehmen aufzubauen. 2016 bekam er den ersten Auftrag von Wirecard zur Vermittlung von Kontakten in die USA. Es war nur Kleinkram zum Aufbau von Geschäftsbeziehungen, aber 2019 stand ein großer Deal an. Wirecard wollte ein chinesisches Unternehmen kaufen und brauchte dafür eine Betriebserlaubnis. Zu Guttenberg konnte sich auf ein Honorar in mehrstelliger Millionenhöhe freuen, und außerdem hätte es ihm großes politisches Ansehen verschafft, bei der Erschließung des chinesischen Finanzmarktes behilflich zu sein.

Obwohl zu Guttenberg in Ungnade gefallen war, traf er sich etwa einmal pro Jahr mit seiner ehemaligen Chefin Angela Merkel. Im September 2019 gelang es ihm, nur wenige Tage vor einer Chinareise der Kanzlerin ein Treffen mit ihr zu arrangieren. Er ergriff sogleich die Gelegenheit, ein höheres Honorar von Wirecard zu fordern, und verglich den Wert seines persönlichen Engagements mit dem des ehemaligen US-Außenministers Henry Kissinger.[30] Während des Gesprächs mit Merkel kam zu Guttenberg auf Wirecards Pläne zu sprechen und erwähnte, dass das aufstrebende DAX-Mitglied ein wenig Hilfe gebrauchen könnte. Er verschwieg jedoch seine Geschäftsbeziehung zu dem Unternehmen. Da die Außenpolitik der deutschen Regierung zum Großteil darin besteht, als Handelsdelegation aufzutreten, musste keine große Überzeugungsarbeit geleistet werden, und Merkel überließ die Details ihren Mitarbeitern, die prüften, ob eine Empfehlung durch Merkel im Interesse Deutschlands war. »Wirecard war ein DAX-Unternehmen und passte hier hundertprozentig hinein«, sagte Lars-Hendrik Röller, der Wirtschaftsberater der Kanzlerin. »Wir im Kanzleramt hatten keine Hinweise auf Unregelmäßigkeiten.«[31]

Schon damals wurde ein belastender Bericht nach dem anderen über das Unternehmen veröffentlicht und zudem eine strafrechtliche Ermittlung in Singapur aufgenommen. Von deutscher Seite kam jedoch nichts dergleichen, und nur das zählte. Hierin liegt das Problem: Die zuständigen deutschen Stellen bemerkten kein Fehlverhalten, weil sie keines bemerken wollten. Wenige Monate später stürzte die ganze Fassade ein, als eine Sonderprüfung falsche Bilanzen und dubiose Geschäfte aufdeckte. Im Juni 2020 meldete Wirecard Insolvenz an. Statt aus der Asche aufzuerstehen, stolperte zu Guttenberg erneut und brachte eine unschuldige Erklärung für seine Unterstützung vor: »Wenn wir gewusst hätten, dass die Geschäftstätigkeit auf Betrug basierte, hätten wir das DAX-Unternehmen nie beraten.«[32] Es war die typisch deutsche Art, sich aus der Verantwortung zu winden.

Eine Katastrophe dieser Größenordnung verlangt nach einer angemessenen Antwort, und ein parlamentarischer Untersuchungsausschuss produzierte einen Bericht, der mit über 2300 Seiten länger als Leo Tolstois *Krieg und Frieden* war. Die Finanzaufsicht wurde reformiert, und die unabhängige Deutsche Prüfstelle für Rechnungslegung (DPR), die bis dahin als erste Verteidigungslinie gegen Bilanzfälschungen diente, wurde aufgelöst und die gesamte Kontrollverantwortung der BaFin übertragen.

Die Änderungen waren sinnvoll, aber um wirklich gegen ein zweites Wirecard gewappnet zu sein, könnten Anpassungen erforderlich sein, die sich nicht so einfach gesetzlich festschreiben lassen. Zum einen sind Staat und Wirtschaft in Deutschland zu eng verflochten, was sich beispielsweise an der DPR zeigt. Als Reaktion auf frühere Bilanzskandale initiierten Wirtschaftsverbände 2004 die Einrichtung der Prüfstelle, um einer direkten behördlichen Aufsicht zu entgehen. Dabei entstand nicht nur eine institutionelle Rivalität mit der BaFin, die Kooperation war zudem freiwillig. Unternehmen konnten also lediglich des Betrugs überführt werden, wenn sie einer Untersuchung zustimmten. Damit herrschte in Deutschland das ungeschriebene Gesetz, Betrug zu akzeptieren, solange er nicht überhandnahm.

Wirecard ging zu weit, wenngleich auch öffentliche Amtsträger nur allzu bereit waren, sich für das aufstrebende Starunternehmen einzusetzen. Die deutsche Besessenheit von der »Zuständigkeit« verschlimmerte die Sache. Aufgrund des hochstrukturierten Systems und der Furcht vor Schuldzuweisungen bewegt sich das deutsche Beamtentum nur selten außerhalb des eigenen, genau definierten Zuständigkeitsbereichs, um das große Ganze zu betrachten. Wirecard war eine Mischung aus Techunternehmen und Finanzdienstleister und machte sich die resultierenden Zuständigkeitslücken zunutze. Das zu verändern bedarf einer Selbstermächtigung jenseits von Prozessen und Verfahrensweisen.

In den Anhörungen des Bundestagsuntersuchungsausschusses wollte niemand verantwortlich gewesen sein. Ein Amtsträger nach dem anderen rechtfertigte sein Handeln und wusch seine Hände in Unschuld. Das traf auch auf Olaf Scholz zu, der damals als Finanzminister für die BaFin zuständig gewesen war. Der Chef dieser Aufsichtsbehörde wurde wegen des Skandals abserviert, aber Scholz sagte, die BaFin habe »im Rahmen ihrer Möglichkeiten« gehandelt.[33] Scholz stand auch im Mittelpunkt eines anderen großen Aussetzers der deutschen Umsichtigkeit: eines Hütchenspiels mit Steuergeld, das Hunderte von Milliarden Euro an Finanzkraft in Frage gestellt hat.[34]

Scholz und seine Sozialdemokraten gewannen die Bundestagswahl 2021 nur knapp und benötigten für die Bildung einer Regierungsmehrheit zwei Koalitionspartner. Jahrzehntelang war das nicht nötig gewesen, und es verdeutlichte abermals die zunehmende politische Fragmentierung.[35] Die drei Parteien – die weitgehend in der politischen Mitte zu verortende SPD, die ökologisch und klimapolitisch orientierten Grünen und die neoliberale FDP – haben höchst verschiedene Anhänger und politische Prioritäten. Um sie alle unter einen Hut zu kriegen, musste jeder bekommen, was er wollte. Für die SPD war das die Sozialpolitik, für die Grünen Investitionen in den Umweltschutz und für die FDP niedrige Steuern und niedrige Schulden. Um diese Quadratur des Kreises zu bewerkstelligen, wurde auf ein euphemistisch als Sondervermögen bezeichnetes Finanzierungskonzept zurückgegriffen. Die Bundesregierung kann über einen solchen Nebenhaushalt Kredite aufnehmen, ohne die verfassungsmäßige Beschränkung zu verletzen, und auch schon vor Scholz' Regierung wurde dieser Trick häufig angewandt.

Deutschland nimmt Sparsamkeit wichtig, und die Verschuldung ist tatsächlich deutlich geringer als die jeder anderen großen Volkswirtschaft. Bei diesem undurchdachten Finanzschmu sollten jedoch pandemiebedingte Hilfsleistungen für Investitionen in den Klimaschutz umgenutzt werden, und daraufhin annullierte das oberste deutsche Gericht am 15. November 2023 den Fonds in Höhe von 60 Milliarden Euro.[36] Mit diesem Schritt stellten die Richter gleichzeitig die Legalität von Hunderten Milliarden Euro an anderen Finanzmitteln infrage. Einst wurde Deutschland für seine sorgsame Haushaltsplanung gerühmt, aber die Gerichtsentscheidung machte diese Legende nun zunichte.

Das Urteil läutete auch das Ende der selbsternannten »Fortschrittskoalition« von Scholz ein, die knapp ein Jahr später zerbrach. Geld war der Kitt, der die Regierung zusammenhielt, und als das weg war, war auch die Solidarität weg. Das ist das Risiko, wenn man eine Gemeinschaft zu sehr auf kommerziellen Erfolg gründet, und das Schicksal der Scholz-Koalition dient als beunruhigendes Sittengemälde für Deutschland selbst.

Deutschland hat die Haushaltsdisziplin stets als Selbstzweck betrachtet und verweist gebetsmühlenhaft auf sein vergleichsweise niedriges Schuldenniveau. Eine Regierung sollte aber vorausschauend denken und planen. In den Gesetzen, die nach der Bankenrettung im Zuge der weltweiten Finanzkrise zusammengeschustert wurden, wird nicht zwischen der Finanzierung regulärer staatlicher Programme und notwendigen Zukunftsinvestitionen unterschieden. Es ist nicht besonnen, Brücken verfallen, Technologie veralten und das Schulsystem kollabieren zu lassen, und in der Niedrigzinsära wurde die Gelegenheit verpasst, kostenlos Geld zu beschaffen. Es besteht dringender Investitionsbedarf, und ohne baldige Maßnahmen werden sich die strukturellen Probleme weiter verschlimmern. Die Zukunft im Namen der Haushaltsprinzipien zu opfern kann kaum als umsichtig bezeichnet werden.

Berlin ist das Epizentrum des deutschen Niedergangs. Die Verwaltung der Hauptstadt führte 2021 eine Wahl nicht ordnungsgemäß durch. Bei der Wahlwiederholung wurde die Bürgermeisterin abgewählt, und die FDP verlor einen Sitz im Bundestag. Diese und andere Versäumnisse nagen am Image der deutschen Umsichtigkeit, was insbesondere an der politischen Klasse deutlich wird. Deren Angehörige haben überwiegend keinerlei Vorstellungen von den Sorgen und Nöten der Normalbevölkerung. Um Glaubwürdigkeit zurückzuerlangen, ist größere Bescheidenheit nötig, und die Politik muss sich jenseits der Grabenkämpfe der Parteien bewegen, um die Probleme der Menschen verstehen zu können. Wenn Amtsinhaber einsehen, dass sie nicht auf alles eine Antwort haben, könnte dies einen breiter angelegten Lösungsfindungsprozess ermöglichen, der Mut zu Fehlern sowie ihre ehrliche Korrektur zulässt. Das bedeutet, notfalls Schuld einzugestehen – was in Deutschland als kaum einforderbar gilt. Es birgt Risiken, aber erfordert auch Ermächtigung und Optimismus. Wie das Zitat von Erin Hanson sagt: »Was, wenn ich falle?« – »Oh, aber Schätzchen, was ist, wenn du fliegst?«

Der Mythos der progressiven Nation

»Eine Schwalbe macht noch keinen Sommer«[37]

Neben dem Verlust traditioneller Eigenschaften wie Effizienz und Umsichtigkeit halten auch die Säulen des in der Nachkriegszeit geformten deutschen Selbstbilds als aufgeklärte Nation einer näheren Betrachtung nicht stand. Nur oberflächlich erscheinen die Dinge hier positiv. Deutschland wurde 16 Jahre lang von Angela

Merkel regiert, einer bescheidenen und doch charismatischen Physikerin, die sich in der männerdominierten CDU durchgesetzt hatte. Die konservative Volkspartei hat bisher die meisten Bundeskanzler gestellt. Während ihrer Amtszeit wurde das ehemalige Kabinettsmitglied Ursula von der Leyen, eine Ärztin und Mutter von sieben Kindern, Präsidentin der Europäischen Kommission. Merkels Nachfolgerin als Vorsitzende der Christdemokraten war die ehemalige Ministerpräsidentin des Saarlandes Annegret Kramp-Karrenbauer, die allerdings zurücktrat, bevor sie als Kanzlerkandidatin gegen Olaf Scholz antreten konnte. Dieser musste sich dann bei der Wahl von 2021 gegen Annalena Baerbock von den Grünen durchsetzen, die sich später als Außenministerin seines Kabinetts mit ihrem russischen Amtskollegen Sergej Lawrow anlegte und Kriegsgebiete in der Ukraine und in Israel bereiste. In Scholz' Regierung waren die Hälfte der 16 Kabinettsmitglieder Frauen, bis Christine Lambrecht wegen eines peinlichen Silvester-Videos als Verteidigungsministerin zurücktrat, in dem sie sich über die »Begegnungen mit interessanten und tollen Menschen«[38] im Zuge des russischen Krieges gegen die Ukraine gefreut hatte. Saskia Esken gewann gegen Scholz und wurde 2019 zur Co-Vorsitzenden der Sozialdemokraten gewählt. Ricarda Lang hatte diese Position bei den Grünen inne. Selbst die rechtsextreme AfD hat mit Alice Weidel, die zudem lesbisch ist, eine weibliche Co-Vorsitzende. Angesichts von so viel politischem Einfluss in den Händen von Frauen scheint Deutschland die Gleichstellung der Geschlechter erreicht zu haben, aber das täuscht.

In der politischen Repräsentation ist Deutschland nicht führend, sondern liegt beim Anteil der Frauen im Parlament (etwa ein Drittel) hinter Spanien, Finnland und Schweden. Frauen besetzen weniger als ein Zehntel aller Bürgermeisterposten.[39] Die Lage in der Arbeitswelt ist noch schlechter. Wegen der traditionellen Rollenverteilung verbringen Frauen mehr Zeit damit, sich um die Familie zu kümmern, und haben daher geringere finanzielle Ressourcen als Männer. 2023 verdienten sie durchschnittlich 18 Prozent weniger als diese, und ihre Rente war um 50 Prozent niedriger.[40] Auch wenn sich der Lohnunterschied seit 2006, als er 23 Prozent betrug, verringert, waren andere Länder erfolgreicher darin, für mehr Ausgeglichenheit in der Erwerbsbevölkerung zu sorgen. Laut dem *Gender Gap Report* des Weltwirtschaftsforums fiel Deutschland bei den wirtschaftlichen Chancen und der Teilhabe von Platz 32 im Jahr 2006 auf Platz 88 im Jahr 2023 zurück (zehn Plätze hinter Sierra Leone, 30 hinter Kambodscha und 70 hinter Albanien).[41] Bei anderen Indikatoren stagniert Deutschland im Allgemeinen auf bescheidenem Niveau. Der Gender Equality Index des Europäischen Instituts für Gleichstellungsfragen sieht vor allem bei der Bildung Verbesserungsbedarf, wo Deutschland den 24. Platz belegt.

In den oberen Etagen der deutschen Wirtschaft sind Frauen stark unterrepräsentiert, sie machen nur elf Prozent der Führungskräfte in den 160 größten börsennotierten Unternehmen aus. Im mittleren Management sieht es mit 40 Prozent besser aus, aber angesichts des 44-prozentigen Frauenanteils an der Erwerbsbevölkerung gibt es auch hier noch zu viele Männer.[42] Nach wie vor ist die Einstellung tief verwurzelt, dass es »Frauenberufe« wie Bürokauffrau und Zahnhygienikerin gibt, was viele junge Frauen von technischen Berufen abhält und den Fachkräftemangel verschärft.[43]

Auch das Steuersystem setzt verheirateten Frauen keine Anreize, mehr zu arbeiten, sondern ermuntert sie eher zum Gegenteil. Da sie sich häufig um die Familie kümmern, verdienen sie weniger, und aufgrund des Ehegattensplittings wird der Zweitverdiener (in der Regel die Frau) wesentlich höher besteuert als der Hauptverdiener (in der Regel der Mann). Je größer der Gehaltsunterschied zwischen Haupt- und Zweitverdiener ist, desto größer sind die Steuervorteile, sodass sich Mehrarbeit nicht unbedingt lohnt.[44] Folglich arbeitet fast jede zweite deutsche Frau in Teilzeit, der dritthöchste Wert in der EU.

Deutschland ist immer noch eine Männerwelt, trotz Merkel oder auch gerade wegen ihr. Als Bundeskanzlerin wich sie Geschlechterfragen genauso aus wie ihrer ostdeutschen Vergangenheit. Sie war stets kalkuliert unparteiisch, um nicht als Fanatikerin angesehen zu werden, und strahlte von ihren Hosenanzügen bis zu ihrer Frisur postgeschlechtliche Sensibilität aus. Das ließ Deutschland als eine progressive Bastion erscheinen, was aber nicht zutraf. Jahrelang sträubte sich Merkel gegen die Durchsetzung von Quoten in Unternehmensvorständen, bis sie schließlich 2015 ein diesbezügliches Gesetz für eine begrenzte Anzahl von Spitzenunternehmen unterstützte. 2017 wurde dann auch ein Gesetz zur Verbesserung der Lohntransparenz erlassen, aber Arbeitnehmer und Arbeitnehmerinnen müssen einen schriftlichen Antrag stellen, um Auskünfte zu bekommen, was eine ziemlich hohe Hürde darstellt. Müttern sollte auch der Einstieg ins Berufsleben durch den Anspruch auf einen Betreuungsplatz erleichtert werden, doch davon gibt es – trotz Rechtsanspruch – wegen mangelnder Finanzierung noch immer zu wenige. Merkels einzige wirkliche Leistung war es, Frauen ein Vorbild zu sein, und das ist immerhin etwas. »Niemand lacht ein junges Mädchen heute mehr aus, wenn es sagt, dass es später einmal Ministerin oder sogar Bundeskanzlerin werden will«, sagte Merkel im November 2018 anlässlich des hundertjährigen Jubiläums des Frauenwahlrechts in Deutschland.[45]

Die Kanzlerin bekannte sich erst gegen Ende ihrer Amtszeit offen zum Feminismus, und auch da nur auf ihre unbeholfene Art. Nach Jahrzehnten an der Macht bemerkte sie auf einer Veranstaltung kurz vor der Wahl 2021, dass sie sich zuvor nicht als Feministin bezeichnet habe, weil der ihrer Meinung nach engagierten Aktivismus voraussetze, dessen sie sich nicht rühmen könne. Dank der niederländischen Königin Máxima, die in die königliche Familie eingeheiratet hatte, habe sie jedoch begriffen, dass Männer und Frauen eine gleichberechtigte Rolle in der Gesellschaft innehaben sollten. »In diesem Sinne kann ich sagen: Ja, wir sollten alle Feministen sein«, sagte sie.[46]

Das kam aber zu spät, um die deutsche Auffassung von Geschlechterrollen zu ändern, und die Regierung hält weiter an traditionellen Stereotypen fest. Nicht zuletzt bei Erika Mustermann, Deutschlands fiktiver offizieller Durchschnittsfrau. Diese Person ist eine Kreation der Regierung; sie taucht seit den 1980er-Jahren auf Musterdokumenten auf und ist in der Regel blond, grünäugig und natürlich weiß. Meist kommt sie aus Köln, manchmal aber auch aus München und gelegentlich aus Berlin. Und einmal, auf der Vorlage eines Flüchtlingsausweises im Jahr 2015, stammte dieselbe Frau überraschenderweise aus Damaskus. Ihr Geburtsname ist Gabler, und sie hat natürlich den Namen ihres Gatten Max Mustermann angenommen, eines weißen Mannes mit kurzen Haaren und Brille.[47] Sie hat auch einen Sohn namens Leon, der die Rollenbesetzung der erdichteten deutschen Familie vervollständigt. Andere Länder haben solche Standardpersonen nicht. Wenn dort im Rahmen der offiziellen Kommunikation der Behörden Menschen abgebildet werden, sind sie allgemeiner gehalten und weniger normativ. Großbritannien verwendet eine weiße Frau namens »Angela Zoe UK Specimen«, um die Merkmale des Reisepasses zu veranschaulichen, und die USA nutzen Bilder von Männern und Frauen mit dem Namen »Happy Traveler«.

Erika Mustermann ist nur ein Beispiel für die tiefe Verankerung traditioneller Rollenbilder in der nationalen Psyche, die weniger progressiv ist, als die Deutschen glauben wollen. Ähnliche Darstellungen dominanter Männer und unterwürfiger Frauen gibt es auch in den Medien und der Unterhaltungsindustrie. Diese Ansichten haben definitiv ihre dunkle Seite. Laut einer Umfrage im März 2023 gab einer von drei Männern zwischen 18 und 35 an, dass Gewalt gegen Frauen gerechtfertigt sei, um Respekt einzufordern.[48] Das Familienministerium schätzt, dass eine von drei Frauen in Deutschland mindestens einmal in ihrem Leben körperliche oder sexuelle Gewalt erlebt. 2023 stieg die Zahl der Opfer häuslicher Gewalt auf über eine Viertelmillion an, und über 70 Prozent davon waren Frauen.[49] Aufgrund dieser Situation sahen sich die UN zu einer Beschwerde über das Fehlen eines Plans zur Bekämpfung geschlechtsspezifischer Gewalt in Deutschland veranlasst.[50]

Ginge es nach der AfD, wären die gesellschaftlichen Rollen von Männern und Frauen noch strikter festgelegt. Laut Björn Höcke, dem prominentesten ideologischen Vordenker der Partei, stehen Männer für »Wehrhaftigkeit, Weisheit und Führung«, wohingegen sich Frauen durch »Intuition, Sanftmut und Hingabe« auszeichnen.[51] Mit dieser Meinung ist er nicht allein. Das offizielle Parteiprogramm beklagt einen dramatischen Rückgang der »angestammten Bevölkerung« wegen kinderloser und unverheirateter Frauen, und wie die US-amerikanischen Abtreibungsgegner spricht die AfD »ungeborenen Kindern« Rechte zu. »Der Erhalt des eigenen Staatsvolks ist vorrangige Aufgabe der Politik und jeder Regierung«, sagt die Partei.[52]

Die verzerrte Sozialstruktur des Landes und der Mangel an Bewusstsein für die Missstände betreffen auch die Rolle von Minderheiten. Über ein Viertel aller Deutschen haben einen sogenannten Migrationshintergrund, aber sie sind in politischen Ämtern unterrepräsentiert. Es gibt Ausnahmen wie den Landwirtschaftsminister Cem Özdemir von den Grünen, der Sohn türkischer Gastarbeiter ist, sowie den ehemaligen FDP-Generalsekretär Bijan Djir-Sarai und Omid Nouripour von den Grünen – beide wurden in Teheran geboren.

Natürlich haben Migranten höchst unterschiedliche Hintergründe. Die erst 2005 festgelegte Definition ist breit und schließt auch die Nachkommen gemischter Eltern ein. Die Tochter eines deutschen Vaters und einer amerikanischen Mutter wird also ebenso als Migrantin gesehen wie eine afghanische Frau, die vor den Taliban floh. Diese statistische Oberflächlichkeit ist beabsichtigt. Aufgrund der Erfahrungen während der Nazizeit wollte Deutschland Ethnizität nicht zu genau zurückverfolgen, um die Identifikation von Minderheiten zum Zweck der ethnischen Säuberung zu erschweren. Auch wenn dieses Konzept gut gemeint ist, hat es seinen Zweck überlebt und führt zu blinden Flecken, weswegen strukturelle Probleme größtenteils unentdeckt bleiben.

Die Schwarze Community in Deutschland hat daher im Jahr 2020 den Afrozensus ins Leben gerufen, um mehr über sich selbst zu erfahren und Bewusstsein für die Lebenssituation Schwarzer Menschen zu schaffen. Diese sehr heterogene Gruppe von mehr als einer Million Menschen ist in erster Linie durch die Erfahrung verbunden, »anders« zu sein. Über 90 Prozent aller Schwarzen Deutschen wurden schon einmal ohne ihre Erlaubnis an den Haaren angefasst, und über die Hälfte wurde gefragt, ob sie Drogen verkaufen. Ebenso viele wurden von der Polizei grundlos kontrolliert.[53]

So etwas passiert sicherlich nicht nur in Deutschland, aber es fehlt ein Problembewusstsein für diese Art von Rassismus. Mehr als die Hälfte der Befragten des Afrozensus gab an, dass ihnen häufig nicht geglaubt wird, wenn sie über Diskriminierung sprechen, und ihnen ihre Empörung dann zum Vorwurf gemacht wird.

Statistiken, die einen schrumpfenden Anteil an »reinen« Deutschen zeigen, werden instrumentalisiert, um Ängste vor dem »Verlust der Heimat« zu schüren. Wie gefährlich das ist, zeigte sich an der bedrohlichen Atmosphäre, die sich an einer Schule in Brandenburg im Spreewald entwickelte. Diese Touristenregion ist für geruhsame Bootsfahrten durch die Sumpflandschaft und ihre weltberühmten Gurken bekannt, doch hier zeigten Schüler den Hitlergruß, malten auf dem Schulgelände Hakenkreuze und schikanierten andere. Dieser Aufschwung rechtsextremer Aktivitäten ist aber keineswegs auf das ländliche Ostdeutschland beschränkt. Zwei Lehrer, Laura Nickel und Max Teske, gingen an die Öffentlichkeit, da sie sich von der Schulleitung, der Lokalverwaltung und den Eltern ignoriert fühlten. Beide verließen aber die Schule und auch die Stadt, da sie bedroht, angegriffen und beschuldigt wurden, den Ruf der Gemeinde zu beschmutzen. Wenig später gingen vier weitere liberal eingestellte Lehrer ebenfalls.[54]

Es ist einer von vielen Vorfällen, die zeigen, dass Deutschland nicht so reif und fortschrittlich ist, wie es sich selbst gern weismachen will. Anstatt einer ehrlichen Innenschau klammert sich das Land an das Selbstbild der guten Nation, die die richtigen Lehren aus der Geschichte gezogen hat, und blendet Probleme aus, anstatt sie zu lösen. Das führt dazu, dass die Menschen, die auf Probleme hinweisen, zurückgewiesen und als Selbstdarsteller abgetan werden. »Es herrscht das Gefühl der Machtlosigkeit und der erzwungenen Schweigsamkeit«, schrieben Laura Nickel und Max Teske in einem offenen Brief im April 2023. »Doch, was eigentlich selbstverständlich sein sollte, wird zu einem Spießrutenlauf.«[55]

Der Mythos der klaren moralischen Haltung

»Man wird alt wie eine Kuh
und lernt immer noch was dazu.«

Jedes Jahr am 27. Januar, dem Jahrestag der Befreiung des Vernichtungslagers Auschwitz, gedenken Politiker in ganz Deutschland der Opfer der Nazis. Sie rufen in ernsten Reden zur Wachsamkeit auf (»Nie wieder ist jetzt«) und posten trauervolle Videos in den sozialen Medien (#WeRemember). Die Rituale des Gedenkens werden von physischen Mahnmalen flankiert wie dem Holocaust-Denkmal in Berlin, den Konzentrationslagern wie Dachau bei München und Buchenwald bei Weimar, die in Gedenkstätten umgewandelt wurden, und über 100 000 Stolpersteinen aus Messing, die im Pflaster vor Gebäuden in über 1200 deutschen Gemeinden eingelassen sind. Sie ehren einzelne Opfer mit Namen und letztem Wohnsitz vor der Deportation und der darauffolgenden Ermordung.

Nur wenige andere Länder auf der Welt zeigen ihre Schande so regelmäßig und öffentlich wie das Nachkriegsdeutschland, und dafür verdient das Land Anerkennung. Dank dieser Bemühungen kann sich Deutschland wieder wie ein »normales« Land verhalten und Dinge tun wie die Fahne schwenken (bei besonderen Anlässen), die Fußballnationalmannschaft anfeuern und mit dem Wiederaufbau des preußischen Stadtschlosses in Berlin an die Zeit vor der NS-Vergangenheit erinnern. Dennoch ereigneten sich innerhalb weniger Monate zwei Dinge, die Zweifel an der deutschen Vergangenheitsbewältigung haben aufkommen lassen. Zum einen wurde im Frühling 2023 eine Konferenz zur Diskussion der Lage in Palästina aufgelöst, da antisemitische Äußerungen verhindert werden sollten (die es jedoch bis dahin nicht gegeben hatte). Zum anderen hatten Nazi-Vorwürfe gegen einen bayerischen Politiker keine Konsequenzen. Bei Intoleranz, die von außen kam – insbesondere von dunkelhäutigen Migranten – wurde also eine harte Linie eingeschlagen. Auf Vorwürfe gegen einen Landsmann wurde jedoch verständnisvoll reagiert. Beide Vorfälle werfen die Frage auf, ob Deutschland wirklich so reflektiert ist, wie es sein Image suggeriert und wie es das Land selbst gern glauben will.

Beim ersten Vorfall wurden 2500 Berliner Polizisten während des dreitägigen Palästina-Kongresses eingesetzt, der schon im Vorfeld öffentlich verteufelt worden war. Kai Wegner, der nach der vermasselten Wahl von 2021 zum neuen Regierenden Bürgermeister gewählt worden war, hatte sie unverblümt als »Hass-Veranstaltung« bezeichnet. Zudem war im Vorfeld das Konto eines der Organisatoren, der Jüdischen Stimme für gerechten Frieden in Nahost, bei einer öffentlich-rechtlichen Sparkasse gesperrt worden, die Namen und Adressen der Organisationsmitglieder forderte.

Weitere Bemühungen, die Veranstaltung zu verhindern, richteten sich gegen einzelne Teilnehmer. Ghassan Abu-Sittah, britisch-palästinensischer Wiederherstellungschirurg und Rektor der Universität Glasgow, der auch »der Arzt, der zerbrochene Gesichter repariert«, genannt wird,[56] sollte auf der Veranstaltung über seinen sechswöchigen Aufenthalt in Gaza während des israelischen Bombardements sprechen, das als Vergeltung für den Terrorangriff der Hamas am 7. Oktober 2023 ausgeführt wurde. Er wurde über drei Stunden lang am Berliner Flughafen festgehalten und mit einem einjährigen Einreiseverbot für Deutschland belegt. Weiterhin wurde ihm mitgeteilt, dass er gegen deutsches Recht verstoße, wenn er per Video an der Konferenz teilnehme. Ein ähnliches Schicksal ereilte Yanis Varoufakis, den ehemaligen griechischen Finanzminister, sowie Salman Abu-Sitta, einen palästinensischen Autor und Aktivisten, der 1948 als Kind während der ethnischen Säuberung, der sogenannten Nakba, aus Palästina vertrieben worden war.

Nur wenige Stunden nach Beginn der Veranstaltung am 12. April 2024 tauchte die Polizei am Veranstaltungsort auf, schaltete den Strom ab und löste die Veranstaltung auf, da in der Liveübertragung ein Redner aufgetreten war, gegen den ein Betätigungsverbot in Deutschland verhängt worden war. Laut der Berliner Polizei bestand die Gefahr von antisemitischen, gewaltverherrlichenden und den Holocaust leugnenden Äußerungen. In anderen Worten: Es war noch nichts dergleichen gesagt worden, aber es hätte gesagt werden können. Innenministerin Nancy Faeser pries diese präventive Intervention als »richtig und notwendig«.[57] Dieser harte Kurs machte die relativ kleine Veranstaltung mit einigen Hundert Teilnehmern international bekannt.

Die Konferenz war zweifellos provokativ. Israels Vorgehen in Gaza wurde dort als Völkermord bezeichnet und Deutschland der »Beihilfe« zu den Verbrechen beschuldigt.[58] Salman Abu-Sitta hat die Terroranschläge der Hamas vom 7. Oktober gerechtfertigt und Gaza als »Konzentrationslager« bezeichnet.[59] Darauf reagiert Deutschland empfindlich, da die Naziverbrechen als in der Menschheitsgeschichte beispiellos angesehen werden. Ghassan Abu-Sittah hat Deutschland dafür kritisiert, mit Waffenverkäufen Geld zu verdienen und Israels Handeln politisch zu unterstützen. »Deutschland versucht, die Zeugen zum Schweigen zu bringen, und so etwas tun nur Komplizen«, sagte der Arzt.[60]

Varoufakis ist ein langjähriger Kritiker Deutschlands, seit er sich als griechischer Finanzminister während der Schuldenkrise gegen die von Merkel erzwungene Austeritätspolitik zur Wehr setzte. Aber ist er eine Sicherheitsbedrohung? In seiner Rede, die er anschließend veröffentlichte, sagte er: »Ein stolzes, anständiges Volk, das deutsche Volk, wird auf einen gefährlichen Weg geführt, der es zu einer herzlosen Gesellschaft machen könnte, indem es sich eines weiteren Völkermords mitschuldig macht, der in seinem Namen und mit seiner Komplizenschaft verübt wird.« Varoufakis verurteilte Antisemitismus mit deutlichen Worten und fügte hinzu, dass »die universellen Menschenrechte entweder universell sind oder nichts bedeuten«. Diese Auffassung sollte von Deutschland geteilt werden, das den Schutz der Menschenwürde in der Verfassung verankert hat.

Die Empörung blieb nicht auf die Teilnehmer beschränkt. Der bekannte Philosoph Slavoj Žižek warnte, das Verbot für Varoufakis, auf der Veranstaltung zu sprechen, sei ein Anzeichen dafür, dass Deutschland auf dem Weg in den Autoritarismus sei. Da die öffentliche Sympathie für das Leiden der Palästinenser konträr zur felsenfesten staatlichen Unterstützung Israels steht, ist laut dem Slowenen eine Gegenreaktion zu erwarten. Zuvor hatte er die Verschiebung einer Literaturpreisverleihung an eine palästinensische Autorin auf der Frankfurter Buchmesse 2023 als »skandalös« kritisiert. Jegliche Kritik an Israel als Antisemitismus zu brandmarken berge die Gefahr, Wut auf Juden umzulenken und präventive Maßnahmen wie das Vorgehen gegen die Palästina-Konferenz zu einer sich selbst erfüllenden Prophezeiung werden zu lassen. »Die Affäre um Varoufakis wäre dann ein neues, besonders verdrehtes Kapitel in der Geschichte des Antisemitismus«, so Žižek.[61] Damit implizierte er, Deutschland würde durch die im Namen der Toleranz ergriffenen drastischen Maßnahmen eine Rückkehr zur Intoleranz riskieren.

Nur wenige Monate zuvor hatte Deutschland deutlich verständnisvoller reagiert, als einem hochrangigen Politiker eine nationalsozialistische Einstellung vorgeworfen wurde. Der stellvertretende bayerische Ministerpräsident Hubert Aiwanger stand im Vorfeld der Landtagswahlen 2023 im Zentrum eines Skandals, als investigative Journalisten auf ein geschmackloses Flugblatt stießen, das 1987 in seiner Schultasche gefunden worden war. Das einseitige Dokument feierte die Todesmaschinerie der Nazis und schrieb einen fiktiven Casting-Wettbewerb für den »größten Vaterlandsverräter« aus. Zu den Preisen gehörten ein »Freiflug durch den Schornstein in Auschwitz«, »ein lebenslänglicher Aufenthalt im Massengrab« und ein »einjähriger Aufenthalt in Dachau (freie Kost und Logis)«. 36 Jahre nach dem Fund dieses schreibmaschinengeschriebenen Dokuments wurde darüber berichtet. Es mag seltsam erscheinen, dass ein Schriftstück eines Jugendlichen auch Jahrzehnte später noch relevant sein könnte, doch die Sensibilität gegenüber jeglicher Verherrlichung des Nationalsozialismus ist ein wesentlicher Bestandteil der deutschen Nachkriegsidentität. Im Jahr 1985, wenige Jahre bevor das Flugblatt geschrieben wurde, sagte Bundespräsident Richard von Weizsäcker: »Das Geheimnis der Erlösung heißt Erinnerung.«

Aiwanger reagierte wie der typische Politiker: Er ging zum Angriff über und bezichtigte seine politischen Rivalen einer Hetzkampagne gegen ihn. Von dem Text distanzierte er sich, und zudem sei der von seinem Bruder verfasst worden. Aiwangers defensive und ausweichende Reaktion warf jedoch die Frage auf, inwieweit er beteiligt gewesen war. Das rückte ihn ins Blickfeld der Öffentlichkeit.

Die anhaltenden Zweifel an Aiwangers Person veranlassten den bayerischen Ministerpräsidenten Markus Söder, einen Katalog mit 25 Fragen an ihn zusammenzustellen, um den politischen Flächenbrand einzudämmen.[62] Aiwanger ist als Vorsitzender der rechtsgerichteten Freien Wähler für den Machterhalt der CSU von entscheidender Bedeutung.[63] Das politische Bündnis hätte an der Absetzung Aiwangers zerbrechen können. Folglich sollte der Fragebogen wohl eher die Kritik entschärfen und nicht der Wahrheitsfindung dienen. Die Antworten waren größtenteils Variationen von »Ich kann mich nicht erinnern«. Aiwanger bedauerte den Inhalt, nannte ihn »ekelhaft und unmenschlich« und betonte, dass er weder seine damaligen noch seine heutigen Ansichten repräsentiere. Nachdem für die beiden Politiker die Sache damit geklärt war, durfte Aiwanger seinen Job behalten. Ohne Konsequenzen. Im Gegenteil, Hubert Aiwanger erlangte nationale Bekanntheit, die er nutzte, um die Bundesregierung zu kritisieren und die Grünen als »Extremisten« zu bezeichnen.[64]

Natürlich sind die Palästina-Konferenz und eine politische Krise in Bayern sehr unterschiedlich und haben nichts miteinander zu tun, aber in beiden Fällen zeigt sich das problematische deutsche Selbstbild in Bezug auf seine Nazivergangenheit. Die Palästina-Konferenz stellte dieses »gute und rehabilitierte« Selbstbild infrage, was eine harsche Reaktion provozierte. Ärgerlich war auch, dass Juden an der Veranstaltung teilnahmen und Deutschland kritisierten, anstatt die Reueakte des Landes wertzuschätzen.

Im Gegensatz dazu konnten sich die meisten Deutschen viel eher mit Aiwangers Situation identifizieren. Er gab Fehler zu und entschuldigte sich, war aber verärgert, als das nicht ausreichte. So reagierte er trotzig, weil er sich für Ereignisse rechtfertigen musste, die so lange zurücklagen. Mit seiner Antwort auf die letzte der 25 Fragen hätte Aiwanger für ganz Deutschland sprechen können: »Fehler aus der Jugendzeit dürfen einem Menschen allerdings nicht für alle Ewigkeit angelastet werden. Jedem Menschen muss auch ein Entwicklungs- und Reifeprozess zugestanden werden.«

Genau das will das Land hören, aber die Zeit allein heilt keine Wunden. Man muss sich aktiv dazu verhalten, und manchmal müssen Pflaster abgerissen und Wunden freilegt werden. Nur weil sich die schlimmen Dinge, die in der Vergangenheit passiert sind, seitdem nicht wiederholt haben, heißt das nicht, dass man die Lektionen vollständig gelernt hat. Deutschland möchte glauben, dass das »nie wieder« für immer und ewig gilt, doch Wachsamkeit ist ein Prozess, der über selbstbestätigende Reden und Rituale hinausreicht. Deutschland muss demütiger werden und verstehen, dass der Blick auf Toleranz und Intoleranz mitunter getrübt sein kann. Das Selbstbild und das Verhältnis zur Vergangenheit erzeugen Verzerrungen, die negatives Verhalten begünstigen, selbst wenn gute Absichten dahinterstecken.

Doch nicht nur von den Gespenstern aus der Nazivergangenheit, sondern auch auf andere Weise wurde Deutschlands klare moralische Haltung auf die Probe gestellt.

Eine der größten Entgleisungen war in jüngster Zeit Cum-Ex, ein groß angelegter Steuerbetrugsskandal, der die dünne Linie zwischen Wirtschaft und Politik überschritt. Der angerichtete Schaden beläuft sich für den Staat auf mindestens 10 Milliarden Euro, und auf über das Doppelte davon, wenn das Cum-Cum Dividendenstripping mitberücksichtigt wird. Dennoch geriet die Elite darüber seltsamerweise kaum in Aufregung, da sie davon profitierte. Die Betrugsmasche wurde von gut bezahlten Profis arrangiert und erlaubte mehreren Parteien, Steuern zurückzufordern, die nur einmal bezahlt worden waren. Mittlerweile wird gegen 1800 Personen ermittelt.

Bundeskanzler Scholz wurde in den Skandal hineingezogen, weil er Christian Olearius, dem ehemaligen Chef der Privatbank M.M. Warburg, geholfen haben soll, Rückzahlungen aus Cum-Ex-Geschäften erlassen zu bekommen. 2016 traf sich der damalige Hamburger Bürgermeister Scholz zweimal mit Olearius. Zu dieser Zeit erwog die Steuerbehörde der Stadt, fast 50 Millionen Euro an Steuererstattungen zurückzufordern, blies das Vorhaben aber einige Wochen nach diesen Treffen ab. Scholz bestritt, mit dieser Entscheidung etwas zu tun gehabt zu haben, und kann sich angeblich nicht an die Gespräche mit Olearius erinnern. Das hinterlässt einen schlechten Eindruck, doch die undurchsichtigen Verbindungen zwischen der Finanzelite und der Politik reichen noch tiefer.

Aus Olearius' Tagebuchaufzeichnungen geht hervor, dass Scholz ihm riet, sich an Peter Tschentscher zu wenden, den Finanzsenator der Stadt, der nach Scholz Hamburger Bürgermeister wurde. Dieser bestritt ebenfalls, sich für Warburg eingesetzt zu haben. Nach einer Durchsuchung im Zusammenhang mit Cum-Ex fand man über 200 000 Euro Bargeld in einem Bankschließfach des SPD-Funktionärs Johannes Kahrs, eines Strippenziehers und Lobbyisten.[65] Er gab an, bei dem Geld handele es sich um Ersparnisse, und bekam es schließlich ohne Konsequenzen zurück, da ein Politiker im Besitz von Bündeln an Bargeld niemandem verdächtig erschien. Eine der Schlüsselfiguren in dem Skandal war Hanno Berger, der ehemals als Beamter Steuern von Banken eingetrieben hatte, bevor er die Seiten wechselte und als Anwalt und Berater Honorare von der deutschen Finanzelite kassierte. Seine moralische Flexibilität ging so weit, dass er die Vermeidung von Steuern als bürgerliche Freiheit betrachtete, selbst wenn dadurch weniger Geld beispielsweise für Kindergärten zur Verfügung stand.[66]

Nicht nur in Deutschland reichen die Verflechtungen zwischen Geld und Macht tief, weshalb das Land im internationalen Korruptionsvergleich nicht einmal schlecht dasteht.[67] Die Realität deckt sich jedoch nicht mit den deutschen Ambitionen, und Außenwirkung und Entwicklungstrends sind wichtig. Im April folgte der nächste Schlag. Anne Brorhilker, die wichtigste Cum-Ex-Ermittlerin, entschied sich nach einer schon elf Jahre andauernden Ermittlung zu kündigen und den Staatsdienst zu verlassen, womit sie auf ihre Pensionsansprüche verzichtete. Sie beschwerte sich über mangelnde politische Unterstützung, die es reichen Tätern ermöglichte, sich freizukaufen. »Die Kleinen hängt man, die Großen lässt man laufen«, sagte sie als Begründung für ihren Wechsel zur Bürgerbewegung Finanzwende, die gegen die mächtige deutsche Finanzlobby kämpft. »Das ist wirklich ungerecht und birgt die Gefahr, dass die Allgemeinheit das Vertrauen in den Rechtsstaat verliert.«[68] Diese Aussage einer jahrzehntelangen Staatsanwältin wiegt schwer, und Deutschland sollte diese Warnung besser ernst nehmen.

Als im Juni 2021 England mit einem 2:0-Sieg in London den Erzrivalen Deutschland aus der Fußballeuropameisterschaft befördert hatte, postete Gary Lineker auf Social Media: »Jetzt kann die Phrase ›Die Deutschen gewinnen immer‹ ein für alle Mal beerdigt werden. Ruhe in Frieden.«[69] Es war zwar eine Reaktion auf ein bestimmtes Spiel, aber auch die Anerkenntnis, dass das Image des Landes an Strahlkraft eingebüßt hat. Die Deutschen sind keine Armee von effizienten Robotern, die immer das Richtige tun. Auch wenn mannigfaltiges Versagen zum Absterben dieser Mythen geführt hat, so ist doch jedes Ende gleichzeitig ein neuer Anfang. Das deutsche Haus kann jetzt neue Narrative über sich selbst entwerfen, die weniger starr sind und die Gegebenheiten im Land treffender abbilden.

Der amerikanische Philosoph Richard Rorty schrieb einmal: »Eine Nation kann sich nicht reformieren, wenn sie nicht stolz auf sich selbst ist. Sie braucht eine Identität, an der sie sich erfreut, über die sie nachdenkt und versucht, ihr zu entsprechen.«[70] Deutschland braucht solche positiven Ideale, um zu der Nation zu werden, die es sein will, und sich weniger um das zu sorgen, was es ist oder war. Das Land hält sich selbst zurück, wenn es verloren gegangene Mythen herbeisehnt oder versucht, etwas zu sein, was es nicht ist. Deutschland muss jedoch besonders jetzt nach vorn schauen, da der wirtschaftliche Gegenwind zunimmt und am Fundament der Stabilität rüttelt.

04 Geborstene Rohre

»Ich bin Ihr Diener und Ihr Herr zugleich
Deshalb hütet mich gut
Mich, den Genius der Energie.«
KRAFTWERK[1]

Flammen schlagen hoch, während geschmolzenes Eisen aus riesigen Pfannen im Stahlwerk von Thyssenkrupp in Duisburg fließt, wo sich einer der größten Hochöfen Europas befindet. In der Nähe der Mündung von Rhein und Ruhr werden Eisenerz und andere Materialien mit Urgewalt zu Stahl verarbeitet – dem Inbegriff des Materials der Moderne. In dem riesigen Raum wechseln sich Feuer und Dunkelheit ab, während das flüssige Metall seine Reise antritt, um zu Produkten wie Waschmaschinen oder Autoteilen zu werden. In den drei Meter dicken Wänden des Hochofens herrschen Temperaturen von bis zu 2000 Grad Celsius, und die Arbeiter laufen in Anzügen aus reflektierender Silberfolie herum, um sich vor der sengenden Hitze zu schützen. Der Hochofen Schwelgern 1, der auch »schwarzer Riese« genannt wird, verschlingt Unmengen an Brennstoff. Zusammen mit seinen drei Geschwistern verbraucht der Stahlkoloss Energie in einer Größenordnung, die mit der von Hamburg benötigten vergleichbar und für etwa drei Prozent der jährlichen Treibhausgasemissionen des Landes verantwortlich ist. Tag und Nacht in Betrieb, ragt seine 110 Meter hohe Silhouette wie ein Höllentempel über die Umgebung hinaus, in dem unablässig Opferrituale durchgeführt werden.

Die ultimative Gottheit hier und in den fauchenden Chemiefabriken, den höhlenartigen Turbinenhallen und den Gießereien, die die industrielle Unterwelt Deutschlands ausmachen, ist Energie. Ohne Energie kein Stahl. Ohne Stahl keine Schrauben, keine Kolben und keine Autos. Ohne Energie zur Dampferzeugung keine Chemikalien, die die Küchen sauber, die Supermärkte voll und die Wohnungen warm und hell halten. In einer industriellen Wirtschaft ohne Energie im Überfluss gibt es keinen Wohlstand für einige und noch viel weniger für alle. Sie ist das Lebenselixier, das Gießereien zum Schmelzen, Chemiewerke zum Cracken und Presswerke zum Stanzen bringt. Der Erfolg Deutschlands ist untrennbar mit der Produktivität seiner Industrie verbunden. Anders als in Frankreich oder Großbritannien, wo sich die wirtschaftliche Dynamik oft auf die Hauptstädte konzentriert, profitieren die Städte in Deutschland von der Arbeit und dem Wohlstand, den die Schwerindustrie schafft.

Die Ironie dabei ist, dass Deutschland nur über wenige eigene Energieressourcen verfügt, zumindest seitdem seine Kohlevorkommen nicht mehr wettbewerbsfähig sind. Da der Zugang zu diesen Ressourcen so wichtig ist, sollte man erwarten, dass Deutschland für eine stabile, sichere und erschwingliche Versorgung sorgt. Das war aber bislang nicht der Fall. Anstelle von Sorgfalt und Weitsicht entschied sich das Land für Zweckmäßigkeit und schmutzige Geschäfte. Die Folgen treffen das deutsche Parlament, das so getan hat, als könne es mit dem Abzapfen von billigem Gas aus dem Nachbarland davonkommen, und davon ausging, dass die Schulden niemals eingefordert werden würden.

Noch bevor die jahrzehntelange deutsche Energiepolitik im Gefolge des russischen Krieges in der Ukraine implodierte, war Deutschlands Produktionskraft bereits unter Druck geraten. Die hiesige Produktion von Stahl für Autos, von Glas für die Beleuchtung oder von Düngemitteln für die Landwirtschaft ist zunehmend nicht mehr wettbewerbsfähig. Obwohl Deutschland in dem Ruf steht, seine industrielle Basis zu erhalten, während andere westliche Länder ihre schrumpfen ließen, hat das Land in Wirklichkeit seit Jahrzehnten eine stetige Deindustrialisierung hinter sich und steht in scharfer Konkurrenz mit asiatischen Ländern, in denen Energie und Arbeit billiger sind.

Bis vor Kurzem wurden die Fabrikschließungen in Deutschland, zumindest im Westen, in einem gemäßigten Tempo durchgeführt, das Depressionen wie in den Tälern von Südwales oder in Youngstown, Ohio, verhinderte. Doch seit Russlands Einmarsch in der Ukraine die Beziehungen Deutschlands zu seinem wichtigsten Energielieferanten gekappt hat, schwindet die industrielle Basis schneller. Vor allem Thyssenkrupp, der angeschlagene Nachfolger der Stahldynastien Krupp und Thyssen – einst Synonym für deutsche Industriemacht – ist am Absterben. Die Firma, die durch eine globale Stahlschwemme und steigende Energiepreise Milliarden Euro verloren hat, will in diesem Jahrzehnt 11 000 Arbeitsplätze abbauen oder auslagern. Gewerkschaftsführer sprechen nun von einem verzweifelten Rückzugsgefecht, um Arbeitsplätze zu sichern und Gemeinden zu schützen.

Wann ist das alles schiefgelaufen? Nun, in gewisser Weise lässt es sich 500 Millionen Jahre zurückverfolgen, als der Prozess der Fossilisierung dazu führte, dass es in Deutschland zwar Kohlevorkommen, aber kaum Erdöl oder leicht zu förderndes Erdgas gab. Diese Ressourcenknappheit veranlasste in der jüngeren Vergangenheit Deutschlands Regierungschefs, sich bei Energieimporten zunehmend auf Russland zu verlassen – trotz der Warnungen von Verbündeten, die Moskaus irredentistische Machenschaften befürchteten. Deutschland steht zwar im Ruf, beim Umweltschutz eine Vorreiterrolle einzunehmen, doch der Übergang zu grüner Energie verläuft langsam und holprig, und hier kommen zum Ressourcenmangel auch noch geografische Nachteile hinzu. Die begrenzte Küstenlinie Deutschlands hat die Entwicklung einer für den industriellen Bedarf ausreichenden Offshore-Windenergie behindert, und auch die Sonne scheint nicht das ganze Jahr über, um Solaranlagen zu betreiben. Hinzu kommt ein verbreitetes Unbehagen in der Bevölkerung gegenüber dem vermehrten Bau von Solar- und Windparks, zumal wenn dies in unmittelbarer Nähe des eigenen Wohnorts geplant wird.

Die deutsche Energiepolitik ist seit Jahrzehnten – von Gerhard Schröders Umarmung von Wladimir Putin bis hin zu Angela Merkels eigennütziger Entscheidung, Kernkraftwerke abzuschalten – von Widersprüchen, Gier und Kurzsichtigkeit geprägt. Die fast eine Million Haushalte, die direkt von energieintensiven Industrien abhängig sind, haben die Nachbeben bereits deutlich zu spüren bekommen, aber die Auswirkungen werden weit über die Fließbänder hinausgehen.

Der Kampf gegen den industriellen Niedergang Deutschlands – und damit die Wahrung seines Selbstverständnisses als Industriestandort – wird weitgehend davon abhängen, wie erfolgreich die Umstellung auf eine neue Energiepolitik gelingt und ob sie schnell genug erfolgt, um weitere soziale Verwerfungen zu vermeiden.

Tiefes Unbehagen

Ende September 2022 donnerte ein dänischer F-16-Kampfjet mit 700 Stundenkilometern ostwärts über die Ostsee. Der Blick des Piloten schweifte über die Wasseroberfläche. Er suchte nach Störungen im ruhigen spätsommerlichen Wellengang. Mitten in der vorhergehenden Nacht hatte das seismologische Observatorium in Uppsala in Schweden vier große Explosionen in der Tiefe aufgezeichnet. Etwa zur gleichen Zeit beobachtete die Nachtschicht im Kontrollzentrum der Nord-Stream-Pipeline, das sich knapp 1300 Kilometer entfernt in einem unscheinbaren Büroblock in der Schweizer Stadt Zug befindet, einen Druckabfall in den Rohren auf dem Meeresboden zwischen Deutschland und Russland. Offenbar war die Hauptschlagader beschädigt, die Erdgas in das Herz von Europas größter Wirtschaftsnation pumpte.

Der Pilot gehörte einem Geschwader an, dessen Aufgabe normalerweise darin besteht, russische Bomber aus dem NATO-Luftraum fernzuhalten. In großer Höhe fliegend, erspähte er rund um die dänische Insel Bornholm einen Kreis aus aufsteigenden Blasen mit etwa einem Kilometer Durchmesser.[2] Günstiges sibirisches Gas, das eigentlich die Schmelzöfen der deutschen Industrie befeuern sollte, blubberte an die Meeresoberfläche und verflüchtigte sich in die Atmosphäre.

Die Sabotage sowohl an der funktionierenden Nord-Stream-1-Pipeline als auch an der zwar fertiggestellten, aber noch nicht in Betrieb genommenen Nord Stream 2 markierte das schmähliche Ende einer jahrzehntelang betriebenen deutschen Energiepolitik. Die Sprengung hatte eher symbolische Bedeutung, da der Kreml die Lieferungen ohnehin schon als Vergeltung für die deutsche Unterstützung der Ukraine eingestellt hatte. Doch die Explosionen zeigten ein für alle Mal, dass es keinen Weg zurück gab. Die deutsche Regierung musste eilig Maßnahmen ergreifen, um Blackouts im Winter zu vermeiden. Sie flehte die Bürger an, die Heizung herunterzudrehen, Lichter auszuschalten und den Warmwasserverbrauch zu drosseln.[3] Der Füllstand der Gasspeicher beherrschte die Schlagzeilen. Unbemerkt hatte die von Moskau kontrollierte Gazprom, der die größten Gasspeicher in Deutschland gehören, diese in den Monaten vor der Ukraine-Invasion fast ganz geleert. Um den Bundesbürgern im Ernstfall nicht die Fernwärme abstellen zu müssen, entwarfen Experten detaillierte Pläne, welche Geschäftszweige wann stillgelegt werden sollten. Wirtschaftsminister Robert Habeck von den umweltbedachten Grünen war gezwungen, unliebsame Maßnahmen zu ergreifen. Er ordnete an, eingemottete Kohlekraftwerke wieder in Betrieb zu nehmen und die Laufzeit der Atomkraftwerke zu verlängern. Zudem schloss er Lieferverträge für Flüssigerdgas mit den autokratischen Herrschern Katars. Am Ende kam Deutschland ohne die gefürchtete Rationierung durch den Winter und bewies damit seine Widerstandskraft. Das schnelle Handeln der Regierung war dabei entscheidend, aber hilfreich war auch der warme Winter. Und es war teuer.

Als die Gaspreise auf Rekordhöhen stiegen, stellten Unternehmen mit hohem Energiebedarf die Produktion ein. Hersteller von Produkten wie Dünger, Glas, Papier und Chemikalien drosselten vorübergehend und auch dauerhaft die Produktion. Das schwächte die deutsche Industrie weiter, mit der es seit 2017 bergab geht.[4] Haushalte spürten die in die Höhe schießenden Preise in ihrem Geldbeutel und ließen ihre Wut und ihren Frust an der Regierung aus. Für manche Deutsche war der Preis für die Unabhängigkeit der

Ukraine zu hoch und das Ausmaß der Risiken zu groß. Aber man konnte die Uhr nicht mehr zurückdrehen. Die bequemen Zeiten, als man sich auf billige russische Energielieferungen für Heizungen und Fabriken verlassen konnte, waren vorbei. Europas größte Wirtschaftskraft musste einer ungewissen Zukunft ins Auge sehen.

Deutschland hatte den Kampf um Energie schon lange verloren, bevor die Nord-Stream-Pipelines am Grund der Ostsee beschädigt wurden. Schon seit den 1970er-Jahren hatten westdeutsche Regierungen, angefangen mit Bundeskanzler Willy Brandt, von Russland Energie bezogen. Abgesehen vom günstigen Preis schwanden auch die deutschen Reserven in der Nordsee zusehends, und da war eine zusätzliche Öl- und Gasquelle sehr willkommen. Außerdem eröffnete das die Möglichkeit für einen Dialog mit der Supermacht, die Ostdeutschland kontrollierte. Während Gerhard Schröders Amtszeit – der danach ein gut bezahlter Lobbyist für russische Staatsunternehmen geworden ist – vertiefte sich die Abhängigkeit. Mit der Inbetriebnahme von Nord Stream 1 konnte Gas direkt von Russland nach Deutschland gepumpt werden, ohne den Umweg über die Ukraine zu nehmen. Als die Regierungen in Kyjiw und Warschau wie auch Fachleute der NATO in Brüssel Sicherheitsrisiken ansprachen, winkten die deutschen Verantwortlichen ab. Sie glaubten, Moskau besser zu verstehen. Die russische Annexion der Krim im Jahr 2014 führte in Berlin genauso wenig zu einem Umdenken wie der Abschuss des Flugzeugs MH17 von Malaysia Airlines durch von Moskau unterstützte Rebellen im Osten der Ukraine, der 298 Zivilisten – darunter auch vier Deutsche – das Leben kostete. Fairerweise muss erwähnt werden, dass die Unternehmen im ganzen Land diese Politik aus vollem Herzen unterstützten. Russlands Energie war die billigste, und Deutschlands Bedarf war riesig. Wie so oft hatten kommerzielle Interessen den Vorrang vor dem politischen Weitblick.

Deutschland hatte sich bei seinen Energiebeziehungen festgelegt, und nichts konnte daran etwas ändern. Als US-Präsident Donald Trump vor der UN-Generalversammlung in New York erklärte, dass Deutschland zu stark von russischem Gas abhängig werde, lächelte Außenminister Heiko Maas abschätzig und schüttelte den Kopf.

Auch Sanktionsandrohungen von Joe Bidens Administration konnten Deutschland nicht umstimmen. Jahrelang entzog sich Angela Merkel der Verantwortung, indem sie Nord Stream 2 als »kommerzielles Projekt« bezeichnete. Der Kanzlerkandidat Olaf Scholz übernahm diese Taktik in seinem Wahlkampf. »Ich will das gerne sehr klar sagen, es gibt in den USA die falsche Vorstellung, dass wir sehr abhängig wären von diesem russischen Gas, das ist aber, wenn man den Energiemix in Deutschland insgesamt betrachtet, nicht richtig«, sagte er in einer Wahlkampfdebatte im Mai 2021.[5]

Nur wenige Monate später sollte er erfahren, wie falsch er mit seiner Einschätzung gelegen hatte. Kurz nachdem er im Dezember jenes Jahres zum Bundeskanzler ernannt worden war, fand ein bedrohlicher russischer Truppenaufmarsch an der ukrainischen Grenze statt. Scholz fragte seine in Berlin versammelten Berater, ob es einen Plan B gäbe, falls Putin die Energiesicherheit als Waffe einsetzen würde – es gab keinen. Im Fall eines Kälteeinbruchs würden die dezimierten deutschen Gasreserven nur noch wenige Tage reichen.

Die einzige echte Alternative war, wie sich am Ende herausstellte, Flüssigerdgas aus Katar und den USA zu importieren. Wegen der Transportkosten und der erforderlichen Regasifizierung von Flüssigerdgas ist es aber signifikant teurer als Gas aus der Pipeline. Zudem mussten erst einmal Flüssigerdgasterminals gebaut und etwa ein halbes Dutzend Schiffe geleast werden, um sie vor der Ost- und Nordseeküste zu vertäuen. Durch das rasche Handeln wurde das Schlimmste noch einmal abgewendet, und es war ein Zeugnis für die deutsche Handlungsfähigkeit in Krisen, aber die kurzfristige Anschaffung der Infrastruktur und des Zubehörs war teuer. Habeck beklagte sich, dass Deutschland »Mondpreise« zahlen müsse, um seine Energiesicherheit zu gewährleisten.

Ein als vorsichtig und gewissenhaft geltendes Land war unglaublich naiv gewesen. Energie ist das Lebenselixier einer Industrienation, aber die Leitlinie der deutschen Politik war der Preis und nicht die Umsicht. Russland war ein günstiger und williger Versorger, deshalb war die Lösung für den Bedarf einer wachsenden Wirtschaft immer wieder aufs Neue ein Vertrag mit Moskau. Ganze Industriezweige hingen an der russischen Energieversorgung. Die Abhängigkeit war besonders stark in Städten wie Ludwigshafen am Rhein – der Heimat von BASF – und Schwedt im Osten, wo eine veraltete Raffinerie russisches Rohöl verarbeitet, um Berlin mit Benzin und Kerosin zu versorgen. Den Sicherheitsrisiken begegnete man mit der eigennützigen Politik des Wandels durch Handel, der die Annahme zugrunde lag, dass autoritäre Regime gefügig gemacht werden können, wenn genug Geld auf dem Spiel steht und die Interessen verflochten sind. Aber das erwies sich leider als falsch, denn nicht alle Länder denken so merkantilistisch wie Deutschland.

Bevor Putin die Panzer Richtung Kyjiw rollen ließ, hatte Russland mehr als die Hälfte des in Deutschland benötigten Gases geliefert, und die Abhängigkeit sollte mit Nord Stream 2 noch größer werden. Dieser fossile Brennstoff hatte eine übermäßig große Rolle im Energiemix des Landes eingenommen, weil für zwei wichtige Energieträger gleichzeitig der Ausstieg beschlossen worden war: sowohl für die Atomkraft als auch für die Kohle. Und doch hätte man sich diese Situation ersparen können. Als Merkel nach der Katastrophe von Fukushima im Jahr 2011 das Ende der Atomreaktoren besiegelte, blieben elf Jahre Zeit, um Wind- und Solarenergie als einheimischen Ersatz auszubauen. Aber Gas war eine bequeme Lösung und wurde als »Brückenkraftstoff« für ein sauberes, grünes Deutschland deklariert, das auf unbestimmte Zeit in die Zukunft vertagt wurde.

Das deutsche Pokerspiel mit der russischen Energie hätte sich nur durch eine schnelle Verbesserung der Beziehung mit Moskau retten lassen, was unwahrscheinlich war. Nachdem die blitzkriegartige Invasion nicht zum Erfolg führte, hofften manche Aufsichtsräte auf die Absetzung Putins, was zur Aufhebung der Sanktionen und zu einer Wiederaufnahme der Gaslieferungen führen sollte. Stattdessen stellte Russland auf Kriegswirtschaft um und umging die Sanktionen, indem es die benötigten Komponenten über alte sowjetische Kanäle in Zentralasien importierte.[6] Wladimir Putins Gasschachzug funktionierte nicht wie geplant, aber für Deutschland gab es kein Zurück.

Die Rechnung für die Fehlleitung der deutschen Energiepolitik wird immer höher. Steigende Preise und Unsicherheit machen der Schwerindustrie zu schaffen, und diese reagiert darauf mit verringerten Investitionen und Arbeitsplatzabbau. Das weltgrößte Chemieunternehmen BASF plant, Teile seiner Produktion von Ludwigshafen in Länder mit günstigerer Energie wie die USA und China zu verlegen.[7] Die Zweifel, ob man in Deutschland weiter genügend Strom zu wettbewerbsfähigen Preisen bekommen wird, könnten zu einem Massenexodus von Industrieunternehmen und Arbeitsplätzen führen, warnte die Vorsitzende des Deutschen Gewerkschaftsbundes Yasmin Fahimi.[8] Obwohl es Putin nicht gelungen ist, Deutschland mit einem Winter der Furcht einzuschüchtern, war sein Energiekrieg doch ein herber Schlag für Europas führende Wirtschaftsmacht.

Faustischer Pakt

Man hatte sich das alles ganz anders vorgestellt. Ungefähr ein Jahrzehnt bevor der dänische Kampfpilot das Gasleck lokalisierte, war auf einer Waldlichtung in der Küstenstadt Greifswald in Mecklenburg-Vorpommern ein großes Festzelt aufgebaut worden. Hier traf die 1200 Kilometer lange Nord-Stream-1-Pipeline aufs Festland, und hier war auch der Wahlkreis von Angela Merkel. Abseits der geisterhaften Ruine eines ehemaligen ostdeutschen Atomkraftwerks war die Luft erfüllt vom Klingen der Champagnergläser und der feinen Musik des Baltischen Jugendphilharmonieorchesters. Die deutsche Bundeskanzlerin und der russische Präsident Dmitri Medwedew – der damals mit Putin das Amt getauscht hatte – strahlten um die Wette, als sie zur feierlichen Einweihung des 7,4 Milliarden Euro teuren Prestigeprojekts den Hahn einer Pipelineattrappe öffneten.

Das Projekt zeige, dass »wir auf eine sichere, eine belastbare Partnerschaft mit Russland in der Zukunft setzen«, sagte Merkel bei der Veranstaltung im Jahr 2011. »Es profitieren die Abnehmerländer und Russland gleichermaßen.«[9] Medwedew stimmte zu. »Wir haben eine helle Zukunft vor uns«, sagte der Russe, der 13 Jahre später nach der Invasion der Ukraine Deutschland und Europa mit atomarer Zerstörung und dem Erfrierungstod drohte.[10] Im Lauf der Feier legte sich ein breites Grinsen auf das Gesicht von Johannes Teyssen, dem damaligen Vorstandsvorsitzenden des deutschen Energiekonzerns E.ON. Seine Zufriedenheit war sinnbildlich für den Enthusiasmus der Wirtschaftselite. Deutschland hatte sich einen stetigen Fluss billiger Energie gesichert, und das verhieß laufende Profite, auch wenn man damit das Großmachtstreben Russlands beflügelte.

Der eigentliche Architekt des schmutzigen Deals war Gerhard Schröder. Das Pipelineprojekt wäre nie umgesetzt worden, wenn er es nicht in einer seiner letzten Amtshandlungen als Bundeskanzler eilig genehmigt hätte. Putin belohnte den Mann – Spitzname »Gas-Gerd« – mit einer Reihe von lockeren Aufsichtsratsposten, dank denen er sich ein schickes Ferienhaus in der Ägäis und andere Luxusgüter leisten konnte, die mit dem Ruhegehalt eines Politikers nicht finanzierbar gewesen wären. Im Gegenzug spielte Schröder für Putin den nützlichen Idioten. Er verklärte den Despoten als »lupenreinen Demokraten« und verschaffte ihm damit im Westen, und insbesondere in Deutschland, Legitimation. Auch wenn Schröder von Scholz gemieden wird, der unter dem früheren Bundeskanzler zum Generalsekretär der SPD aufgestiegen war, wurde er von der deutschen Elite nicht zum Aussätzigen erklärt. Vertreter der meisten großen Parteien besuchten 2024 trotz seiner ungerührten Aussagen zur Invasion die Feier zu seinem 80. Geburtstag. Das Event erzeugte Medieninteresse und fand im Borchardt statt, einem schicken Schnitzelrestaurant, das Hollywoodstar Tom Cruise (zumindest laut der Webseite) als sein Lieblingsrestaurant in Berlin bezeichnet hat. Ein Gast scherzte bezeichnenderweise bei einer Zigarette vor der Tür mit Journalisten über Schröders kriecherische Loyalität zum Kreml: »Putin ist schon weg.«[11]

Eine industrielle Wirtschaft kann ohne Energie nicht existieren, und Deutschland hat kaum eigene Ressourcen für den Konkurrenzkampf mit den USA und China, die über große, kostengünstige Energiequellen verfügen. Deshalb ist es für Deutschland sicherlich strategisch sinnvoll, auf möglichst günstige Quellen zurückzugreifen. Doch die deutschen Entscheidungsträger hätten das alte Sprichwort »lieber Vorsicht als Nachsicht« beherzigen sollen, und nun zahlt das Land den Preis dafür.

Deutschland war einmal reich an Energie, aber das ist lange her. Die Frühzeit der deutschen Industrialisierung wurde befeuert durch Adern von schwarzem Gold im Ruhrgebiet. Minenarbeiter wühlten tief unter der Erde in Gruben wie der Zeche Zollverein in Essen. In den 1820er-Jahren wurden in mehreren Kohleminen tiefe Schächte in die Erde getrieben, und in unmittelbarer Umgebung schossen Stahlwerke und Verarbeitungsanlagen aus dem Boden, durch die das Land industrielle und militärische Macht erlangte.

Der schmutzigste fossile Brennstoff spielte auch eine zentrale Rolle beim Wiederaufbau von Deutschland. Zu Hochzeiten in den späten 1950er-Jahren waren in den Minen über 600 000 Bergarbeiter beschäftigt.[12] Mit Steinkohle und Braunkohle wird immer noch Strom für Fabriken und Städte erzeugt, insofern ist der CO_2-Ausstoß des Landes pro Kopf einer der höchsten der Welt.[13] Deutschland hat akzeptiert, dass es aus der Kohle aussteigen muss, um seinen Verpflichtungen im Pariser Klimaabkommen von 2015 nachzukommen, aber es geht nur schleppend voran, und einzelne Politiker versuchen sich dabei gegenseitig zu übertreffen. Unter Merkel wurde das Jahr 2038 zum Zeitpunkt für den Kohleausstieg erklärt, den die Regierung Scholz dann auf Drängen der Grünen auf das Jahr 2030 vorzog. Doch keiner dieser anvisierten Termine bringt die Vision von einer sauberen Industrie wirklich näher, und gleichzeitig werden wertvolle Ressourcen genutzt.

Der Übergang ist auch deshalb schwierig, weil die Umstellung der Energieversorgung mehr als ein abstraktes Projekt ist. Sie betrifft auch die Identität des Landes und hat sogar Spuren in der Erde hinterlassen. Der Steinkohleabbau in großer Tiefe wurde zwar 2018 beendet, doch unter Tage werden weiterhin Ingenieure damit beschäftigt sein zu verhindern, dass das verseuchte Grubenwasser ins Grundwasser gelangt und dass Stollen einstürzen. Diese Ewigkeitsaufgaben werden buchstäblich andauern, solange Menschen im Ruhrgebiet leben.[14]

Für den Kohleausstieg müssen die Unternehmen und Regionen

entschädigt werden, die am stärksten von der Schließung von Fabriken und Braunkohlebergwerken betroffen sind, diesen unvorstellbar riesigen Löchern in der Landschaft. Die Kosten dafür werden auf 40 Milliarden Euro geschätzt. Als wäre die Herausforderung nicht groß genug, die einzige einheimische Energiequelle zu ersetzen, hat Deutschland auch den Atomausstieg beschlossen, wofür weitere 24 Milliarden Euro fällig waren.[15]

Die Abschaltung der Atomkraftwerke war der Erfolg einer jahrzehntelang aktiven, hartnäckigen Widerstandsbewegung in Deutschland. Durch den Eisernen Vorhang, der das Land in zwei Teile zerriss, war es dazu prädestiniert, im Fall eines Atomkriegs als erstes dem Erdboden gleichgemacht zu werden. In den 1980er-Jahren verlieh die Popsängerin Nena dieser Furcht eine Stimme mit dem Hit »99 Luftballons«. Als bei der Katastrophe von Tschernobyl im Jahr 1986 Teile von Deutschland mit radioaktivem Niederschlag überzogen wurden, war das Wasser auf die Mühlen der Atomkraftgegner. Aus Furcht vor Verseuchung wurden Ernten vernichtet, und der Sand auf den Spielplätzen wurde ausgetauscht. Zudem entwickelte sich aus dieser Bewegung die Partei der Grünen. Der Ausstieg aus der Atomkraft stand ganz oben auf der Agenda, als die Partei 1998 zum ersten Mal als Koalitionspartner der SPD der Regierung von Bundeskanzler Gerhard Schröder angehörte. Im Jahr 2000 wurde ein bahnbrechender Zeitplan für die Abschaltung beschlossen, und die Energiequelle bleibt für die Grünen tabu, obwohl diese Methode der Stromerzeugung relativ wenig CO_2 ausstößt.

Zu Beginn von Merkels zweiter Amtszeit als Bundeskanzlerin rückte die Bundesregierung von der Vereinbarung ab und verlängerte die Laufzeit um bis zu 14 Jahre. Nur Monate nach der Zustimmung durch den Bundestag löste ein Seebeben einen Tsunami aus, der das AKW von Fukushima Daiichi überschwemmte und die Kühlsysteme des Reaktors beschädigte. Während japanische Ingenieure verzweifelt versuchten, eine katastrophale Kernschmelze abzuwenden, beeilte sich Merkel, zu Hause eine politische Katastrophe zu verhindern.

In den Tagen nach dem Unglück gab es Demonstrationen im

ganzen Land, und Meinungsumfragen zeigten, dass 80 Prozent der Deutschen gegen die Laufzeitverlängerung waren.[16] Merkels Position war zu diesem Zeitpunkt geschwächt. Die Wirtschaft lag wegen der globalen Finanzkrise immer noch darnieder, und auch die europäische Staatsschuldenkrise breitete sich weiter aus. Die Wähler waren unzufrieden über Merkels Unterstützung für die vielen Milliarden Euro an Hilfsgeldern für Griechenland und fürchteten einen noch größeren Aderlass für Italien, Portugal und Spanien. In Baden-Württemberg, mit den Autokonzernen Porsche und Mercedes-Benz eine wichtige Bastion der Industrie, standen Wahlen an, und die dortige CDU lag in den Umfragen hinter den Grünen. Merkel war in einer Zwickmühle zwischen Machterhalt und der langfristigen Energiesicherheit von Deutschland gefangen. Sie entschied sich für die Macht.

Nach nur zwei Tagen nahm Merkel die Laufzeitverlängerung zurück. Laut dem neuen Plan sollten alle Kernreaktoren bis Ende 2022 abgeschaltet werden. Es war ein Schock, und die Aktienkurse der Energieversorger stürzten nach dieser überraschenden Ankündigung ab. Es folgten Klagen gegen die Regierung, die schließlich Entschädigungszahlungen nach sich zogen. Die Kehrtwende sicherte Merkels Kontrolle über die politische Mitte in Deutschland, aber nun musste das Land zum Ausgleich mehr Kohle und Gas verbrennen. Damit hatte Deutschland die klimaschädlichste Stromerzeugung in Westeuropa.[17]

Die russische Invasion der Ukraine führte noch einmal zu einer kurzen Laufzeitverlängerung für AKWs, doch die letzten drei wurden 2023 endgültig vom Netz genommen. Umfragen legen nahe, dass eine Mehrheit der Deutschen den Ausstieg für einen Fehler hält, was manche Parteien dazu brachte, wieder für die Atomkraft zu werben,[18] doch eine Rückkehr ins Atomzeitalter scheint unwahrscheinlich. Angesichts des deutschen Hin-und-Her in der Vergangenheit werden private Investoren davor zurückschrecken, Geld in neue Reaktoren zu stecken. Auch lassen die Erfahrungen anderer Länder bezweifeln, dass neue Atommeiler eine Lösung wären. In Frankreich, das immer auf die Atomkraft gesetzt hat, haben die

AKWs in den letzten Jahren nicht zuverlässig funktioniert, und der Neubau von Hinkley Point in Großbritannien verzögert sich immer weiter, mit unaufhaltsam steigenden Baukosten.

Dadurch bleiben Deutschland nur wenige Optionen. Weiter auf Flüssigerdgas zu setzen bedeutet, dauerhaft höhere Kosten zu haben als Konkurrenten in den USA und China, ganz abgesehen von den Auswirkungen auf die Umwelt. Die andere Alternative ist, ganz auf die Energiewende zu setzen, aber auch da lief zuletzt nicht alles nach Plan.

Grüne Triebe

Der deutsche Umstieg auf saubere Energie hängt von Orten wie Bergrheinfeld in Bayern ab. Dieses pittoreske Städtchen mit 5300 Einwohnern am Ufer des Main im idyllischen fränkischen Weinland ist bei Wandergruppen beliebt, es beherbergt ein Digital-Café für Senioren, und im Sommer gibt es Weinfeste und Kinofestivals. Damit der Strom von den Windparks in der Nordsee zu den industriellen Hochburgen im Süden transportiert werden kann, sollen ausgerechnet hier die Hochspannungsleitungen entlanggeführt werden, die dringend gebraucht werden, damit Deutschland seine Klimaziele erreichen kann und seine Industrie trotzdem wettbewerbsfähig bleibt. Doch die Anwohner gehen auf die Barrikaden.

Schon vor über zehn Jahren verabschiedeten die Verantwortlichen in Deutschland Pläne für die benötigten »Stromautobahnen«, doch sie sind immer noch nicht gebaut.[19] Die SuedLink-Trasse soll Bayern und Baden-Württemberg, wo sich moderne Produktionsanlagen unter anderem von BMW, Bosch und Siemens befinden, mit Strom versorgen. Zu dem Projekt gehört auch ein vier Meter breiter, 5,2 Kilometer langer Tunnel unter der Elbe in Norddeutschland. Die Trasse sollte ursprünglich 2025 fertig werden, aber von den insgesamt 700 Kilometern Länge waren Anfang 2024 gerade einmal knapp 70 Kilometer fertiggestellt. Zum Vergleich: China hat schon 34 solche Projekte umgesetzt und baut noch weitere.

Neben den ewig langsam mahlenden Mühlen der deutschen

Bürokratie wird das Projekt auch durch den Widerstand von Protestgruppen wie der Bürgerinitiative Bergrheinfeld e. V. aufgehalten. Deren Mitglieder würden ein dezentrales Stromnetz aus kleinen Fotovoltaikanlagen auf Hausdächern bevorzugen. Die Bundesnetzagentur erklärt jedoch, dass ein solches System den Bedarf größerer Städte und Industrieanlagen niemals decken könnte.[20] Die Bürgergruppe bleibt aber dabei, dass die Stromtrasse »nutzlos« sei.[21] Zum Leidwesen der Netzplaner ist die Gruppe nicht allein. In Deutschland gibt es über 50 solche Gruppen, die gegen die Stromtrassen kämpfen und damit Sand ins Getriebe bringen. Doch die Zeit drängt, um die Wettbewerbsfähigkeit im Energiesektor wiederherzustellen. Das Land hat sich zu viel Zeit gelassen, und die Netzerweiterung hinkt dem Zeitplan mindestens zehn Jahre hinterher.[22]

Trotz dieser Probleme hat die Energiewende in Deutschland schon bemerkenswerte Erfolge erzielt. Über 500 Milliarden Euro wurden bereits für die Umstellung bereitgestellt, und wahrscheinlich wird noch einmal so viel benötigt werden.[23] Das wäre nach heutigen Verhältnissen etwa viermal mehr, als die USA für das gesamte Apollo-Raumfahrtprogramm ausgegeben haben, einschließlich der sechs bemannten Mondlandungen.[24] Die hohen Ausgaben haben Erfolg gezeigt. Im Jahr 2023 erzeugten erneuerbare Energien über die Hälfte des Stroms in Deutschland und übertrafen damit deutlich Kohle und Gas.[25] Der Bau von Windkraft- und Solaranlagen senkte die deutschen CO_2-Emissionen durch Stromerzeugung im Vergleich zu 1990 um über 40 Prozent.[26] An stürmischen und klaren Tagen reicht die erneuerbare Energie für den größten Teil des deutschen Strombedarfs. Es werden immer mehr Windkraft- und Solaranlagen gebaut, und der erneuerbare Energieanteil steigt weiter.

Aber das ist nicht die ganze Wahrheit. Die Energie für den Transport von Menschen und Gütern und das Heizen von Wohnungen und Büros erzeugt Deutschland immer noch zu 70 Prozent aus fossilen Brennstoffen.[27] Die CO_2-Emissionen in diesen Sektoren auf null zu senken ist eine große technische und wirtschaftliche Herausforderung.

Um den Ölverbrauch gemäß den Klimazielen zu reduzieren,

braucht Deutschland bis 2030 mindestens 15 Millionen Elektroautos und über eine Million Ladestationen, um sie am Laufen zu halten.[28] Das Land muss künftig auch über die Hälfte aller Wohnungen und Büros mit elektrischen Wärmepumpen beheizen, was durch den zunehmenden Mangel an ausgebildeten Installateuren erschwert wird. Doch selbst das ist immer noch eine relativ überschaubare Aufgabe. Das Land steht vor der noch schwerer zu bewältigenden Herausforderung, erneuerbaren Strom in sauberen Brennstoff wie zum Beispiel Wasserstoff umzuwandeln und der Industrie zur Verfügung zu stellen. Dafür werden riesige Mengen erneuerbarer Energie benötigt, da das Land in der Industrieproduktion noch in erster Linie fossile Brennstoffe verwendet. Die Regierung schätzt, dass sich die Kapazitäten im Vergleich zu den frühen 2020er-Jahren bis 2035 um die Hälfte erhöhen und bis 2040 fast verdoppeln müssen.[29] Das bedeutet, dass Deutschland die Erzeugung erneuerbarer Energie deutlich beschleunigen muss, weil die Strompreise sonst auf mehr als das Doppelte steigen könnten.[30] Das sind düstere Aussichten für die Haushalte und für die fast eine Million deutschen Arbeiter, die in energieintensiven Industrien wie der Herstellung von Glas, Chemikalien, Papier und Stahl beschäftigt sind.

Der sogenannte grüne Wasserstoff wird als die Lösung angepriesen, da er heiß und sauber verbrennt. Er reagiert an der Luft mit Sauerstoff und wird zu Wasser statt zu Kohlendioxid. Das Gas kann mithilfe von Strom aus Wasser gewonnen werden, der es in Wasserstoff und Sauerstoff aufspaltet. Wenn dieser Prozess der Elektrolyse mit erneuerbaren Energien betrieben wird, betrachtet man den entstandenen Brennstoff als emissionsfrei. Regierung und Industrie in Deutschland stecken viel Geld in Forschungsprojekte für grünen Wasserstoff. Das Land hat auf nationaler Ebene einen neun Milliarden Euro schweren Wasserstofffonds eingerichtet, der Zuschüsse an Wasserstoffprojekte vergibt. Ein Förderantrag wurde für H_2Mare gestellt, ein deutsches Wasserstoff-Leitprojekt, bei dem mehrere Partner gemeinsam Elektrolyseure entwickeln wollen, die den Strom von Windkraftanlagen in Wasserstoff umwandeln können.[31]

Was auf dem Papier nach einem perfekten System aussieht, hat eine entscheidende Schwachstelle: den Mangel an Wind und Sonne. Auch wenn wir uns alle an der gleichen Sonne erfreuen, ist ihre Kraft ungleich verteilt. Für Deutschland ist das vor allem in den Wintermonaten ein Problem, wenn der Licht- und Wärmebedarf hoch ist. Das Land hat auch nur einen relativ kurzen Küstenstreifen, wo der Wind dauerhaft und gleichmäßig weht. Die Regierung ist sich dessen bewusst und hat eingeräumt, dass Deutschland nicht in der Lage ist, genügend erneuerbaren Strom zu erzeugen, um Wasserstoff zu wettbewerbsfähigen Preisen herzustellen. Deshalb will man grünen Wasserstoff aus Ländern mit besseren Bedingungen zur erneuerbaren Stromerzeugung importieren, beispielsweise aus Portugal und Spanien oder den deutlich weiter entfernten Ländern Kanada und Saudi-Arabien.

Aber wird die deutsche Industrie die höheren Kosten für den Transport und die Infrastruktur stemmen können? Weil das fraglich ist, muss sich Deutschland umso mehr darauf konzentrieren, bei den Innovationen an der Spitze zu stehen. Andernfalls könnte es darauf hinauslaufen, dass die Fabriken doch näher zu den Energiequellen verlegt werden. Etwas Ähnliches geschah im 19. Jahrhundert, als sich Industrieansiedlungen in der Nähe der deutschen Kohleabbaugebiete bildeten.

Asche zu Asche

In vielerlei Hinsicht veranschaulicht der Aufstieg und Fall der Stahldynastie Krupp Deutschlands unzertrennliche Verbundenheit mit der Energie. Wie das Imperium der Rockefellers (zufällig Auswanderer aus dem Rheinland) wurde auch das der Krupps mit fossiler Energie errichtet. Fast 200 Jahre lang prägte die Familie – ob zum Besseren oder zum Schlechteren – den spezifisch deutschen Kapitalismus. Von den vielen Sozialleistungen für Arbeiter, die später in ganz Europa eingeführt wurden, bis zur sich zuspitzenden Kriegstreiberei, die zu zwei verheerenden Weltkriegen führte, waren die Krupps eine bestimmende Kraft.

Am Anfang war das Wasser. Nachdem die Krupps vor der spanischen Gegenreformation aus den Niederlanden geflohen waren, wagten sie 1811 den ersten Vorstoß in die Stahlproduktion mit einer mit Wasserkraft betriebenen Fabrik am Rand von Essen im Ruhrgebiet. Zu jener Zeit war Deutschland ein Flickenteppich von Herzogtümern und Königreichen, der im Westen an Frankreich und im Osten an Österreich grenzte. Doch auch Friedrich Krupp war begrenzt durch die Berne, den kleinen Fluss, der den Schmiedehammer der Gießerei antrieb.[32] Der Pegelstand schwankte zu sehr. Der wirkliche Durchbruch fand unter seinem Sohn und Erben Alfred Krupp mit dem Aufkommen der Kohle statt.

Alfred Krupp baute das Unternehmen immer weiter auf, bis er 1837 genug Geld für den Kauf einer kohlebetriebenen Dampfmaschine hatte, die ihm eine enorme Steigerung der Produktion und der Gewinne ermöglichte. Es war der Beginn der Kohlezeit, und der einsetzende Aufschwung der Region wurde durch die deutschen Flusssysteme begünstigt, über die Material und fertige Produkte einfach transportiert werden konnten. Doch diese Entwicklung führte auch zu Größenwahn und Zerstörung.

Entlang der Ruhr wurden an Orten wie Bottrop, Gelsenkirchen und Oberhausen Minenschächte gegraben. Um sie herum siedelten sich Metall verarbeitende Fabriken an. Die Regionen, aus denen das moderne Deutschland entstehen sollte, waren dem industriellen Fortschritt von Großbritannien und Frankreich jahrzehntelang hinterhergehinkt, aber nun holten sie in atemberaubendem Tempo auf. Politische Unruhen begleiteten die Veränderungen. Das Bürgertum und die sich formierende Arbeiterklasse forderten die Macht der Aristokratie heraus, was zur gescheiterten nationalen Revolution von 1848 führte. Die darauffolgenden Wirren versetzten dem wachsenden Einfluss der Krupps einen Dämpfer, sodass Alfred das Familiensilber einschmolz und an die Münzanstalt in Düsseldorf verkaufte.[33] Ab den 1860er-Jahren brummte das Geschäft jedoch wieder, und Alfred Krupp zementierte die Position der Familie an der Spitze der deutschen Industrie, indem er Kohleminen kaufte, um seine Stahlwerke mit billiger Energie zu versorgen. Der Reichtum und die Macht manifestierten sich in der Familienresidenz, der

Villa Hügel in Essen, einem ausladenden neoklassizistischen Herrensitz mit kupfergrünem Dach und griechischen Säulen.

Dem Norddeutschen Bund unter Preußens Führung brachte die Kohle Reichtum und Macht, und deshalb wurde eine territoriale Erweiterung angestrebt. Krupp stellte die Waffen dafür her, was ihm den Spitznamen »Kanonenkönig« einbrachte. Als 1870/71 der Norddeutsche Bund mit Unterstützung einiger süddeutscher Staaten, darunter Bayern und Württemberg, im Krieg gegen Frankreich die Oberhand behielt, sahen viele darin einen Sieg von Krupps Gewehren aus geschmiedetem Stahl über französische Waffen aus Bronze. Die Verbindung des Unternehmens mit dem deutschen Militarismus war damit nicht beendet. Seine Fertigkeiten in der Artillerieproduktion führten zum ersten internationalen Wettrüsten mit Armstrong in England und Schneider-Creusot in Frankreich, die kaum mithalten konnten. Als Europa 1914 im Inferno des Krieges versank, kämpften die Truppen von Kaiser Wilhelm II. mit Gewehren von Krupp und an Bord von Schiffen, die Krupp gebaut hatte.[34]

Der Aufstieg des Industrieimperiums Krupp offenbarte die enge Verbindung zwischen Energie und Macht. Das wurde in den Entwicklungsjahren des deutschen Staates deutlich und gilt bis heute. Ohne Energie kann die Wirtschaft nicht angetrieben werden. Das betrifft vor allem die Schwerindustrie, aber Deutschland hat an diesem Sektor festgehalten, obwohl es gute Voraussetzungen dafür hatte, auf eine wissensbasierte Wirtschaft umzuschwenken. Doch mittlerweile könnte es dafür zu spät sein, nicht zuletzt wegen der spärlichen Investitionen in Bildung und Ausbildung. Nun droht eine unkontrollierte Deindustrialisierung. Im Privaten sprechen Führungskräfte deutscher Konzerne davon, Produktionsstätten in Küstenregionen mit besserer Verfügbarkeit von verlässlicher Offshore-Windenergie zu verlagern.

Die geografischen Vorteile der deutschen Industrieregionen im Inland sind Geschichte. Schon seit Jahrzehnten ist eine schleichende Deindustrialisierung im Gang, die sich seit der von Russland ausgelösten Energiekrise beschleunigt hat. Das führt vor allem in Krisenregionen zu weiteren Verwerfungen. Im ostdeutschen Chemiedreieck von Leuna, Buna und Bitterfeld hat Dow Chemical Arbeitsplätze abgebaut, und 3M will eine Fabrik schließen.[35] Das verheißt nichts Gutes für die soziale Stabilität. »Eine gefährliche Grundstimmung aus Abstiegsängsten und Staatsverdrossenheit macht sich in der Bevölkerung breit, die allein den Radikalen und Populisten in die Hände spielt«, sagte der Vorsitzende der deutschen Bergbau- und Chemiearbeitergewerkschaft Michael Vassiliadis.[36]

Deutschland ist zwar insgesamt betrachtet immer noch wohlhabend, aber es ist anfälliger geworden. Zukunftsängste wegen struktureller Probleme wie der Energieversorgung und des Technologiewandels werden verstärkt durch die Krisen, die Deutschland in den letzten Jahren durchlief.

Doch zurück zum Stahlmagnaten Krupp. Anfang der 1930er-Jahre gewannen in Deutschland im Gefolge der Hyperinflation und der Weltwirtschaftskrise die Nationalsozialisten immer mehr an politischem Einfluss und übernahmen 1933 schließlich die Macht – und die Krupps waren eifrig mit von der Partie.

Als Adolf Hitler 1933 zum Reichskanzler ernannt wurde, spielten die Fabriken von Krupp bei seinen Wiederaufrüstungsplänen eine zentrale Rolle. Das Unternehmen produzierte U-Boote, Panzer, Artillerie, Schiffsgeschütze, Panzerplatten, Munition und andere Rüstungsgüter für die deutsche Kriegsmaschinerie. Der Führer ermahnte sogar die deutsche Jugend, »flink wie Windhunde, zäh wie Leder und hart wie Kruppstahl« zu sein.[37] Nach der deutschen Niederlage musste sich Alfried Krupp von Bohlen und Halbach im Nürnberger Kriegsverbrecherprozess verantworten und wurde wegen Nutzung von Sklavenarbeit für Verbrechen gegen die Menschlichkeit zu zwölf Jahren Haft verurteilt. Seine Stahlwerke waren durch die Bomber der Alliierten zerstört worden, doch nach dem Krieg wurden sie wiederaufgebaut.

Während Krupp im Gefängnis saß, unternahmen europäische Diplomaten Schritte, um sicherzustellen, dass sich die deutschen Energie- und Stahlkonzerne niemals wieder verbünden und den Frieden bedrohen konnten. 1950 unterzeichneten Frankreich, die Bundesrepublik Deutschland, Italien und die Beneluxstaaten den

Gründungsvertrag zur Europäischen Gemeinschaft für Kohle und Stahl, um ihre Ressourcen zu bündeln. Aus dieser Vereinbarung ging schließlich die Europäische Union hervor. Nach seiner vorzeitigen Freilassung im Jahr 1951 kehrte Krupp an die Spitze des Unternehmens zurück und machte es bis 1958 wieder zum umsatzstärksten deutschen Konzern. Aber das war auch der Anfang vom Ende.

Die Energie erwies sich schließlich als Krupps Achillesferse. Mit der Liberalisierung des Welthandels in der zweiten Hälfte des 20. Jahrhunderts wurde deutlich, dass importierte Kohle billiger war als die aus dem Ruhrgebiet. Nach dem Förderhöhepunkt im Jahr 1955 sank die deutsche Kohleproduktion rasch, und bald folgte auch die Stahlerzeugung. Während Deutschland 1967 ungefähr ein Zehntel des weltweiten Rohstahls produzierte, fiel der Anteil bis 1990 um fast die Hälfte. Krupps einst so stolzes Stahlimperium war 1997 gezwungen, mit dem Konkurrenten Thyssen zu fusionieren. Durch Chinas Aufnahme in die Welthandelsorganisation im Jahr 2001 sanken die Zölle auf die Güter der Volksrepublik. Dadurch wurden die deutschen Stahlhersteller zunehmend dem Wettbewerb mit den chinesischen Produzenten ausgesetzt, denen unbegrenzt Kohle zur Verfügung stand. Die deutlich billigeren Stahlimporte aus Ostasien fluteten Europa, und bis 2010 hatte sich der deutsche Anteil an der globalen Produktion fast noch einmal halbiert.[38]

Das perfekte Material der modernen Zeit, das für alles von Autos über Windturbinen bis zu Essbesteck verwendet wird, wurde zunehmend anderswo hergestellt. Die Krupp-Dynastie kämpfte nun damit, keine roten Zahlen zu schreiben, und der größte industrielle Arbeitgeber der Region drohte, in Konkurs zu gehen. Die Besorgnis war so groß, dass im Jahr 2018 sogar die katholische Kirche intervenierte. »Es deutet sich an, dass die Einheit und der Fortbestand des für Essen und das Ruhrgebiet so wichtigen Unternehmens auf dem Spiel steht«, sagte Franz-Josef Overbeck, der katholische Bischof von Essen.[39]

Aber die katholische Kirche hat wenig Einfluss auf industrielle Zyklen, vor allem wenn auch geopolitische Ereignisse dazu beitragen. Die Bemühungen der Europäischen Union zur Bekämpfung der Umweltverschmutzung hatten der Stahlbranche weiter geschadet, und für einige deutsche Schwesterfirmen von Thyssenkrupp war die russische Invasion der Ukraine der letzte Sargnagel. ArcelorMittal kündigte an, einen Hochofen in Bremen und eine Fabrik für Walzdraht in Hamburg zu schließen. Vallourec schloss eine Fabrik in Düsseldorf und noch eine in Mülheim an der Ruhr. Und auch das frühere deutsche Aushängeschild schrumpft weiter. Thyssenkrupp verkaufte 2020 seine Aufzugssparte, um steigende Verluste beim Stahl wettzumachen, und kündigte im April 2024 an, seine Produktionskapazitäten um ein Viertel zu reduzieren. Das sind schlechte Nachrichten für Duisburg, den Standort des größten Stahlwerks des Unternehmens. »Die tausenden Mitarbeitenden sind das Rückgrat der Stahlindustrie in Duisburg, und Duisburg ist das Herz der Stahlindustrie in Europa«, sagte der Bürgermeister Sören Link nach der jüngsten Entlassungsrunde. Sorgenvoll fügte er hinzu: »Der Erhalt von Arbeitsplätzen in Duisburg muss [...] höchste Priorität haben.«[40]

Die Stadt am Zusammenfluss von Rhein und Ruhr ist nicht die einzige, die den Preis für die deutschen Energieprobleme zahlen muss. Die industrielle Talfahrt droht ein Ausmaß anzunehmen, das an den Zusammenbruch der britischen Schwerindustrie und den Niedergang von Detroit in den 1980er-Jahren erinnert. Fast sieben Millionen Deutsche leben in strukturschwachen Gebieten wie dem Ruhrgebiet, dem Saarland und dem Kohlerevier Lausitz im Osten. Ihnen stehen schwere Zeiten bevor, obwohl schon lange klar war, dass Deutschland nicht in der Lage sein würde, bei einem Rohstoff wie Stahl mit dem Produktionsvolumen und den Preisen von Indien und China mitzuhalten. Aber statt den Übergang zu erleichtern und die Veränderung zu gestalten, versuchte Deutschland, den Status quo zu erhalten.

So wie Krupp seinen Aufstieg der Energie verdankte, hängt auch das Überleben der noch bestehenden Teile der mächtigen Industrie vom erfolgreichen Umstieg auf den grünen Wasserstoff ab. Kann Deutschland genug davon zu wettbewerbsfähigen Preisen produzieren oder kaufen? Wird die notwendige Infrastruktur mit Pipelines und Tankern rechtzeitig fertig? Wird die Industrie rechtzeitig dafür bereit sein? Es gibt viele Zweifel, aber auch Anzeichen für Fortschritte. Nachdem es unter Angela Merkel jahrelang nur schleppend vorangegangen war, versucht nun die Regierung von Olaf Scholz, den Übergang zu beschleunigen. Anfang 2023 wurden Maßnahmen vorgestellt, um die Ausbaugeschwindigkeit der erneuerbaren Energien in Deutschland zu verdreifachen. Jedes Bundesland soll daran mitwirken, zwei Prozent der Fläche Deutschlands für Windkraftanlagen freizugeben, das Doppelte der bisher veranschlagten Fläche. Für die Netzplanung werden Genehmigungsverfahren vereinfacht und Hürden gesenkt. Bis die Klimaneutralität erreicht ist, wird dem Bau von Anlagen für erneuerbare Energien der Vorrang vor dem Artenschutz gewährt.

Der Plan zeigt erste Erfolge, und der Bau von Solar- und Windkraftanlagen geht schneller voran. Aber die politischen Schwankungen, die mit plötzlichen Veränderungen einhergehen, werfen die Frage auf, wie man diesen Schwung beibehalten kann. Die politische Zersplitterung birgt das Risiko, dass die etablierten Parteien populistische Positionen übernehmen, um unentschlossene Wähler auf ihre Seite zu ziehen. Der CDU-Vorsitzende Friedrich Merz findet, dass die Regierung von Scholz zu schnell und zu weit geht, und plädiert dafür, sich mehr Zeit zu lassen. »Es ist eben gerade nicht so, dass morgen die Welt untergeht«, sagte er. »Wenn wir in den nächsten zehn Jahren die Weichen richtig stellen, sind wir auf einem guten Weg.«[41]

Bei der unsicheren Zukunft der energieintensiven Industrien wird viel davon abhängen, wie das Land mit digitalen Fertigungsmethoden zurechtkommt, wo Fähigkeiten wichtiger sind als die Energiepreise. Insgesamt sind rund 15 Millionen Menschen direkt und indirekt in der höherwertigen Produktion beschäftigt, und der Bau komplexer Maschinen ist ein Wirtschaftszweig, der in den letzten Jahrzehnten gewachsen ist. Aber auch hier gibt es immer mehr Gegenwind, vor allem im für die deutsche Industrie so prestigeträchtigen Automobilsektor. Denn auch hier war es wichtiger, den Status quo zu erhalten, als neue Wege zu gehen. Und so könnte sich der Niedergang von Duisburg und dem Ruhrgebiet auf Städte wie Wolfsburg, München und Stuttgart ausbreiten.

05 Geplatzter Boiler

»Alles in der Welt endet durch Zufall und Ermüdung.«
HEINRICH HEINE[1]

Am 5. August 1888 weckte Bertha Benz ihre Söhne im Teenageralter vor Tagesanbruch leise und nahm sie mit auf die erste Spritztour der Geschichte, womit sie einen Meilenstein für die Autoindustrie und Deutschland setzte. Zwei Jahre zuvor hatte ihr Ehemann Carl Benz das erste funktionsfähige Automobil der Welt erfunden. Obwohl er das Patent hielt, war Bertha die treibende Kraft, im wörtlichen wie im übertragenen Sinne. Sie nutzte ihre Mitgift, um Carls Arbeit zu finanzieren, und spielte eine aktive Rolle bei der Weiterentwicklung des Fahrzeugs, das ihre Landsleute ablehnten oder fürchteten. Sogar die katholische Kirche verurteilte es als »Teufelskutsche«. Anstatt daran zu arbeiten, die Wahrnehmung zu ändern, bastelte Carl in seiner Werkstatt, und so beschloss Bertha, die Angelegenheit selbst in die Hand zu nehmen. Sie hinterließ eine kurze Nachricht und machte sich auf den ersten Roadtrip der Welt, indem sie 106 Kilometer von Mannheim zum Haus ihrer Eltern in Pforzheim fuhr. Unterwegs musste sie in einer Apotheke Kraftstoff in rudimentärer Form kaufen, eine verstopfte Leitung mit einer Hutnadel befreien, ein ausgefranstes Zündkerzenkabel mit ihrem Strumpfband isolieren und Bremsbeläge erfinden, indem sie einen Schuhmacher davon überzeugte, die abgenutzten Holzklötze mit Leder zu verstärken. Die Spritztour war auch illegal, da die Zulassung des Fahrzeugs nur für Mannheim gültig war. »Sie war mutiger als ich«, bemerkte Carl Benz später.

Berthas kühne Reise war ein Moment der kommerziellen Bestätigung und des visionären Mutes – Eigenschaften, die Deutschland nützen sollten, um die Vormachtstellung im Automobilbereich zu erreichen. Es ist ein bahnbrechendes Ethos, das das Land wieder aufgreifen sollte.

Deutschland war schon immer gut darin, Dinge herzustellen. Das gilt insbesondere für die Formgebung und den Zusammenbau von Metallteilen zu komplexen Maschinen wie Autos, Bohrmaschinen und Panzern. Diese Fähigkeit war ein zentraler Bestandteil des Versprechens »Wohlstand für alle«.

Es geht um mehr als nur um Geld. Das verarbeitende Gewerbe erfüllt Städte und Regionen mit Sinn und Bedeutung. Überall in Deutschland sind Straßen und Plätze nach Technikhelden wie Werner von Siemens, dem Erfinder der elektrischen Straßenbahn, und Rudolf Diesel, dem Erfinder des gleichnamigen Verbrennungsmotors, benannt. Auf die Frage, was sie an Deutschland denken lässt, brachte Angela Merkel die zentrale Bedeutung des verarbeitenden Gewerbes mit der Antwort auf den Punkt: »Ich denke an gut abgedichtete Fenster. Kein anderes Land kann so gut abgedichtete und schöne Fenster herstellen.«

Es ist ein Gefühl, das über die Grenzen des Landes hinaus bekannt ist. »Made in Germany« ist ein Ausdruck der Soft Power der Nation, die für ihr globales Image so wichtig ist wie die BBC oder das Königshaus für Großbritannien oder Hollywood oder Basketball für die USA. Ob Luxusautos über Shanghaier Kreuzungen rollen oder Mähdrescher durch die von Granaten übersäten Getreidefelder der Ukraine fahren – die Verlässlichkeit der in Deutschland hergestellten Produkte vermittelt der Welt das Bild eines geordneten und fleißigen Volkes in der Heimat.

Diese Vormachtstellung ist jedoch zunehmend in Gefahr. Deutschlands Vorzeigeindustrie, die Automobilindustrie, steckt in einer Krise, die durch Selbstüberschätzung, Arroganz und strategische Fehlentscheidungen verursacht wurde. Jahrelang konzentrierten sich BMW, Mercedes-Benz und Volkswagen darauf, immer mehr Autos zu verkaufen, und vernachlässigten dabei den technischen Vorsprung, der ihre Fahrzeuge überhaupt erst begehrenswert machte. Der Niedergang der deutschen Automobilindustrie setzte 2015 ein, als Volkswagen Manipulation der Abgaswerte nachgewiesen wurde und eine der bekanntesten Marken des Landes zu einem Symbol für Betrug und Perfidie wurde. Seitdem wurden die deutschen Autohersteller von Elon Musks Tesla und einer Phalanx chinesischer Hersteller technologisch überholt, die auf dem größten Automarkt der Welt von der Zwangsgewalt des chinesischen Staates unterstützt werden. Selbst Volkswagen denkt angesichts des Verlusts von Marktanteilen über die ersten Werksschließungen in Deutschland seit der Unternehmensgründung nach.

Die Probleme, mit denen die deutsche Industrie zu kämpfen hat, gehen über die großen Automarken hinaus. Vor allem der Mangel an Arbeitskräften, der auf eine seit Jahrzehnten anhaltende demografische Krise zurückzuführen ist, behindert die Produktion von Düsenflugzeugen bis hin zu Kühlschränken. Auch der deutsche Mittelstand, der seit 1945 ein Eckpfeiler der wirtschaftlichen Stärke des Landes ist, spürt die Flaute. Die Erben von Familienunternehmen zögern zunehmend, die Führung zu übernehmen, da sie von den steigenden Kosten der Digitalisierung und einer überbordenden Bürokratie abgeschreckt werden.

Und während die deutsche Wirtschaft einen historischen Neustart benötigt, gibt es Anzeichen dafür, dass der berühmte Erfindergeist des Landes erlahmt. Deutschland rutscht in der Patentrangliste nach unten und wird von den flinkeren und hungrigeren Konkurrenten aus den USA und Asien überholt. Die mächtige Forschungsbasis, die noch immer Hoffnung auf Erneuerung weckt, führt nicht zur Gründung der Zukunftsunternehmen, weil sie von Vorschriften und einer kulturellen Risikoscheu erdrückt wird. Für die Populisten, die die Eliten des Landes angreifen, ist der Niedergang der deutschen Industrie ein Geschenk. In Städten und Regionen, in denen sich die wirtschaftlichen Aussichten verdüstern, gewinnen die Parteien der politischen Extreme an Stärke. 75 Jahre nach der Gründung der Bundesrepublik zeigt eine weitere Säule des Hauses Deutschland besorgniserregende Risse; der einst so selbstbewusste

Erfindergeist und Fleiß, die den Kern des Images von Deutschland im In- und Ausland bilden, haben an Energie eingebüßt.

Sonnenuntergang im Autoland

Im Januar 2017 befanden sich Oliver Schmidt und seine Frau in der Delta Airlines Lounge am Flughafen Miami. Sie wollten wie jedes Jahr nach ihrem Urlaub in Fort Lauderdale in Florida nach Deutschland zurückfliegen. Seit mehr als zehn Jahren kam das Paar an Weihnachten, um dem langen, grauen Winter zu entfliehen. Diese Reise war wie jede andere verlaufen, abgesehen von einem Abstecher nach Kuba. Als der Volkswagen-Manager aus der Toilette ins Licht hinaustrat, erblickte er vor sich fünf FBI-Agenten. Sie sollten sein Leben für immer verändern.

Rückblickend war die Reise nach Florida eine Riesendummheit des glatzköpfigen, schlaksigen Deutschen. Er war der Leiter der Abteilung für Emissionen und Umwelt bei Volkswagen in den USA, als 2015 die Betrugsmasche des Konzerns aufgedeckt wurde. Um die Abgasnormen scheinbar einzuhalten, hatte Volkswagen seine dieselbetriebenen Fahrzeuge mit einer Software ausgestattet, die Testbedingungen erkennen und dann im Testbetrieb die Schadstoffemissionen senken konnte. Doch unter normalen Fahrtbedingungen war der Ausstoß von Stickoxiden bis zu vierzigmal so hoch wie der Grenzwert. Diese Stoffe verursachen Smog und schädigen die Atemwege. Weltweit wurden über elf Millionen Autos mit der sogenannten Schummelsoftware ausgestattet, die meisten davon in Europa. In den USA, wo eine halbe Million Autos betroffen waren, verursachte der Konzern damit laut einer Studie ungefähr 60 vorzeitige Todesfälle durch Luftverschmutzung.[2] Andere verwiesen auf die noch wesentlich höhere Opferzahl in Europa.[3] Volkswagen bekannte sich schuldig und musste insgesamt 35 Milliarden Dollar für Geldstrafen und Rückrufaktionen aufwenden, aber der Schaden ging weit darüber hinaus.

Der Skandal, der am 18. September 2015 durch eine Anzeige der US-Umweltbehörde ans Licht kam, zerstörte mit einem Schlag den Ruf Deutschlands als großer Autoinnovator. Diesel war nicht irgendeine Technologie. Es war die Antwort des Landes auf die Hybridfahrzeuge, die von Toyota auf den Markt gebracht wurden, dem langjährigen Rivalen von Volkswagen um den Titel des größten Autoherstellers der Welt. Diese VW-Fahrzeuge wurden als »saubere Dieselfahrzeuge« angepriesen, die eine perfekte Kombination von Fahrleistung und Effizienz boten, ohne die Kosten und die Komplexität eines Hybrids aus Verbrenner und Elektroantrieb mit sich zu bringen. Die Krise erfasste auch die Mercedes-Benz Group, die 1,5 Milliarden Dollar Strafe für eigene Versuche bezahlen musste, die Vorschriften zu umgehen.

Die deutsche Regierung unterstützte die Autokonzerne. Weil die Zukunft eines essenziellen Teils der deutschen Wirtschaft auf dem Spiel stand, eilte der Regierungsapparat von Bundeskanzlerin Angela Merkel Volkswagen und der restlichen Autoindustrie zur Hilfe. Anders als in den USA, wo die betroffenen Fahrzeuge als nicht straßentauglich eingestuft wurden, entschieden die deutschen Behörden, man könne sie reparieren. Das bedeutete den kostspieligen Rückruf der Produktion etwa eines Jahres, ersparte dem Konzern aber ruinöse Rückkäufe. Und dann gab es ein konzertiertes Vorgehen zur Schadensbegrenzung, bei dem Aktivisten für saubere Luft als »Anti-Diesel-Lobby« verunglimpft wurden.[4] Verkehrsminister Alexander Dobrindt intervenierte, um ein Gesetz zu stoppen, das Sammelklagen gegen Volkswagen ermöglicht hätte. Seine handschriftliche Notiz lautete: »Lehnen wir ab!!! Komplett streichen!«[5]

Obwohl Oliver Schmidt Ermittler absichtlich getäuscht hatte, erwartete er nicht, persönlich zur Rechenschaft gezogen zu werden. Er hatte schließlich nur Anweisungen befolgt. Als er mit Verdächtigungen von Forschern konfrontiert wurde, die die Fahrzeugemissionen untersuchten, hatte er seinen Job gemacht und jegliches Eingeständnis vermieden, dass Volkswagen eine illegale Abschalteinrichtung installiert hatte. So kehrte er mit dem reinen Gewissen eines guten Soldaten zurück in die USA, um Urlaub zu machen, und wurde wegen Verschwörung zum Betrug und Verstoßes gegen

Umweltgesetze verhaftet. Schmidt wurde 2017 vor Gericht gestellt und nach einem Deal mit der Staatsanwaltschaft zu sieben Jahren Gefängnis verurteilt – ihm hatte eine Verurteilung zu maximal 169 Jahren gedroht. Anstatt Reue über seine Rolle bei dem tödlichen Betrug zu zeigen, beklagte sich Schmidt über die Haftbedingungen in US-amerikanischen Gefängnissen, wo er in Gemeinschaftszellen untergebracht war und für Besuche der Familie Formulare ausfüllen musste.[6]

Für den Vorstandsvorsitzenden Martin Winterkorn waren Schmidt und vier weitere verurteilte Ingenieure praktische Sündenböcke. Nun konnte er die Schuld an dem Betrug auf Angestellte abwälzen, die im Alleingang gehandelt hätten. Als der kräftig gebaute Schwabe 2017 vor einem Untersuchungsausschuss des Bundestages erschien, gab er vor, schockiert gewesen zu sein, als er von der Vorrichtung gehört hatte. Er habe nicht geahnt, dass so etwas überhaupt technisch möglich sei. Winterkorn stimmte mit in den Sturm der Entrüstung ein und verlangte eine zügige und gründliche Klärung des Sachverhalts. »Lückenlose Aufklärung war und ist das Gebot der Stunde«, sagte er.

Winterkorns Darstellung war allerdings äußerst fragwürdig. Er war als detailbesessen bekannt. Auf Automessen lief er mit einem Maßband und einem Magneten herum, um die Karosserien der Konkurrenzmodelle zu untersuchen. Beim Besuch eines wichtigen neuen Werks in Tennessee verlangte er von den Mitarbeitern, alle Chromteile nebeneinanderzulegen, um zu überprüfen, ob sie alle gleichermaßen glänzten. Nach einer langwierigen internen Ermittlung (laut Volkswagen der größten in der Geschichte deutscher Unternehmen) beschuldigte der Aufsichtsrat Winterkorn, eine wichtige Rolle bei der Vertuschung gespielt zu haben. Obwohl er weiter seine Unschuld beteuerte, war Winterkorn bereit, 11,2 Millionen Euro Schadenersatz zu zahlen. Daraufhin forderten Bundestagsmitglieder, ihn dafür zu belangen, dass er das Parlament belogen habe.

Der Ruf von Volkswagen war ruiniert. Um das Vertrauen von Konsumenten, Behörden und Investoren zurückzugewinnen, musste das Management das Unternehmen neu erfinden. Doch das war eine ungeheure Herausforderung, und die Protektion durch die Bundesregierung verhinderte, dass Volkswagen seine Lektion bezüglich der Risiken seiner autoritären Top-down-Struktur vollständig lernte. Stattdessen bewegte sich das Wolfsburger Unternehmen weiter in gewohnten Bahnen und zeigte, wie schwierig eine Richtungsänderung in ein neues Zeitalter des Individualverkehrs wirklich war.

Derart tiefgreifende technologische Veränderungen der Autoindustrie hatte VW nicht mehr erlebt, seit Ferdinand Porsche Pläne für den späteren »Käfer« ausarbeitete. Während der gesamten Unternehmensgeschichte waren die Rahmenbedingungen der Autoherstellung relativ konstant geblieben. Volkswagen arbeitete mit siebenjährigen Produktzyklen, die der Komplexität des Verbrennungsmotorenzeitalters angemessen waren. Nun war aber alles im Wandel, und VW versuchte, mit den Produktionsmethoden einer vergangenen Ära im neuen Zeitalter zu bestehen. Im ersten Wettrennen ging es darum, die Autos in rollende Computer zu verwandeln – mit Software und Sensoren für alles von Karaoke auf dem Rücksitz bis zum automatisierten Fahren. Im zweiten ging es um den Übergang zum Elektroantrieb. Der Kampf des VW-Konzerns mit beiden Herausforderungen versinnbildlicht den ungeschickten Umgang mit neuen Technologien in Deutschland.

Der VW-Konzern ist robust, aber komplex und schwerfällig. Im Lauf der Zeit war er immer größer geworden und hatte die massentauglichen Marken Škoda in Tschechien und Seat in Spanien erworben. Zum Portfolio gehören auch Luxusmarken wie Audi, Porsche, Lamborghini und Bentley. Jede Sparte hat ihr eigenes Hauptquartier und Managementteam sowie ihre eigene Firmenidentität. Sie alle zur Zusammenarbeit zu bewegen war mühselig.

Auch die Eigentümerstruktur von VW trägt zur Komplexität bei. Die mächtigste Gruppe bilden die Nachkommen von Ferdinand Porsche, die man grob in einen Porsche- und einen Piëch-Clan unterteilen kann. Diese Gruppe hält die Mehrheit der Stimmrechte und umfasst Dutzende Individuen. Ihr mühsames Ringen um einen Konsens zieht sich normalerweise lange hin. Niedersachsen, das Heimatland von Volkswagen, besitzt eine Sperrminorität. Die Interessen überschneiden sich oft, aber nicht immer, mit dem mächtigen Betriebsrat des Konzerns, der die Hälfte der Sitze im Aufsichtsrat kontrolliert. Er hat ein Vetorecht gegen Fabrikschließungen und auch bei der Ernennung von Führungskräften und strategischen Entscheidungen viel mitzureden. Und dann sitzt da auch noch das Schwergewicht Katar mit im Boot, dem es in der chaotischen Zeit nach der Übernahmeschlacht zwischen verschiedenen Fraktionen des Porsche-Piëch-Clans gelang, Stimmrechte zu ergattern. Für die normalen Aktionäre gibt es hauptsächlich Aktien ohne Stimmrecht, sodass die Eitelkeiten an der Spitze kaum einer Kontrolle unterliegen. Da der Großteil der Macht in den Händen von Erben (die möglichst hohe Dividenden anstreben) und Politikern und Gewerkschaften (die Arbeitsplätze erhalten wollen) liegt, bleibt Volkswagen nur die Expansion, um diese Erwartungen zu erfüllen.

Die Schwierigkeiten bei der Verwandlung von Volkswagen in einen Vorreiter bei Software und Elektroantrieb waren allen bewusst, aber die auftretenden Probleme überraschten sogar die Skeptiker. Fairerweise muss gesagt werden, dass sich nicht nur Volkswagen mit dem Umschwenken vom Verbrennungsmotor in ein neues Automobilzeitalter schwertat. Im Jahr 2010 waren in einem Auto noch durchschnittlich hundert Prozessoren verbaut. Diese Zahl hat sich mittlerweile verfünfzehnfacht. Die Technik kümmert sich um alles vom Reifendruck und den Bremsen bis zu Straßenmarkierungen und dem Komfort für die Insassen, wie dem Geruch von Bergamotte und schwarzen Johannisbeeren, der im Mercedes versprüht wird.[7] Auch die Bespaßung im Auto hat sich radikal verändert. Anstatt mit Kassetten oder CDs herumzufummeln, erwarten die Kunden heutzutage makelloses On-Demand-Streaming. Die dafür zuständige Software ist gigantisch. Ein modernes Auto enthält rund 100 Millionen Zeilen Programmiercode, was sich Schätzungen zufolge bis 2030 verdreifachen soll.[8] Das summiert sich für einen Koloss wie Volkswagen zu einer verstörenden neuen Welt.

Um nicht ins Hintertreffen zu geraten, riefen die Manager von

Volkswagen im Jahr 2019 ein ambitioniertes neues Softwareprojekt ins Leben. Obwohl nur wenige von ihnen Programmiererfahrung hatten, beschlossen sie, dass Volkswagen ein eigenes Betriebssystem brauchte – wie Microsoft Windows, aber für Autos. Die Sorge war, dass Volkswagen dasselbe Schicksal wie Nokia erleiden würde, wenn dem Silicon Valley die Kontrolle über das Gehirn der Fahrzeuge überlassen wurde. Der finnische Konzern hatte den Handymarkt dominiert, bevor die Geräte »smart« wurden. Ein reiner Hersteller von Hardware zu sein würde künftig nicht mehr genügen, und die Vision sah auf einer PowerPoint-Präsentation gut aus: Apple oder Google sein, aber auf Rädern.

Bei dem Projekt versuchte das Volkswagen-Management, Entwicklungsprozesse anzuwenden, die seit Jahrzehnten für kolbengetriebene Autos funktionierten. Gewöhnlich bauen Autohersteller mehrere Modelle auf dem gleichen Fahrgestell, um die Entwicklungs- und Herstellungskosten zu reduzieren. Von außen sieht ein Audi Q2 SUV anders aus als ein Škoda Octavia Family Saloon, aber seit Jahren haben sie das gleiche Fahrgestell. 2019 entschied Volkswagen, das bei der Software ebenso zu handhaben. Der Konzern versteht es zwar, ein Fahrzeug zu entwickeln, das bei hohen Geschwindigkeiten genauso funktioniert wie im Stop-and-go-Verkehr, in der Wüstenhitze und in arktischer Kälte, aber Software ist eine ganz andere Baustelle.

Volkswagen verfuhr nach dem gewohnten Muster und gründete eine separate Sparte. Sie sollte CARIAD heißen (eine Verschmelzung aus »Car, I am digital«) und am Stammsitz Wolfsburg etabliert werden. Zunächst sollten 1500 Softwareentwickler beschäftigt und weitere rekrutiert werden. Der Leiter war Dirk Hilgenberg, ein früherer BMW-Manager, der die meiste Zeit seines Arbeitslebens mit dem Bau von Autos verbracht hatte und keinerlei Erfahrung mit Software mitbrachte. Als Teil dieses Vorstoßes von Volkswagen in die Welt der Software wurde auch gleich eine Ausbildungsstätte gegründet, in der das künftige CARIAD-Personal geschult werden sollte. Sie wurde in einem ehemaligen Lebensmittellagerhaus untergebracht und auf den Namen »42 Wolfsburg« getauft (die

Zahl 42 wurde in dem Kultroman *Per Anhalter durch die Galaxis* von Douglas Adams von einem Computer als Antwort auf den Sinn des Lebens genannt). Es gab Tischtennisplatten und Computerspiele zur Entspannung in den Pausen.

Trotz des Computernerd-Schnickschnacks war das Arbeitspensum bei CARIAD das gleiche, das auch der restlichen Belegschaft aufgebrummt wurde. Die Abteilung wurde schon bald mit Projekten überlastet und sollte gleichzeitig drei verschiedene Betriebssysteme für Autos von Grund auf neu entwickeln: eines für den bestehenden Massenmarkt, das zweite für das gehobene Marktsegment wie Audi und Porsche, und ein drittes für die Elektrofahrzeuge der Zukunft. Weil die Organisationsstruktur separate Einheiten vorschrieb, waren Softwareentwickler und Fahrzeugentwickler entgegen den Gepflogenheiten der Techbranche oft räumlich getrennt.

Das war nicht das einzige ungeschriebene Gesetz, das Volkswagen verletzte. Softwarefirmen haben außerdem üblicherweise flache Hierarchien, die einen engen Kontakt zwischen den Entwicklern und ihren Ansprechpartnern in der Hardwareabteilung und im Produktionsmanagement ermöglichen. So können Fehler zeitnah behoben und Entscheidungen schnell getroffen werden. Stattdessen musste CARIAD bei der Softwareentwicklung für verschiedene Marken stets die einzelnen Führungskräfte konsultieren, die alle ihren Einfluss in der hierarchischen Struktur eisern verteidigten. Die Marken wiederum stellten unkoordinierte Forderungen an überlastete Entwicklerteams. Kompetente Fachkräfte wie Björn Goerke, früherer technischer Direktor bei SAP, hatten bald die Grabenkämpfe satt und nahmen ihren Hut.

Als die ersten Produkte von CARIAD die Kunden erreichten, zeigte sich, dass etwas fehlte. Die für den Käfer des Elektroautozeitalters, den ID.3, entwickelte Software war nicht wirklich ausgereift, als er im Herbst 2020 in den Handel kam. Trotz des Preises von fast 40 000 Euro mussten Kunden von ihren Händlern Updates installieren lassen, damit alles funktionierte. Es dauerte auch fast eine Minute, bis das Computersystem geladen und das Auto fahrbereit war. Mehrere Kunden bemängelten, dass das Radio beim

Beschleunigen manchmal lauter wurde. Andere merkten an, dass das Navigationssystem und die Einparkhilfe unzuverlässig waren. Bei Konsumenten, die an reibungslos funktionierende Apple- und Samsung-Geräte gewöhnt waren, kam der ID.3 nicht gut an. Das einflussreiche deutsche Automagazin *Auto Motor und Sport* bewertete ihn negativ,[9] und der Werbeslogan der Marke wurde ins Lächerliche gezogen: »Wenn nur alles so zuverlässig wäre wie ein VW.«

Doch sogar bei der Markteinführung fehlerhafte Software ist harmlos im Vergleich zu den Verzögerungen bei der Entwicklung eines Betriebssystems für alle Fahrzeuge der Unternehmensgruppe. Nach immer neuen Rückschlägen kündigte Volkswagen 2022 einen Neustart des Softwareprojekts an. Inmitten einer Flut neuer Konkurrenten war Volkswagen nicht in der Lage, neue Fahrzeuge auf den Markt zu bringen. Entscheidende Modelle wie ein Porsche SUV, der es mit Tesla aufnehmen sollte, wurden zurückgestellt. Der ehemalige BMW-Manager Herbert Diess wurde kurz vor der Dieselkrise als Vorstandsvorsitzender angestellt. Er musste zusehen, wie seine Vision an Schwung verlor und er immer mehr Gegenwind von den Mächtigen bei VW bekam, sodass er schließlich kündigte.

Porsche-Chef Oliver Blume, der enge Beziehungen zu der Eigentümerfamilie hatte, sollte als sein Nachfolger das CARIAD-Fiasko in Ordnung bringen. Seine provisorische Lösung verdeutlichte, wie weit sich Volkswagen von seiner Rolle als Vorreiter entfernt hatte. Das chinesische Tochterunternehmen nutzte Technologie von Xpeng, einem 2014 gegründeten Start-up-Unternehmen. Audi bekam seine Software von SAIC, einem staatlichen chinesischen Autohersteller mit Sitz in Shanghai. Das passte nicht so recht zum Werbeslogan »Vorsprung durch Technik«.

Die Softwareprobleme von Volkswagen waren eine Fortsetzung des stockenden technologischen Wandels der deutschen Autoindustrie. Der frühere Volkswagen-Patriarch Ferdinand Piëch tat kund, in seiner Garage gebe es keinen Platz für Elektroautos, und Winterkorn entwickelte die Plug-in-Fahrzeuge im Schneckentempo. Als Tesla 2017 das Model 3 vorstellte, beklagte sich Mercedes, dass sein erster Elektro-SUV negative Auswirkungen auf den

Profit haben würde.[10] Das Model 3 war dann drei Jahre in Folge das meistverkaufte Elektroauto der Welt. BMW stieg mit dem innovativen und eigenwilligen i3 zwar relativ früh in den neuen Markt ein, doch der Schwung erlahmte zusehends. Das Zaudern könnte an der angestammten deutschen Abneigung gegen Veränderung liegen. Das Land beherrschte den Maschinenbau und die Thermodynamik von Verbrennungsmotoren. Dieses Fachwissen hatte man seit mehr als 100 Jahren kultiviert, und auch die Zulieferindustrie war darauf abgestimmt. Bits und Bytes waren Neuland.

Es war auch Hybris im Spiel. Die deutschen Automanager sahen Tesla und die Chinesen nicht als ernsthafte Konkurrenz, weil sie glaubten, einen uneinholbaren Vorsprung zu haben. Als Volkswagen mehr als zehn Jahre nach dem Toyota Prius sein erstes Hybridfahrzeug vorstellte, brachte Winterkorn diese Einstellung auf den Punkt. Er bemerkte, wenn der deutsche Autogigant sich bewege, dann »richtig«. Aber der ehemals mächtige Autoboss und der Rest der Industrie hatten sich böse verschätzt.

Angelockt vom Wagemut des Konzernchefs Elon Musk haben Investoren Tesla riesige finanzielle Ressourcen bereitgestellt, um mit neuen Fabriken in Texas, China und in der Nähe von Berlin in Grünheide zu expandieren. Das sendet das Signal, dass Tesla die Zukunft ist und Volkswagen, Mercedes und BMW der Vergangenheit angehören. Mittlerweile – im Jahr 2024 – ist der US-amerikanische Konzern mehr als doppelt so viel wert wie die drei deutschen Autobauer zusammen.

Die chinesische Autoindustrie hat – teilweise dank der Joint Ventures mit Volkswagen und seinesgleichen – Produktionstechniken erlernt. Die Konkurrenz aus China hat vielleicht nicht die Feinheiten des Verbrennungsmotors gemeistert, aber das musste sie auch nicht. Schon 2001 erhob China die Elektromobilität zum strategischen Ziel und pumpte finanzielle und intellektuelle Ressourcen in diesen Sektor.

2007 bekam die chinesische Autoindustrie weitere Unterstützung, als Wan Gang, ein Autoingenieur, der zehn Jahre lang für Audi in Deutschland gearbeitet hatte, zum Minister für Wissenschaft und Technologie ernannt wurde. Ab da hatte die Entwicklung von Elektrofahrzeugen im nationalen Wirtschaftsplan Priorität. Seit 2009 subventionieren Regierungsbehörden Unternehmen, die verschiedene E-Fahrzeuge, von Autos bis zu Bussen, herstellen. Andere Maßnahmen wie Restriktionen bei der Registrierung von Verbrennerfahrzeugen unterstützten ebenfalls die Abkehr von westlicher Technologie. Chinesische Unternehmen errichteten auch Batteriefabriken und bauten die mittlerweile weltweit größte Raffineriekapazität für benötigte Chemikalien und Materialien auf, was ihnen einen Kostenvorteil verschafft. Diese Strategie hat sich für China ausgezahlt, die Volksrepublik ist heute der weltgrößte Markt für Elektrofahrzeuge. Obwohl deutsche Marken in China einen Marktanteil von ungefähr 20 Prozent haben, liegen sie bei den Verkäufen von Elektrofahrzeugen weit hinter chinesischen Konkurrenten wie BYD, Geely und GAIG. Da China ab 2035 Neuzulassungen von Verbrennerfahrzeugen verbieten will, drohen den deutschen Marken gerade in ihrem neuerdings wichtigsten Absatzmarkt sinkende Gewinne. Und diese Gefahr wird bestehen bleiben.

Die chinesischen Autohersteller nutzen ihren Erfolg im eigenen Land, um die deutschen Produzenten weltweit herauszufordern. Nicht zuletzt dank ihres Kostenvorteils bei Batterien, dem teuersten Bestandteil von Elektrofahrzeugen, machen chinesische E-Autos mittlerweile 60 Prozent der globalen Verkäufe aus. Der Anteil von deutschen Autos liegt dagegen nur bei rund 15 Prozent.[11] Sogar in Europa machen chinesische E-Autos rund ein Viertel der Verkäufe aus.[12]

Wenn chinesische Hersteller jetzt zum Autoexportweltmeister werden, haben sich das die führenden deutschen Autohersteller selbst zuzuschreiben. Um ihre Bilanzen aufzupolieren, haben sie das Fachwissen der deutschen Ingenieure für den Marktzugang verkauft. Seit Jahrzehnten besteht die chinesische Regierung darauf, dass sich Unternehmen mit einheimischen Herstellern zusammentun und die Autos vor Ort bauen, um Strafzölle zu vermeiden. Aber es scheint, dass Deutschland den kurzfristigen Gewinn gegen eine schwierige Zukunft getauscht hat. Seit Beginn der Aufzeichnungen im Jahr 2008 war VW die meistverkaufte Automarke in China gewesen. 2023 hat BYD diese Stellung eingenommen.[13] Dieses Unternehmen hatte teilweise durch eine Partnerschaft mit Mercedes den Autobau erlernt.

Die deutschen Autohersteller werden Mühe haben, gegen diese Entwicklung anzukämpfen. Seit der Wiedervereinigung haben sich die deutschen Autobauer der Globalisierung verschrieben und neue Fabriken in Ostdeutschland, Polen und der Slowakei gebaut. Sie haben auch in die USA expandiert, aber das wichtigste Investitionsland war eindeutig China. Allein Volkswagen hat dort 33 Fabriken, darunter auch eine in der westlichen Provinz Xinjiang, die durch Vorwürfe von Zwangsarbeit in Verruf gekommen ist. China ist zunehmend zu einem Produktionszentrum für in Deutschland entwickelte Fahrzeuge geworden. Von dort aus werden sie auch in andere Länder exportiert, selbst zurück nach Europa. Die deutschen Autokonzerne halten an dieser Strategie weiter fest, auch wenn Peking auf der globalen Bühne mehr und mehr zu einem Gegner wird (mehr zur Geopolitik in Kapitel 6). Anstatt sich zurückzuziehen oder ihr Engagement zu begrenzen, wenden sich die deutschen Autohersteller gegen Maßnahmen, die den chinesischen Vormarsch behindern könnten, da Volkswagen, Mercedes und BMW im Fall eines Handelskriegs mit China unter Druck geraten würden. Obwohl chinesische Importwagen den europäischen Automarkt fluten und Arbeitsplätze und Fabriken gefährden könnten, warnte der BMW-Vorstandsvorsitzende Oliver Zipse, mit Antidumpingzöllen gegen China »schießt [man] sich ins Knie«.[14]

Und doch rückt die Bedrohung näher. Auf der größten deutschen Automesse in München waren im Jahr 2023 glamouröse Präsentationen von Marken wie Geely und NIO zu sehen. BYD zeigte den Seal, der dem Aushängeschild Taycan von Porsche in Aussehen und Leistung gleicht, aber weniger als die Hälfte kostet. Während sich die chinesischen Unternehmen auf dem Markt etablieren wollten, schienen sich die deutschen Unternehmen nach den Zeiten zurückzusehnen, als die Welt noch in Ordnung war. Sowohl BMW als auch Mercedes präsentierten Konzeptfahrzeuge, die nicht zufällig an Modelle aus den späten 1960er-Jahren erinnerten. In jener Zeit hatten sie den heimischen Markt noch dominiert und sich ihren überlegenen Ruf erworben. Es war eine Zeit, in der die deutsche Soft Power auf dem Vormarsch war, was die US-Sängerin Janis Joplin dazu veranlasste, den Allmächtigen ironisch um einen Mercedes-Benz zu bitten. Diese Art von Bestreben scheint lange vorbei zu sein.

Auf den Straßen der marokkanischen Stadt Marrakesch ist der Nimbus der deutschen Autoindustrie noch zu sehen, aber auch dort ist ihr Stern am Verglühen. Jahrzehntelang kauften Taxifahrer in Nordafrika und andernorts importierte Mercedes-Fahrzeuge, deren überragende Bauweise, Qualität und Komfort sie schätzten. Mit einem solchen Dieselfahrzeug will der Taxifahrer Ihissou Brahim über 2,4 Millionen Kilometer zurückgelegt haben.[15] Nach fast 40 Jahren mit 15-Stunden-Schichten ist das Interieur zerschlissen. Das Lenkrad wird mit Klebeband zusammengehalten, und wo einst der Mercedesstern prangte, ist jetzt ein Loch. Lederstreifen hängen lose vom Dach. Doch obwohl der Zahn der Zeit daran genagt hat, singt die Seele des Fahrzeugs immer noch. Wenn Brahim den Parkplatz verlässt, schnurrt sein Motor mit einer Gleichmäßigkeit, mit der die meisten heutigen Autos nicht mithalten können. Seine Federung gibt den Fahrgästen immer noch das Gefühl, auf einem fliegenden Teppich zu schweben, so wie es seine schon lange in den Ruhestand gegangenen Entwickler beabsichtigt hatten. Immer noch drehen sich Menschen um, wenn Brahims Mercedes über die Schlaglöcher in den Straßen der Kasbah von Marrakesch gleitet. Das elfenbeinfarbene Automobil bleibt ein Botschafter der deutschen Ingenieurskunst.

Doch selbst in Schwellenländern wie Marokko beanstanden nun die Behörden die hohen Abgaswerte der alternden deutschen Dieselfahrzeuge. 2014 bot das marokkanische Verkehrsministerium den Taxifahrern 80 000 Diram (rund 7400 Euro) an, wenn sie ihre alten Dieselfahrzeuge verschrotten würden, weil die Motoren die Luft so stark verschmutzen. Zehntausende haben seither dieses Angebot angenommen, und so sind immer mehr sauberere Dacias – die günstige Marke des französischen Renault-Konzerns – auf den Straßen zu sehen. Es ist absehbar, dass bei fortschreitendem Umstieg des Königreichs auf Elektroantrieb der Anteil der chinesischen Marken zunehmen wird und die teuren deutschen Modelle kaum mehr gefragt sein werden. BYD, der Weltmarktführer bei Elektrofahrzeugen, baut seine Präsenz in Marokko aus, und chinesische Unternehmen errichten dort Batteriefabriken.[16]

Die Herausforderungen, die der Wettbewerb mit sich bringt, fordern ihren Tribut: Die Automobilproduktion geht in Deutschland seit ungefähr zehn Jahren zurück.[17] Ein Hauptgrund dafür ist die Produktionsverlagerung ins Ausland. Seit 2018 bauen die deutschen Autohersteller mehr Autos in China als im eigenen Land,[18] was Auswirkungen auf die Beschäftigtenzahlen in diesem Sektor hat. Zwischen 2018 und 2023 wurden im Jahresdurchschnitt rund 11 000 Arbeitsplätze abgebaut.[19]

Um das Risiko sinkender Verkaufszahlen zu mindern, bedienen die deutschen Autobauer immer mehr das gehobene Marktsegment. Hier finden sich Luxusmodelle wie der Mercedes AMG-GT für 111 000 Euro und das BMW 8er Coupé für 107 000 Euro. Die Zeiten sind vorbei, als die deutschen Marken eine größere Bandbreite von Fahrzeugen anboten, die Modellvielfalt im unteren Segment wird der Nachfrage entsprechend deutlich zurückgefahren.

Auch wenn diese Strategie den Beigeschmack einer zynischen Reaktion auf die sich weltweit verstärkende soziale Ungleichheit hat, könnte sie erfolgreich dabei sein, den Technologiewandel zu finanzieren und die Profite zu sichern. Es gibt Anzeichen von Erfolg: Der Porsche Taycan wurde in China, Deutschland und Großbritannien zum Auto des Jahres gewählt. Und während Musk ständig damit angibt, Tesla sei weltweit führend bei selbstfahrenden Autos, konnte Mercedes im Gegensatz zu dem amerikanischen Unternehmen die US-Regulierungsbehörden überzeugen, dass seine Technologie zuverlässig funktioniert. Aber immer wieder gibt es auch Rückschläge. BMW musste hohe Preisnachlasse gewähren, um seine Elektroautos an den Mann zu bringen, und bei Mercedes erwies sich der EQS, das strombetriebene Pendant zum S-Klasse-Kombi – dem Aushängeschild des Unternehmens –, als Flop.

Es stellt sich die Frage, welche Rolle Deutschland im Automarkt der Zukunft spielen wird. Werden die deutschen Hersteller weiter ein dominanter Akteur sein, oder werden sie den Sektor verkleinern und sich auf Nischen spezialisieren? Und was bedeutet das für Deutschland? Marken wie Porsche, Mercedes und BMW werden auf die eine oder andere Art ihre Anziehungskraft behalten, aber es ist nicht sicher, ob das auch für das riesige Netzwerk von Unternehmen gilt, die von diesen Giganten leben und selbst zu Weltkonzernen geworden sind. Der Mittelstand, das Rückgrat der deutschen Industrie, geht einer ungewissen Zukunft entgegen.

Die Fließbänder kommen zum Stillstand

Im Juli 2013 wurde Angela Merkel hinter verschlossenen Türen von einem innovativen Vorzeigeunternehmen der deutschen Industrie über geheime Pläne informiert. Weit weg von Berlin und abgeschirmt vor der Öffentlichkeit erhielt die Kanzlerin in Gütersloh vor dem Rest der Welt einen exklusiven Einblick in neue Entwicklungen beim Haushaltsgerätehersteller Miele.

Im öffentlichen Teil der Tour wurde Angela Merkel herzlich von Fließbandarbeitern begrüßt, die sie als »große Stärke« des Unternehmens und damit auch der deutschen Wirtschaft pries. Die Kanzlerin betonte, wie wichtig niedrige Energiekosten seien, damit traditionsreiche Unternehmen wie Miele global wettbewerbsfähig blieben. Und auch einige persönliche Verbindungen zu dem Unternehmen kamen zur Sprache. Sie gab zu, dass sie im kommunistischen Ostdeutschland mit einem Staubsauger von Miele aufgewachsen war (was damals »Westprodukt« genannt wurde), und erzählte, ihr Vater habe als Theologiestudent in einer Miele-Fabrik gearbeitet, um Geld für Eheringe zu verdienen. Insbesondere pries sie das Unternehmen als leuchtendes Beispiel für die Verpflichtung des deutschen Mittelstands gegenüber der Lokalbevölkerung. »Dieses Unternehmen ist tief verwurzelt in der Region«, sagte Merkel, bevor sie im Hubschrauber wieder von dannen eilte.[20]

Zehn Jahre später hat sich das geändert. Miele ist immer noch in Gütersloh, aber die Stimmung ist weit weniger optimistisch. Wegen der stetig steigenden Energiekosten und der endlosen Zunahme von Vorschriften verlegt das Unternehmen die Waschmaschinenproduktion nach Polen – weg von dem Ort mit seinen charakteristischen Fachwerkhäusern, an dem das Unternehmen seit 1907 ansässig ist. Das ist ein genereller Trend, der zeigt, welcher Druck auf dem Rückgrat der deutschen Industrie lastet. Hellma Materials, ein Hersteller von Kristallen, die bei der Produktion von Mikrochips benötigt werden, hat seine Investitionen gestoppt. Wefa Inotec, ein Hersteller von Aluminiumwerkzeug, will seine nächste Fabrik in der Schweiz bauen. Stihl, ein Weltmarktführer bei Kettensägen, hat die Pläne aufgegeben, die Produktion zu Hause auszubauen, wodurch Hunderte von Arbeitsplätzen bedroht sind. Und die in Frankfurt ansässige Viessmann-Familie nutzte die Gelegenheit, die sich durch die boomende Nachfrage bot, und verkaufte 2023 ihr Wärmepumpenunternehmen an die US-amerikanische Firma Carrier Global.[21] Auch wenn diese Unternehmen kaum eine Rolle im öffentlichen Bewusstsein spielen, weil sie relativ klein sind und sich in Privatbesitz befinden, sind sie dennoch das Herz und die Seele der deutschen Industrie. Miele ist hierfür ein gutes Beispiel.

Das Unternehmen wurde 1899 inmitten der Gründerzeit von zwei Existenzgründern aufgebaut, und die Anfänge waren bescheiden. Sie übernahmen eine alte Säge- und Getreidemühle in Herzebrock, einem kleinen Dorf in der Nähe von Gütersloh. Dort stellten elf Angestellte mit vier Drehmaschinen und einer Bohrmaschine Milchzentrifugen her. Das Leitmotto »Immer besser« zeigte Ehrgeiz, und so wurden auch bald Buttermaschinen und Waschmaschinen hergestellt. Zwischen 1912 und 1914 versuchte sich das Unternehmen sogar im Autobau, aber nach der Produktion von 143 Autos zog es sich wegen des hohen Kapitalbedarfs und der unsicheren Lage nach dem Ausbruch des Ersten Weltkriegs aus diesem Wirtschaftsbereich zurück.

Stattdessen erzeugte diese schwere Zeit eine Nachfrage nach den weit simpler konstruierten Handwagen, die ab 1915 zur Produktpalette von Miele gehörten, bis das Wirtschaftswunder in den 1950er-Jahren einsetzte. Als Deutschland den Wiederaufbau seiner in

Trümmern liegenden Städte vorantrieb, boomte auch die Nachfrage nach den Haushaltsgeräten von Miele. Die zu Wohlstand gelangten Westdeutschen brauchten Waschmaschinen, Staubsauger und Wäschetrockner. Die Werbeplakate des Unternehmens spiegelten den damaligen Zeitgeist wider und zeigten freudestrahlende deutsche Hausfrauen, flankiert von dem Werbespruch »Mutti macht's mit Miele«. Jahrzehntelang war der Schlüssel für den Erfolg und die Widerstandsfähigkeit von Miele die Flexibilität. In der Nachkriegszeit konzentrierte sich das Unternehmen stärker auf bestimmte Marktsegmente und expandierte wie viele andere mittelständische Unternehmen auf dem Weltmarkt.

In den 1960er-Jahren eröffnete Miele seine erste Vertriebsstelle in den USA und eine Fabrik in Österreich. Nach dem Ende des Kalten Krieges beschleunigte sich dieser Prozess, und Produktionsstätten in der Tschechischen Republik, Polen und Rumänien kamen hinzu. Auch China bot neue Möglichkeiten; 1996 baute das Unternehmen zusammen mit einem Partner eine Staubsaugerfabrik in Dongguan, einer Stadt im Perlflussdelta, das jetzt der größte Ballungsraum der Welt ist. Neue Märkte sicherten wiederum Arbeitsplätze in Mieles Heimatstadt Gütersloh.

Nachdem die Bedeutung des Mittelstands weder vor dem Zweiten Weltkrieg noch von den Nazis – die große und mächtige Unternehmen wie Krupp und die IG Farben bevorzugten – gewürdigt worden war, erkannte die Politik in der Zeit des Wirtschaftswunders sein Potenzial als Wachstumstreiber, und das Segment florierte. Seine Verwurzelung vor allem in kleinen Städten hat das heutige Deutschland geprägt, wodurch sich der Wohlstand weit ausbreiten und verankern konnte. Drei Viertel der mittelständischen Unternehmen haben ihren Sitz in Randgebieten und Städten mit weniger als 100000 Einwohnern. Die Privatunternehmen sind nicht Anteilseignern gegenüber rechenschaftspflichtig, und ihre Besitzer denken eher in Generationen als in Finanzquartalen. Zudem sind sie sich ihrer Bedeutung für die Stabilität ihres Heimatorts bewusst. Sie versuchen, ihre Angestellten auch in schlechteren Zeiten zu halten, in denen börsennotierte Unternehmen zu Entlassungen gezwungen wären. Viele Lehrlinge in Deutschlands gerühmtem Berufsausbildungssystem machen ihre Ausbildung in einer solchen Firma, und die Unternehmer spenden regelmäßig an örtliche Wohlfahrtseinrichtungen und Sportvereine. Damit sind sie wichtige Stützen des sozialen Lebens in Kleinstädten.

Diese Unternehmen sind jedoch weit davon entfernt, provinziell zu sein. Oft sind sie führend in Marktnischen wie Tunnelbohrmaschinen, industriellen Klebstoffen und Kugellagern. Die Beumer Group baut im idyllischen Städtchen Beckum mitten auf dem Land das Gepäckabfertigungssystem für den Flughafen von San Francisco und das Sortiersystem für das chinesische Logistikzentrum des Sportartikelherstellers Nike. In der bayerischen Stadt Wolfratshausen, am Zusammenfluss der Isar und der Loisach, ist EagleBurgmann ein weltweit führender Hersteller von industrieller Dichtungstechnik, die zum Beispiel für Kernkraftwerke in Kanada genutzt wird. Insgesamt hatten die deutschen Familienunternehmen einen Auslandsumsatz von über 600 Milliarden Euro, was ungefähr 75 Prozent der gesamten Exporte von Gütern und Dienstleistungen aus Großbritannien im Jahr 2023 entspricht.[22]

In einer idealen Welt würde alles so bleiben, wie es immer war, und nichts würde sich ändern. Aber wir leben in der realen Welt, und die Anzeichen für Ungemach mehren sich. Manches sind hausgemachte Probleme wie die steigenden Energiekosten und ein wachsender Wust von Vorschriften. Andere sind extern wie der wachsende Wettbewerb. Und dann gibt es auch die normalen Lebenszyklen wie das Alter. Die Generation der Unternehmer, die ab den 1960er-Jahren die Betriebe ihrer Eltern weitergeführt und zukunftsträchtig ausgerichtet hatten, altert. Viele wollen in den Ruhestand gehen oder haben keine Nachkommen, die die Verantwortung übernehmen können und wollen. Hunderttausenden mittelständischen Betrieben steht in den nächsten Jahren ein Eigentümerwechsel bevor, und der Anteil derer, die keinen Nachfolger finden, steigt.[23] Das Risiko für Deutschland besteht darin, dass diese Unternehmen einfach dichtmachen oder langsam zugrunde gehen, weil den Besitzern die Energie und die nötigen Kompetenzen fehlen, um mit dem zunehmenden Gegenwind zurechtzukommen.

Darüber hinaus gibt es Anzeichen eines wachsenden Misstrauens zwischen der Politik und den wirtschaftlichen Akteuren des Landes. 2023 brachte die deutsche Regierung ein Gesetz ein, das sogar von Kleinunternehmen mit ein paar Dutzend Mitarbeitern verlangt, ein anonymes System für Whistleblower einzuführen. »Dieses Gefühl, dass man Deutschland zusammen aufbaut, ist nicht mehr da«, sagt Tom Rüsen, Direktor des Wittener Instituts für Familienunternehmen.[24]

Italien dient als Warnung, was passieren kann, wenn das Segment ins Wanken gerät. Wie Deutschland erlebte das Land nach dem Zweiten Weltkrieg einen Boom; familiengeführte Unternehmen in Bereichen wie Autoteilen und dem Bausektor schufen Wohlstand im Land. In den 1980er-Jahren erregte dieser Erfolg sogar das Interesse von Bill Clinton, der damals Gouverneur von Arkansas war. Der künftige US-Präsident reiste in die Städte Reggio Emilia und Modena und besichtigte Unternehmen. Er sah die blühenden Gemeinden in der Umgebung und fragte sich, ob ein ähnliches System auch in den USA funktionieren könnte.[25] Doch schon in den 1990er-Jahren waren die familiengeführten italienischen Unternehmen im Niedergang begriffen, weil sie Schwierigkeiten hatten, sich an neue Technologien anzupassen, und dabei nicht von der Regierung unterstützt wurden. Als 1999 der Euro eingeführt wurde, musste sich die italienische Industrie der deutschen Konkurrenz stellen, und viele Betriebe knickten ein. Seit 2001 ist die Industrieproduktion um rund ein Viertel gesunken, wodurch einst blühende Städte in Armut versanken. Der Zusammenbruch des familiengeführten Geschäftsmodells hat seither die Ungleichheit und die politische Zersplitterung verstärkt. Während die skandalgeschüttelten herrschenden Parteien mit den chronischen wirtschaftlichen Schwierigkeiten kämpften, tauchten Parteien am Rand des politischen Spektrums auf, und die einstige Splitterpartei Fratelli d'Italia (Brüder Italiens), auch »Mussolinis Enkel« genannt, übernahm 2022 die Macht, womit erstmals eine Partei, die lange als Erbin der neofaschistischen Tradition gemieden wurde, die Regierung in Italien anführte. Eine der Koalitionsparteien, die von Matteo Salvini angeführte rechte Lega Nord, hat sich vor allem als Anwalt der familiengeführten Unternehmen positioniert.

Trotz der vielen Unterschiede zwischen der deutschen und der italienischen Gesellschaft sind die Parallelen deutlich. Wie die italienischen Populisten porträtiert die AfD die etablierten Parteien als Verräter der nationalen Interessen zugunsten einer globalistischen Agenda. »Diese Politik macht die Bürger arm, stranguliert den Mittelstand, vertreibt die produktive Industrie und zerrüttet die Staatsfinanzen«, sagte die Co-Vorsitzende Alice Weidel während einer Parlamentsdebatte über die Haushaltskrise der Regierung im Dezember 2023.

In Gemeinden, die von einem einzelnen Arbeitgeber abhängig sind, breitet sich leicht Unsicherheit aus. Es ist ein Alarmsignal, dass Reinhold Würth, eine der grauen Eminenzen des Mittelstands, einen Investitionsstopp erwägt.[26] 1954 übernahm er im Alter von 19 Jahren die Schraubenfabrik seines Vaters und machte das Unternehmen von der idyllischen, 15 000 Einwohner umfassenden Gemeinde Künzelsau in Baden-Württemberg aus zu einem globalen Player. Würth ist einer der reichsten Deutschen und steht für den Erfolg und die soziale Verantwortung des Mittelstands auf lokaler Ebene. Die kulturelle Verbindung des Unternehmens zu seiner Heimatstadt und darüber hinaus ist tief. Es unterstützt Initiativen in Kultur, Wissenschaft, Bildung und Integration durch eine gemeinnützige Stiftung. Diese veranstaltet unter anderem das Würth Open Air in Künzelsau, ein zweitägiges Musikfestival, das internationale Pop-, Rock- und R&B-Stars anlockt. Der Patriarch sponsort auch die Würth Philharmoniker. Aus Sorge wegen des Aufstiegs der AfD und der wachsenden Spaltung in Deutschland schrieb Würth einen fünfseitigen Brief, in dem er seine Angestellten beschwor, diese Partei nicht zu wählen. Er warnte davor, sich von der Verbreitung von Furcht und der Hetze gegen Fremde durch die AfD anstecken zu lassen. Angesichts des weitverbreiteten Wohlstands in Deutschland und der durch das Grundgesetz garantierten politischen Freiheiten sah er wenig echte Gründe für die depressive Stimmung im Land. »In Hohenlohe beschreiben wir einen Menschen, der gut platziert ist und trotzdem durch besondere Unzufriedenheit auffällt, als einen, ›dem man einmal die Zunge schaben müsste‹. Vielleicht wäre das auch beim einen oder anderen Wähler angebracht«, schrieb Würth an seine 25 000 Angestellten.[27]

In dem Brief, den die AfD zurückwies, weil er die »existenziellen Ängste« der deutschen Bürger ignorieren würde,[28] kritisierte der Milliardär an der Regierung von Olaf Scholz, dass sie sich manchmal »wie ein Hühnerhaufen« verhielte. Parallelen mit der Weimarer Republik wären aber zu weit hergeholt. In einem späteren Interview gab er jedoch zu, dass er sich um das Land große Sorgen mache. Er verglich sogar die Umstände mit einer »Vorkriegszeit« und beschuldigte die Regierung, ihr fehle »eine gemeinsame Linie und vor allem eine Idee für die Zukunft«.[29]

Neben der Autoindustrie ist der Mittelstand eine wichtige Quelle des deutschen Nachkriegswohlstands, und deshalb sollte man diese Warnungen ernst nehmen. Aber Anpassungen im einen oder anderen Bereich der Wirtschaft müssen an sich nicht zerstörerisch sein. Veränderungen liegen in der Natur der Dinge, und wirtschaftliche Macht ließe sich auf andere Industriezweige oder Sektoren übertragen. Aber wie wir in der Folge sehen werden, sind neue Leuchttürme nicht zu sehen.

Nichts in Sicht am Horizont

Wenn US-amerikanische Präsidenten Berlin besuchen, wird oft Geschichte geschrieben, und deshalb waren die Erwartungen hoch, als die Air Force One am 18. Juni 2013 mit Barack Obama und seiner Familie an Bord in Berlin landete. Es versprach zumindest ein Wohlfühlmoment zu werden. Die Mauer war schon lange weg, und die erste weibliche Bundeskanzlerin Deutschlands war Gastgeberin für den ersten afroamerikanischen Präsidenten.

Obama sollte auf der Ostseite des Brandenburger Tores sprechen und damit demonstrieren, was sich verändert hatte, seit Ronald Reagan von der Westseite aus die Sowjetunion aufgefordert hatte: »Reißen Sie diese Mauer nieder!« Doch statt irgendwelcher historischer Worte von Obama stand Merkel unbeabsichtigt im Rampenlicht mit einem Satz, der eine unbequeme Wahrheit über Deutschland enthüllte: »Das Internet ist für uns alle Neuland«, sagte sie während ihrer Pressekonferenz mit dem US-Präsidenten.

Es war das politische Äquivalent des sich an den Kopf fassenden Emojis. Als sie diese Aussage tätigte, existierte Amazon schon seit fast 20 Jahren, Google war 15 Jahre alt, Twitter (heute X) sieben und sogar Bitcoin schon vier. Merkels Gast hatte zwei US-Präsidentschaftswahlen gewonnen, nicht zuletzt mithilfe der sozialen Medien. Sogar in Europa nutzten damals schon drei Viertel der Bevölkerung regelmäßig das Internet.[30] Es zeigte, dass Merkel trotz ihrer Kenntnisse in der Quantenphysik nicht mit der Geschwindigkeit der modernen Welt mithalten konnte.

Schon vor ihrer letzten Amtszeit war deutlich geworden, dass Deutschland mit seinen Bemühungen, bei der digitalen Technologie aufzuholen, ins Hintertreffen geraten war. Es war im Gespräch, ein neues Ministerium einzurichten, um die Vorhaben von Infrastrukturmaßnahmen bis zur elektronischen Verwaltung zu bündeln. Stattdessen wurde Dorothee Bär, eine Funktionärin der bayerischen CSU ohne erkennbare technische Expertise, zur Digitalisierungsbeauftragten ernannt. Sie gelobte, nicht zu kleckern, sondern zu klotzen … zum Beispiel mit Flugtaxis. Und so fiel Deutschland bei den Grundlagen immer weiter zurück.

Das Land wurde von seinen Konkurrenten nicht nur überholt, sondern überrundet. Der Digital Riser Report, der die Wettbewerbsfähigkeit von Ländern in allen digitalen Bereichen vergleicht, stuft Deutschland am unteren Ende der G20-Gruppe der großen Wirtschaftsnationen ein. Eine weitere Rangliste zeigt Deutschland an 52. Stelle der Welt bei den technologischen Kompetenzen und an 40. Stelle bei der Anwendung von Digitaltechnologien.[31] Was die öffentliche Verwaltung betrifft, können Deutsche immer noch nicht ihren Wohnsitz wechseln, ohne ein Papierformular auszufüllen und es im örtlichen Einwohnermeldeamt einzureichen. Die öffentliche Verwaltung wird in der Regel mit Briefen geführt, was dazu beiträgt, Deutschland pro Person gerechnet zum zweitgrößten Papierverbraucher der Welt zu machen, mit rund einer Vierteltonne pro Jahr.[32] Auch die Bevölkerung tut sich schwer. Ungefähr der Hälfte der Deutschen mangelt es an grundlegenden Kenntnissen über das Internet, wie der Fähigkeit, Suchmaschinen zu bedienen oder sich vor Betrug zu schützen.[33] Mehr als 80 Prozent der deutschen Unternehmen benutzen immer noch Faxgeräte,[34] und im Einzelhandel werden Kreditkarten nicht flächendeckend akzeptiert. Viele Restaurants akzeptieren nur Bargeld.

Das wirkt sich auf die industriell geprägte Wirtschaft des Landes aus. SAP ist das einzige Softwareunternehmen im Deutschen Aktienindex (DAX). Aber es ist alles andere als ein Newcomer, da das Unternehmen 1972 von einer Gruppe früherer IBM-Programmierer gegründet wurde und heute die Softwareversion der Old Economy ist. Der Geschäftsbereich ist die Verwaltung von Lagerbeständen und Buchhaltung für große multinationale Konzerne. Einer seiner Hauptvorteile ist die hochkomplexe Einrichtung von SAP, wegen der Kunden, die es einmal installiert haben, nicht wagen, zu etwas anderem zu wechseln. Der bärbeißige Berliner Hasso Plattner ist einer der Gründer. 1999 gründete er seine eigene IT-Schule, um die Lücke im deutschen höheren Bildungssystem zu schließen. Das Hasso-Plattner-Institut in Potsdam hat einen Podcast über digitale Trends und Entwicklungen, den es frech »Neuland« nennt – eine offensichtliche Anspielung auf Merkels Bemerkung im Jahr 2013. Der Unternehmer beklagt sich oft über Deutschland und die Schwierigkeiten des Landes, zuversichtlich in die Zukunft zu blicken. »In Deutschland haben wir die Selbstzweifel entwickelt bis zum Selbstzerstörerischen«, sagte er. »Das ist eine besondere deutsche Eigenschaft.«[35]

Das ist eher eine Nachkriegsentwicklung. In den schwungvollen Zeiten der Industrialisierung gab es in Deutschland viele Innovatoren wie Gottlieb Daimler, Nicolaus Otto und Wilhelm Maybach. Ferdinand Porsche entwickelte bereits 1898 ein Elektroauto. Doch seit dem Zweiten Weltkrieg haben die Deutschen eine Nullsummen-Mentalität entwickelt, bei der Veränderung gleichbedeutend mit Verlust ist. Dies hat zu einer mangelnden Bereitschaft geführt, zu experimentieren und in neue Technologien zu investieren, aus Angst, etwas anderes aufgeben zu müssen. Das hat Konsequenzen, denn die führenden Politiker des Landes halten an einem Modell fest, das auf den Stärken der Industrie und der Automobilbranche basiert. Investitionen in neue Technologien oder alternative Strategien wurden auf die lange Bank geschoben, solange das alte Modell funktionierte, aber der wirtschaftliche Wert hat sich immer mehr von den traditionellen Stärken weg verlagert, und das Land befindet sich im Aufholmodus. Mit anderen Worten: Das Deutsche Haus hat es versäumt, das Dach zu reparieren, als die Sonne schien, und jetzt regnet es.

Mehr als je zuvor muss sich Deutschland von diesen Zweifeln verabschieden. Die stotternde Autoindustrie, der schwächelnde Mittelstand und die alternden Arbeitskräfte lassen die schon lange bestehenden Risiken zutage treten. Dem Land fehlen die für die Industrieproduktion nötigen Rohstoffe, die Energiepreise sind unter den höchsten in der Welt, und die Arbeitskosten sind ebenfalls hoch – alles Nachteile im Vergleich zu den USA und China. Um seinen Vorsprung aufrechtzuerhalten, braucht Deutschland Innovationen, aber der Trend ist nicht vielversprechend für ein Land, das einst weltverändernde Erfindungen wie die Druckerpresse, das Automobil und die Rakete hervorbrachte. Zur Jahrtausendwende rangierte Deutschland bei Patenten in 43 von 58 Schlüsseltechnologien jeweils unter den ersten drei Ländern, 2019 hingegen nur noch in knapp der Hälfte davon.[36]

Problematisch ist unter anderem, dass ein großer Teil der Innovationskraft des Landes in alteingesessenen Unternehmen gebunden ist, die sich auf die schrittweise Verbesserung bestehender Produkte konzentrieren. Beispielsweise wollen sie die Effizienz einer Benzinpumpe erhöhen oder neue Gummimischungen für reduzierten Reifenabrieb entwickeln. Im Jahr 2022 waren unter den wichtigsten Patentanmeldern drei Konzerne, die mehr als 100 Jahre alt waren: der Autoteilezulieferer Robert Bosch, ZF Friedrichshafen und BMW.[37] Auch der Rest der Top Ten waren Autobauer oder Teilezulieferer. Der größte Anteil der Patente bezog sich mit rund einem Viertel auf das Auto, mit Computertechnologie hatten dagegen weniger als zehn Prozent zu tun.[38] Das mag zwar hilfreich sein, um den Stellenwert der deutschen Autoindustrie in einer Zeit des massiven Umbruchs zu erhalten, doch neue Bereiche, in denen das Land konkurrenzfähig werden könnte, sind nirgends in Sicht.

Das ist auch klar bei der geringen Zahl neuer Unternehmen. Anstatt dass Unternehmensgründungen zunehmen, weil schwächelnde Vorreiter potenziell verdrängt werden könnten, fiel die Anzahl der Start-ups im Jahr 2023 – entgegen dem überall sonst in der entwickelten Welt zu beobachtenden Trend – auf den niedrigsten Stand seit vier Jahren.[39] Global gesehen stagniert Deutschland auf dem siebten Platz hinter Indonesien, Australien und Kanada, und die Dichte neuer Unternehmen ist in den USA fünfmal höher.[40] Selbst wenn Deutsche eine Unternehmensgründung wagen, ist eine Etablierung am Markt schwer, weil signifikant weniger Wachstumskapital zur Verfügung steht als in den USA.[41] Zudem kommt fast die Hälfte des Investitionskapitals für deutsche Start-ups aus den USA. Das hängt eng mit der berüchtigten Risikophobie der Deutschen zusammen, die manche Bundesbürger dazu bringt, sich gegen kleinste Risiken wie eine wegen Krankheit ungenutzte Kinokarte zu versichern. Auch potenzielle Existenzgründer sind davon befallen – die Angst vor einem Konkurs ist ausgeprägter als in anderen Ländern.[42] Das zeigt sich in den Listen der Vermögenden. Fast alle der zehn reichsten Amerikaner hatten Unternehmen zumindest mitgegründet, während die zehn reichsten Deutschen größtenteils Erben sind.[43]

Ein Wust von Bürokratie schreckt ebenfalls von einer Existenzgründung ab und errichtet Hürden, bevor man überhaupt in Fahrt kommt. Im Jahr 2015 wurde gesetzlich festgelegt, dass für jede neue Vorschrift für Unternehmen eine andere wegfallen muss, aber das hat nicht viel bewirkt. Trotzdem zeigt eine unabhängige Studie der ESMT Management School in Berlin, dass die Anzahl der Vorschriften, die deutsche Unternehmen betreffen, stark gestiegen ist. Sie wuchs von etwa 34 000 Seiten im Jahr 2015 auf 50 000 im Jahr 2024 an, was auf einen stetigen und unaufhaltsamen Anstieg seit der Einführung des Bürokratieabbaugesetzes hinweist.[44] Deutschland belegt in der G-7 (Gruppe der sieben bedeutendsten Industriestaaten der westlichen Welt) beim Thema Vorschriften den letzten Platz, hinter Frankreich und Italien, die nicht gerade für Laissez-faire-Unternehmenspolitik bekannt sind.[45] In einer Unternehmensstudie nach der anderen werden Bürokratie und Vorschriften als Hinderungsgründe für Investitionen hervorgehoben.[46]

Doch noch ist nicht alle Hoffnung verloren. Die Anzahl der deutschen »Unicorns« (»Einhörner«, Start-up-Unternehmen mit einem Wert von mehr als einer Milliarde Dollar) hat sich seit 2020 auf 33 vervierfacht. Dazu gehören die Internetbank N26 (gegründet im Jahr von Merkels »Neuland«-Bemerkung), Wefox, eine Onlineplattform für Versicherungen, und Celonis, ein sogenanntes Decacorn (d. h. mehr als 10 Milliarden Dollar wert), das Software zur Verbesserung von Unternehmensabläufen anbietet.

Deutschland hat aber mit über 450 000 Vollzeitbeschäftigten in der Forschung einiges zu bieten. Hinter China, Japan, den USA und Südkorea ist das Land einer der weltweit bedeutendsten Standorte für Forschung und Entwicklung.[47] Ungefähr ein Drittel der europäischen Patentanmeldungen kommen aus Deutschland. Das Land ist auch die Heimat weltweit führender Forschungseinrichtungen wie der Max-Planck-Gesellschaft und der Fraunhofer-Institute. Das Problem ist, dass viele ihrer Ideen wegen einer schlechten Verknüpfung zwischen Laboren und Vorstandsetagen nicht in die Praxis umgesetzt werden. Die Regierung versucht das zu ändern. Sie brachte ein Maßnahmenpaket ein, um die Gründung von Start-up-Unternehmen aus diesen gut ausgestatteten Forschungseinrichtungen heraus zu erleichtern.[48] Als Teil dieser Bemühungen wurde 2023 die Deutsche Agentur für Transfer und Innovation (DATI) gegründet, um Forschungsergebnisse schneller in Geschäftsmodelle zu verwandeln. Aber dummerweise ist ihr Sitz in Erfurt, weit weg von den Start-up-Zentren Berlin und München.

Die deutschen Bemühungen, neue Unternehmen auf den Markt zu bringen, wurden vor Kurzem mit einer Erfolgsgeschichte belohnt. BioNTech wurde 2008 in Mainz gegründet und mühte sich jahrelang damit ab, Therapien für Krebs und andere schwere Krankheiten zu entwickeln. BioNTech war schon immer etwas anders als die meisten deutschen Unternehmen. Das Gründerehepaar Uğur Şahin und Özlem Türeci hat türkische Wurzeln und die deutsche Staatsbürgerschaft, womit die beiden einer in der Geschäftswelt unterrepräsentierten Gruppe angehören. Das Unternehmen verdankt der Covid-19-Pandemie seinen Aufstieg zu globaler Prominenz. Als Şahin eine wissenschaftliche Publikation über das neue Virus las, erkannte er, dass die mRNA-Technologie des Unternehmens für die Herstellung eines Impfstoffs genutzt werden könnte. Sogleich stellte er ein Team mit 40 Mitarbeitern für das »Projekt Lightspeed« zusammen. Bis Ende Januar 2020 war ein Plan ausgearbeitet worden.

Die Leiter von BioNTech wussten, dass sie für den Zulassungsprozess einen größeren Partner benötigen würden, und dafür gab es in Deutschland nicht viele Optionen. Biotechnologie ist ein Investitionsgebiet mit hohem Risiko. Bei der Entwicklung neuer Therapien kommt es oft zu unerwarteten Verzögerungen und Kosten, und es gibt keine Erfolgsgarantie. Deshalb sind deutsche Investoren hier zurückhaltend, und es mangelt dem Bereich an Kapital. Also wandte sich BioNTech an den US-Pharmariesen Pfizer. Im April 2020, als Deutschland immer noch im ersten vollständigen Lockdown war, begann die klinische Versuchsphase des Vakzins von Pfizer-BioNTech. Nur acht Monate später erteilten die zuständigen Behörden in Großbritannien eine Notzulassung, und die öffentlichen Impfkampagnen konnten beginnen. Zusammen mit ähnlichen Impfstoffen von AstraZeneca, Moderna und anderen rettete das Vakzin von Pfizer-BioNTech Millionen von Menschenleben und entschärfte die weltweite Bedrohung. 2023 wurde der bis 2022 bei BioNTech beschäftigten Biochemikerin Katalin Karikó zusammen mit dem amerikanischen Immunologen Drew Weissman der Nobelpreis für Medizin verliehen für ihren gemeinsamen Beitrag zur Entwicklung eines Impfstoffs, der dazu beitrug, die akute Phase der Pandemie zu beenden.

Auch wenn BioNTech einen Volltreffer landete und zeigte,

welches Potenzial Deutschland hat, ist es in vielerlei Hinsicht die Ausnahme, die die Regel bestätigt. Es gibt durch überbordende Vorschriften und Mentalitätsprobleme immer noch zu viele Hindernisse für dringend benötigte neue Unternehmen. Die Gründer von BioNTech haben ihr errungenes Ansehen dafür genutzt, auf die in Deutschland vorherrschende oft negative Einstellung gegenüber Start-up-Unternehmen und Existenzgründern hinzuweisen und diesbezüglich Veränderungen zu fordern. »Wir haben hierzulande eine gewisse Zurückhaltung gegenüber Innovation und Risiko«, sagte Türeci. »Die Deutschen richten ihren Blick mehr auf die Perfektion, das Finale.«[49]

Solange die wirtschaftlichen Turbulenzen zunehmen und die soziale und politische Stabilität gefährden, kann es sich Deutschland nicht leisten, die Guten zu verteufeln. Es muss schneller handeln und dabei Unsicherheiten in Kauf nehmen. Durch Versuch und Irrtum könnte es entscheidende Schritte in Richtung Zukunft gehen. Die Globalisierung brachte lange Zeit Rückenwind für das deutsche Wirtschaftsmodell, aber der Krieg in der Ukraine zeigt, dass sich die Sicherheitsordnung auflöst, der das Land seinen Wohlstand verdankt. Deutschland ist zwischen den sich verhärtenden geopolitischen Fronten gefangen und muss davon ausgehen, dass es keiner der beiden Mächte besonders am Herzen liegt.

06 Verfall der Nachbarschaft

»Der Irrsinn ist bei Einzelnen etwas Seltenes – bei Gruppen, Parteien, Völkern, Zeiten die Regel.«
FRIEDRICH NIETZSCHE[1]

Auf einem ehemaligen Lagerhaus im Hamburger Hafenviertel erhebt sich die Elbphilharmonie wie eine Welle über der zweitgrößten deutschen Stadt und zeigt in Richtung Meer. Das gläserne Gebäude krönt einen neuen, zukunftsweisenden Stadtteil und bildet einen modernen und eleganten Gegenpol zur schäbigen Reeperbahn in der Nähe. Rund 10 000 Trockenbauplatten wurden in mühevoller Kleinarbeit individuell geformt, um Schallwellen zu zerstreuen und eine erstklassige Akustik zu schaffen. Erbaut mit Steuergeldern, die aus dem rund um die Uhr laufenden Handel im weitläufigen Hafen stammen, ist es ein Zeugnis für den bemerkenswerten Erfolg des Landes als Handelsnation, als die Globalisierung neue Märkte für Waren »Made in Germany« eröffnete. Seine Größe und sein Ehrgeiz erinnern an die viktorianische Pracht, die man in Liverpool und London findet, und an die großen öffentlichen Bauwerke von Paris, Antwerpen und Amsterdam. Es ist ein Gebäude, das ein goldenes Zeitalter markiert. Sein Grundstein wurde 2007 gelegt, als Deutschland noch Exportweltmeister war und bevor die Erschütterungen des Brexits, Donald Trumps Handelskriege und Wladimir Putins Bemühungen, die Ukraine aufzuteilen und zu kontrollieren, einsetzten. Wie bei so vielen anderen Großprojekten in Deutschland kam es zu Verzögerungen und Kostenüberschreitungen. Der opulente Veranstaltungsort wurde 2017 fertiggestellt, im selben Jahr, in dem Angela Merkel ihre letzte Amtszeit als Bundeskanzlerin antrat und die rechtsextreme AfD ihr politisches Potenzial erkennen ließ. Weniger als ein Jahrzehnt später wirkt es bereits wie ein Symbol einer vergangenen Ära.

Nur wenige Länder haben von der Nachkriegsweltordnung so sehr profitiert wie die Bundesrepublik Deutschland. Dank des Schutzschildes der USA war Westdeutschland vor den Turbulenzen der Machtpolitik gut geschützt. Das erlaubte der Führung des Landes, eine merkantilistische Agenda zu verfolgen, die die Erschließung neuer Märkte für deutsche Unternehmen zur wichtigsten außenpolitischen Priorität machte. Doch spätestens seit Russlands Einmarsch in der Ukraine ist klar, dass die Welt unbeständiger geworden ist. Dann kam die Wiederwahl von Donald Trump, der »Zölle« als sein Lieblingswort im Wörterbuch bezeichnete. Damit war die Vision einer immer stärkeren globalen Integration nach dem Kalten Krieg endgültig vom Tisch. Das ist ein besonders akutes Risiko für die am stärksten vom Handel abhängige fortgeschrittene Volkswirtschaft der Welt und führt zu dem Dilemma, wo und wie Deutschland seine Waren verkaufen wird, um seinen Lebensstandard und sein Selbstbewusstsein zu erhalten.

Im übertragenen Sinne wird das Haus Deutschland mit den Realitäten einer Nachbarschaft konfrontiert, die in eine Reihe von wirklich bösen Auseinandersetzungen verwickelt ist. Der bullige Polizist ist nicht mehr wie früher daran interessiert, den Frieden zu wahren, und neue Tyrannen lassen ihre Muskeln spielen. Deutschland muss sich in der neuen Realität zurechtfinden, um seine Bevölkerung bei der Stange zu halten. Das bedeutet aber auch, die eigenen Angelegenheiten in Ordnung zu bringen.

Risse im Straßenbelag

Im April 2022 zeigte sich, wie schlecht Deutschland auf die zerfallende Weltordnung vorbereitet ist. Bundespräsident Frank-Walter Steinmeier machte sich im prächtigen Schloss Bellevue am Rand des Berliner Tiergartens fertig für eine Reise nach Warschau und dann weiter nach Kyjiw. Gemeinsam mit den Staatsoberhäuptern von Polen und den baltischen Ländern demonstrativ Unterstützung zu zeigen war für den silberhaarigen politischen Veteranen verlockend. Aber das folgende Fiasko war ein erstklassiges Beispiel dafür, warum sich Europas größte Volkswirtschaft damit schwertut, eine Führungsrolle in der Weltpolitik einzunehmen.

Weniger als zwei Monate waren seit der groß angelegten Invasion der Ukraine durch Russland vergangen. Plötzlich war der Krieg sehr nahe gerückt.[2] Die Ukraine wehrte die russischen Truppen heldenhaft ab, aber zahlte einen hohen Preis dafür.[3] Nur wenige Tage vor Steinmeiers geplanter Abreise wurde ein Bahnhof in Kramatorsk im hart umkämpften Oblast Donezk von einer mit Streumunition bestückten russischen Rakete getroffen. Dabei wurden Dutzende von Menschen getötet, die versucht hatten, sich vor den Gefechten in Sicherheit zu bringen.[4] Mitten in diesem Gemetzel wollte Steinmeier in Erscheinung treten, aber die Ukraine lehnte ab. Das war ein Schock angesichts der wichtigen Rolle von Deutschland im Unterstützungsnetzwerk des Landes, die es wegen der geografischen Nähe und seiner wirtschaftlichen und politischen Macht innehatte. Trotz eines dringenden Bedarfs an Hilfsleistungen gab es reichlich Gründe, warum die Ukraine Steinmeier nicht empfangen wollte.

Kurz vor seiner Abreise erhielt der Bundespräsident über diplomatische Kanäle eine knappe Note, die besagte, dass sein Besuch »substanzieller und akzeptabler« wäre, wenn er unabhängig käme. Das ist Diplomatensprache für »bleiben Sie weg«.[5] Es war ein klarer Affront, und Steinmeiers Ego war angeschlagen. Er schmollte wochenlang. Kanzler Olaf Scholz sprang seinem Parteigenossen zur Seite und gelobte, nicht nach Kyjiw zu reisen, bis die Sache geklärt war. Während also die Ukraine ums Überleben kämpfte und nach Artillerie, Luftverteidigungssystemen und Munition rief, musste sie sich mit den Eitelkeiten eines Mannes beschäftigen, der eine Schlüsselrolle dabei gespielt hatte, die russische Aggression zu ermutigen. Natürlich war es nicht nur der Bundespräsident selbst. Die deutsche Beschwichtigungspolitik gegenüber Russland geht mindestens zurück bis zu Willy Brandts Ostpolitik in den 1970er-Jahren. Damals war der Preis jedoch das Schicksal der Ostdeutschen und die Hoffnung, dass die Mauer eines Tages fallen könnte. Nach der Wiedervereinigung ging es dann nur noch ums Geld.

Der massige, dünnlippige Frank-Walter Steinmeier hat sein ganzes Berufsleben im öffentlichen Dienst verbracht, weitgehend in der zweiten Reihe. Er ist ein Paradebeispiel für die politische Klasse in Deutschland und verkörpert das unreflektierte, selbstgefällige Gruppendenken, das in Berlin dominiert. Auch wenn das Land nach außen liberale Ideen vertritt, schließt es regelmäßig Abkommen, die Autokraten stützen, ohne die Folgen dieses Handelns zu bedenken. Bevor Steinmeier 2017 zum Bundespräsidenten ernannt wurde, half er, die deutsche Abhängigkeit vom Kreml zu vertiefen: als Außenminister unter Angela Merkel und davor als Chef des Bundeskanzleramtes unter Gerhard Schröder – der gleich nach seinem Ausscheiden aus dem Amt Wladimir Putins gut bezahlter Freund wurde.[6]

Unter Steinmeiers Schirmherrschaft wurde russisches Gas, das durch die erste Nord-Stream-Pipeline strömte, zu einem der wichtigsten Energieträger in Deutschland. Der Deal dafür wurde 2005 zwischen Putin und Schröder ausgehandelt, kurz bevor sich der Kanzler vom Politiker in einen millionenschweren russischen Berater verwandelte. Während seiner zwei Amtszeiten als Außenminister festigte Steinmeier die Verbindung. In seiner ersten Amtszeit von 2005 bis 2009[7] waren weder die Morde an den Oppositionellen Anna Politkowskaja und Alexander Litwinenko noch die Invasion im Norden von Georgien im Jahr 2008 Grund genug, die guten Beziehungen zwischen beiden Ländern auf den Prüfstand zu stellen. Auch die Annexion der Krim während seiner zweiten Amtszeit von 2013 bis 2017 legte Steinmeier gemeinsam mit vielen anderen deutschen Führungspersonen schnell zu den Akten.

Kurz vor der Annexion im März 2014 war Steinmeier in Moskau und stimmte dort entgegenkommende Töne an. Das höfliche Geplauder mit seinem Amtskollegen Sergei Lawrow über die deutsche Medaillenausbeute bei den Olympischen Spielen in Sotschi sollte nicht vom Kern seiner Botschaft ablenken: Steinmeier warb für eine neue »positive Agenda« in den Beziehungen mit Russland.[8] Während des Besuchs betonte er in einem Interview mit der Zeitung *Kommersant:* »Mir ist es wichtig, gleich zu Beginn meiner zweiten Amtszeit eine vertrauensvolle und konstruktive Zusammenarbeit mit Moskau anzubieten.«[9] Steinmeier war sogar der Meinung, dass dem Kreml eine wichtige Rolle dabei zukam, die politischen Spannungen in der Ukraine zu lösen. Doch zuvor hatte Russland eine geplante Kooperationsvereinbarung mit der EU platzen lassen, und der tödliche Maidan-Aufstand war in vollem Gang. Steinmeier zeigte damit letztlich, dass den Deutschen die Beziehungen mit Russland wichtiger waren als alles, was sonst in der Region passierte.

Diese Herangehensweise änderte sich auch nicht nach der Annexion der Krim oder nachdem von Russland unterstützte Truppen die Kontrolle über Teile der Regionen Donezk und Luhansk übernahmen. Steinmeier wollte weiter verhandeln und plädierte für Zurückhaltung bei den Sanktionen, weil Russland dadurch destabilisiert werden könnte.[10] Er ging dann noch einen Schritt weiter und schlug im Rahmen der Minsker Gespräche eine Formel vor, die den Konflikt im Osten der Ukraine einfrieren sollte.[11] 2016 kritisierte er eine Militärübung der NATO in Polen und dem Baltikum als »Säbelrasseln«, wodurch man riskiere, dass alte russische Wunden wieder aufgerissen würden.[12]

Die Priorität war klar: Deutschland brauchte seine Dosis billige russische Energie. Und wie jeder Süchtige wollte es mehr. Nord Stream 2 war eine weitere Spritze von den russischen Gasfeldern direkt in die Adern der deutschen Industrie, und 2015 wurde dafür grünes Licht gegeben, gerade mal ein Jahr nach der Annexion der Krim. So viel zur Bestrafung des Aggressors.

Jahrelang hielten Steinmeier und das deutsche Establishment weiter an Nord Stream fest, ungeachtet der Warnungen der USA, dass das ein Sicherheitsrisiko für Deutschland und damit für die NATO sei. Scholz verteidigte die Pipelines genauso wie Merkel und auch der gesamte politische Mainstream in Berlin. Und die deutsche Politik ist im Wesentlichen eine Fortsetzung der Interessen der deutschen Wirtschaft, für die Russlands riesige Ressourcen eine Geldquelle sind, die es anzuzapfen gilt. Ein wahrer Reigen von Managern segnete Putins Taten ab. Weniger als zwei Wochen nach der Annexion der Krim traf sich Siemens-Vorstand Joe Kaeser mit Putin, und der Industriegigant half Moskau dabei, die Halbinsel vom Stromnetz der Ukraine zu entkoppeln.[13] Siemens beschäftigte sich auch intensiv damit, das russische Eisenbahnnetz auf Vordermann zu bringen. BASF bildete Joint Ventures mit Gazprom. Uniper wurde zu Deutschlands größtem Importeur von russischem Gas und bekam eine Schlüsselrolle in der Versorgung des Landes. Auch Volkswagen und Daimler waren aktiv. Die freiheitliche, regelbasierte Ordnung wurde in Deutschlands eigenem Hinterhof angegriffen, und das Land profitierte davon.

Auf den Vorwurf hin, ein »Spinnennetz« von Kontakten nach Russland zu haben, bekannte sich Steinmeier vor der geplanten Reise nach Kyjiw schuldig.[14] »Wir haben entgegen den Warnungen unserer Partner an Brücken festgehalten, an die Russland nicht mehr geglaubt hat«, äußerte er Journalisten gegenüber im Schloss Bellevue. Er begründete seinen Standpunkt mit der lange und intensiv gepflegten Entspannungspolitik, angefangen mit der Schlussakte von Helsinki im Jahr 1975.[15] Aber angesichts seiner Bemühungen zur Zusammenarbeit mit dem Kreml – er hatte sogar nach Beginn der Invasion russische Musiker zu einem Benefizkonzert für die Ukraine eingeladen – überraschte es kaum, dass Kyjiw nicht begeistert war, als Kulisse für seine Rehabilitation zu dienen.[16]

So ungeschickt die Zurückweisung auch gewesen sein mag, ein versierter Diplomat hätte es vermieden, die Auseinandersetzung eskalieren zu lassen und damit beiden Seiten zu schaden, wenn es ihm wirklich darum gegangen wäre, der Ukraine zu helfen. Der Streit dauerte Wochen und kostete wertvolle Zeit, während die Behörden in Berlin und Kyjiw daran arbeiteten, die Wogen wieder zu glätten. Und dabei ist Steinmeier nicht einmal an der Entscheidungsfindung der Regierung beteiligt. Als zeremonielles Staatsoberhaupt ist es die Hauptaufgabe des Bundespräsidenten, sich aus politischen Auseinandersetzungen herauszuhalten, Reden zu halten und Staatsempfänge zu geben. Er sollte nicht im Zentrum einer internationalen Verwicklung stehen. Im Mai 2022 entspannten sich die Beziehungen mit einem Telefonat zwischen Steinmeier und dem ukrainischen Präsidenten Wolodymyr Selenskyj. Im Oktober – über sieben Monate nach dem Beginn des Krieges – bekam der Bundespräsident endlich seine Tour zu den Schlachtfeldern und wurde sogar in einen Bunker geleitet, als die Luftschutzsirenen ertönten. »Meine Botschaft an die Menschen in der Ukraine ist: Sie können sich auf Deutschland verlassen!«, sagte er während des Besuchs. Sein Versprechen klang hohl, und diese Leere sollte noch lange anhalten.

Vor der Invasion, als 100 000 russische Soldaten an der ukrainischen Grenze zusammengezogen wurden und die USA vor einem bevorstehenden Angriff warnten, bot Deutschland an, Kyjiw 5000 Schutzhelme zu liefern.[17] Diese viel verspottete Geste zeigt, wie falsch Berlin die öffentliche Wahrnehmung einschätzte und damit für Missklänge sorgte.

Fairerweise muss man dazusagen, dass Deutschland auch aus historischen Gründen Russland mit Samthandschuhen anfasst. In Berlin befinden sich mehrere sowjetische Denkmäler, darunter ein imposantes Mahnmal im Treptower Park und ein Friedhof in der Schönholzer Heide mit den sterblichen Überresten von mehr als 13 000 Soldaten der Roten Armee. Anders als in den osteuropäischen Ländern sind keine Kräne oder Bulldozer angerückt, um sie zu beseitigen.[18] Sie sind Teil der deutschen Gedenkkultur. Sowjetische Truppen marschierten im April 1945 als erste Streitmacht der Alliierten in Berlin ein, und ihre Inschriften an den Wänden des Reichstags bleiben als Zeugnis der russischen Opfer für die Befreiung Europas von den Nazis erhalten. Abgesehen von dieser historischen Anerkennung haben die Menschen im früheren kommunistischen Ostdeutschland auch eine gewisse Affinität zu Moskau, die durch die schwierigen Jahre im Gefolge der Wiedervereinigung genährt wurde. Alles in allem ist es für Deutschland nicht so einfach wie für andere westliche Staaten, Russland entgegenzutreten. Und besonders schwierig ist es, wenn billige russische Energie die Wirtschaft antreibt.

Abgesehen davon konnte sich Deutschland einen militärischen Konflikt nicht vorstellen. Die Bundesregierung hielt die wirtschaftlichen Risiken einer Invasion der Ukraine für so groß, dass selbst Putin davor zurückscheuen würde. Dieser Annahme lag eine postmilitärische Denkweise zugrunde. Nach dem Ende des Zweiten Weltkriegs hatte sich Westeuropa jahrzehntelang unter dem Schutzschirm der USA befunden; nach dem Fall der Berliner Mauer und dem Zerfall der Sowjetunion hatte sich dann Anfang der 1990er-Jahre die Bundesregierung angesichts der entspannten politischen Lage die Theorie vom »Ende der Geschichte« zu eigen gemacht.[19] Wie Francis Fukuyama nach dem Ende des Kalten Krieges postulierte, waren die großen ideologischen Kämpfe vorbei, und die freiheitliche Demokratie hatte gewonnen. Statt durch waghalsige Manöver und Blutvergießen konnten Konflikte nun durch Diplomatie und internationale Institutionen gelöst werden. Das machte einen hochgerüsteten Militärapparat unnötig. Für das wiedervereinigte Deutschland war das eine verlockende (und ja, eigennützige) Maxime, die die früheren Blockgrenzen überbrückte.

Die breite Öffentlichkeit befürwortete diesen Kurs. Auf den Zweiten Weltkrieg folgte eine starke pazifistische Bewegung, und nach der Aufhebung der Wehrpflicht im Jahr 2011 wurde das Verhältnis zur Bundeswehr noch distanzierter. Für die meisten Deutschen waren Militärausgaben hinausgeworfenes Geld, das unangenehme geschichtliche Assoziationen weckte. Jede Militärmission war in der Öffentlichkeit hoch umstritten, und kaum ein Politiker wollte sich aus dem Fenster hängen und mehr Geld für Waffen und Soldaten fordern.

Deutschland wurde tatsächlich nach den USA Kyjiws wichtigster Lieferant von militärischer Ausrüstung. Aber es war ein Vor-und-Zurück, und jeder neue Schritt war zaghaft und begleitet von der Angst vor Eskalation, was dem Kreml laut und deutlich signalisierte, dass Deutschland kein ernsthafter Gegner war. Das war insbesondere der Fall bei modernen Kampfpanzern.

Statt auf einem Gebiet, auf dem Deutschland einen Vorsprung hat, die Initiative zu übernehmen, zierte sich Scholz zur Frustration der Ukraine und der anderen Verbündeten. Er willigte schließlich ein, wenige Dutzend Leopard-Panzer zu liefern, aber erst nach einer Vereinbarung mit Präsident Joe Biden, auch US-amerikanische Abrams-Panzer ins Konfliktgebiet zu schicken.[20] Ähnliche langwierige Debatten begleiteten andere Waffensysteme wie den Gepard-Flugabwehrpanzer und den Marder-Schützenpanzer. Das führte zur Schöpfung des Wortes »Scholzing« – für herumeiern. Im Fall der Taurus-Langstreckenrakete verweigerte Scholz nach monatelangen Überlegungen Lieferungen unter dem Vorwand, dass deutsche Soldaten sie programmieren müssten, wodurch Deutschland aktiver Kriegsteilnehmer werden könnte. Es folgte eine neue Welle der Kritik: Mit seiner Selbstdarstellung als Garant für »Frieden« für Deutschland nutze Scholz den Krieg innenpolitisch, setze dabei aber die Sicherheit Europas und die Unabhängigkeit der Ukraine aufs Spiel.[21]

Diese zögerliche Unterstützung erweckte den Eindruck, dass Deutschland am Sieg der Ukraine zweifelte und die Verhältnisse so bald wie möglich wieder normalisieren wollte. Manche deutsche Funktionäre sprachen das offen aus. Im Juni 2022 sagte Jens Plötner, der Sicherheitsberater von Kanzler Scholz – der zuvor in Steinmeiers zweiter Amtszeit als Außenminister dessen Büroleiter gewesen war –, dass die Zeitungen zwar ständig die Waffenlieferungen, aber zu wenig die zukünftigen Beziehungen mit Russland thematisieren würden. Das ließ darauf schließen, dass er lieber wieder zur Tagesordnung übergegangen wäre.[22] Erich Vad, Merkels wichtigster Militärberater, gab dem Widerstand der Ukraine nur wenige Tage. Er wandelte sich zum Antikriegsaktivisten, trat für Verhandlungen mit Moskau ein und warnte davor, das russische Militär besiegen zu wollen.[23] Auch Personen des öffentlichen Lebens wie die Feministin Alice Schwarzer erhöhten den Druck – eine halbe Million Menschen unterzeichneten einen offenen Brief an Scholz und warnten vor der Gefahr eines Dritten Weltkriegs.[24] Deutschlands Beweggründe sind recht simpel: Das Land moralisiert zwar über Freiheit, Demokratie und Menschenrechte, aber letztlich geht es nur um den Wohlstand. Auch nach der Invasion fuhr man fort, die Kassen Russlands zu füllen. Im Jahr 2022 waren das täglich 97 Millionen Euro für Energie und andere Importe, ein Anstieg um 6,5 Prozent. Im darauffolgenden Jahr betrug das Handelsvolumen mit Russland trotz der Sanktionen und der versiegenden Energielieferungen immer noch fast 12,6 Milliarden Euro. Damit war das Land nach wie vor wichtiger für die deutsche Wirtschaft als die EU-Partner Griechenland, Bulgarien und Litauen – und natürlich die Ukraine.[25] Zugleich schossen die Exporte in zentralasiatische Länder wie Kirgisistan plötzlich in die Höhe – es lag auf der Hand, dass die früheren Sowjetrepubliken als Transitstationen für den Güterverkehr nach Russland dienten.

Abgesehen von dem Verlust der Glaubwürdigkeit Deutschlands war das »Scholzing« auch ein Hemmschuh für den Neuaufbau einer Armee, die in der Lage ist, zukünftige Konflikte zu verhindern oder zumindest einzudämmen. Nach »Jahrzehnten des Knauserns« besaß die Bundeswehr einen Munitionsvorrat, der im Angriffsfall nur für wenige Tage gereicht hätte.[26] Funksysteme, gepanzerte Fahrzeuge, Schiffe und Flugzeuge waren allesamt in die Jahre gekommen. Die Gesamtkosten für die Modernisierung der deutschen Streitkräfte werden auf das Dreifache des Budgets für die »Zeitenwende« geschätzt,[27] und selbst das erscheint in Anbetracht der um sich greifenden Krisen noch optimistisch.

Hinderlich sind nicht nur die fehlenden finanziellen Mittel, sondern auch große strukturelle Probleme. Angesichts des Labyrinths von Vorschriften und Genehmigungsverfahren würde es ein halbes Jahrhundert dauern, allein die Infrastruktur der Bundeswehr auf den neusten Stand zu bringen. Die Genehmigung für die Beschaffung eines marktverfügbaren Fliegerhelms benötigte ganze zehn Jahre.[28] Und als ob das nicht genug wäre, haben die deutschen Geheimdienste immer wieder alarmierende Schwächen gezeigt. Sie haben Bedrohungen heruntergespielt und waren nicht in der Lage, die russische und chinesische Spionage einzudämmen.[29]

Unmittelbar nach der russischen Invasion der Ukraine beklagte sich der Inspekteur des deutschen Heeres, General Alfons Mais, dass die Bundeswehr »mehr oder weniger blank« sei. Es war ein kollektives Versagen. Das politische Establishment war blind für die

Gefahren, auch wenn sie klar zu erkennen waren. Das deutet auf ein Mentalitätsproblem hin, das nicht einfach mit Geld oder anderen Strukturen zu lösen ist. Möchte Deutschland wirklich führen? Daran gibt es berechtigte Zweifel. »Wir haben es alle kommen sehen«, sagte Mais. Nach der Annexion der Krim habe man versäumt, zu handeln. »Das fühlt sich nicht gut an! Ich bin angefressen!«[30]

Die Deutschen mögen keine Veränderungen und wollen nach Krisen am liebsten, dass alles wieder so wird, wie es vorher war. Die unbequeme Realität ist, dass sie sich diesen Luxus nicht länger leisten können. Geschäfte sind nicht mehr nur Geschäfte, und Sicherheit gibt es nicht mehr dadurch, dass man sich heraushält. Die Deutsche Gesellschaft für Auswärtige Politik warnte, dass die Frage nicht ist, ob das Land in einen Krieg ziehen muss, sondern wann – sie erwartet einen solchen in weniger als zehn Jahren. Eva Högl, Wehrbeauftragte des Deutschen Bundestages, bemerkte zu den Führungsqualitäten des Landes bissig: »Einsatzbereitschaft [bedeutet] Mut und Verantwortungsbewusstsein, Entscheidungen zu treffen und umzusetzen. Und zwar auf allen Ebenen, zivil wie militärisch.«[31] Verteidigungsminister Boris Pistorius teilte diese Einschätzung, als es darum ging, ab 2027 eine deutsche Brigade an der Ostflanke der NATO zu stationieren. Zweifeln an der Machbarkeit dieses Vorhabens begegnete er mit der Bemerkung »typisch deutscher Kleinmut«.[32]

Ungeachtet des Schocks über diese Mängel tut sich das Land schwer, in die Gänge zu kommen. Nach der groß angelegten russischen Invasion dauerte es zwei Jahre, bis Rheinmetall – der Hersteller der Leopard-Panzer – den Grundstein für eine neue Munitionsfabrik legte. Scholz nahm an der Zeremonie teil und hob feierlich eine Schaufel voll Erde hoch. Im Gegensatz dazu hat Russland schon längst eine »Kalaschnikow-Wirtschaft« aufgebaut, die in der Lage ist, ungefähr 1500 Panzer und 3000 gepanzerte Kampffahrzeuge im Jahr zu liefern.[33] Deutschland ist trotz seiner hochgelobten industriellen Fertigkeiten weit davon entfernt, damit Schritt zu halten – es braucht den politischen Willen, diese Herausforderungen anzugehen.

Ob Deutschland in der Lage sein wird, ein Garant der europäischen Sicherheit zu werden, bleibt abzuwarten. Aber der Krieg in der Ukraine hat die Naivität der Bundesregierung enthüllt, auch für die Deutschen selbst. In Richtung Kyjiw rollende Panzer zeigten deutlich, wie blauäugig es war, seine Energieversorgung einem früheren KGB-Agenten mit nostalgischen Träumen von den dunklen Zeiten der Sowjetunion anzuvertrauen. Der Krieg zerstörte auch Deutschlands beruhigende Illusion, dass aggressiver Imperialismus eine Sache der Vergangenheit ist. Die Auswirkungen des Konflikts zeigten sich auf den Straßen in Form eines Zustroms von mehr als einer Million Kriegsflüchtlingen – die Einwohnerzahl Kölns –, die auf der verzweifelten Suche nach Nahrung und einer Unterkunft sind.[34] Und während sich die Deutschen auf bewundernswerte Weise dieser Herausforderung stellten, kam es dadurch auch zu einer neuen Welle von Fremdenfeindlichkeit.

Die deutschen Diplomaten würden natürlich Verträge mit Autokraten offiziell niemals mit der Floskel »Wandel durch Handel« rechtfertigen. Man findet dafür elegantere Begründungen, wie bei den Abkommen mit Katar und Saudi-Arabien, die nach dem Beginn des Krieges in der Ukraine im Namen der Energiesicherheit geschlossen wurden. Solche Abkommen müssen jetzt immerhin jeweils gerechtfertigt werden. Es besteht jedoch das Risiko, dass die Bemühungen für eine fundamentale Neuausrichtung der Verteidigungs- und Außenpolitik erlahmen werden, sobald wieder Ruhe einkehren sollte. Das war in Deutschland schon oft der Fall. Im Krisenmanagement ist man gut, aber nur bis das Schlimmste vorbei ist. Doch für die Sicherheit braucht es eine Langzeitstrategie, und wenn Deutschland es nicht schafft, sich Gewicht zu verschaffen und entschlossen aufzutreten, wird sich die Sicherheitslage weiter verschlechtern und die globale Ordnung noch instabiler werden. Die deutschen Staatenlenker müssen sich dieser Herausforderung stellen und ihre Strategie erklären, um dafür Unterstützung zu finden. Es reicht nicht, nur immer auf die »Zeitenwende« zu verweisen.

Natürlich kann Deutschland diese Aufgabe nicht allein bewältigen. Für diesen historischen Umschwung ist die Zusammenarbeit mit und innerhalb der EU nötig. Ein Block mit 450 Millionen Menschen hat eindeutig einen größeren Einfluss als ein Land mit 84 Millionen, insbesondere wenn man es mit China zu tun hat. Trotz allen Lobes für Merkel und ihre angeblichen Bemühungen, die EU zusammenzuhalten, hatte sie nie eine große Vision. Die hat auch Scholz nicht gezeigt. Der Kanzler sieht sich selbst als »Europäer« und fordert Reformen, um die geopolitische Rolle der EU zu stärken. »Fantasien« nationaler Macht sind seiner Meinung nach in der Vergangenheit verhaftet.[35] Jedoch lässt er seinen Worten keine Taten folgen – kein großes Reformprogramm und keine Vision, wie Deutschland die EU stärken könnte. Brüssel braucht die Ressourcen und die Führungsstärke Deutschlands, um sich im globalen Spiel der Mächte durchzusetzen. Stattdessen offenbarte Scholz Führungsschwäche, als er dabei zusah, wie Streitereien in seiner labilen Koalition auf der großen Bühne der EU ausgetragen wurden. Das peinliche Theater um die Bemühungen der FDP, in einem politischen Kleinkrieg mit den Grünen ein Verbot von Verbrennermotoren zu verhindern und ein Schlupfloch für teure und unsinnige E-Fuels durchzuboxen, passt nicht zur Einstellung des früheren FDP-Vorsitzenden Hans-Dietrich Genscher, der sagte: »Europa ist unsere Zukunft. Eine andere haben wir nicht.«

Anstatt Europa zu unterstützen, stellt Deutschland zunehmend die eigenen Interessen in den Vordergrund. Seit der europäischen Schuldenkrise hält sich in Deutschland die Vorstellung, das Land werde von seinen verschwenderischen Nachbarn übervorteilt. Eine ausufernde Bürokratie und ein ungeschickter Umgang mit der Covid-Pandemie waren Wasser auf die Mühlen der EU-Gegner und verstärkten die Kluft zu den entschiedenen Befürwortern.[36] Weniger Aufmerksamkeit erfährt die Tatsache, dass die Deutschen die größten Gewinner der Einführung des Euros sind: Der Nutzen bewegt sich in der Größenordnung von fast 1,9 Billionen Euro, bzw. rund 23 000 Euro pro Person.[37] Eine mächtige EU sollte eher eine Erweiterung der deutschen Einflussmöglichkeiten sein als eine Bedrohung, aber so wird sie nicht oft gesehen.

Angesichts des unklaren deutschen Kurses in der EU ringen

immer mehr kleine Länder um Einfluss. Die baltischen Staaten fordern eine aggressivere Haltung gegenüber Russland und eine schnellere Osterweiterung. Ungarn wiederum ist verstörenderweise Moskau gegenüber treu ergeben, und Länder wie die Slowakei und Österreich könnten sich dem anschließen. Generell wird der Aufstieg nationalistischer und populistischer Parteien von Italien bis Schweden zu einer wachsenden Bedrohung für die supranationalen Werte der EU. Ein starkes Deutschland mit einer klaren Strategie könnte ein Machtwort sprechen und der EU helfen, sich gegenüber den USA und China zu behaupten. Ein schwaches und orientierungsloses Deutschland würde Europa hingegen den Kräften ausliefern, die es auseinanderdividieren wollen. Für Deutschland als größten Exporteur Europas ist das eine direkte Bedrohung des Wohlstands und dadurch der inneren Sicherheit.

Wackelige Brücke

Schon lange üben die USA Druck auf Deutschland aus, sich außenpolitisch stärker einzubringen, doch seit 2017 hat sich die Lage verschärft. Nach der Vereidigung von Donald Trump als 45. Präsident der Vereinigten Staaten zeigte sich rasch, dass sich die transatlantischen Beziehungen verändert hatten. Unmittelbar nach dem ersten G-7-Treffen mit Trump im sizilianischen Touristenort Taormina im Mai jenes Jahres fasste Angela Merkel bei einem Wahlkampfauftritt in München die Realität in Worte. »Die Zeiten, in denen wir uns auf andere völlig verlassen konnten, die sind ein Stück vorbei«, verkündete sie ihren Anhängern in einem bayerischen Bierzelt. »Wir Europäer müssen unser Schicksal wirklich in unsere eigenen Hände nehmen.«[38]

Interessanterweise maß Merkel guten Beziehungen zu Russland die gleiche Bedeutung bei wie dem angestammten transatlantischen Bündnis. Sie schien es für notwendig zu halten, ein größeres Unterstützernetzwerk aufzubauen. »Natürlich in Freundschaft mit den Vereinigten Staaten von Amerika, in Freundschaft mit Großbritannien, in guter Nachbarschaft, wo immer das geht, auch mit Russland«, sagte die Kanzlerin. Es war ungewöhnlich für die normalerweise zurückhaltende Merkel, auf einer Wohlfühlveranstaltung mit Bier und Brezen Bemerkungen zur Außenpolitik abzugeben, und es zeigt, wie erschüttert sie über ihren neuen amerikanischen Amtskollegen war. Aber die Risse in den deutsch-amerikanischen Beziehungen sind nicht erst während der Amtszeit von Donald Trump entstanden. Es war nur unmöglich geworden, sie zu ignorieren.

Deutschland war während Trumps Amtszeit eine seiner bevorzugten Zielscheiben. Er beklagte sich über die vielen BMWs und Mercedes-Limousinen auf den Straßen Manhattans; darüber, welch geringen Beitrag Deutschland für den NATO-Schutzschild leisten würde und dass der deutsche Handelsbilanzüberschuss gegenüber den USA nicht hinnehmbar sei. Als er darauf hinwies, dass Deutschland durch die russische Energie »total kontrolliert« werde,[39] rief er damit bei den deutschen Politikern nur herablassendes Grinsen oder Schulterzucken hervor. Bei einem Besuch von Merkel im Weißen Haus im März 2017 ignorierte er mürrisch ihre zur Begrüßung ausgestreckte Hand, und während seiner gesamten Amtszeit attackierte er andauernd einen der seit langer Zeit engsten Verbündeten der USA.

Es gab jedoch keinen Aufschrei in Washington oder in der amerikanischen Öffentlichkeit zur Verteidigung der Deutschen. Tatsächlich wurden Trumps Ausfälle gegen Deutschland in den USA kaum registriert. Während seiner Präsidentschaft bezeichneten rund drei Viertel der Amerikaner die Beziehungen zwischen den beiden Ländern als gut, während ungefähr zwei Drittel der Deutschen sie als schlecht empfanden.[40] Diese große Diskrepanz in der Wahrnehmung unterstreicht die unterschiedlichen Erwartungen an das Bündnis. Deutschland ist entschieden mehr darauf angewiesen als die USA, und ein solches Ungleichgewicht wirkt sich negativ auf die Stabilität aus.

Das war nicht immer so. Deutschland war für Generationen von amerikanischen Präsidenten entscheidend, um die Macht und den Einfluss der USA zu sichern. In Harry S. Trumans Doktrin des

Widerstands gegen den Totalitarismus waren die Rosinenbomber unabdingbar, die die Nahrungs- und Energieversorgung Westberlins während Stalins Blockade 1948/49 sicherstellten. Nachdem sich die ideologischen Gräben in Form der Berliner Mauer manifestierten, erklärte John F. Kennedy 1963 als dauerhaftes Zeichen der Solidarität: »Ich bin ein Berliner.« Und als die strauchelnde Sowjetunion unter dem neuen Generalsekretär Michail Gorbatschow einen Reformprozess einleitete, stand Ronald Reagan 1987 am Brandenburger Tor und forderte ihn auf, »diese Mauer einzureißen«. Zusätzlich zu diesen ikonischen Ereignissen sind überall in Deutschland Spuren dieser besonderen Beziehung sichtbar.

Auf dem Höhepunkt des Kalten Krieges gab es im ganzen Land verstreut mehr als 250 US-Militäreinrichtungen. In Berlin war natürlich der Checkpoint Charlie, wo 1961 sowjetische und amerikanische Panzer sich unmittelbar gegenüberstanden. Dann gibt es die Abhörstation auf dem – aus den Trümmern der zerbombten Stadt aufgeschütteten – Teufelsberg zur Spionage gegen die Kommunisten. Auf der Glienicker Brücke, die Berlin und Potsdam verbindet, wurden Spione ausgetauscht, was Steven Spielberg 2015 in seinem Film *Bridge of Spies – Der Unterhändler* verewigte. Prosaischere Orte zeigen, wie die Beziehung im Alltagsleben eingebettet war. Neben Schulen, Kinos und Tanzclubs gab es Bauprojekte wie die Dreipfuhlsiedlung mit 30 Bungalows für US-Offiziere und ihre Familien im grünen Südwesten Berlins. Heute laden die einstöckigen Flachdachhäuser mit Carport und offenen Rasenflächen zu einer Zeitreise in die amerikanische Lebensweise der 1950er-Jahre ein. Sie sind ein stilles Zeugnis dafür, wie selbstverständlich die Präsenz der Alliierten in Westberlin einst war.

Mit dem Ende des Kalten Krieges veränderten sich die Beziehungen deutlich. Deutschland bildete nicht mehr die Frontlinie und verlor seinen Sonderstatus. In den 1990er-Jahren wurden mit dem Rückgang der Bedrohung mehr als 200 amerikanische Militäreinrichtungen in Deutschland geschlossen. Die Aufmerksamkeit der USA richtete sich nun auf Asien und den Nahen Osten, vor allem nach den Terroranschlägen vom 11. September 2001. Als die

Bush-Administration Vergeltung üben wollte, schloss sich Deutschland dem von den USA angeführten Feldzug in Afghanistan an, um entschlossen gegen die Terrorgruppe Al-Qaida vorzugehen. Aber als sich Washington mit der Behauptung gegen den Irak wandte, Saddam Husseins Regime besäße Massenvernichtungswaffen, verweigerte sich Deutschland – gemeinsam mit Frankreich (ebenfalls ein Nutznießer der amerikanischen Großzügigkeit nach dem Krieg). Ein versteinerter Donald Rumsfeld, Amerikas kriegstreiberischer Verteidigungsminister, konnte dem Blick von Außenminister Joschka Fischer nicht standhalten, als dieser die Begründung für die Invasion von 2003 mit der berühmten Bemerkung infrage stellte: »Ich bin nicht überzeugt.«

Auch wenn Fischers Zweifel gerechtfertigt gewesen war, kam dieser Widerspruch für die USA einem Verrat gleich. Deutschland war durch die amerikanische Unterstützung aus der Asche auferstanden und hatte deshalb kein Recht, sich zu verweigern, wenn es gerufen wurde. Die Zeiten der Truman-Doktrin, als man Autokraten auf der ganzen Welt bekämpfen wollte, waren vorbei. Nun herrschte ein einseitiges Machtdenken. Platt ausgedrückt: Wir haben bezahlt, ihr müsst mitspielen, und wer die Macht hat, hat das Recht. Das passt nicht zur europäischen Grundvorstellung, die Macht durch Gesetze und Strukturen einzuhegen.[41]

Mit seiner Verweigerungshaltung im Irakkrieg wurde Deutschland als »Old Europe« abgestempelt, eingerostet und nicht willens oder in der Lage, sich an die neue Weltordnung anzupassen. Sicherlich gibt es immer noch viele gemeinsame Werte und Verbindungen mit Deutschland, wie das Lazarett in Landstuhl, wo während der Kriege in Afghanistan und im Irak verletzte Soldaten behandelt wurden. Und dann war da Barack Obama, der in Berlin enthusiastisch empfangen wurde – erst als Präsidentschaftskandidat vor der Siegessäule und dann noch einmal als Präsident vor dem Brandenburger Tor. Merkel und Obama verstanden sich gut, wie ein virales Foto zeigt, auf dem beide beim G-7-Gipfel 2015 in Elmau sichtlich entspannt wirken. Trotz solcher warmen Momente haben sich die Beziehungen zwischen Deutschland und den USA eindeutig abgekühlt. Das Ausspionieren von Merkels Handy durch US-Nachrichtendienste während Obamas Amtszeit zeigte, dass das Misstrauen die Oberhand gewonnen hatte.

Mit Joe Biden wurde der Ton wieder gemäßigter als unter Trump, aber die Richtung blieb mehr oder weniger die gleiche. Sie heißt immer noch »America First«, aber zwischen den Zeilen statt in Leuchtschrift. Die Zölle aus der Amtszeit von Trump blieben erhalten, und dann kam 2022 der bahnbrechende Inflation Reduction Act (IRA). Dieses Gesetzespaket sollte den Jahrzehnten der Deindustrialisierung durch Staatsausgaben und Steuererleichterungen in Höhe von 485 Milliarden Dollar ein Ende bereiten. Und es zeigte, dass die USA ernst machen wollten mit der historischen Wende zum Green Manufacturing, der umweltfreundlichen und ressourcenschonenden Gestaltung von Produktionsprozessen.[42]

Der IRA sollte hauptsächlich die Wettbewerbsfähigkeit gegenüber China wiederherstellen, doch auch die EU erlitt dabei beträchtliche Kollateralschäden, was die neue Dynamik in den transatlantischen Beziehungen widerspiegelt. Europa ist in der US-Politik nur noch nebensächlich und kein gleichberechtigter Partner mehr, mit dem man sich abspricht.

Diese Situation ist für Deutschland beunruhigend. Wegen seiner exportabhängigen Wirtschaft braucht es eine stabile Weltordnung, für dessen Aufrechterhaltung die USA nötig sind. Im Jahr 2020 gab es ein eindeutiges Warnsignal, wie fragil diese Verbindung geworden war. Trump zog unvermittelt ein Drittel der in Deutschland verbliebenen Truppen als Strafe dafür ab, dass das Land Geld für den Schutz durch die NATO »schuldete«. Er traf diese Entscheidung ohne Rücksprache mit der Bundesregierung, die davon völlig unvorbereitet getroffen wurde.

Schon 1990, als Trump nur ein um Aufmerksamkeit buhlender, angeberischer Immobilienunternehmer war, sah er Deutschland als eines der Partnerländer an, von denen die USA ausgenutzt würden. »Ich glaube, unser Land braucht mehr Ego«, sagte er in einem Interview mit dem *Playboy,* in dem er zum ersten Mal seine politischen Ambitionen andeutete. »Es wird durch unsere sogenannten

Verbündeten übel abgezockt; damit meine ich Japan, Westdeutschland, Saudi-Arabien, Südkorea usw.«[43]

Die Ankündigung des Truppenabzugs rief einen Sturm der Entrüstung von deutschen Politikern hervor. Sie setzten vorwiegend auf emotionale Argumente wie den Bruch mit Traditionen und beschuldigten die USA, ihre Führungsrolle zum Vorteil von Russland und China aufzugeben.[44] Politiker in der Umgebung des großen Militärflugplatzes in Ramstein, der größten Militäreinrichtung der USA in Europa, beklagten den Verlust an Arbeitsplätzen und Steuereinnahmen und sorgten sich wegen der zu befürchtenden Auswirkungen auf die Gemeinde.[45] Aber was kaum thematisiert wurde, war Trumps eigentliche Kritik, dass Deutschland zu wenig tat, um sich und das restliche Europa zu schützen. Nachdem unter Biden einige Monate später der Truppenabzug gestoppt wurde, konnte Deutschland wieder in selige Trägheit verfallen, was es auch tat. Die Militärausgaben sanken von 1,4 Prozent des Bruttoinlandsprodukts im Jahr 2020 auf 1,3 Prozent im Jahr darauf. So ging es weiter bis zum 24. Februar 2022, als Russland in die Ukraine einmarschierte und die deutsche Wohlfühlblase endgültig platzte.

In seinem Wahlkampf für seine zweite Amtszeit setzte Trump seine Angriffe auf Deutschland fort. »Ich will, dass deutsche Autofirmen zu amerikanischen Autofirmen werden«, sagte er in einer Rede in Savannah, Georgia. Das heißt, Deutschland muss einen neuen Kurs einschlagen, wahrscheinlich neue Brücken bauen, aber auch eigenständiger werden und sich seine Freunde besser aussuchen. Die Welt bleibt nicht stehen. So schmerzhaft der Verlust der russischen Energie auch war, auf lange Sicht ist China das größere Risiko.

Ende der Fahnenstange

Wie sehr China die deutsche Wirtschaft bedroht, zeigt sich in Arnstadt, einer alten Kleinstadt am Rand des Thüringer Waldes. Der große Komponist Johann Sebastian Bach begann dort seine Karriere als Organist in der Kirche, die ebenso wie die gepflasterten

Straßen und der Marktplatz aufwendig restauriert ist. Wie in weiten Teilen Ostdeutschlands gibt es hier relativ wenig junge Menschen, und von Unkraut überwucherte Industriegelände zeugen von den schmerzhaften Brüchen der Wiedervereinigung. Aber es gibt auch Zeichen der Wiederbelebung.

Unmittelbar nördlich des Stadtzentrums wächst ein Industriepark, das Erfurter Kreuz, das in der Nähe des geografischen Mittelpunkts von Deutschland sowohl Eisenbahn- als auch Autobahnanschluss zu bieten hat. Ein Senfhersteller und ein Triebwerkwartungsunternehmen haben sich hier angesiedelt, aber ein anderer Pächter sticht heraus: Contemporary Amperex Technology (CATL). Der chinesische Gigant stellt in einer schlichten grauen Halle Batterien her, die in Elektroautos von BMW, Mercedes-Benz und Volkswagen verbaut werden. Das Gebäude hatte davor als Folge des Wettbewerbs mit China leer gestanden und repräsentiert nun den durch die chinesische Industriepolitik in Gang gesetzten Teufelskreis.

Im Jahr 2008 stieg der deutsche Industriegigant Bosch – der von Autoteilen bis zu Elektrowerkzeug und Wärmepumpen so ungefähr alles herstellt – mit dem Erwerb von ErSol Solar Energy in den schnell wachsenden Solarzellenmarkt ein. Ein Jahr später folgte der Spatenstich für eine Fabrik in Arnstadt. Kanzlerin Merkel nahm an der Zeremonie teil und nannte sie einen »echten Hoffnungsschimmer« für die Region. Aber ungefähr fünf Jahre später wurde das Projekt eingestampft, weil Bosch im Wettbewerb mit der chinesischen Konkurrenz nicht mithalten konnte. Da Peking Geld in diesen Industriezweig pumpte, sanken die Preise für Solarzellen im Jahr 2011 um die Hälfte und im darauffolgenden Jahr noch einmal um fast ein Viertel.[46] Es war aussichtslos, und Bosch zog nach einem Verlust von 2,6 Milliarden Dollar den Stecker.

Hunderte von Mitarbeiter wurden entlassen – ein neuer Tiefschlag für die Region. CATL kaufte 2018 das Gebäude von Bosch für seine erste Produktionsstätte außerhalb Chinas. Dass der Vertrag vom damaligen chinesischen Ministerpräsidenten Li Keqiang während eines Staatsbesuchs unterzeichnet wurde, zeigt, wie wichtig die Expansion des Batterieherstellers nach Deutschland war. Ostdeutschland wollte immer noch verzweifelt Investoren anlocken, und Trump hatte Zweifel an der transatlantischen Partnerschaft gesät. Also war das chinesische Geld hochwillkommen, und Merkel pries den Schritt als »wichtigen Tag für Thüringen«. Aber es zeigte auch, wie China das Spiel gedreht hatte und bei einer entscheidenden Zukunftstechnologie dominierte. Mit mehr als einer Spur des Bedauerns fügte Merkel hinzu: »Wenn wir es selber könnten, wäre ich auch nicht traurig.«[47]

Chinas Vorstoß hatte Methode, und Deutschland läuft schon seit Jahren in diese Falle. Berlin hätte sich der Risiken bewusst sein müssen, aber die feste Überzeugung von der unveränderlichen Leistungsfähigkeit der deutschen Technik ließ es über die Gefahren hinwegsehen. Im Jahr 2015 enthüllte Peking seine »Made in China 2025«-Strategie mit dem Ziel, sich von einer Quelle billiger Arbeitskräfte in eine industrielle Supermacht zu verwandeln und damit seine geopolitischen Ambitionen zu untermauern.

In hohem Maße diente dabei das deutsche »Industrie 4.0«-Konzept als Vorlage. Der Fahrplan für die sogenannte vierte industrielle Revolution geht in Richtung des Smart Manufacturing, bei dem Komponenten und Maschinen miteinander kommunizieren, um einen nachhaltigeren, flexibleren und leistungsfähigeren Produktionsprozess zu ermöglichen. Aber es gab einen entscheidenden Unterschied zwischen den Herangehensweisen der beiden Länder.

Während Deutschland ein paar Hundert Millionen Euro für die Forschung bereitstellte, um Innovationen zu fördern, wollte China die Transformation von oben herab steuern. Die Strategie setzte Herstellern Ziele: 70 Prozent der Kernkomponenten und entscheidenden Rohstoffe, 40 Prozent der Chips für Smartphones, 80 Prozent der Elektrofahrzeuge für den heimischen Markt und 80 Prozent der Bauteile für erneuerbare Energien sollten selbst hergestellt werden.[48] Das bedeutete eine Rückkehr zur klassischen Planwirtschaft, aber gepaart mit Hunderten Milliarden Dollar an finanzieller Unterstützung und Mobilisierung von allen Ebenen des Apparats, einschließlich militärischer Hacker.

Chinas Industriestrategie war ein nationalistischer Entwicklungsplan und eine klare Kampfansage an die Globalisierung. Deutschlands »Wandel durch Handel« hatte wieder versagt. Das Handelswachstum hatte China nicht enger mit der internationalen Gemeinschaft verbunden. Vielmehr entwickelte sich das Land durch die globalen Geschäfte im Turbotempo, indem es Knowhow gegen Marktzugang eintauschte, und »Made in China 2025« trieb das noch weiter. Die europäische Handelskammer in China warnte, dass die Strategie faktisch einem »Importsubstitutionsplan« gleichkam.[49] Aber sie war mehr als das. Sie signalisierte, dass die Zeiten vorbei waren, als man für billige Arbeitskräfte und einfaches Wachstum auf China zurückgreifen konnte.

Als die Strategie bekannt gegeben wurde, hatte das deutsche Handelsbilanzdefizit mit China schon 20,6 Milliarden Euro erreicht. Im Jahr 2023 hatte sich dieser Wert fast verdreifacht, und Deutschland machte regelmäßig mehr Geschäfte mit der asiatischen Supermacht als die USA, trotz wachsender Bedenken wegen Chinas aggressiver Praktiken. Während die Sanktionen gegen Russland die deutsche Energiestabilität gefährdeten, sind die Verflechtungen mit China komplexer. In mancherlei Hinsicht baut das Land dort eine Kopie von sich selbst auf. Volkswagen hat mehr Autofabriken in China als in Deutschland. BASF kündigte ein Zehn-Milliarden-Euro-Projekt an: den Bau einer ausgedehnten Chemiefabrik in Zhanjiang analog zum Stammwerk in Ludwigshafen. Tausende deutsche mittelständische Unternehmen sind ebenfalls in dem Land aktiv. Alles in allem sind ungefähr 1,1 Millionen deutsche Familien auf China für ihren Lebensunterhalt angewiesen.[50] Wenn alle diese Menschen an einem Ort leben würden, wäre es nach Berlin die mit Abstand größte deutsche Stadt.

Als Folge des »Made in China 2025«-Plans erwarben chinesische Unternehmen im Ausland Technologien und Fertigkeiten, und Deutschland war ein bevorzugtes Ziel dieser Käufe. Ein Jahr nach der offiziellen Verkündung der Strategie verleibte sich der Haushaltsgerätehersteller Midea das Unternehmen KUKA ein, dessen Industrieroboter in den Fertigungshallen der deutschen Autohersteller aufgereiht sind. Es gab Bedenken wegen der Arbeitsplätze und auch wegen des Risikos, dass China auf sensible Kundendaten zugreifen könnte, aber die Transaktion fand statt. Und schon war der führende deutsche Automatisierungskonzern mit Sitz in Augsburg in chinesischen Besitz übergegangen.

Der Anlagenbauer für die Halbleiterindustrie Aixtron wurde 2016 ebenfalls zum Zielobjekt, und auch wenn dieser Deal nicht zustande kam, zeigte er, wie weit China gehen würde. Der Fujian Grand Chip Investment Fund gab ein Angebot ab, kurz nachdem ein Unternehmen desselben chinesischen Fonds einen wichtigen Auftrag storniert hatte. Die Aktien von Aixtron waren deshalb gesunken, was den geplanten Kauf billiger machte, aber auch den Verdacht geheimer Absprachen weckte. Auf Drängen der US-Regierung widerrief Deutschland sein Einverständnis, und das Geschäft platzte.[51] Es war aber deutlich geworden, dass die Chinesen anrückten. Das ließ die Alarmglocken in Berlin schrillen. Der damalige Wirtschaftsminister Sigmar Gabriel klagte, deutsche Unternehmen würden »auf dem Altar des freien Marktes geopfert«, während China den Zugang zu seiner Wirtschaft beschränkte.[52] Doch außer alarmierenden Worten gab es kaum konkrete Maßnahmen. Schließlich war China die goldene Gans, insbesondere für die deutschen Automobilhersteller.

Es ist schon lange klar, dass Peking nach seinen eigenen Regeln spielt, und das betraf auch Arnstadt. Nachdem Bosch den Stecker gezogen hatte, wurde die Anlage zuerst von der deutschen SolarWorld übernommen. Dadurch konnten einige Arbeitsplätze erhalten werden, aber das Bonner Unternehmen geriet 2012 ins Taumeln. Laut einer Anklageschrift des US-Justizministeriums von 2014 hatte es dort eine Reihe von Hackerangriffen durch Agenten des chinesischen Militärs gegeben.[53] Zur Zeit des Datendiebstahls investierte SolarWorld in eine neue Technologie und erwartete dadurch für Jahre einen Wettbewerbsvorteil. Doch stattdessen starteten die chinesischen Konkurrenten durch, und SolarWorld erlitt wegen des Diebstahls Schäden in Höhe von mehr als 120 Millionen Dollar, wie Zeugen gegenüber dem Handelsbeauftragten der Vereinigten Staaten aussagten.[54] SolarWorld beantragte 2017 die Insolvenz und machte damit letztlich den Weg für CATL frei, die Produktionsstätte in Arnstadt zu kaufen. »Viele andere Unternehmen kämpfen mit den gleichen Problemen von Cyberangriffen und Technologiediebstahl … aber wollen das aus Angst vor Verkaufseinbußen oder Vergeltung durch China nicht öffentlich machen«, sagten Vertreter von SolarWorld aus.

Die »Made in China 2025«-Politik ermutigte Unternehmen, rücksichtslos in offene Märkte einzudringen und dadurch die technologische Führung des Westens zu untergraben.[55] Deutschland hat sich dabei zum ahnungslosen Komplizen gemacht, nicht nur durch Unternehmensinvestitionen – auch deutsche Forschungsinstitute haben China in die Karten gespielt. Das Fraunhofer-Institut betreibt ein »Smart Manufacturing«-Zentrum in Shanghai und ein industrielles Kooperationsprojekt in Foshan, die Max-Planck-Gesellschaft ein biomedizinisches Forschungslabor in Guangzhou, und die Helmholtz-Gemeinschaft kooperiert mit rund zehn chinesischen Partnern. Solche Verbindungen laufen Gefahr, Fachwissen preiszugeben, das Deutschland für seine eigene Industrie braucht.[56]

Wie das funktioniert, zeigt sich deutlich an der Autoindustrie. Nach der Finanzkrise erholte sich die Wirtschaft des Landes schneller als die der meisten anderen Industrieländer, nicht zuletzt, weil Volkswagen und Co massiv in Chinas schnell wachsenden Automarkt expandierten. Mercedes war begeistert über die sprudelnden Einnahmen, denn der Konzern verkaufte dort mehr Luxuslimousinen der S-Klasse als irgendwo sonst auf der Welt. BMW und Volkswagen waren ähnlich erfolgreich. Aber die Sache hatte natürlich einen Haken. Um vor Ort produzieren zu können und dadurch happige Zölle zu vermeiden, mussten sich die deutschen Autohersteller auf Joint Ventures mit chinesischen Unternehmen einlassen. Sie unterwarfen sich bereitwillig den Vorschriften des Landes – VW nahm sogar Vorwürfe der Zwangsarbeit in einem seiner Werke in Kauf.[57] Doch diese Strategie verhalf letztlich der Volksrepublik China zu Know-how in der Autoherstellung, und gab damit der Produktion von chinesischen Elektrofahrzeugen einen Schub. BYD, die chinesische Version von Tesla, überholte 2023 VW als meistverkaufte Automarke in China. Das Land nutzt nun seine Machtbasis in China, um kostengünstige Elektroautos nach Europa zu exportieren, und bedroht damit die deutschen Automobilhersteller weltweit. Und so schnappt die Falle zu.

Chinas Strategie beschränkt sich nicht auf die Industrieproduktion, sondern beinhaltet auch die Neue Seidenstraße, durch die neue Handelsrouten entstehen sollen. Riesige Autobahnnetze, Eisenbahnlinien und Pipelines durch Zentralasien und weiter nach Europa sind in Planung, um Dutzende von Ländern direkt mit China zu verbinden. Indien und Afrika sollen auf dem Seeweg angebunden werden. Das Ausmaß dieser Projekte zeigt Pekings Ehrgeiz, und sie verkörpern »eine neue Phase in Chinas Aufstieg«.[58]

Mit dieser Strategie gerät China auf Kollisionskurs mit den USA, die nicht tatenlos zusehen werden, wie Peking seinen Einfluss ausbaut. Der von Trump geschürte Handelskrieg dauert an, und Deutschland steht dabei mitten im Kreuzfeuer. Der westlichste Punkt der Neuen Seidenstraße ist Duisburg, mit dem weltgrößten Binnenhafen am Zusammenfluss von Rhein und Ruhr. Deutschlands selbst ernannte »China-Stadt« ist ein Zeugnis für die Abhängigkeit von der asiatischen Supermacht, so wie die Elbphilharmonie für den vergangenen Status Deutschlands als größter Exporteur der Welt steht. Diese verarmte Industriestadt – in der um ein stillgelegtes Hüttenwerk herum ein spektakulärer Landschaftspark angelegt wurde – konnte sich die Gelegenheit zur Zusammenarbeit mit der asiatischen Supermacht nicht entgehen lassen. Im Jahr 2021 kamen wöchentlich rund 50 Güterzüge aus China, die dann für andere europäische Bestimmungsorte umgeladen wurden. Die dreiwöchige Rückreise traten sie nur halb beladen an – ein klares Anzeichen des Handelsungleichgewichts.[59]

Die Bundesregierung versucht, eine Antwort darauf zu finden, aber noch fehlt eine klare Linie. Im Jahr 2022 blockierte sie wegen einer Gefahr für die nationale Sicherheit den Verkauf einer Chipfabrik an ein chinesisches Unternehmen. »Natürlich ist und bleibt Deutschland ein offener Investitionsstandort, aber wir sind eben auch nicht naiv«, sagte Wirtschaftsminister Robert Habeck.[60] Doch die striktere Linie des Landes wird noch nicht konsequent eingehalten. Bundeskanzler Scholz erlaubte der chinesischen Reederei COSCO, einen Anteil von 24,99 Prozent an einem Hamburger Containerterminal zu erwerben. Das war weniger als die ursprünglich geplanten 35 Prozent, aber die Einrichtung war immerhin als kritische Infrastruktur eingestuft worden.

Die Widersprüche in der deutschen China-Strategie sind offensichtlich, wie sich im Jahr 2023 zeigte, als infolge des Ukrainekriegs die Ängste vor einem plötzlichen Bruch in den Beziehungen mit dem größten Handelspartner des Landes wuchsen.[61] Die Auseinandersetzung mit diesem Thema war längst überfällig, und in monatelangen Gesprächen gelangte man zu der Einschätzung, dass ein De-Coupling kaum machbar wäre. Geschäftsinteressen sollten nicht durch klare Aussagen zu Politik und Menschenrechten gefährdet werden. »Wir wollen uns nicht von China abkoppeln, sondern unsere Risiken minimieren«, sagte Außenministerin Annalena Baerbock am 13. Juli 2023.[62] »Wir zeigen, dass wir realistisch sind, aber nicht naiv.« (Es ist bemerkenswert, dass deutsche Politiker das Bedürfnis haben, ihren klaren Blick zu betonen, als ob das ausreichen würde, um Fehler der Vergangenheit ungeschehen zu machen.)

Deutschland macht sich Sorgen über seine Abhängigkeit, doch sofern tatsächlich Schritte zur Reduktion unternommen werden sollen, steht ein langsamer und schwieriger Prozess bevor. In erster Linie wird der Aufbau eines Netzwerks von Partnern nötig sein, die China ersetzen können. Das ist keine leichte Aufgabe, vor allem angesichts der chinesischen Dominanz bei Rohstoffen, die für Batterien und klimafreundliche Technologien benötigt werden. Faktisch haben Betriebe wenig Anreize, sich aus China zurückzuziehen. Deutschland hat seine Bereitschaft gezeigt, im Zweifelsfall Unternehmen aus der Patsche zu helfen, wenn sie – im Fall eines Angriffs auf Taiwan oder einer anderen größeren Krise – auf Sanktionen oder andere überraschende Entwicklungen reagieren müssten. Warum also sollten sie das Land präventiv verlassen? Obendrein hat Deutschland Chinas Entwicklungsplänen nicht viel entgegenzusetzen. Deshalb überrascht der Mangel an ernst zu nehmenden Schritten in Richtung De-Risking kaum. Die deutschen Direktinvestitionen in China stiegen 2023 auf einen Rekordwert von fast zwölf Milliarden Euro.[63] Vor allem die Automobilhersteller verstärken ihren Einsatz in China trotz zunehmender Warnungen – ein Ansatz, der als »automobile Außenpolitik« bezeichnet wird, weil die Hersteller eher ihre eigenen Ziele verfolgen als die der Regierung. Letzten Endes beruhen die Bemühungen in China trotz der klaren Botschaft, dass Peking VW und Co weder will noch braucht, auf dem zynischen Kalkül, dass die Regierung für sie einspringen wird, wenn alles schiefgeht.

Ein bekanntes Bonmot von Henry Kissinger besagt, Deutschland sei »zu groß für Europa, aber zu klein für die Welt«. Das war in den 1970er-Jahren, als die Nachkriegsordnung noch ziemlich stabil war. Jetzt ist nichts mehr sicher. Die Globalisierung ist bedroht, der Sicherheitsschirm der USA davongesegelt, China versucht, der Welt seinen Willen aufzuzwingen, das Gespenst des Krieges geht in Europa um, und durch die Klimakrise droht noch größeres Ungemach. Jetzt steht Deutschlands wahre Größe auf dem Prüfstand wie nie zuvor. Viele Politiker des Landes wollen einen Mittelweg einschlagen: dem Westen gegenüber loyal und gleichzeitig mit Russland und China im Geschäft bleiben. Dieser Kurs ist durch wirtschaftliche Interessen bestimmt, aber es ist fraglich, wie lange er noch funktioniert. Im besten Fall könnte ein Lavieren zwischen den Fronten den Verlust an Macht und Einfluss verlangsamen, aber auf lange Sicht riskiert Deutschland damit, seine globale Bedeutung und seinen Wohlstand zunehmend einzubüßen.

Die Situation bringt Deutschland in eine Zwickmühle. Einerseits ist ein klares und selbstbewusstes Auftreten auf der internationalen Bühne erforderlich, um die Handelsposition zu verteidigen. Andererseits erschweren die unsicheren weltwirtschaftlichen Aussichten die Konsensbildung hinsichtlich Deutschlands globaler Rolle, weil sie die innere Unsicherheit schüren. Die Aufgabe, zu bestimmen, wann, wo und wie sich Deutschland in der Geopolitik engagieren sollte, wird umso schwieriger, je mehr sich die gesellschaftliche Spaltung vertieft. Mit anderen Worten: Je dringlicher Deutschland ein klares Profil braucht, desto schwieriger ist es für das Land, ein solches zu definieren.

07

Die zerbrochene Leiter

»Wenn die Menschen wüssten, wie sie mit so wenig materiellen Mitteln auskommen können, wie sie es geistig tun, wäre die Welt ein viel besserer Ort.«
PETER SIRIUS[1]

Die Sorge um die Kluft zwischen Arm und Reich hat in Deutschland eine lange Tradition, vor allem seit sich Karl Marx und Friedrich Engels mit der Ungleichheit in der Klassengesellschaft auseinandergesetzt hatten. 1927 stellte Fritz Lang in seinem Stummfilm *Metropolis* eine Gesellschaft dar, in der eine in »Ewigen Gärten« im Luxus schwelgende Elite die für sie in unterirdischen Maschinenhallen schuftende Arbeiterschaft ausbeutet. Lang wollte seine dystopische Utopie als beängstigendes Porträt der Gesellschaftsordnung im nächsten Jahrhundert verstanden wissen, also gewissermaßen in unserer Gegenwart. Auch wenn sich Deutschland nicht in diese vorgezeichnete Richtung entwickelt hat, thematisiert Langs Vision zumindest in einer Hinsicht sehr treffend unsere heutige gesellschaftliche Realität: die weite Kluft zwischen Arm und Reich. Etwa 3300 Superreiche in Deutschland besitzen nahezu ein Viertel des gesamten Finanzvermögens;[2] andererseits umfasst die Armutsquote ein Fünftel der Gesamtbevölkerung.[3]

Der als Stabilitätsmodell gepriesene soziale Zusammenhalt in Deutschland wird durch eklatante Disparitäten belastet. Das soziale Gefüge bietet kaum noch Aufstiegsmöglichkeiten. An der Spitze der Gesellschaft gibt es Schutzvorkehrungen gegen einen sozialen Abstieg, die den Generationenverfall von Thomas Manns wohlhabenden Buddenbrooks heute unwahrscheinlich erscheinen lassen. In der bedrängten Arbeiterschicht hingegen ist vertikale Mobilität möglich, aber eher ein Abrutschen in die Prekarität als ein Aufstieg. Die unteren Schichten haben so gut wie keine Chance, sich sozial zu verbessern. Mit anderen Worten: Die Treppe im Haus Deutschland ist verfallen.

Der nationale Reichtum ist zwar beträchtlich, doch der Wohlstand ist ungleich verteilt. Neben dem bekannten Ost-West-Gefälle gibt es noch weitere erhebliche Klüfte, etwa zwischen der Minderheit, die das Glück hat, Wohneigentum zu besitzen, und der Mehrheit, die dies nicht tut. Die Kluft zwischen Arm und Reich hat sich vergrößert, verschärft durch die Inflation und die steigenden Energiekosten nach dem Ausbruch des Ukrainekriegs. Während einige deutsche Industriezweige wie die Biomedizin nach wie vor weltweit führend sind, haben die Stahlindustrie, die Automobilzulieferindustrie und die Grundstoffindustrie zu kämpfen, was zu einer Lohnstagnation für Arbeitnehmer in weniger wettbewerbsfähigen Sektoren führt. Der Reichtum konzentriert sich zunehmend an der Spitze. Verglichen mit Italien, Spanien und Großbritannien weist Deutschland die größte Vermögensungleichheit auf, wobei der größte Anteil des Vermögens dem obersten einen Prozent der Bevölkerung zugerechnet werden muss, während nahezu 18 Millionen Menschen von Armut und sozialer Ausgrenzung bedroht sind. Der Nachkriegstraum vom »Wohlstand für alle« verblasst und wird durch eine Realität ersetzt, die eher dem »Wohlstand für wenige« entspricht. Und das Problem ist hausgemacht.

Ungleichheit ist natürlich nicht nur ein deutsches Problem. In Großbritannien gehen mehr Kinder hungrig zur Schule und kehren in schlecht geheizte Wohnungen zurück als in Deutschland. In den USA wird die Ungleichheit durch den Kontrast zwischen wohlhabenden Vorstädten und brutalen Innenstadtvierteln und vernachlässigten ländlichen Gebieten deutlich sichtbar. In Deutschland ist jedoch die Hoffnung auf sozialen Aufstieg besonders düster. In mehreren Bereichen weist die Bundesrepublik die schlechteste soziale Mobilität in Europa auf. Hinzu kommt, dass viele Deutsche die wachsende Kluft zwischen Arm und Reich als einen Verrat am Gesellschaftsvertrag der Nachkriegszeit empfinden.

Es besteht immer die Hoffnung, dass Deutschland die Dinge umkehren kann. In dem Film *Metropolis* bietet die Schlussszene eine symbolische Versöhnung zwischen der Elite der Stadt und ihren unterdrückten Arbeitern. Nach einem gewaltsamen Kampf erreicht der Held Freder Fredersen, dass sich sein Vater, der kapitalistische Alleinherrscher Joh Fredersen und der Arbeiterführer Grot die Hand reichen. Eine Titelkarte verkündet: »Der Vermittler zwischen Kopf und Händen muss das Herz sein!« In einer politischen Rhetorik, die oft in einem Kreislauf der Beschämung der Armen gefangen ist, ist Deutschland immer noch auf der Suche nach diesem Herzen.

Offensichtlicher Erbe

Um die zunehmende Spaltung der Gesellschaft zu verstehen, ist ein Ausflug nach Bad Homburg angebracht. Die Gemeinde am Fuße des Taunus verfügt über 14 Mineralquellen, die angeblich die Heilung von Rheuma, Verdauungsbeschwerden und Herz-Kreislauf-Erkrankungen bewirken. Das Wasser kann getrunken werden, oder man nimmt Bäder. Das Herzstück des Kurbetriebs ist ein elegantes Badehaus aus dem 19. Jahrhundert, das nach Wilhelm I. von Preußen, dem ersten Kaiser des Deutschen Reiches, benannt wurde.

Bad Homburg verfügt über eine elegante Fußgängerzone und einen Marktplatz mit Cafés. Im Stadtpark steht ein prächtiger thailändischer Tempel, den der König von Siam nach seinem Aufenthalt im Jahr 1907 als Geschenk an die Stadt errichten ließ. Bad Homburg hatte auch mit der deutschen Tragödie zu kämpfen. Während der Nazizeit wurde die jüdische Gemeinde der Stadt ausgelöscht. Fast 50 Jahre später starb dort der Vorstandsvorsitzende der Deutschen Bank, Alfred Herrhausen, bei einem Attentat der Roten Armee Fraktion – nur zwei Tage, nachdem Helmut Kohl seinen 10-Punkte-Plan für die deutsche Wiedervereinigung vorgestellt hatte.

Bad Homburgs Verbindung zum deutschen Daseinszustand ist seine Verbundenheit mit dem Geld. 1841 eröffnete dort ein Casino, das als »Mutter von Monte Carlo« bekannt wurde, weil es von denselben Zwillingsbrüdern gegründet wurde wie der berühmte Spielpalast an der französischen Riviera. Im Jahr 1888 wurde Bad Homburgs exklusives Gütesiegel zementiert, als Wilhelm II., der dritte und letzte Kaiser des Deutschen Reichs, die Kurstadt zu seiner Sommerresidenz erkor. Die Stadtverwaltung zelebriert die Assoziation mit der Elite mit dem offiziellen Werbeslogan »Champagnerluft und Inspiration«. Die privilegierte Stellung des deutschen Reichtums wird durch die dort residierende Familie Quandt verkörpert, die wie die Mitglieder einer neuen Aristokratie vom einfachen Volk gut isoliert lebt.

Die Großindustriellenfamilie Quandt lebt seit 1950 in Bad Homburg, nachdem sie nach dem Ende des Zweiten Weltkriegs dorthin gezogen war. Um die Aussicht in ihrer neuen Heimatstadt zu verbessern, beschlossen die Quandts, ein 450 Tonnen schweres Gebäude 62 Meter weit versetzen lassen, da sie es aufgrund der Wohnungsnot in der Nachkriegszeit nicht abreißen durften.[4] Die Familie litt nicht unter dem Zweiten Weltkrieg, sondern wurde dank ihrer engen und opportunistischen Beziehungen zu den Nationalsozialisten noch reicher. Die Quandts und die Elite des Dritten Reichs verkehrten in denselben Kreisen. Das ging so weit, dass Magda, die zweite Frau des Familienpatriarchen Günther Quandt, nach ihrer Scheidung Joseph Goebbels heiratete. Als Nazideutschland zusammenbrach, tötete sie am 1. Mai 1945 ihre sechs Kinder aus der Ehe mit Goebbels und sich selbst im Führerbunker in Berlin. Vor dem Selbstmord schrieb Magda ihrem Sohn aus erster Ehe, Harald Quandt: »Unsere herrliche Idee geht zugrunde, und mit ihr alles, was ich Schönes, Bewundernswertes, Edles und Gutes in meinem Leben gekannt habe.«

Während des Nationalsozialismus stellten die Unternehmen des komplexen Firmengeflechts der Quandts u. a. Waffen, Munition und Batterien für U-Boote her, und sie lieferten Rohstoffe. Zu Günther Quandts Geschäften gehörte auch der Erwerb von Vermögenswerten, die Juden entzogen worden waren.[5] Die Unternehmen in seinem Portfolio rekrutierten Zehntausende von Zwangsarbeitern, und neben einer Batteriefabrik in Hannover befand sich ein Konzentrationslager, in dem viele Häftlinge aufgrund mangelnder Sicherheitsvorkehrungen einer Bleivergiftung ausgesetzt waren.[6]

Günther Quandt trat 1933 in die NSDAP ein und wurde 1937 in Anerkennung seiner Verdienste um die Versorgung des Militärs zum Wehrwirtschaftsführer ernannt. Im Gegensatz zu anderen Geschäftseliten wie Friedrich Flick, der in der Nachkriegszeit zum reichsten Mann Deutschlands werden sollte, und Alfried Krupp von Bohlen und Halbach, dem letzten Industriellen der Krupp-Stahlwerksdynastie, wurde der Quandt-Patriarch nicht wegen Kriegsverbrechen verurteilt. Seinem ältesten Sohn Herbert, der während des Krieges an der Organisation von Zwangsarbeitern beteiligt war, wird das Verdienst zugeschrieben, die Familie zu einem der größten Gewinner des Wirtschaftswunders gemacht zu haben.

In den späten 1950er-Jahren waren die Bayerischen Motoren Werke (BMW) in Schwierigkeiten. Das erste Nachkriegsauto war der sogenannte Barockengel, eine riesige Limousine mit sechs Sitzplätzen, die für die damalige Zeit zu teuer war. Mit dem Kleinwagen Isetta versuchte der Autobauer, den unteren Bereich des Marktes zu erschließen, aber das reichte nicht. 1959 stand der Münchner Hersteller kurz davor, vom Konkurrenten Daimler-Benz übernommen zu werden. Doch nachdem die Belegschaft und die Minderheitsaktionäre das Geschäft abgelehnt hatten, finanzierte Herbert Quandt einen Umstrukturierungsplan und rettete BMW; der Autokonzern wurde danach zu einer Ikone des Wohlstands und des Erfolgs der Nachkriegszeit. Damit etablierte sich die Familie auch als eine der stillen Mächte der deutschen Wirtschaft. Herbert Quandts Kinder Susanne Klatten und Stefan Quandt halten knapp die Hälfte der Anteile an BMW und sitzen seit Ende der 1990er-Jahre im Aufsichtsrat.

Die beiden Erben haben ihren Besitz diversifiziert, um noch reicher zu werden. Susanne Klatten besitzt das Chemieunternehmen Altana sowie eine Beteiligung am Grafit- und Verbundwerkstoffhersteller SGL Carbon. Stefan ist an einem Logistikunternehmen, einer Kreditkartenfirma und einem Hersteller von homöopathischen Produkten beteiligt. Anfang 2024 waren sie die dritt- bzw. viertreichsten Menschen in Deutschland und verfügten zusammen über ein Vermögen von rund 45 Milliarden Euro.[7] Im Juni 2024 kündigte Susanne Klatten an, dass sie ihr Vermögen an ihre drei Kinder übertragen will, um es innerhalb der Familie zu sichern.[8]

Keiner der Betriebe trägt den Familiennamen Quandt, und das macht es einfacher, unter dem Radar zu fliegen. Diese Strategie verfolgte auch ihr Großvater Günther Quandt, ein klassischer Firmenaufkäufer. Er hat nichts erfunden, sondern eine Textilfabrik geerbt und mit diesen Mitteln mehr Reichtum angehäuft. Das Vermögen und die Stiftung der Familie[9] werden vom beschaulichen Bad Homburg aus geleitet, gut abgeschirmt von den Problemen des restlichen Deutschlands.

Trotz ihres enormen Reichtums und der damit verbundenen Macht treten die Geschwister Susanne Klatten und Stefan Quandt nur selten in der Öffentlichkeit auf. Es ist unklar, welchen Zugang sie zu politischen Entscheidungsträgern haben oder welche Agenda sie verfolgen. Im Jahr 2013 sorgten sie jedoch für Aufsehen, als Susanne, Stefan und ihre Mutter Johanna Quandt zusammen 690 000 Euro an die Christlich-Demokratische Union und 210 000 Euro an die Freien Demokraten spendeten – zu einem Zeitpunkt, als eine Entscheidung über strengere Autoabgasvorschriften anstand.[10] Die Großzügigkeit wurde 2016, ein Jahr nach dem Tod von Johanna Quandt, wieder aufgenommen. Von da an bis 2023 spendeten die Geschwister der CDU im Stillen 1,2 Millionen Euro, in der Regel in Form von jährlichen Spenden, die knapp über der Meldegrenze von 50 000 Euro lagen.[11] Es handelt sich hier um Summen, von denen sich die Familie, die 2023 über zwei Milliarden Euro allein an Dividenden von BMW erhielt, leicht trennen kann.

Allerdings sind den Quandts auch schlimme Dinge passiert. Harald Quandt kam 1967 bei einem Flugzeugunglück ums Leben. Susanne Klatten war 1978 zusammen mit ihrer Mutter das Ziel einer vereitelten Entführung, und 2007 wurde sie von einem ehemaligen Liebhaber erpresst. Aber zweifellos ist die Familie ein Hauptnutznießer eines Systems, das den Reichtum schützt und sie mitschuldig macht an der wachsenden Kluft zwischen Arm und Reich in Deutschland. Stefan Quandt drückte zwar sein »tiefes Bedauern«[12] über die Rolle seines Vaters bei der Ausbeutung und dem Tod von Zwangsarbeitern aus, entschuldigte dies aber auch mit der Art und Weise, wie die Dinge seinerzeit gehandhabt wurden. Das mag stimmen, aber die Transparenz wurde erst 2011 geschaffen, nachdem die Familie ihre Archive nach einem für sie schädlichen Dokumentarfilm öffnete; er enthielt einen Kommentar von Sven Quandt, in dem er sich wünschte, dass Deutschland aufhören würde, über den Holocaust zu sprechen.[13]

Wie viele andere wohlhabende Deutsche mögen die Quandts die Aufmerksamkeit nicht und wollen so behandelt werden, als wären sie lediglich Privatpersonen. Aber sie haben vom deutschen System außerordentlich profitiert, und das macht sie zu öffentlichen Persönlichkeiten, ob sie es wollen oder nicht. Stattdessen wollen sie Sympathie. In einem seltenen gemeinsamen Interview im Jahr 2019 sagten Susanne Klatten und Stefan Quandt, dass der Umgang mit der Verantwortung und der Eifersucht, die mit der Erbschaft eines riesigen Vermögens einhergehen, eine nicht zu unterschätzende Last sei. »Die Rolle als Hüterin des Reichtums hat auch persönliche Seiten, die nicht so schön sind«, sagte Susanne Klatten. Und dabei lehnte sie die Umverteilung von Reichtum zugunsten einer Gesellschaft ab, die Chancengleichheit ermöglicht.[14] Aber in Wirklichkeit ist das Spielfeld zugunsten der Quandts geneigt, und die Schräge wird immer steiler.

Die Klasse der Milliardäre in Deutschland reicht über die Quandts hinaus, und sie wird immer größer. Seit 2009 hat sich die Zahl der Personen mit einem Nettovermögen von mehr als eine Milliarde Euro auf 200 verdoppelt. Unter den großen europäischen Volkswirtschaften hat Deutschland inzwischen den höchsten Anteil an Milliardären. Während die Löhne der unteren Gesellschaftsschicht stagnieren, ist das Vermögen der wenigen Superreichen stark gewachsen – 1990 betrug es das 50-Fache des Vermögens der ärmeren Hälfte der Bevölkerung, bis heute ist es auf das 100-Fache gestiegen.

Alle fortgeschrittenen Volkswirtschaften weisen eine Vermögensungleichheit auf, aber in Deutschland ist sie besonders ausgeprägt. Deutschlands Gini-Koeffizient – das offizielle Maß für die Vermögens- oder Einkommensverteilung – ist der höchste aller großen europäischen Volkswirtschaften. Ein Wert von 0 zeigt völlige Vermögensgleichheit an, ein Wert von 1 bedeutet, dass eine Person das ganze Geld besitzt. Obwohl das Land gut abschneidet nach Einkommen, wenn es um Vermögen geht, hat Deutschland einen Wert von 0,77, im Vergleich dazu liegt Großbritannien, wo die Aristokratie mehr als ein Drittel des Landes besitzt, bei einem Wert von 0,70. Gleichzeitig hat sich der Vermögensanteil der ärmeren Hälfte der Bevölkerung in Deutschland seit 1990 halbiert. Dies stellt eine deutliche Abkehr von der »klassenlosen Gesellschaft« dar, die Bundeskanzler Ludwig Erhard Anfang der 1960er-Jahre als einer der wichtigsten Architekten der deutschen Nachkriegsidentität anstrebte. Stattdessen gleiten die sozioökonomischen Bedingungen des Landes in Richtung der explosiven Ungleichheiten, die an die Gründerzeit Ende des 19. Jahrhunderts erinnern, kurz bevor die Spannungen zwischen den imperialistischen Großmächten in den Ersten Weltkrieg mündeten.

Unternehmerdynastien wie die Quandts haben es geschickt verstanden, sich von der Öffentlichkeit fernzuhalten. Einige gehen sogar sehr weit, sicherzustellen, dass sie ein niedriges Profil im Ranking der Reichen haben. Die Boehringer-Familie hat die großzügigen deutschen Medienschutzgesetze genutzt, um das *Manager-Magazin*[15] zu verklagen, damit ihr Name nicht in der jährlichen Liste der reichsten Deutschen erscheint, obwohl die Eigentümer des Pharmakonzerns Boehringer Ingelheim die Quandt-Erben in dieser Liste überflügelt haben könnten.

Im Herbst 2024 war der reichste Deutsche auf der Liste des *ManagerMagazins* Dieter Schwarz, der Eigentümer der Einzelhandelsriesen Lidl und Kaufland.[16] Als eindrucksvolles Beispiel für die Ungleichheit des Reichtums hat ein Forscher errechnet, dass eine Kaufland-Kassiererin über eine Million Jahre arbeiten müsste, um das Vermögen von Schwarz zu erreichen. Trotz seines potenziellen Einflusses ist wenig über Schwarz' politische und persönliche Überzeugungen bekannt. Er vermeidet Interviews, und es gibt nur drei bekannte Fotos von ihm – weniger als vom einsiedlerhaft lebenden König Ludwig II. von Bayern.

Obwohl die Superreichen fern des öffentlichen Interesses sehr zurückgezogen leben, ist ihr Einfluss auf die deutsche Steuerpolitik offensichtlich. Der Staat erhebt seine Einnahmen hauptsächlich aus Löhnen, während es für Kapital- und Finanzgewinne klaffende Schlupflöcher gibt. Die Steuersätze steigen am unteren Ende der Skala schnell an und erreichen bei einem Jahreseinkommen von 67 000 Euro ein Plateau, bevor sie bei 278 000 Euro wieder ein wenig ansteigen. Das Hauptaugenmerk der Steuereintreiber liegt auf dem aktiven Einkommen (Geld, das durch Arbeit verdient wird) und nicht auf dem passiven Einkommen (Geld, das durch die Arbeit anderer verdient wird, d. h. Dividenden und Zinsen). Nach Angaben des Netzwerks Steuergerechtigkeit bedeutet die Struktur des Steuersystems, dass ein durchschnittliches arbeitendes Ehepaar fast doppelt so viel Steuern zahlt wie ein Multimillionär: 43 Prozent gegenüber 24 Prozent.[17]

Die Vergünstigungen für Reiche wurden 1997 ausgeweitet, als eine Abgabe von nur einem Prozent auf Vermögen nach einem Gerichtsurteil ausgesetzt wurde, das die Grundlage für die Bewertung von Beteiligungen infrage stellte. In den folgenden Jahrzehnten wurde sie nie wieder eingeführt, weil man theoretisch befürchtete, dass die Reichen in Steuerparadiese flüchten würden. In dieser Zeit sind dem Staat mehr als 380 Milliarden Euro an Einnahmen entgangen, die für die Verbesserung der Schulen, die Modernisierung der Technologie und die Instandsetzung von Straßen zur Stärkung der wirtschaftlichen Infrastruktur hätten verwendet werden können. Laut einer Studie von Oxfam Deutschland ist das Vermögen der Reichsten in dieser Zeit um rund 460 Milliarden Euro gestiegen.[18] Das ist gut für sie, aber schlecht für den sozialen Zusammenhalt in Deutschland.

Die Vorteile der Vermögenden beschränken sich nicht nur auf ihre jährlichen Steuerabgaben. Andere Vorschriften sorgen dafür, dass das Vermögen über Generationen hinweg geschützt wird. Jedes Jahr werden in Deutschland schätzungsweise 300 Milliarden Euro vererbt oder verschenkt. Nur sehr wenig davon wird vom Staat abgeschöpft und fließt in die Wirtschaft zurück. Bis zu 500 000 Euro können einem Ehepartner steuerfrei vererbt werden, 400 000 Euro einem Kind und 200 000 Euro einem Enkelkind. Die gleichen Freibeträge gelten auch für Schenkungen. Es können also große Vermögen aufgeteilt werden, bevor überhaupt Steuern erhoben werden. Und dann gibt es noch diverse Methoden zur Steuervermeidung, wie z. B. die Gründung von Unternehmen, die das Haus und andere Vermögenswerte der Familie verwalten. Durch die Bevorzugung einiger weniger Unternehmerdynastien – fast ausschließlich aus Westdeutschland, da es in den postkommunistischen östlichen Bundesländern nur wenig Vermögen zu vererben gab – bleibt der Reichtum konzentriert.

In Familienunternehmen steckt viel Geld, und eine Besteuerung von Erbschaften könnte die Besitzer zwingen, Schulden zu machen und damit die Wettbewerbsfähigkeit der Unternehmen zu schwächen. Es gäbe zwar Möglichkeiten, dies zu umgehen – z. B. Zahlungen über Jahre hinweg oder die Anrechnung von Humankapital auf den Vermögenswert –, aber der politische Wille ist nicht vorhanden. 2022 beliefen sich die Steuereinnahmen aus der Weitergabe von Vermögen auf lediglich 9,2 Milliarden Euro, was einem Steuersatz von weniger als drei Prozent entspricht.[19] Das Finanzministerium hat die Vergünstigungen für die Weitergabe von Unternehmen an Freunde und Familien sogar als das größte Steuergeschenk eingestuft.[20]

Das war nicht immer so. 1952 führte Deutschland eine Vermögensteuer ein, um die Lasten des Wiederaufbaus zu verteilen. Sie wurde auf den Wert des Vermögens ab 1948 erhoben. Mit anderen Worten: Sie war rückwirkend, sodass die Wohlhabenden ihr Vermögen nicht umschichten konnten, um der Zahlung zu entgehen. Der Wiederaufbau war eine historische Anstrengung, und die Steuer war dementsprechend strukturiert. Die Haushalte durften die Zahlungen über 25 Jahre verteilen. Die Maßnahme brachte insgesamt 75 Milliarden Euro ein, um die Kriegsschäden zu kompensieren.[21] Sie verringerte den Vermögensanteil der Reichsten in Deutschland um bescheidenen drei Prozentpunkte, etwas ähnlich wie die Auswirkungen des Krieges.[22] Das bringt uns zurück nach Bad Homburg, wo diese Mittel vom Bundesausgleichsamt verwaltet wurden, das nur wenige Kilometer vom Wohnhaus der Quandts entfernt ist.

Dieser Schutz für die Wohlhabenden ist kein Zufall. Er ist Teil eines Systems, das die reiche Elite unangetastet lässt, während es den unteren Schichten keinerlei Unterstützung zum sozialen Aufstieg bietet – trotz des erklärten Gesellschaftsvertrags des Wohlstands für alle. Nennen wir es unverblümt, was es ist: Deutschland hat Institutionen der Ungleichheit errichtet.

Harte Decke

Die deutsche Nachkriegsidentität ist in den Grundsätzen der Gleichheit, der Fairness und des gemeinsamen Wohlstands verwurzelt. Der Wohlfahrtsstaat ist das Instrument zur Umsetzung dieser nationalen Ideale. Wo die USA fahnenschwenkenden Patriotismus bekunden, Großbritannien Loyalität zum Königshaus als Selbstverständlichkeit betrachtet und Frankreich Stolz auf die Republik empfindet, glänzt Deutschland mit Transferzahlungen. Im Grundgesetz wird das Land als »sozialer Staat« beschrieben,[23] und doch ist die Dissonanz zwischen den hochgesteckten Zielen der Nation und der Realität vieler Bürger mittlerweile ohrenbetäubend.

Deutschland ist zwar stolz auf seine soziale Marktwirtschaft – ein System, das wirtschaftliche Freiheit und kollektiven Wohlstand in Einklang bringen soll –, doch die Risse werden immer tiefer. Die arbeitenden Deutschen kämpfen darum, ihren Lebensstandard zu halten, während die Reichen im Land immer reicher werden – sogar noch reicher als in anderen westlichen Ländern. Seit Anfang der 1990er-Jahre hat sich das durchschnittliche Vermögen der obersten zehn Prozent der deutschen Bevölkerung mehr als verdoppelt, während es in der unteren Hälfte stagniert.[24]

Diese Bedingungen sind zu einem großen Teil auf Institutionen zurückzuführen, die mit dem Ziel geschaffen wurden, den sozialen Zusammenhalt zu sichern, aber sie haben nicht wie beabsichtigt funktioniert. Das Ergebnis ist, dass die gesellschaftliche Ungleichheit in Deutschland zu den schlimmsten in Europa gehört, und nirgendwo in der entwickelten Welt diktiert der sozioökonomische Status der Eltern so stark die Zukunft der Kinder – nicht einmal im Vergleich zu notorisch stratifizierten Gesellschaften wie Großbritannien, Italien und den USA. Eine OECD-Studie ergab, dass die Nachkommen einer einkommensschwachen Familie in Deutschland sich erst nach sechs Generationen an den Durchschnitt herankämpfen könnten.[25] Fairerweise muss man sagen, dass die USA und Großbritannien mit fünf Generationen nicht viel besser dastehen, aber das ist immerhin eine Generation weniger in prekären Verhältnissen.

Um zu verstehen, wie Deutschland seine Bürger in der sozialen Schicht gefangen hält, in der sie geboren wurden, werden wir drei Bereiche betrachten, in denen das System die soziale Mobilität erstickt: Wohnen, Gesundheitsversorgung und Bildung. Nach den Verwüstungen zweier Weltkriege gehörte die Versorgung in diesen drei Bereichen zu den Säulen der in der Bundesrepublik errichteten Demokratie. Für Konrad Adenauer, den ersten deutschen Nachkriegskanzler, war der Wohnungsbau eine der vordringlichsten Aufgaben des Wiederaufbaus; es entstanden dadurch Millionen bezahlbarer Wohnungen. Auch im Bereich der Gesundheitsfürsorge bemühte sich seine Regierung um eine Ausweitung der medizinischen Versorgung, da sie einen gerechten Zugang zur Pflege als wesentlich für den sozialen Zusammenhalt ansah. Während das Bildungswesen nach wie vor stratifiziert war, wurden Anstrengungen unternommen, um die Schulbildung darauf auszurichten, wirtschaftliche Sicherheit zu ermöglichen – sei es als Vorbereitung für ein Universitätsstudium oder für Berufszweige, die das Wirtschaftswunder des Landes beflügelten.

Die soziale Sicherheit war mehr als nur ein Wunsch, sie war praktisch im Gesellschaftsvertrag verankert. Wie Ludwig Erhard, Adenauers Finanzminister und Nachfolger im Bundeskanzleramt, sagte, würde die Regierung den Rahmen dafür setzen, dass »die Menschen frei von Sorgen und Nöten leben können, dass sie die Möglichkeit gewinnen, Eigentum zu erwerben und dadurch unabhängig zu werden, dass sie mehr an menschlicher Würde entfalten können, weil sie dann nicht mehr auf die Gnade anderer, auch nicht auf die Gnade des Staates angewiesen sind«.[26] Nach 70 Jahren sieht es so aus, als sei das Versprechen gebrochen worden. Die Institutionen, die Deutschland geschaffen hat, um sein Sozialsystem zu stützen, haben gewaltige Hindernisse für den Fortschritt errichtet. Sicherheit ist stattdessen zur Erstarrung geworden.

Das gilt insbesondere für den Wohnungsbau. Entgegen Erhards Vision sind die Bürgerinnen und Bürger den Vermietern ausgeliefert, weil der Staat es versäumt hat, ein ausreichendes Angebot an bezahlbaren Wohnungen sicherzustellen. Weniger als die Hälfte der deutschen Haushalte ist Hauseigentümer; dies ist eine der niedrigsten Quoten in den Industrieländern. In Frankreich und Großbritannien sind zwei Drittel der Haushalte Eigentümer, in Italien, den Niederlanden und Spanien sind es drei Viertel.[27] Das bedeutet, dass die Mehrheit der Deutschen kaum die Möglichkeit hat, Vermögen aufzubauen, und dass sie der Angst vor steigenden Mieten ausgesetzt sind, die einen immer größeren Anteil ihres Gehalts ausmachen.

Dieses Ungleichgewicht beruht auf einem System, das hohe Eintrittsgebühren für die Aufnahme in den Immobilienklub verlangt. Steuern und Gebühren erhöhen die Kosten für den Erwerb einer Wohnung um zehn Prozent oder mehr und werden beim Kauf aus eigener Tasche bezahlt, wenn das Geld knapp ist. Ein Beispiel: Ein Ehepaar mit einem kleinen Kind sucht eine Wohnung im Großraum München, wo eine kompakte Dreizimmerwohnung locker über 650 000 Euro kosten kann. Zur Finanzierung der Hypothek kommen 22 750 Euro Grunderwerbsteuer, 23 200 Euro Maklergebühren, 9750 Euro für die notarielle Beurkundung des Vertrags hinzu. Das summiert sich auf knapp 56 000 Euro in bar, was in etwa dem Durchschnittsjahreseinkommen in der Gegend entspricht. Diese Kosten, die in allen Bundesländern ähnlich hoch sind, kommen zu der Anzahlung hinzu und stellen für Menschen, die von Gehaltsabrechnung zu Gehaltsabrechnung leben, eine fast unüberwindbare Hürde dar. Infolgedessen liegt das durchschnittliche Nettovermögen der deutschen Minderheit, die Wohneigentum besitzt, bei über 300 000 Euro, während es bei denjenigen, die im Mietsystem feststecken, kaum mehr als 16 000 Euro beträgt.[28]

Fairerweise muss man sagen, dass der deutsche Ansatz die Immobilienpreise relativ stabil hielt und die Art von weitverbreiteter Spekulation verhinderte, die die US-Immobilienblase vor der globalen Finanzkrise aufblähte. Aber diese relative Stabilität wurde auf Kosten der vertikalen Mobilität und der sozialen Stabilität erkauft. Millionen von Deutschen sind dadurch dem Risiko ausgesetzt, durch eine Entlassung in eine prekäre Lebenssituation abzurutschen. Wenn Mietwohnungen im Überfluss vorhanden und erschwinglich sind, muss der Mangel an Wohneigentum kein Problem sein. Aber das ist nicht der Fall, und hier handelt es sich um ein selbst verschuldetes Problem. Und der Verzicht auf die Besteuerung von Gewinnen aus Immobilienverkäufen nach 10 Jahren ist ein weiteres Geschenk an die Reichen, das das System zugunsten des alten Geldes und zum Nachteil derjenigen, die sich ihren Weg nach oben erkämpfen müssen, verzerrt.

Die Verzweiflung in der deutschen Zivilgesellschaft hat das Chaos noch verschlimmert. Berlins rasanter Wandel von »arm, aber sexy« zu »teuer und chaotisch« führte 2021 zu einem Volksentscheid, der die Stadt dazu bringen sollte, Großvermieter zu enteignen und profitgierige Vermieter in die Schranken zu weisen. Dieser Schritt folgte auf die Bemühungen der Stadt, die Mieten für fünf Jahre einzufrieren, was zwar vor Gericht scheiterte, aber zu einer Verringerung des Angebots an Langzeitmieten führte, da die Vermieter kurzfristige Verträge zu höheren Preisen anboten. Der Einbruch der Neubautätigkeit in ganz Deutschland ist ein Warnsignal für die kommenden Jahre.

Obdach ist ein Grundbedürfnis, und Deutschland hatte früher viel für den Wohnungsbau und ein hinreichendes Angebot an Wohnraum getan. Die Fuggerei in Augsburg stammt aus dem 16. Jahrhundert und ist die älteste noch in Betrieb befindliche Sozialwohnungssiedlung. Etwa 150 katholische Familien leben in dem malerischen, autofreien Viertel für die Kosten von drei täglichen Gebeten und

88 Cent im Jahr, zuzüglich Heizung und Nebenkosten. Seit Anfang des 19. Jahrhunderts gab es richtungsweisende Siedlungen für Arbeiterfamilien wie Hellerau in Dresden, die Siedlung Zickzackhausen in Frankfurt und die Hufeisensiedlung in Berlin. In der Zeit des Wiederaufbaus nach dem Zweiten Weltkrieg und nach der Wiedervereinigung gab es einen Bauboom, aber seit Beginn der Ära Angela Merkel Anfang der 2000er-Jahre stagniert die Bautätigkeit. Aufgrund strenger Bebauungsvorschriften ist es schwierig, neue Grundstücke mit Baugenehmigung zu finden. Das Angebot an Sozialwohnungen wurde auch durch gut gemeinte, aber strenge Energieeffizienznormen gebremst, was die Projekte auf das Luxussegment verlagert.

Da Deutschland die Kontrolle über den Wohnungsbau zunehmend an private Investoren abgegeben hat, ist das Angebot an erschwinglichen Wohnungen von Jahr zu Jahr zurückgegangen, insbesondere in den Städten, in denen die Nachfrage am größten ist. In den späten 1980er-Jahren gab es in Westdeutschland etwa vier Millionen Sozialwohnungen. Diese Zahl ist bis Ende 2022 auf etwas mehr als eine Million gesunken.[29] 2024 wurden weniger als 300 000 Wohnungen fertiggestellt und damit das von der Regierung von Bundeskanzler Olaf Scholz gesetzte Ziel von 400 000 Wohnungen nicht erreicht. Der demografische Trend zu kleineren Haushalten verschärft die Nachfrage, da die Menschen in die Städte ziehen, wo sie bessere Aussichten auf Arbeitsplätze haben und einen dynamischeren Lebensstil pflegen können als in ländlichen Gebieten. In den 77 größten deutschen Städten fehlen zwei Millionen bezahlbare Wohnungen, wobei der Mangel in Berlin, Hamburg und Köln am größten ist.[30]

Für die meisten Menschen scheinen die politischen Maßnahmen des Mainstreams erschreckend unwirksam zu sein, was das Vertrauen in den Staat weiter untergräbt. Die 2015, in Merkels dritter Amtszeit, eingeführte Mietpreisbremse ist eine gesetzliche Maßnahme, die übermäßige Mietsteigerungen in Städten und Regionen mit einem angespannten Wohnungsmarkt eindämmen soll. Sie hat nicht funktioniert. Fünf Jahre nach ihrer Einführung hatten sich die Mietpreise in Berlin durchschnittlich um 44 Prozent und im ohnehin hochpreisigen München um 30 Prozent erhöht und damit die Lohnzuwächse der meisten Arbeitnehmer weit übertroffen.[31] In ganz Deutschland nahm die Obdachlosigkeit in den letzten 20 Jahren stetig zu, während Außenstehende die Widerstandsfähigkeit der Wirtschaft insgesamt bewunderten. »Für den sozialen Zusammenhalt unserer Gesellschaft ist es unerlässlich, dass Mieten und Wohnungen für die Mehrheit der Menschen bezahlbar bleiben«, sagte Lukas Siebenkotten, Präsident des Deutschen Mieterbundes. Dieser Grundsatz ist ins Wanken geraten.[32]

Die Gesundheitsversorgung ist ein weiterer Bereich, in dem das deutsche System die soziale Mobilität behindert. Strukturelle Hindernisse beginnen bereits bei der Geburt oder sogar noch früher. Wie das Wohnungswesen ist auch das deutsche Gesundheitssystem eine Geschichte von Reichtum für die Vermögenden und verschlossenen Türen für die Besitzlosen. Es gibt gesetzliche und private Versicherungen; das Versorgungsniveau ist sehr unterschiedlich, nicht zuletzt bei der pränatalen und postnatalen Versorgung. Frauen mit niedrigem Einkommen verpassen oft wichtige Präventionsdienste, wobei fast jede dritte Frau vor der Geburt ihres Kindes keinen Kontakt zu einer Hebamme hat – ein alarmierender Unterschied zu nur einer von zehn Frauen aus wohlhabenden Haushalten.[33]

Auch der Zugang zu anderen medizinischen Leistungen ist sehr unterschiedlich. Private Krankenversicherungen übernehmen ab der 32. Schwangerschaftswoche alle zwei Wochen Kontrolluntersuchungen (einschließlich 3D-Ultraschalluntersuchungen, die einen detaillierten Einblick in die Gesichtszüge des Babys ermöglichen). Einige Tarife beinhalten sogar Hypnobirthing, eine Technik, die eine ruhige Geburt durch Selbsthypnose fördert. In krassem Gegensatz dazu deckt die gesetzliche Versicherung nur drei Ultraschalluntersuchungen für Routineschwangerschaften ab, und in strukturschwachen oder abgelegenen Gegenden, in denen die Leistungen gekürzt wurden, können selbst diese nicht immer angeboten werden. Die meisten Frauen können zwar auf Hypnobirthing verzichten, aber ein besserer Zugang zur Betreuung könnte Stress reduzieren oder behandelbare Krankheiten schneller erkennen.

Die Ungleichheiten in der Gesundheitsversorgung setzen sich im Kindes- und Erwachsenenalter fort – mit entsprechenden Auswirkungen. Daten zeigen, dass Deutsche mit niedrigerem sozioökonomischem Status einen schlechteren Gesundheitszustand und ein erhöhtes Risiko für verschiedene körperliche und psychische Erkrankungen aufweisen. Während 90 Prozent der wohlhabenden Männer im Alter von 30 bis 64 Jahren sagen, dass sie sich in Bezug auf ihre Gesundheit gut fühlen, sind es bei den Angehörigen der unteren sozialen Schichten nur 60 Prozent.[34]

Die Ungleichheit in der Gesundheitsversorgung betrifft nicht Deutschland allein, aber nur wenige Länder haben den Wohlfahrtsstaat zu einem solchen Kernbestandteil ihrer Identität erhoben. Anders als in Großbritannien oder in den USA, wo die wirtschaftliche Freiheit im Mittelpunkt steht, erwarten die Deutschen von ihrem Staat, dass er ein Gleichgewicht zwischen individueller Freiheit und dem Gemeinwohl herstellt. Dieses Gleichgewicht ist seit Langem der Eckpfeiler des deutschen Wirtschaftsmodells und fördert sowohl den Wohlstand als auch den sozialen Zusammenhalt. Die zunehmenden Unterschiede in der Gesundheitsversorgung und die Aushöhlung der Sozialleistungen untergraben jedoch das Vertrauen in dieses System. Wer in eine wohlhabende Familie hineingeboren wird, erhält eine hochwertige Gesundheitsversorgung, den in Armut geborenen Bundesbürgern wird sie vorenthalten. Was einst ein Modell für einen gerechten Zugang war, hat sich zunehmend geschichtet und hält den breiteren wirtschaftlichen Gräben einen Spiegel vor. Wie der Wirtschaftswissenschaftler Marcel Fratzscher, der das Deutsche Institut für Wirtschaftsforschung in Berlin leitet, feststellte, ist »die soziale Marktwirtschaft tot«.[35]

Kommen wir zum Bildungssystem. Die Schulbildung sollte der Schlüssel für ein gutes Leben sein. Doch anstatt Chancengleichheit zu gewährleisten, verfehlt das deutsche Bildungssystem seine Ziele – ein beunruhigender Trend für eine fortschrittliche Wirtschaftsnation. Anstatt benachteiligte Schüler mit dem nötigen Rüstzeug auszustatten, um ihnen aus ihrer prekären Lage zu verhelfen, dient das System häufig dazu, bestehende Klüfte zu vertiefen. Das frühe Trackingverfahren, bei dem Kinder schon in jungen Jahren in akademische oder berufliche Richtungen gelenkt werden, wirkt sich unverhältnismäßig stark auf diejenigen aus einkommensschwachen Familien aus. Diesen Schülern werden oft die Ressourcen, die Unterstützung und Chancen vorenthalten, die ihren wohlhabenderen Altersgenossen zuteilwerden, sodass sie sich auf ungleichem Terrain behaupten müssen. Was eigentlich ein Weg zu einem Aufstieg in die Mittelschicht sein sollte, wird zu einer mühsamen Reise voller Hindernisse und Umwege, bei der jeder Schritt nach vorn hart erkämpft werden muss. Diese strukturelle Ungleichheit lässt das Versprechen der Bildung als großer Gleichmacher unerfüllt und hält viele in genau den Umständen gefangen, denen sie zu entkommen hoffen.

Die Ungleichheiten beginnen in der Kinderbetreuung. Obwohl es einen Rechtsanspruch gibt (und diese relativ erschwinglich ist) – in einigen Orte kostenlos –, gibt es nicht genügend Kapazitäten: Es fehlen rund 430 000 Kita-Plätze.[36] Obwohl die Plätze theoretisch nach dem Windhundprinzip vergeben werden, führt die Überbelegung oft zu einer informellen Bevorzugung von Kindern aus wohlhabenden Familien. Ein gut platziertes Wort, ein freundlicher Besuch beim Personal oder sogar ein gut getimter Kuchen können die Aufnahmeentscheidungen beeinflussen. Blogs und Foren sind voll von Tipps, wie man sich einen Platz sichern kann, wobei oft betont wird, dass man durchsetzungsfähig und hartnäckig sein muss – eine Herausforderung für Eltern, denen die Sprachkenntnisse, die Zeit oder die Kontakte fehlen. In großen Publikationen werden Tipps zur Sicherung eines Platzes gegeben, und in einer wird vorgeschlagen, dass Eltern ihre musikalischen Fähigkeiten auffrischen sollten, damit sie bei Festveranstaltungen der Kindertagesstätten für Unterhaltung sorgen können.[37] In Berlin, wo schätzungsweise 20 000 Kita-Plätze fehlen, haben einige zu drastischeren Maßnahmen gegriffen. Aus Frustration über die Aussicht auf einen 40-minütigen Fahrweg zur Kita hat ein Vater in einem schnell wachsenden Teil der Hauptstadt über eine eBay-Anzeige eine Belohnung von 5000 Euro für einen besseren Platz ausgesetzt.[38]

Während wohlhabende Deutsche das System offen ausnutzen, werden andere umgangen. Einkommensschwache Familien haben nicht die Mittel, um in die Suche nach einem Kita-Platz zu investieren, und Ausländern wurde eingebläut, dass dies ein Land der Ordnung ist und Regeln befolgt werden müssen. Folglich sind Kinder aus Familien, in denen Deutsch nicht die Hauptsprache ist oder in denen die Eltern keine akademischen Qualifikationen haben, von Anfang an benachteiligt. Die Wahrscheinlichkeit, dass sie eine Kindertagesstätte besuchen, ist deutlich geringer, vor allem im Alter zwischen einem und drei Jahren – und oft auch darüber hinaus.[39] Und wenn sie doch einen Platz bekommen, ist die Qualität der Betreuung in sozial benachteiligten Stadtteilen deutlich schlechter als in einem Reichenviertel.

Kitas weisen auch sehr unterschiedliche Qualitätsstandards auf. Qualitativ hochwertige Einrichtungen verfügen über gut ausgebildete Erzieherinnen und Erzieher und haben einen guten Betreuungsschlüssel, der jedem Kind genügend Aufmerksamkeit zukommen lässt. Kindertagesstätten, die vorwiegend Kinder aus sozioökonomisch benachteiligten Familien betreuen, sind in der Regel mit Betreuungspersonal schlecht aufgestellt, sodass die Schwächsten am wenigsten Unterstützung erhalten. 2023 wandten sich fast 300 Experten und Fachleute für frühkindliche Betreuung aus der ganzen Bundesrepublik in einem Brandbrief an die Bundesregierung, in dem sie feststellten, dass »das System der frühkindlichen Bildung, Betreuung und Erziehung in Deutschland überlastet ist und kurz vor dem Zusammenbruch steht«.[40]

Wenn das System der Vorschulerziehung schon ungerecht ist, so sind die Defizite im Grundschulbereich noch schlimmer. Nach dem Ersten Weltkrieg wurde in Deutschland die Grundschule mit einem ehrgeizigen Ziel eingeführt: eine kostenlose, obligatorische Schulbildung für alle Kinder, unabhängig von ihrer sozialen Herkunft. Es war ein mutiger Schritt weg von einem System, das unterschiedliche Bildungsangebote für Arm und Reich vorsah. Die Vision war einfach, aber wirkungsvoll: gleiches Recht für alle, indem die Kinder den örtlichen Schulen zugewiesen werden und die Eltern nicht mehr in der Lage sind, die sozialen Unterschiede aufrechtzuerhalten.

Doch mit der zunehmenden Segregation in den Städten wurden auch die Schulen immer stärker segregiert. Bildungseinrichtungen in wohlhabenden Vierteln florierten dank reichlicher Ressourcen, während Schulen in ärmeren Stadtbezirken zu kämpfen hatten. Die Kluft wird schmerzlich deutlich, wenn die Schüler in die weiterführende Schule wechseln. Diejenigen, die aus wohlhabenden Verhältnissen kommen, haben eine weitaus höhere Chance, das Gymnasium zu besuchen und damit den Weg zu einer höheren Ausbildung einzuschlagen. Ihre benachteiligten Mitschüler hingegen werden oft auf die Haupt- und Realschulen verwiesen, die geringere Zukunftschancen ermöglichen.

Die Polarisierung wird durch das Aufkommen von immer mehr Privatschulen verschärft, deren Zahl sich seit 1992 vervierfacht hat. Im Schuljahr 2018/19 besuchten etwa eine Million Kinder eine Privatschule, also eine*r von elf Schüler*innen.[41] Das Bildungsniveau ist nicht unbedingt besser, aber es schafft einen geschlossenen Klub und hält wohlhabende Kinder von den Problemen und Erfahrungen der weniger Begüterten fern, wodurch das soziale Verständnis untergraben wird.

Es ist nicht schwer zu verstehen, warum einige Eltern aus dem staatlichen System aussteigen wollen. Die Leistungsfähigkeit der öffentlichen Schulen in Deutschland liegt weit hinter den internationalen Vergleichswerten zurück. Im Jahr 2000 sollte es einen Weckruf geben, als Deutschland im Rahmen der erstmals durchgeführten PISA-Studie in den Bereichen Lesen, Mathematik und Naturwissenschaften unterdurchschnittlich abschnitt. Trotz des öffentlichen Schocks ist nach über 20 Jahren im internationalen Vergleich keine signifikante Steigerung des deutschen Bildungsniveaus zu verzeichnen, in einigen Bereichen sogar eher eine weitere Verschlechterung – eine Studie aus dem Jahr 2023 nennt hier vor allem die Schulqualität, die Integration von Kindern mit Migrationshintergrund und aus benachteiligten Verhältnissen und die Vermeidung von Bildungsarmut (hiermit wird das Fehlen eines höheren

Schulabschlusses oder einer abgeschlossenen Berufsausbildung bezeichnet).[42]

Starre, komplexe Strukturen sind ein großer Teil des Problems. Das Bildungswesen ist auf Landesebene organisiert, was eine bundesweite Anpassung der Lehrpläne und Lehrmethoden nahezu ausschließt. Außerdem sind Pädagogen in der Regel Beamte auf Lebenszeit – ein geschützter Status, der die Unabhängigkeit vor politischer Einflussnahme garantieren soll. In der Praxis bedeutet dies, dass das System unflexibel geworden ist, was eine Karriere im Bildungswesen für viele junge Menschen unattraktiv macht. Bundesweit fehlen mehr als 35 000 Lehrer, und Prognosen gehen davon aus, dass sich die Lücke innerhalb eines Jahrzehnts verdoppeln könnte.[43]

Die Bildungsungleichheit in Deutschland wäre noch viel ausgeprägter, wenn es nicht das hochgelobte System der dualen Ausbildung gäbe. Im dualen System erfolgt die Ausbildung in der Berufsschule und im Betrieb, es verbindet also die Aneignung von theoretischem Lernstoff mit praktischer Berufserfahrung. Es werden vor allem auch praktische Fähigkeiten vermittelt, und in Bereichen wie Ingenieurwesen, Fertigung und Gesundheitswesen stehen sichere Arbeitsplätze in Aussicht. Für Studierende, die sich mit der traditionellen akademischen Ausbildung schwertun, öffnet das duale System die Türen zu gut bezahlten, qualifizierten Arbeitsplätzen und bietet ihnen echte Chancen auf einen stabilen Werdegang und Erfolg. Durch die Zusammenarbeit mit Unternehmen bei der Bereitstellung von Lehrstellen überbrückt das duale System die oft entmutigende Kluft zwischen Bildung und Beschäftigung, insbesondere für Menschen aus benachteiligten Verhältnissen.

Auch wenn die Berufsausbildung dazu beiträgt, diese Kluft zu schließen, sind Arbeitsplätze auf Lebenszeit in Deutschland keine Garantie mehr; die Helden der Arbeit verschwinden, da einst stabile Industriesektoren bedroht sind. Die Aussichten auf eine komfortable Arbeiterexistenz werden durch den erschwerten Zugang zu angemessenem, bezahlbarem Wohnraum und die ungleiche Gesundheitsversorgung unterminiert. Insofern hat sich die Attraktivität vieler Berufe erheblich verringert. Die Zahl der Auszubildenden ist seit dem Jahr 2000 um fast eine halbe Million zurückgegangen, da sich junge Menschen zunehmend für Arbeitsplätze im Dienstleistungssektor und die damit verbundenen akademischen Qualifikationen interessieren.[44]

Fast jeder fünfte Auszubildende berichtet, dass seine Ausbildungsvergütung kaum die Lebenshaltungskosten deckt, und ein weiteres Drittel hat ebenfalls mit finanziellen Schwierigkeiten zu kämpfen. Während die Ausbildung bei großen Unternehmen wie Mercedes-Benz oder Siemens besser bezahlt wird, muss etwa ein Drittel der Auszubildenden im Mittelstand mit 935 Euro oder weniger im Monat auskommen, was nach Abzug der Lebenshaltungskosten und der Anfahrt zu den oft abgelegenen Fabriken wenig ist.[45] Für Unternehmen, die bereits mit der Digitalisierung und einer Flut komplexer Vorschriften zu kämpfen haben, kann die Einstellung von Auszubildenden eine kostspielige Investition sein. Infolgedessen beklagen die Auszubildenden unzugängliche Manager und eine mangelhafte Lernerfahrung.

Letztlich schrumpft die Mittelschicht, weil die deutschen Institutionen es nicht schaffen, Chancen zu eröffnen. Es handelt sich um systemische Probleme, die auf die Sicherung des Wohlstands ausgerichtet sind, anstatt der Masse der Menschen Wege zum Wohlstand zu eröffnen. Zwar hatten die Sozialreformen unter Bundeskanzler Gerhard Schröder in den frühen 2000er-Jahren ein »Jobwunder« ausgelöst, aber die Rekordbeschäftigungszahlen führten nicht zu Wohlstand auf breiter Front. Bei den neu geschaffenen Stellen handelte es sich häufig um schlecht bezahlte Dienstleistungsjobs und Zeitarbeit. Der Wandel in der deutschen Arbeitswelt zeigt sich im Rückgang der Gewerkschaftsmitgliedschaft, die sich seit der Wiedervereinigung halbiert hat und auf ein Rekordtief gefallen ist. Die zunehmende Polarisierung hat dazu geführt, dass die Mittelschicht von 70 Prozent der Bevölkerung Mitte der 1990er-Jahre auf 63 Prozent im Jahr 2019 geschrumpft ist.[46] Gemessen an ihrer relativen Größe ist die deutsche Mittelschicht im internationalen Vergleich hinter Belgien, Finnland, Frankreich, Polen und sogar Griechenland zurückgefallen und lag 2019 in Europa nur noch auf Platz 14.[47]

Die Besorgnis wird dadurch geschürt, dass die soziale Mobilität für die meisten Deutschen nach unten verschoben ist. Vor allem für Arbeiterfamilien sind die Decken niedrig und undurchlässig, aber die Böden sind rutschig und voller Löcher.[48] Das ist ein besonderes Problem für ein Land wie Deutschland, das sich mit Stolz auf seine egalitären Ideale beruft.

Die etablierten Parteien zahlen bereits den Preis dafür. Weite Teile der Bevölkerung erachten die CDU/CSU und die SPD als unfähig, dem sozialen Wandel zur Prekarität gegenzusteuern. Wenn die Mittelschicht weiter schrumpft und viele Menschen in die Armut abrutschen, ist es wahrscheinlich, dass mehr Wähler den Parteien der Mitte den Rücken kehren zugunsten radikalerer Alternativen, die ihnen eine Umkehr ihres wirtschaftlichen Niedergangs und die Bewahrung der Lebensgrundlagen versprechen. Grob vereinfacht, lässt sich dem deutschen Sozialwissenschaftler Oliver Nachtwey zufolge die Geschichte der Bundesrepublik in zwei Phasen einteilen: »In der ersten wuchsen die Kuchenstücke. Seither dominiert die Abwärtsdynamik«.[49]

Leere Versprechen

Der erste Artikel des Grundgesetzes beginnt mit dem Absatz: »Die Würde des Menschen ist unantastbar. Sie zu achten und zu schützen ist Verpflichtung aller staatlichen Gewalt.« Dies ist eine der am häufigsten zitierten Aussagen im Gründungsdokument der Bundesrepublik Deutschland. In klarer Abgrenzung zur nationalsozialistischen Gewaltherrschaft wurden darin bewundernswerte Ziele für das Land formuliert, zu denen auch die Sicherung des Wohlergehens der Bürger im »sozialen Rechtsstaat« gehört. Doch das System hat diese hochgesteckten Ziele zunehmend verfehlt.

Im schicken Charlottenburg, unweit des preußischen Barockschlosses, das dem Berliner Bezirk seinen Namen gab, hat sich unter einer Eisenbahnbrücke ein Obdachlosenlager gebildet (eines von vielen in der Stadt, da die Notunterkünfte nicht ausreichen). Einige der dort lebenden Menschen haben Zelte oder Matratzen, andere nur ein Bündel Habseligkeiten. Wenigstens sind sie vor dem Regen geschützt sind, während die Züge über die Brücke rollen. Tagsüber humpeln viele Obdachlose der Stadt durch die U-Bahnen. Einige sind offensichtlich krank und brauchen medizinische und psychiatrische Hilfe, und nicht wenige sind derart verwahrlost, dass sich die Fahrgäste wegen des Gestanks die Nase zuhalten. Andere bleiben unter sich und scheinen sich mit der Situation abgefunden zu haben, wie etwa ein stiller schlaksiger Mann, der seit Jahren in der Nähe des Eingangs eines Supermarkts lebt und dankbar Almosen annimmt, ohne darum gebeten zu haben.

Ähnliche Zustände finden sich in ganz Deutschland. Über 600 000 Menschen – dies entspricht in etwa der Einwohnerzahl von Düsseldorf – hatten im Jahr 2022 keinen festen Wohnsitz, darunter etwa 50 000, die ganz ohne Unterkunft auf der Straße lebten; die Jahresgesamtzahl der Wohnungslosen verzeichnete zwischen 2021 und 2022 eine Steigerung von 58 Prozent.[50] Die Obdachlosenquote ist in Deutschland mehr als doppelt so hoch wie in Großbritannien; allerdings sind dort mehr Menschen in Notunterkünften untergebracht.[51] Alte Schulen, ungenutzte Büros und Konferenzzentren wurden zu Notunterkünften umfunktioniert. Sogar im wiederaufgebauten Berliner Stadtschloss wurde von einer Wohltätigkeitsorganisation ein »Ort der Wärme« eingerichtet, um Menschen in den kalten Wintermonaten eine Zuflucht zu bieten.

Die Nachfrage bei den Tafeln ist seit 2022 im Zuge der Inflation sprunghaft angestiegen. Die Tafeln sind ehrenamtlich geführte Organisationen, die vor der Entsorgung bewahrte Lebensmittel verteilen und für viele Familien zum Rettungsanker geworden sind. Bei mehr als zwei Dritteln der 97 Tafeln ist der Bedarf um mindestens die Hälfte gestiegen, bei jeder sechsten sogar um mehr als das Doppelte.[52] Insgesamt sind bis zu zwei Millionen Menschen in Deutschland auf die Organisation angewiesen, um sich zu versorgen.

Die Indizien für soziale Instabilität werden in deutschen Städten immer offenkundiger: von Zetteln an Laternenpfählen, auf denen um Hilfe bei der Wohnungssuche gebeten wird, bis hin zu dunkleren Signalen. In Frankfurt grassiert zwischen dem Hauptbahnhof und den glitzernden Türmen des Finanzzentrums seit vielen Jahren der Drogenkonsum, kaum verborgen in einem schäbigen Rotlichtviertel, in dem sich die gewalttätigen Zustände in Schildern widerspiegeln, die das Mitführen von Schusswaffen, Schlagringen und Messern zwischen 20 Uhr und 5 Uhr morgens untersagen – wobei sich die Frage stellt, was außerhalb dieser Zeiten passiert. Und jedes Jahr werden in Deutschland Zehntausende von Menschen wegen unbezahlter Geldstrafen inhaftiert. Dies ist die häufigste Ursache der Haftstrafe in Deutschland, und sie kann bis zu einem Jahr betragen. Das Verbrechen besteht darin, arm zu sein. Da die Sozialhilfe nicht so großzügig ist, wie behauptet, sind Menschen, die kein Zugticket kaufen, in der Regel mittellos, sodass die Geldstrafen sie in eine Abwärtsspirale führen.[53]

In München lassen die Zugreiniger die Wertstoffsäcke offen stehen, damit Bedürftige sie nach Flaschen und Dosen durchsuchen und das Pfand einlösen können. Das erstklassige deutsche Recyclingsystem hat sich zu einem informellen System der Umverteilung entwickelt, bei dem für ein paar Cent Flaschen abgegeben werden. Es spricht für das soziale Gewissen des Durchschnittsdeutschen, dass sich die Etikette herausgebildet hat, Leergut neben den Mülltonnen stehen zu lassen, um den Flaschensammlern die Demütigung des Durchwühlens zu ersparen. Doch bei maximal 25 Cent Pfand pro Flasche reicht das kaum aus, um die Lücken zu schließen, die sich im Sozialsystem aufgetan haben.

Trotz des objektiven Wohlstands im Land lebt fast jeder fünfte Deutsche in Armut, und etwa ein Viertel von ihnen leidet unter Erwerbsarmut; ihr Arbeitslohn reicht nicht aus, um den Grundbedarf zu decken. Demografisch gesehen, sind junge und ältere Menschen überproportional von Armut betroffen. Eines von fünf Kindern wächst in armen Haushalten auf, und mehr als 40 Prozent der Alleinerziehenden leben unterhalb der Armutsgrenze.[54] Die Zahl der von Armut bedrohten Rentner liegt über dem EU-Durchschnitt.[55] Das Ergebnis ist, dass die Ungleichheit in Deutschland zu den schlimmsten in Europa gehört.

Das Scheitern des Sozialsystems, das die »Würde« der deutschen Bürger sichern sollte, ist kein Zufall. Es wurde schrittweise ausgehöhlt mit der Absicht, mehr Menschen dem Arbeitsmarkt zuzuführen. In einigen Fällen ist man dabei zu weit gegangen. Nach einer Klage gegen die als Hartz IV bekannten Sozialreformen von Bundeskanzler Gerhard Schröder zwang das Bundesverfassungsgericht die Regierung 2010, das Programm umzugestalten. Es entschied, dass die Pflichten des Sozialstaats es erfordern, nicht nur physische Bedürfnisse wie Nahrung und Unterkunft zu sichern, sondern auch genügend Unterstützung zu bieten, um die Teilnahme am sozialen, kulturellen und politischen Leben zu ermöglichen. Das klingt in der Theorie großzügig, aber in der Praxis beläuft es sich auf weniger als 19 Euro pro Tag.[56]

Trotz der zunehmenden Notlage hat Gefühllosigkeit Einzug in die politische Debatte gehalten. Zum Zeitpunkt der höchstrichterlichen Entscheidung über die Hartz-IV-Leistungen waren die Folgen der globalen Finanzkrise 2007/08 in Deutschland noch nicht völlig abgeklungen, und der Staat hatte sich Sparsamkeit auferlegt, indem er die Schuldenbremse zur Begrenzung der Kreditaufnahme im Grundgesetz verankerte. Es war der Beginn einer Ära, in der die verängstigte Arbeiterschaft offen gegen die noch schlechter gestellten Sozialhilfeempfänger ausgespielt wurde. Der damalige FDP-Vorsitzende und Vizekanzler Guido Westerwelle trug 2010 dazu bei, die Debatte über die Beschämung der Armen zu entfachen, indem er behauptete, großzügige Sozialhilfe untergrabe den Wert der Arbeit und führe zu »spätrömischer Dekadenz«.[57] Die Verunglimpfung der Unterprivilegierten wurde 2022 von Friedrich Merz fortgesetzt, der den Begriff »Sozialtourismus« im Zusammenhang mit ukrainischen Kriegsflüchtlingen populär machte.

Die harte Linie besteht in der Behauptung, dass träge Sozialhilfeempfänger ein leichtes Leben auf Kosten der schwer arbeitenden Steuerzahler führen. Es wurden Sanktionen verhängt, um die Leistungen zu kürzen, mit dem Ziel, mehr Menschen in Arbeit zu bringen. Die Fakten sprechen jedoch dagegen. Zwar gibt es tatsächlich Menschen, die das System austricksen, doch die Zahl derer, die Unterstützung erhalten, aber nicht arbeiten, beträgt nur etwa 15 000 von insgesamt 5,5 Millionen, die Bürgergeld beziehen.[58] Grobe Schätzungen hinsichtlich des Sozialhilfebetrugs belaufen sich auf bis zu 20,5 Milliarden Euro.[59] Das ist zwar eine große Summe, aber immer noch weniger als zwei Prozent der gesamten Sozialausgaben und ein Fünftel der 100 Milliarden Euro, die dem Staat jährlich durch Steuerhinterziehung verloren gehen. Die Kosten für die Unterstützung der Armen steigen, sind aber nicht unbedingt in die Höhe geschnellt. Zwischen 2002 und 2022 stiegen die Sozialausgaben in Deutschland um 26 Prozent. Das war der drittniedrigste Anstieg in der OECD, und der Anteil am BIP war ähnlich hoch wie in den USA, wenn man die Krankenversicherungskosten miteinbezieht.[60]

Diese Tatsachen haben den Kulturkampf gegen die Armen nicht entschärft. Die Regierung von Bundeskanzler Olaf Scholz ist auf Sparflamme und konzentriert sich in der politischen Debatte auf die Kürzung der Unterstützung für die Bedürftigen, in der Annahme, dass der Druck sie in die Arbeitswelt zwingt. Das ist ein Ansatz, der die Spaltung und die Vertiefung der Gräben in Deutschland vorantreibt.

Wie grausam das System sein kann, zeigt der Fall von Thomas Wasilewski. Der gebürtige Mönchengladbacher hatte zwei Ausbildungen absolviert – eine in der IT-Branche und eine im Außen- und Großhandel – und arbeitete bei der Ruhrkohle AG, wo er jungen Menschen mit Lernschwierigkeiten zu einer Ausbildung verhalf. Mit anderen Worten: Er war ein produktives und engagiertes Mitglied der Gesellschaft, bis es 2007 zu einer Tragödie kam, als er plötzlich ohnmächtig wurde. Später wurde bei ihm ein Herzproblem diagnostiziert. Bei einer Operation wurde sein Herzmuskel verletzt, und er musste reanimiert werden. 2013 zeichnete sich ab, dass Wasilewski, der zu diesem Zeitpunkt erst 40 Jahre alt war, nicht mehr arbeiten konnte. Er erhielt zwar eine Rente, aber die reichte nicht annähernd für eine fünfköpfige Familie. Seine Frau konnte aufgrund von Rückenproblemen nur noch in Teilzeit arbeiten. Daher erhielt die Familie Sozialhilfe, um das Nötigste zu besorgen.

In der Praxis bedeutet das, dass Thomas Wasilewski mit dem

Fahrrad von einem Discounter zum nächsten fährt, um nach Angeboten für Lebensmittel zu suchen, die bald ablaufen, und sich zu merken, wann und wo es in den nächsten Tagen Angebote geben könnte. Wenn das zur Verfügung stehende Geld vor Monatsende aufgebraucht ist, muss er zu den Tafeln fahren, um Spenden zu erhalten. Er hat festgestellt, dass die Schlangen von Jahr zu Jahr länger geworden sind. Es gab für ihn auch Rechtsstreitigkeiten mit den Behörden, um Geld für Schulbücher für seine Kinder zu bekommen. Als ein Sohn auf Klassenfahrt ging, halfen Freunde mit zusätzlicher Kleidung für die Reise, aber sie verschwiegen es aus Angst, dass die Behörden das Geld für diese »Geschenke« abziehen würden. Wenn Politiker davon sprechen, dass sie Kinder aus der Sozialhilfe herausholen wollen, »ist das eine eklatante Lüge«, sagte Thomas Wasilewski. »Wir werden an die Wand gedrückt und ruiniert.«[61]

Der Wendepunkt kam für Wasilewski im Jahr 2022, als die Inflation die Lebensbedingungen der Sozialhilfeempfänger nochmals verschärfte. Er ging mit seiner Geschichte an die Öffentlichkeit, um sich für Sozialhilfeempfänger einzusetzen und dem stillen Leid von Millionen von Deutschen eine Stimme zu geben. Der *Süddeutschen Zeitung*[62] gab er ein Interview, und der Mann schickte den Artikel an rund 500 Politiker, von denen ihm allerdings nur wenige antworteten. Der Abgeordnete seines Wahlkreises behauptete, er sei für das Thema nicht zuständig, aber auch der Ausschuss für soziale Fragen im Bundestag lehnte ab. »Was soll ich von einer Demokratie halten, die sich so weit von ihren schwächsten Mitgliedern entfernt hat?«, fragte Wasilewski, der in den sozialen Medien und Talkshows weiter auf das Thema aufmerksam macht.[63]

Politische Freiheit hat in der Tat nur begrenzten Wert, wenn die Menschen sich wirtschaftlich eingeengt fühlen. Was nützt es, das Recht zu haben, zu wählen und seine Meinung zu sagen, wenn man sich kein Essen für seine Familie leisten kann? In China funktioniert der Kapitalismus, ohne dass die Menschen eine politische Stimme haben, aber das Gegenteil kann kaum der Fall sein. Ein Mangel an wirtschaftlichen Wahlmöglichkeiten kann ein demokratisches System kaum aufrechterhalten. Das gilt für jede liberale Demokratie, aber die Verbindung zwischen Demokratie und wirtschaftlichem Wohlstand ist im deutschen System besonders stark. In den 1930er-Jahren nutzten die Nationalsozialisten die Angst vor der Weltwirtschaftskrise, um die Weimarer Republik zu beseitigen. Und jetzt, da das Wohlstandsversprechen zusammenbricht, droht die Verlockung des Populismus stärker zu werden.

Deutschland hat zwar nach dem Zweiten Weltkrieg nie den Anspruch erhoben, eine Leistungsgesellschaft zu sein, aber es soll eine Nation sein, die sich um ihre Bürger kümmert. Der Preis für die relativ begrenzte vertikale Mobilität ist ein soziales Sicherheitsnetz, das ein Leben in »Würde« gewährleisten soll. Das Scheitern des Wohlstandsversprechens wirft daher beunruhigende Fragen zur Stabilität auf.

Die etablierten Parteien haben darauf kaum reagiert, aber die deutsche Zivilgesellschaft steht dem wachsenden Wohlstandsgefälle nicht gleichgültig gegenüber. Die Bürgerinnen und Bürger drängen darauf, die Realität aufzuzeigen, dass der Staat nicht mehr für alle sorgt; es geht ihnen darum, den Mythos vom Sozialstaat aufzudecken und die Tür für konstruktive Veränderungen zu öffnen. Von Armutsbekämpfern, die in den sozialen Medien auf Benachteiligungen hinweisen, bis hin zu Frankfurter Aktivisten, die »Stadt für alle« auf leer stehende Investitionsobjekte sprühen, sind die Zeichen der Unzufriedenheit weitverbreitet. Und dort, wo die Politik der Regierung versagt, entstehen Organisationen, die Sozialhilfeempfängern helfen, Energierechnungen zu bezahlen, Pandemiekosten zu decken und gegen Leistungskürzungen zu kämpfen.[64] In dem Bestreben, gleiche Bedingungen für Deutschlands glückliche Erben zu schaffen, haben Aktivisten ein »Grunderbe« vorgeschlagen, die jungen Erwachsenen eine bestimmte Geldsumme als Startkapital zur Verfügung stellen würde, um die Chancen neu zu verteilen.[65] Es gibt keine Anzeichen dafür, dass die etablierten Parteien einen solchen Plan annehmen werden, vor allem nicht in einer Zeit der Sparmaßnahmen. Insgesamt sind die Weichen für mehr Ungleichheit und größere soziale Unruhen gestellt.

In dem Film *Metropolis* wurde die Einheit mit einer einfachen

Geste geschmiedet, aber in der deutschen Realität wird der Weg zur Überbrückung der Kluft in der Gesellschaft mehr als nur Symbolik erfordern. Um das Haus Deutschland zu reparieren, sind Taten, Einfühlungsvermögen und ein kollektiver Wille erforderlich, aber das scheint angesichts der kriselnden Wirtschaft und des Mangels an politischer Führung schwierig zu sein. Anstatt dass sich der Kopf und die Hand Deutschlands versöhnen, scheint das Land in einen sich verschärfenden Kampf um Ressourcen abzugleiten, als ob die soziale Spaltung nicht schon groß genug wäre.

8 Das Haus ist gespalten

»O Freunde, nicht diese Töne!
sondern laßt uns angenehmere anstimmen«
LUDWIG VAN BEETHOVEN[1]

Am 6. November 2024 wachten die Europäer auf und mussten feststellen, dass Donald Trump eine zweite Amtszeit als Präsident der Vereinigten Staaten von Amerika gewonnen hatte, und das nicht einmal knapp. Damit saß ein Isolationist mit autoritären Tendenzen wieder im Weißen Haus, während an Europas Grenzen Krieg herrschte. Nach der ersten Wahl Trumps blickte eine besorgte Welt auf Deutschland und Angela Merkel als Vorreiterin der liberalen Demokratie. Doch acht Jahre später sind diese Illusionen verschwunden.

Als die Nacht über Berlin hereinbrach, trafen sich die führenden Mitglieder der Regierungskoalition von Olaf Scholz, um einen Haushalt auszuarbeiten, wohl wissend, dass mit Trumps Rückkehr noch mehr auf dem Spiel stand. Es klaffte bereits eine Finanzierungslücke von rund 15 Milliarden Euro, und der Ausgabenplan musste die schleppende Wirtschaft angesichts einer drohenden Handelskriege mit den USA und China wieder ankurbeln. Deutschland sah sich auch einem größeren Druck ausgesetzt, die Verteidigungsanstrengungen der Ukraine weiterhin zu unterstützen, da das transatlantische Bündnis schwächer war als jemals zuvor seit dem Ende des Zweiten Weltkriegs. Nach monatelangem öffentlichem Gezänk flammten die Spannungen auf. Statt eines nüchternen Kompromisses entließ ein emotional aufgeladener Scholz den Finanzminister Christian Lindner und brachte seine eigene Regierung zu Fall. Anstatt sich für den Moment zu sammeln, zersplitterten die Parteien, die bei ihrer Machtübernahme 2021 »Fortschritt« versprochen hatten. Anstatt als Anker für Europa zu dienen, ist Deutschland eingeknickt. Nach einem heftigen Schlagabtausch stellte Scholz ein Ultimatum, und Lindner wich aus. Nach einem langen Moment fassungslosen Schweigens, als die Tragweite des Ausbruchs klar wurde, sagte Scholz zu Lindner: »So. Doof.«

Das Scheitern der ungeliebten Ampelkoalition mag zwar als Einzelfall betrachtet werden, ist es aber nicht. Fast die gesamte Nachkriegszeit über konnte Deutschland mit ordentlichen Zweiparteienbündnissen auskommen. Doch diese Zeiten sind vorbei, denn der politische Mainstream ist dauerhaft zersplittert. Alle Parteien, einschließlich der CDU, haben dazu beigetragen, dass Deutschland allmählich in die Fragmentierung abdriftet. Auch wenn die Rückkehr der Partei von Angela Merkel und Helmut Kohl an die Macht wie eine Wiederbelebung der Stabilität erscheinen mag, sind die zugrunde liegenden Trends immer noch vorhanden.

Die Gesellschaft hat sich verändert, und die alten politischen Parteien haben Mühe, sich anzupassen, und verlieren an Legitimität, da immer mehr Deutsche mit einem System zu kämpfen haben, das gegen sie gerichtet ist. Die Zahl derer, die nach Antworten suchen, ist gewachsen, und die politische Klasse hat sie nicht geliefert. Wähler in anderen Ländern mögen das als normal ansehen, aber die Deutschen sind nicht apathisch. Sie erwarten von ihren gewählten Vertretern, dass sie den Gesellschaftsvertrag einhalten – insbesondere, dass sie für Grundbedürfnisse und Sicherheit sorgen. Doch anstatt Visionen zu entwerfen, wohin Deutschland gehen soll, haben sich die etablierten Parteien darauf verlegt, sich gegenseitig zu beschimpfen und sich um die erodierende politische Mitte zu balgen. Dies ist eine Folge der steigenden wirtschaftlichen Ängste und der sozialen Spaltung, die durch eine unterentwickelte nationale Identität begünstigt wird. Sie hat Raum für die Sirenengesänge von Randgruppenpolitikern geschaffen hat, die einfache Antworten versprechen.

Dieses Abdriften in die Extreme zeigte sich bei den Wahlen in

Thüringen, wenige Wochen vor dem Showdown in Berlin. Dort wurde die erste deutsche Demokratie gegründet, aber auch der Nationalsozialismus hatte hier eine frühe Hochburg. Ein Jahrhundert später steht das Land aus den falschen Gründen wieder an der Spitze der nationalen Politik. Bei den Wahlen im September 2024 wurde erstmals in der Nachkriegszeit eine rechtsextreme Partei unter der Führung eines charismatischen Führers stärkste Kraft in einem Bundesland. Der erfolgreiche Wahlkampf der Partei im grünen Herz Deutschlands wurde von dem rechtsextremistischen Provokateur Björn Höcke angeführt, der wegen der Verwendung von Slogans aus der Nazizeit zu einer Geldstrafe verurteilt wurde und per Gerichtsurteil als »Faschist« bezeichnet werden kann.[2] Der Thüringer Landesverband der Partei – vom Verfassungsschutz als erwiesen rechtsextremistisch eingestuft – leitete sein Wahlprogramm mit einem Text von Franz Langheinrich ein, einem Lyriker, der als begeisterter Anhänger der Nazis bekannt war. Die AfD fordert in ihrem Programm unter anderem die Beendigung der »staatlich geförderten illegalen Einwanderung«, weil sie die »innere Verbundheit« der Nation gefährde und das »Recht auf Heimat« bedrohe. Mit anderen Worten: Die Partei hat diesen historischen Meilenstein nicht trotz ihres Appells an den deutschen »Blut und Boden«-Nationalismus erreicht, sondern gerade deswegen. Der Vormarsch war möglich, weil alternative Konzepte der deutschen Identität nicht ausreichend gepflegt wurden.

Wenn das das einzige Problem wäre, das aus der Thüringer Wahl hervorgegangen ist, wäre das schlimm genug. Aber es gibt noch mehr. Das pro-russische Bündnis Sahra Wagenknecht (das erst im Januar 2024 von der opportunistischen linken Politikerin gegründet wurde) erhielt genug Zustimmung, um mehr Stimmen als alle drei Parteien der Regierungskoalition von Bundeskanzler Olaf Scholz zusammen zu erhalten. Zur Zeit der noch bestehenden DDR war Wagenknecht Mitglied der Einheitspartei SED gewesen, anschließend war sie im Vorstand der Nachfolgepartei PDS. Aber in der sonst so behäbigen deutschen Politik brauchte sie nur neun Monate, um die älteste Partei Deutschlands und ihre Verbündeten in den

Schatten zu stellen. Alles, was das BSW brauchte, war ein angstbesänftigendes Programm, das unter anderem die Beschwichtigung Russlands und die Besteuerung der Reichen vorsah, vor allem aber, dass es nicht zum politischen Establishment gehörte. Die einzige etablierte Partei, die es unter die ersten drei schaffte, waren die Christdemokraten. Die Wahl war das bisher deutlichste Zeichen dafür, dass die lang gehegte politische Stabilität in Deutschland zusammengebrochen ist.

Thüringen war kein Ausreißer. Im benachbarten Sachsen waren die Ergebnisse nur etwas weniger gravierend. Die konservativen Christdemokraten gewannen knapp die meisten Stimmen vor der AfD und dem BSW auf Platz drei. Diese Störung trat trotz Milliardeninvestitionen in Halbleiterwerke in und um Dresden im sogenannten »Silicon Saxony« auf, was den Gedanken unterstreicht, dass die politische Zersplitterung Deutschlands nicht ausschließlich auf wirtschaftliches Wohlergehen zurückzuführen ist, sondern dass nationale Ängste das öffentliche Bewusstsein beeinflussen.

Kurzum: Das Haus Deutschland ist gespalten und wird es immer mehr, denn die Anspannung und die Angst vor klirrenden Rohren und zugigen Räumen verunsichern die Bewohner.

Falsche Freunde

In den Wochen vor der Bundestagswahl 2021 versammelten sich mehrere Dutzend Menschen aller Altersgruppen in einem früheren Geschäft in einer gepflegten Kreisstadt am Rand des Thüringer Waldes. Mit der üblichen Auswahl an Kuchen und Wurst- und Käsebrötchen wirkte es wie eine ganz normale deutsche Dorfveranstaltung. Dass es diesmal etwas anderes war, wurde jedoch mit Beginn der Präsentation offensichtlich: Auf der Tagesordnung stand der Widerstand gegen die staatlichen Maßnahmen zur Bekämpfung der Covid-19-Pandemie.

Sonneberg war vor 100 Jahren der Standort einer blühenden Spielzeugindustrie gewesen, und noch immer ist man stolz auf einen der größten Teddybären der Welt, aber wie in weiten Teilen

Deutschlands, insbesondere im Osten, war nun die Stimmung düster. Die wirtschaftlichen Nöte hatten hier einen fruchtbaren Boden für feurige Reden gegen die herrschenden Verhältnisse geschaffen. Das mag erklären, warum Menschen dazu bereit waren, an einem angenehmen Spätsommerabend einem Mann mit Brille, Ziegenbärtchen und grauem Haar zuzuhören, der über die Regierung in Berlin herzog. Im Grunde glichen sich die Parolen der Anti-Covid-Rhetorik überall in der Republik, aber in Thüringen wurden schnell Parallelen zur DDR-Diktatur gezogen. Mit den Masken solle den Menschen ihre Identität genommen werden, und die verschärften Abstandsregeln für die Nichtgeimpften seien eine Verschwörung, um die Gesellschaft zu spalten und eine »Impfungsapartheid« einzuführen. So gab es auch Montagsdemonstrationen wie 1989 im Verlauf der »friedlichen Revolution«, die zur Wiedervereinigung Deutschlands führte. Ein Hinterzimmer war dafür voll von Protestschildern gegen Merkel und die Bundesregierung.

Die Corona-Regeln und die Störungen des alltäglichen Lebens waren für alle lästig, aber wegen der schon bestehenden Frustrationen und Ängste in der Bevölkerung war die Pandemie ein Katalysator für die Empörung gegen die herrschenden Verhältnisse. Der bürgerliche Konsens, der in Deutschland jahrzehntelang dominiert hatte, wurde unterminiert. Zwei Jahre später errang die rechtsextreme AfD in Sonneberg einen Etappensieg, als Robert Sesselmann dort zum Landrat gewählt wurde. Das war das erste Mal seit Gründung der Bundesrepublik im Jahr 1949, dass eine rechtsextreme Partei eine Wahl klar gewann. Die Protestgruppe »Sonneberg zeigt Gesicht« war zwar überparteilich, aber viele ihrer Ideen überschnitten sich mit denen der AfD, was sie zu einer effektiven Zubringerorganisation wie viele andere im Land machte.

Die AfD ist nationalistisch, islamfeindlich, gegen die EU und gegen Zuwanderung. Sie ist extremistischer als viele andere populistische Bewegungen in Europa. So wollte Marine Le Pens Rassemblement National vor den Wahlen zum Europaparlament 2024 nicht mit der Partei zusammenarbeiten, und auch die Rechtsaußenfraktion Identität und Demokratie nahm sie im Europaparlament nicht auf. Die AfD ist in ein Netzwerk eingebunden, das Unterstützer rekrutiert und die Grenzen des öffentlichen Diskurses nach rechts verschiebt. Zudem gibt es weitere, noch extremistischere rechte Parteien in Deutschland wie Die Heimat, Die Rechte und Der III. Weg, neben denen die AfD vergleichsweise gemäßigt erscheint. Ihre Präsenz im Bundestag und ihr Momentum haben den politischen Diskurs in Deutschland weit jenseits dessen geführt, was man bisher für möglich hielt. Diskussionen über Zwangsabschiebungen sind selbstverständlich geworden, und Politiker aus den etablierten Parteien geraten in Versuchung, solche Forderungen zu übernehmen. Die AfD würde Deutschland umkrempeln, wenn sie die Chance dazu bekäme, und ihre Anführer bereiten den Boden dafür.

Die Überwachung von Teilen der AfD durch den deutschen Verfassungsschutz hat ihrem Aufstieg nicht geschadet, sondern ist im Gegenteil zu ihrem Markenzeichen geworden. Sie stellt sich als »demokratische Partei und Bürgerbewegung gegen die undemokratische und rechtswidrige Willkür der etablierten Altparteien« dar, sodass Bemühungen, die Partei zum Schweigen zu bringen, eher als Beweis für systemische Korruption denn als Schutz der Verfassung angesehen werden. Die anderen Parteien haben gelobt, nicht mit der AfD zusammenzuarbeiten, doch als Resultat drohen dysfunktionale Koalitionen. Das spielt dem Narrativ der Partei in die Karten, das System wolle sich nur selbst erhalten und den Willen des Volkes unterdrücken – »Volk« hier mit einem ethnisch-kulturellen Unterton.

Der Sieg in Sonneberg war nur eine Zwischenstation in einer politischen Entwicklung, die die dunkle Seite der Deutschen offenbarte und die Frage aufwarf, was das Land den Verlockungen eines populistischen Nationalismus entgegenzusetzen hatte. Die AfD wurde im Februar 2013 als euroskeptische Bewegung gegründet. Sie wandte sich während der Schuldenkrise in der Eurozone gegen die von Deutschland unterstützten Rettungsschirme. Ihr Name bezieht sich auf Angela Merkels Beharren darauf, dass es »keine Alternative« zu den viele Milliarden Euro schweren Hilfspaketen für das zahlungsunfähige Griechenland gebe.

Von Anfang an duldete die AfD Rechtsextremisten in ihren Reihen, aber zunächst dominierten konservative Kritiker der gemeinsamen europäischen Währung, wie Bernd Lucke, ein Wirtschaftsprofessor an der Universität Hamburg und frommer evangelischer Christ. Ihre zentrale Forderung war die Auflösung der Eurozone und die Wiedereinführung der D-Mark, dieses schmerzlich vermissten Symbols eines soliden deutschen Finanzwesens. Diese Position brachte der Partei bei den Bundestagswahlen im Jahr 2013 zwei Millionen Stimmen ein.[3] Damit blieb sie nur knapp unterhalb der Fünf-Prozent-Hürde für den Einzug in den Bundestag.[4] Aber die Parteiführer mussten nicht lange auf den Durchbruch warten. Im Mai 2014 gewann die AfD sieben Sitze bei den Wahlen zum Europaparlament (die für wütende Protestwähler klassischerweise ein Ventil bieten).[5] Kaum mehr als ein Jahr nach ihrer Gründung war die AfD in einem bedeutenden Parlament vertreten.

Der nächste Wahlkampf sollte der Partei noch größere Erfolge bescheren und politische Positionen wiederaufkommen lassen, von denen die meisten Deutschen gedacht hatten, sie würden der Vergangenheit angehören. Im Spätsommer 2014 trat die AfD bei den Landtagswahlen in Brandenburg, Sachsen und Thüringen an. Während die gebildeten Parteiführer über Schuldenquoten und Kreditratings dozierten, konzentrierte sich der Wahlkampf in den ostdeutschen Bundesländern auf die Familie und die Flagge. In Sachsen erhob die Parteisprecherin Frauke Petry die Bewahrung der christlichen Identität Deutschlands zum wichtigsten Thema und forderte, vor dem Bau von Moscheen mit Minarett erst die Lokalbevölkerung in einem Referendum darüber abstimmen zu lassen.[6] Für die in Dresden geborene Geschäftsfrau und Mutter war die AfD auch die Hüterin der traditionellen Familie. Ehen und Adoptionsrechte für gleichgeschlechtliche Paare lehnte sie entschieden ab.[7]

In Thüringen wetterte Björn Höcke populistisch gegen die negativen Folgen der Globalisierung und die freiheitliche Grundordnung.[8] Der frühere Sport- und Geschichtslehrer, dessen Großeltern nach dem Zweiten Weltkrieg aus den deutschen Ostgebieten vertrieben worden waren, spielte später bei der Radikalisierung der Partei eine entscheidende Rolle. Die emotionalisierten Botschaften kamen an, und das Ergebnis der AfD übertraf in allen drei Bundesländern die Vorhersagen, womit sie zum ersten Mal Mandate in den Länderparlamenten eroberte. Eine aufgeregte Petry verkündete ihren Unterstützern in der Wahlnacht: »Die AfD ist angekommen!«

Das galt aber auch für die Flügelstreitigkeiten. Kurz nach dem überraschend guten Ergebnis des nationalistischen AfD-Flügels im Osten blieben die Euroskeptiker bei den Bürgerschaftswahlen in Hamburg erfolglos. Diese divergierenden Wahlergebnisse beschleunigten den Richtungsstreit in der Partei. Im Frühjahr 2015 unterzeichnete eine Gruppe um Höcke die sogenannte Erfurter Resolution, die die Kursverschiebung nach rechts außen offiziell machte. Die Erklärung rief zu einem Bündnis mit der völkisch-nationalistischen Protestgruppe PEGIDA (eine Abkürzung für »Patriotische Europäer gegen die Islamisierung des Westens«) auf und bezeichnete die AfD als »eine Widerstandsbewegung gegen die weitere Aushöhlung der Souveränität und Identität von Deutschland«.[9] Neben Höcke unterzeichneten Leute wie Andreas Kalbitz, ein regelmäßiger Teilnehmer bei Neonazi-Kundgebungen, der später einen Parlamentskollegen mit einem Fausthieb ins Krankenhaus beförderte.[10] Die nationale Führungsebene der AfD versuchte zwar, diesem Kurswechsel zu widerstehen, aber sie verlor bald die Kontrolle. Rechtsextreme Positionen, die in Deutschland jahrzehntelang nur in unorganisierten Randgruppen kursiert hatten, wurden plötzlich von Akteuren geäußert, die Millionen von Wählern repräsentierten. Eine Bestie, die im deutschen politischen Unterbewusstsein geschlummert hatte, erwachte wieder zum Leben.

Am 5. Juli 2015 kam es auf dem Jahresparteitag der AfD in Essen zum Showdown zwischen den sich bekämpfenden Flügeln. In einem Versuch, die Kontrolle wiederzuerlangen, rief Bernd Lucke Neuwahlen für den Parteivorsitz aus und forderte den sich bildenden rechten Flügel auf, einen Gegenkandidaten aufzustellen, was der auch tat. Der euroskeptische Akademiker wurde von Frauke Petry vernichtend geschlagen, die fast zwei Drittel der Stimmen bekam. Wenige Tage später verkündete Lucke seinen Parteiaustritt, da sich die AfD in eine ausländerfeindliche Richtung entwickelt habe und »in die falschen Hände gefallen« sei.[11] Das löste eine Austrittswelle von Mitgliedern des relativ gemäßigten Flügels aus, einschließlich dem Mitbegründer Hans-Olaf Henkel. Der frühere Präsident der mächtigen Bundesverbandes der deutschen Industrie gestand später, geholfen zu haben, »ein richtiges Monster« zu schaffen.

Für Außenstehende schien die AfD hoffnungslos in Grabenkämpfe verstrickt zu sein, was für die CDU/CSU »ausgezeichnete Nachrichten« waren, die verlorene Stimmen zurückbringen würden.[12] Meinungsumfragen schienen diesen Optimismus zu bestätigen, denen zufolge nur noch drei Prozent der Bevölkerung die AfD unterstützten – bei den Landtagswahlen ein Jahr zuvor hatte sie noch zweistellige Ergebnisse erzielt. Deutschland atmete auf. Die Lehren aus der Geschichte schienen immer noch eindrücklich genug zu sein, um den Extremismus abzuwehren. Aber die AfD wurde zu früh abgeschrieben.[13]

Tatsächlich stand die Partei erst am Anfang. Eine sich verschärfende Flüchtlingskrise ließ den Populismus, der sich zusammen mit der Eurokrise gelegt hatte, wieder aufflammen. Der eskalierende Bürgerkrieg in Syrien trieb Millionen Menschen in die Flucht und über die Grenze in die Türkei. Von dort wagten viele Flüchtlinge lebensgefährliche Bootsfahrten zu den griechischen Ägäischen Inseln und zogen dann weiter über den Balkan Richtung Mitteleuropa. Schon 2014 stieg die Anzahl der in Deutschland angekommenen Flüchtlinge auf ihren damaligen Höchststand seit dem Jugoslawienkrieg in den 1990er-Jahren.[14] 2015 wurde deutlich, dass die Lage außer Kontrolle geraten war. Hunderte von Migranten ertranken in der Ägäis, Tausende steckten in desolaten Flüchtlingslagern in Serbien, Ungarn und Kroatien fest. Am 27. August 2015 wurden in einem Lastwagen auf einer Autobahn in Österreich nahe der ungarischen Grenze die Leichen von 71 Menschen entdeckt. Sie hatten gehofft, im reichsten und mächtigsten Land Europas Zuflucht zu finden. Dieser Vorfall erschütterte Deutschland bis ins Mark.

Angela Merkel blieb zunächst zurückhaltend. Trotz des Leids

der Flüchtlinge und wachsender Spannungen in den Balkanländern durch den Zustrom bestand sie darauf, die Regeln der EU einzuhalten. Während eines Besuchs in einer Schule im Juli 2015 fragte ein Mädchen aus dem Libanon die Kanzlerin, wann der Asylantrag ihrer Familie bewilligt werden könnte, sodass sie ihre Schulausbildung fortsetzen könnte. Merkel erwiderte sachlich, dass nicht alle Flüchtlinge in Deutschland bleiben könnten, worauf die 14-Jährige in Tränen ausbrach. In diesem Moment erschloss sich der Pastorentochter Merkel die menschliche Dimension des Flüchtlingsdramas.

Doch bald war es nicht mehr möglich, sich an die Regeln zu halten. Ab August 2015 waren die zuständigen Behörden überfordert und konnten die Anzahl der Asylanträge nicht mehr bewältigen.[15] Anstatt die Migranten an den deutschen Grenzen zurückzuweisen – was wahrscheinlich nur mit Waffengewalt möglich gewesen wäre –, entschied Merkel, Menschen ungehindert ins Land zu lassen. Damals herrschte in Deutschland großes Mitgefühl. Die Bilder von Tausenden von Münchnern, die Flüchtlinge am Hauptbahnhof willkommen hießen, wurden auf der ganzen Welt in den Medien wiedergegeben. Doch es gab auch Bedenken wegen »Horden fremder Männer«, die in zu Notunterkünften umfunktionierten Turnhallen untergebracht wurden (in denen eigentlich Schulkinder Sport treiben sollten) und sich auf der Suche nach Arbeit befanden; sie bestimmten zunehmend das Straßenbild vieler Städte. Angesichts des Ausmaßes der humanitären Notlage unterschätzte Angela Merkel die Schwierigkeiten, die sich bei einem plötzlichen Zustrom von mehr als einer Million Menschen ergeben würden. Auf einer Pressekonferenz Ende August wischte sie alle Zweifel beiseite mit dem berühmten Satz: »Wir schaffen das.«

Nachdem die AfD schon am Ende schien, erwachte sie in dieser Situation wieder zum Leben. Der damalige Vorsitzende der AfD Brandenburg und spätere Co-Vorsitzende der Bundespartei Alexander Gauland sagte später, die Flüchtlingskrise habe sich als Geschenk erwiesen.[16] Zwar versuchten fast alle Neuankömmlinge, in Ruhe ein neues Leben aufzubauen und sich im Land einzubringen, doch dramatische Sicherheitsvorfälle erschütterten das Vertrauen der Öffentlichkeit in Merkels Politik der offenen Tür. Am 13. November verübten neun Kämpfer des Islamischen Staates brutale Terroranschläge in Paris, bei denen 130 Menschen getötet und Hunderte verletzt wurden. Laut dem damaligen französischen Premierminister Manuel Valls waren die Extremisten in den Flüchtlingsströmen nach Europa eingeschmuggelt worden.[17] In Deutschland belästigten in der Silvesternacht 2015 Hunderte von Männern aus Nordafrika am Kölner Hauptbahnhof Frauen und verübten sexuelle Übergriffe; es kam zu mehr als 1000 Strafanzeigen.[18]

Dieses Ereignis veränderte die Einstellung der Deutschen gegenüber den vorwiegend muslimischen Flüchtlingen im Land.[19] In den folgenden Monaten häuften sich Vorfälle, und die Stimmung verschlechterte sich deutlich. Im Juni 2016 griff ein 17-jähriger Flüchtling aus Afghanistan in einem Zug in Würzburg mit einem Beil und einem Messer Menschen an und verletzte fünf von ihnen.[20] Am 19. Dezember tötete der tunesische Zuwanderer Anis Amri mit einem Lastwagen elf Menschen auf dem Berliner Weihnachtsmarkt.[21] Ende 2016 waren vier Fünftel der Deutschen dafür, dass Merkel ihre Position zur Integration der Flüchtlinge ändern sollte. Diese Gefühle wurden durch die AfD instrumentalisiert. Die Partei rief zu Protesten vor dem Bundeskanzleramt in Berlin auf, unter dem Slogan: »Merkel muss weg!«

Im Bundestagswahlkampf 2017 erhob die AfD die Forderung, die Zuwanderung sofort zu beenden. Die Wahlplakate prangerten Merkels Handhabung der Flüchtlingskrise an, griffen die Verschwörungstheorie vom »Großen Austausch« der weißen einheimischen Bevölkerung mit nicht weißen Zuwanderern auf und schürten Ängste vor sexueller Gewalt gegen deutsche Frauen. Umfragen zeigten, dass diese Botschaft in der Bevölkerung Anklang fand; immer mehr Deutsche lehnten Merkels Haltung gegenüber Flüchtlingen ab, und die AfD wurde zu ihrer Partei.

Als am Abend des 24. September die Hochrechnungen zum Wahlergebnis über die Fernsehbildschirme flimmerten, reckten die am Berliner Alexanderplatz versammelten AfD-Anhänger triumphal die Fäuste in die Luft. Die Partei zog mit zwölf Prozent der Stimmen zum ersten Mal in den Bundestag ein. Erstaunlicherweise hatte die AfD sogar den dritten Platz hinter der CDU/CSU und der SPD erreicht, die beide ihr schlechtestes Wahlergebnis seit dem Bestehen der Bundesrepublik erzielten. In Sachsen bekam die Partei sogar die meisten Stimmen. Der bayerische Politiker Franz-Josef Strauß hatte einmal gesagt, Deutschland könne nicht zulassen, dass rechts von den Christdemokraten und Christsozialen eine weitere ernst zu nehmende Partei existiere, und das war bis zum Jahr 2017 als eine Selbstverständlichkeit aufgefasst worden, doch nun hatten ihm fast sechs Millionen Wähler widersprochen. Dies verdeutlichte, dass die politische Mitte in Deutschland, die einst zuverlässig und bieder für Stabilität gesorgt hatte, im Auflösungsprozess begriffen war. Eine neue Zeit der Unsicherheit hatte eingesetzt, doch der Mainstream tat sich schwer damit, aus dieser Warnung Konsequenzen zu ziehen. Es kam erneut zur Bildung einer Großen Koalition, und die AfD wurde zur größten Oppositionspartei im Bundestag. Sie hatte gezeigt, wie verwundbar das politische Establishment war. Zu seinen jubelnden Unterstützern sagte Gauland: »Wir werden sie jagen. Wir werden Frau Merkel jagen [...] und wir werden uns unser Land und unser Volk zurückholen.«

Nur wenige Stunden später sorgte die Ankündigung Petrys, die AfD zu verlassen, für Aufsehen. Der Frau, die den Euroskeptikern die Kontrolle entrissen hatte, war die eigene Partei zu radikal geworden. Aus der ursprünglich konservativen Partei mit einer extremistischen Minderheit war eine extremistische Partei mit einer schwindenden konservativen Minderheit geworden. Diese Transformation ist bislang wohl noch nicht abgeschlossen. Man hätte Frauke Petrys überraschenden Abgang als Alarmsignal sehen können, doch stattdessen nahm man ihn als Beweis, dass Deutschland Fehler korrigieren konnte und tatsächlich aus seiner Vergangenheit gelernt hatte. Mit dieser Interpretation tat das Establishment die AfD als undisziplinierten Haufen von Volksverhetzern ab, der irgendwann in sich zusammenfallen würde. Doch das war eine gefährliche Unterschätzung des Risikos.

Die AfD ist die politische Speerspitze einer größeren rechtsradikalen Bewegung, die Deutschland umkrempeln und beherrschen will und deren Zeithorizont über Wahlperioden hinausgeht. Flankiert von noch extremeren Gruppierungen bringt sie rechtsradikale Vorstellungen in den Mainstream ein. Ihr Status als parlamentarische Partei sichert ihr die Teilhabe an der politischen Macht und gewährt ihr staatliche Finanzierung und die damit einhergehende Legitimität.

Während sich die AfD als eine Partei »freier Bürger« und »überzeugter Demokraten« bezeichnet, ist ihre politische Ausrichtung völkisch und nationalistisch. Sie wendet sich gegen Multikulturalität und nicht traditionelle Familienmodelle. Für die AfD gehört der Islam nicht zu Deutschland, und sie beharrt darauf, dass die deutsche Sprache den Kern der deutschen Identität ausmachen sollte. Aber die Partei steckt auch voller Widersprüche. Die Co-Vorsitzende Alice Weidel ist gebildet, kosmopolitisch und mit einer Frau aus Sri Lanka verheiratet; sie spricht fließend Mandarin und Englisch und lebt in der Schweiz. Sie verführt als öffentliche Person dazu, die nationalistischen Fundamente der Partei vergessen zu machen.

Drei ostdeutsche Landesverbände und die Jugendorganisation Junge Alternative (JA) wurden vom Verfassungsschutz als »gesichert extremistisch« eingestuft, womit weitreichende Befugnisse zur Überwachung dieser Gruppierungen einhergehen.[22] Die gesamte Partei könnte irgendwann so eingestuft werden, aber das würde ihr wohl kaum schaden. Die AfD führt zwar zahlreiche Gerichtsprozesse deswegen, aber gleichzeitig kultiviert sie ihren Status als Außenseiter und stellt das Vorgehen des Staates als Verfolgung durch ein korruptes System dar, das die Stimme des Volkes zum Schweigen bringen will. Diese Botschaft hat bei Millionen von Wählern Anklang gefunden, die sich ebenfalls von der Regierung und den sogenannten Altparteien im Stich gelassen fühlten, und bei Kundgebungen tragen viele Anhänger blaue Westen mit dem Wort »Dissident« auf dem Rücken. Es gab Aufrufe, die Partei zu verbieten, aber das wäre ein schwieriger, langwieriger juristischer Prozess, der die Unterstützer womöglich noch mehr zusammenschweißen könnte.[23]

Deutsche, die ein Gefühl der Entfremdung von ihrer Heimat verspüren, sehen in der AfD eine Verteidigerin ihrer Identität. Zudem rekrutiert die JA aktiv ziellose junge Menschen mittels Onlinespieleabenden, Wanderungen und Paintballspielen (die in Deutschland wegen ihrer militaristischen Tendenz kritisch gesehen werden). Auch wenn die Gruppe im Vergleich zu anderen politischen Jugendorganisationen eine eher geringe Mitgliederzahl aufweist,[24] ist sie der rechtsradikalen Ideologie fest verpflichtet und erklärt sich zum »Widerstand« für die Verteidigung der deutschen Nation. In ihrem Onlineshop verkauft sie neben T-Shirts und Pullovern mit dem JA-Flammenlogo auch Sticker mit blonden, blauäugigen Männern, Frauen oder Familien in ländlichem Ambiente, die an die Bildersprache der Nazis erinnern. In den sozialen Medien zeigt sich die JA-Führerin Anna Leisten mit »White Power«-Gesten und im paramilitärischen Training wie auch in Seminaren neben dem Anführer der extremistischen österreichischen Identitären Bewegung Martin Sellner.

Nach den Wahlerfolgen der AfD wurden verschiedene Studien durchgeführt, die ihre Anhänger und deren Motive erforschen. Nicht nur die amerikanische Präsidentschaftskandidatin Hillary Clinton machte es sich im Jahr 2016 zu einfach, als sie die Anhänger von Donald Trump als einen »bedauernswerten Haufen« bezeichnete; auch in Deutschland lässt sich die Vorstellung nicht aufrechterhalten, dass die AfD sich hauptsächlich auf abgehängte Menschen im Osten stützt. Die Partei bekommt zwar proportional mehr Stimmen in den ländlichen, wirtschaftlich prekären Regionen, doch ihre Anhänger kommen aus allen Bereichen der Gesellschaft. Ungefähr drei Viertel der AfD-Wähler bei den Bundestagswahlen von 2021 waren Westdeutsche. Bei der Wahl 2023 in Hessen (mit dem Finanzzentrum Frankfurt) errang die Partei Platz zwei hinter der CDU und lag deutlich vor der SPD. Bei den Landtagswahlen in Bayern schlug sie alle drei Parteien der Ampelregierung. Die Anziehungskraft beschränkt sich auch nicht auf Spinner mittleren Alters. In Hessen und Bayern schnitt die AfD bei Wählern unter 25 Jahren gut ab. Einige Umfragen deuten darauf hin, dass die AfD bei den Deutschen unter 30 Jahren zu den beliebtesten Parteien gehört.[25] Die einzige Altersgruppe, in der die Unterstützung bröckelt, sind Menschen über 70, die noch lebendigere Verbindungen zu den Schrecken des Zweiten Weltkriegs haben.[26]

Der sozioökonomische Status scheint ein größerer Faktor für die Affinität zur AfD zu sein. Menschen aus den unteren Gesellschaftsschichten mit geringer Bildung und niedrigem Einkommen unterstützen die Partei tendenziell eher als Bessergestellte.[27] Sie haben das Vertrauen in das Wohlstandsversprechen verloren, das jahrzehntelang die Grundlage für den sozialen Zusammenhalt bildete. Solange die Wirtschaft stagniert und wenig Aussicht auf Besserung besteht, wird diese Klientel weiterwachsen.

Bisher haben hauptsächlich zwei Gruppen die AfD gewählt. Die größere sind ehemalige Wähler der etablierten Parteien, darunter mehr als eine Million ehemalige CDU/CSU-Wähler und – scheinbar widersprüchlich – rund 830 000 frühere Linke-Wähler, womit sich das althergebrachte Links-Rechts-Spektrum auflöst.[28] Zum anderen sind es Menschen, die vorher Nichtwähler waren oder für Splitterparteien gestimmt hatten, was zeigt, dass die Partei in der Lage ist, unzufriedene Deutsche zu mobilisieren und hinter sich zu vereinen. Das ist zum Teil das Ergebnis ihrer Graswurzelarbeit. Die AfD ist ständig auf Märkten und öffentlichen Veranstaltungen im ganzen Land präsent und zeigt ihr lokales Engagement, im Gegensatz zu den etablierten Parteien, die sich normalerweise nur vor den Wahlen sehen lassen. So stellt sich eine Verbundenheit mit der Bevölkerung ein, vor allem in wirtschaftlich unsicheren Zeiten. Der Sieg der Partei in Sonneberg im Gefolge der durch die russische Invasion der Ukraine ausgelösten Inflationswelle war dafür ein Paradebeispiel. Seitdem hat sich die Unsicherheit nur noch weiter verstärkt.

Auseinandersetzungen über die teure Klimapolitik, Angst vor Deindustrialisierung und die Sorge über Auslandseinsätze der Bundeswehr lassen die geschichtlichen Lehren über die Gefahr eines übersteigerten Nationalismus in den Hintergrund treten. Deutschlands Rechtsextreme wollen ihre Anhängerbasis verbreitern, und dabei steht ihnen die deutsche Erinnerungskultur im Weg. Das Gedenken an die Naziverbrechen spielt bis heute eine zentrale Rolle im deutschen Selbstbild. Wie der frühere Bundespräsident Joachim Gauck sagte: »Es gibt keine deutsche Identität ohne Auschwitz.«[29]

Die Führer der AfD wollen hingegen diese Zeit am liebsten vergessen, um den deutschen Nationalstolz wiederherzustellen und den Nationalismus aus der Tabuzone zu befreien. Alexander Gauland sagte, die Nazizeit sei lediglich »ein Vogelschiss in über 1000 Jahren erfolgreicher deutscher Geschichte«. Auch Alice Weidel hat sich über den deutschen »Schuldkult« beklagt. Der einflussreiche Aufwiegler Höcke ging noch weiter und nannte das Holocaust-Mahnmal in Berlin ein »Denkmal der Schande« und bedient sich regelmäßig Slogans aus der Nazizeit wie »Alles für Deutschland«. Folglich versucht die AfD, die Mittel für Gedenkarbeit zu kürzen, wo immer sie in die Länderparlamente einzieht.[30]

Das Kommandozentrum für diesen Kampf war in Schnellroda, einer ländlichen Gemeinde mit weniger als 200 Einwohnern in der dünn besiedelten Gegend westlich von Leipzig. Hier war der Sitz eines von Götz Kubitschek geleiteten Thinktanks der Neuen Rechten mit dem harmlos klingenden Namen Institut für Staatspolitik (IfS). Zwar wurde es offiziell im Mai 2024 aufgelöst, aber man geht davon aus, dass es weiter aktiv ist. Der frühere Lehrer Kubitschek tauchte wenige Tage nach Bekanntmachung der Auflösung bei einer PEGIDA-Veranstaltung auf und verkündete: »Der Gegner [...] hat nicht damit aufgehört, die Gesellschaft umzubauen [...] auf allen Ebenen«.[31]

Kubitschek verbreitet rechtsradikales Gedankengut in der deutschen Gesellschaft und bereitet den Boden für eine nationalistische Wende. Seine Gruppe treibt antiliberale Positionen voran, um die Demokratie und die Gewaltenteilung zu unterminieren. Zu dem Netzwerk gehören alternative Medien, um der von ihnen so bezeichneten »Systemstützpropaganda« der deutschen öffentlich-rechtlichen Rundfunkanstalten ihre Wahrheit entgegenzusetzen. Das IfS selbst hatte die Zeitschrift *Sezession* herausgegeben und den Verlag Antaios betrieben. Die Verbindungen zwischen Kubitschek und der AfD sind sehr eng. Auf einer Veranstaltung des IfS im Jahr 2015 gab Höcke bei einer Rede wieder einmal die Theorie vom Großen Bevölkerungsaustausch zum Besten und beklagte die Ausbreitung der afrikanischen Bevölkerung auf Kosten der sich »selbstverneinenden« Europäer.[32] Erik Lehnert ist ebenfalls in beiden Organisationen aktiv. Er war geschäftsführender Direktor des IfS und gleichzeitig auf der Gehaltsliste des AfD-Bundestagsabgeordneten Harald Weyel. Gauland hielt eine Vorlesung an dem Institut, und Weidel war dort zu Gast. Wie Hans-Thomas Tillschneider, ein AfD-Abgeordneter aus Sachsen-Anhalt, es auf den Punkt brachte: Was die AfD fordere, wurde wahrscheinlich schon vor drei Jahren in Schnellroda diskutiert.[33]

Die deutsche Öffentlichkeit bekam im Januar 2024 einen Einblick in die verschwiegene Welt der Rechtsextremen, als das investigative Medienhaus Correctiv detailliert über ein Treffen hinter verschlossenen Türen in Potsdam berichtete, bei dem Pläne zur Remigration (ein Euphemismus für Deportation) von Millionen von Einwohnern diskutiert wurden.[34] Bei dem Treffen waren hochrangige AfD-Funktionäre, der österreichische Extremist Martin Sellner, zwei Mitglieder der neuen Rechtsaußenpartei WerteUnion und sympathisierende Geschäftsleute anwesend, was Befürchtungen über eine groß angelegte Verschwörung aufkommen ließ. Der Schock löste eine Welle von Aktionen aus, und im ganzen Land gab es Demonstrationen gegen die AfD und für die Demokratie.

Es war ein Wohlfühlmoment, aber nicht viel mehr. Andere Skandale folgten noch vor der Europawahl im Juni 2024. Der AfD-Abgeordnete Petr Bystron soll Geld aus Russland erhalten haben und dem Spitzenkandidaten der Partei Maximilian Krah wurden Verbindungen zu einem chinesischen Geheimdienst vorgeworfen. Obwohl das der AfD in den Meinungsumfragen einen Rückgang bescherte, bekam sie mehr Stimmen als jede der drei Koalitionsparteien der Bundesregierung und lag nur noch hinter der CDU/CSU. Unter Friedrich Merz rücken die Christdemokraten immer weiter nach rechts, was Zweifel aufkommen lässt, ob die sogenannte

Brandmauer gegen eine Zusammenarbeit mit den Rechtsradikalen halten wird.

Die AfD nutzt eine Leerstelle im politischen Leben des Landes aus: Deutschlands ungeklärte Nachkriegsidentität. Aus offensichtlichen Gründen war Nationenbildung nach dem Zweiten Weltkrieg eine heikle Angelegenheit, und so konnten Nationalisten ihre völkischen Vorstellungen, was Deutschland zusammenhält, einbringen. Sie zu kontern ist schwer, wenn die herrschenden Parteien weiter mit dem gebrochenen Versprechen »Wohlstand für alle« werben, ohne einen realistischen Plan für die Zukunft zu haben. Anstatt zusammenzuhalten, hört die Regierungskoalition aus SPD, den Grünen und der FDP nicht auf zu streiten und sich gegenseitig auszubremsen, was ihre Glaubwürdigkeit untergräbt. Der politische Stillstand und die sich verdüsternde Stimmung rufen Erinnerungen an die 1930er-Jahre wach, als die progressiven Kräfte der Verlockung einer starken und entschlossenen nationalsozialistischen Regierung nichts entgegenzusetzen hatten. Die gereizte Stimmung hat Polarisierung und Fragmentierung gefördert, aber vor allem eine politische Kraft wurde zum bevorzugten Ziel von Feindseligkeit und Frustration seitens der AfD wie auch der anderen etablierten Parteien: die Grünen.

Zielscheibe

Um den Bug der *MS Hilligenlei* schäumte die Gischt, als sie vom Fährhafen in Schlüttsiel in Richtung auf die Halligen vor der deutschen Nordseeküste ablegte. Wenn das Wattenmeer bei Windstille ruhig daliegt, ist es einer der friedlichsten Orte des Landes. Die Bewohner dieser winzigen Inseln sind bekannt für ihre entspannte Wesensart. Außer den Meergänsen, die geschäftig im Watt nach Seegras graben, ist hier nicht viel los. An jenem Morgen stach Wirtschaftsminister Robert Habeck in See, um auf Hallig Hooge dem politischen Hickhack auf dem Festland zu entkommen. Der Vizekanzler hoffte im neuen Jahr 2024 auf bessere Zeiten. In den vergangenen zwölf Monaten hatte der Ärger über seine Regierung zugenommen. Weil das Bundesverfassungsgericht eines der von der Bundesregierung erlassenen Gesetze für nichtig erklärt hatte, fehlten plötzlich 60 Milliarden Euro im Bundeshaushalt, weshalb die Regierung bei den Subventionen kürzte, unter anderem für die Landwirtschaft. Als Reaktion darauf gab es wütende Bauernproteste in Berlin.

Habeck war einst der populärste deutsche Politiker gewesen, aber nun waren seine Zustimmungswerte abgestürzt, und er rangierte unter den unpopulärsten.[35] Auf Hallig Hooge konnte er unter einem strahlend blauen Himmel die Küste entlangspazieren und auf einer Warft – einer Siedlung, die zum Schutz vor Hochwasser auf einer aufgeschütteten Anhöhe errichtet worden war – in den Andenkenläden stöbern. Doch zu seinem Unglück war der nebenberufliche Romanautor nicht allein auf dem Boot. Unter den Passagieren befand sich auch eine lokale Künstlerin und Akkordeonspielerin, die bei den letzten Kommunalwahlen für die AfD angetreten war. Sie entdeckte Habeck und informierte ihre Partnerin, die ebenfalls in rechtsradikalen Kreisen verkehrte. Bauernaktivisten und politische Gruppen wurden benachrichtigt, und diese organisierten an diesem Nachmittag einen spontanen »Bürgerdialog« mit Habeck. »Tun wir ihm den Gefallen und kommen mit allem, was Räder hat!«, postete laut der Wochenzeitung *Die Zeit* einer der Organisatoren in einer Whatsapp-Gruppe.[36]

Als Habecks Fähre nach Einbruch der Dunkelheit wieder an der Küste anlegen wollte, warteten dort ungefähr 300 Menschen. Die Menge hinderte die Passagiere am Aussteigen, es gab Gebrüll und Beschimpfungen, dazwischen das Zischen und Knallen von Feuerwerkskörpern. Ungefähr 100 Lastwagen und Traktoren blockierten die Straße zu dem Fähranleger. Habeck spricht bei Reisen durch Deutschland oft mit Industriearbeitern, um sie davon zu überzeugen, dass die Klimaschutzpolitik der Regierung ihren Lebensunterhalt nicht gefährden würde. Er bot an, mit drei der Demonstranten zu sprechen. Die Agitatoren lehnten das ab und verlangten, Habeck solle sich der Menge stellen, aber die für seinen Schutz zuständigen Polizeibeamten hielten das für ein Sicherheitsrisiko.

Als Demonstranten versuchten, das Boot zu stürmen, setzte die Polizei Pfefferspray ein, um sie abzuwehren. Schließlich blieb dem Kapitän nichts anderes übrig, als die Fähre zurück aufs Meer zu steuern.

Nach Mitternacht kehrte Habeck schließlich in aller Stille zurück an Land, begleitet von vier Personenschützern. Seine Hoffnung, die Last seines Amtes auf Hooge vergessen zu können, hatte sich nicht erfüllt. Zu dem Versuch, die Fähre zu stürmen, bemerkte der Vater von vier Kindern, dass er froh gewesen sei, Personenschützer zu haben. »Was mir Gedanken, ja Sorgen macht, ist, dass sich die Stimmung im Land so sehr aufheizt«, sagte er. »Viele, viele andere müssen Angriffe allein abwehren.«[37]

Das war nur der neueste Rückschlag für einen der wesentlichen Architekten des Wahlerfolgs der Grünen im Jahr 2021. Einen Monat zuvor musste Habecks Büro in Flensburg wegen eines Briefs mit einer verdächtigen Substanz evakuiert werden,[38] und nur eine Woche später forderte ein Banner bei einer Protestaktion in Bayern dazu auf, Habeck und Landwirtschaftsminister Cem Özdemir zu erschießen.[39]

Habeck und Özdemir sind nicht die einzigen prominenten Grünen, die bedroht werden. Während des Landtagswahlkampfs in Bayern im Spätsommer 2023 warf ein Demonstrant einen Stein auf die Spitzenkandidaten der Partei.[40] Im Februar 2024 musste Ricarda Lang, die Co-Vorsitzende der Grünen, eine Veranstaltung verlassen, nachdem gewaltbereite Demonstranten auf die Polizei losgingen.[41] Parteibüros in Bremen, Gütersloh, Leipzig und anderswo wurden attackiert, Türen zerbrochen und Fenster eingeworfen. In Niedersachsen versammelten sich im Dezember 2023 Mitglieder einer Bauernprotestgruppe vor dem Wohnhaus der Landwirtschaftsministerin und verängstigten ihre halbwüchsigen Kinder, die zu dieser Zeit allein zu Hause waren.[42]

Die Bedrohungen und Angriffe erinnern an dunkle Zeiten. Während der Terrorphase der RAF in den 1970er- und 1980er-Jahren blieb die politische Mitte allerdings stabil, was heute nicht mehr gewährleistet ist. Der folgenschwerste Angriff auf einen Politiker in jüngster Zeit geschah im Jahr 2019, als ein Neonazi den CDU-Regierungspräsidenten im Regierungsbezirk Kassel Walter Lübcke wegen seiner aufgeschlossenen Haltung gegenüber Flüchtlingen erschoss. Weitere Vorfälle waren Vandalismus und Brandanschläge auf Büros und Wohnungen von SPD-Abgeordneten, darunter Karamba Diaby, der erste in Afrika geborene Schwarze Bundestagsabgeordnete. In Dresden wurde Anfang Mai 2024 ein SPD-Politiker verprügelt, als er Wahlplakate für die Europawahl aufhängte. Auch AfD-Mitglieder wurden attackiert, wie zum Beispiel Frank Magnitz, der nach einem Angriff durch drei Vermummte mit einer Kopfverletzung und einem zugeschwollenen Auge in Bremen ins Krankenhaus musste. Die Grünen trifft es jedoch am härtesten. Von rund 2800 Angriffen auf Politiker im Jahr 2023 waren 1200 gegen die Grünen gerichtet, gefolgt von rund 480 gegen AfD-Funktionäre.[43] In einem Land, das oft für seine reife politische Kultur gelobt wird, verschwimmt die Grenze zwischen leidenschaftlichen Debatten und offener Gewalt immer mehr.

Es gehört allmählich zum guten Ton, Die Grünen herabzuwürdigen – selbst bei den etablierten Parteien. Während des Landtagswahlkampfs in Bayern im Jahr 2023 sagte Ministerpräsident Markus Söder vor einer Menschenmenge in einem Bierzelt, dass die Grünen nicht zu Bayern passten und er eine Koalition zwischen der CDU/CSU und den Grünen auf Bundesebene nicht akzeptieren könne.[44] Der einflussreiche Konservative hatte sich 2021 um die Kanzlerkandidatur bemüht. Sogar die FDP, Partnerin der Grünen in der Regierungskoalition, hat ihre Kollegen attackiert. Der Parteigeneralsekretär Bijan Djir-Sarai nannte die Grünen eine Gefahr für die nationale Sicherheit.[45] Für Sahra Wagenknecht sind die Grünen die gefährlichste Partei im Bundestag.[46] Auch der umstrittene frühere Verfassungsschutzpräsident Hans-Georg Maaßen, jetzt Vorsitzender der neuen rechtsradikalen WerteUnion, stellte die Grünen als Bedrohung für die deutsche Gesellschaft dar.[47]

Diese feindselige Einstellung gegenüber den Grünen ist auch in den deutschen Medien verbreitet. Das Boulevardblatt *Bild* führt regelmäßig Kampagnen gegen die Grünen. So bezeichnete die

Zeitung zum Beispiel den Plan, die Heizungen auf Wärmepumpen umzustellen, als »Habecks Heiz-Hammer«. Diese aufgeheizte Rhetorik findet sich natürlich noch stärker in den sozialen Medien. Eine Analyse im Auftrag des *Spiegel* ergab, dass dort politische Beleidigungen hauptsächlich gegen die Grünen gerichtet waren.[48] Die Klimaaktivistin Luisa Neubauer, die auch als »deutsche Greta Thunberg« bezeichnet wird und Mitglied der Grünen ist, wird regelmäßig mit Schmähungen überzogen: »Diese permanente Bedrohungslage, die Morddrohungen, das Stalking, die Vergewaltigungsfantasien in Postfächern, das möchte ich nicht als Normalität in meinem Leben akzeptieren.«[49]

Während des Wahlkampfs im Jahr 2021 schienen die Grünen ihrem Ziel nahe, zu einer für alle Altersgruppen und sozialen Schichten wählbaren Volkspartei zu werden. Ihr globalistisches Wahlprogramm war das direkte Gegenteil der nationalistischen, zuwandererfeindlichen AfD. Mit Annalena Baerbock als Kanzlerkandidatin lagen die Grünen eine Zeit lang in den Meinungsumfragen vorn. Die große Beliebtheit war der politischen Konkurrenz ein Dorn im Auge, die sich damit schwertut, überzeugende Zukunftsvisionen zu liefern. Die standardmäßig vorgebrachte Alternative war immer gewesen, die deutschen Interessen in den Vordergrund zu stellen. Doch dann stolperte die grüne Spitzenkandidatin über Plagiatsvorwürfe und die Schönung ihres Lebenslaufs, ein Zeichen für die Naivität der Partei. Zu dem Widerstand gegen die Grünen trug auch bei, dass ihre Forderung nach einem ethisch und strategisch verantwortungsvolleren Herangehen an Handel und Außenpolitik die Interessen deutscher Konzerne bedroht, die in autokratischen Ländern, vor allem in China, große Gewinne eingefahren haben. Moralische Flexibilität im Dienste der Wirtschaft ist schließlich das Herzstück der politischen Klasse in Deutschland.

Für die CDU/CSU scheint der Internationalismus aus Merkels Regierungszeit der Vergangenheit anzugehören. Während die Kanzlerin versuchte, Europa durch die Flüchtlingskrise zu führen, schürt Friedrich Merz Ängste vor misslungener Integration und rapide steigender Kriminalität durch Zuwanderer.[50] Die Verpflichtung der

Deutschen zu den Pariser Klimazielen von 2015 schien unantastbar, doch jetzt wollen die Konservativen das Ende für Autos mit Verbrennungsmotor in der EU hinauszögern. Die Führung der SPD wendet sich ebenfalls der Innenpolitik zu; sie möchte als Hüterin der deutschen Sicherheit gesehen werden und nimmt Abstand von einer selbstbewussteren Haltung gegenüber Russland und China. Die FDP ist auf die Schuldenquote des Landes fixiert (die immer noch eine der gesündesten in der westlichen Welt ist) und betrachtet sich als die Stimme der Vernunft inmitten des Eifers der Grünen für das Klima und die Zuwanderung und den von der SPD vorangetriebenen ausufernden Sozialausgaben.

Die Grünen haben mit ungeschicktem Vorgehen ihren Gegnern in die Karten gespielt. Inmitten der durch die russische Invasion der Ukraine verursachten größten Steigerung der Lebenshaltungskosten in Deutschland seit der Wiedervereinigung brachte Habecks Ministerium ein Gesetz ein, das im Endeffekt vorgeschrieben hätte, bei Häusern und Wohnungen statt neuer Öl- und Gasbrenner nur noch elektrische Wärmepumpen einzubauen. Die Reform könnte langfristig sinnvoll sein, aber sie kam zur falschen Zeit und wurde schlecht gehandhabt. Die bereits durch die Inflation und höhere Zinsen geplagten Haus- und Wohnungsbesitzer fürchteten nun, zu unvorhersehbar teuren Investitionen gezwungen zu werden.[51] Es machte die Sache nicht besser, dass der eigene Versuch der Partei, eine Wärmepumpe in ihrer Bundeszentrale (einem Gebäude aus der Vorkriegszeit in Berlin-Mitte) zu installieren, mit Verzögerungen und technischen Problemen zu kämpfen hatte, weswegen sie hämisch als realitätsfremde Ideologen bezeichnet wurden.[52] Ein Vorwurf, der nicht ganz unberechtigt ist. Die Lebensläufe von Ricarda Lang und Omid Nouripour, die bis zu ihrem Rücktritt nach den katastrophalen Wahlergebnissen in Ostdeutschland Co-Vorsitzenden waren, verstärken noch den Ruf der Weltfremdheit. Lang hatte sieben Jahre lang in Heidelberg und Berlin Jura studiert, Nouripour in Mainz mehrere Fächer von Philologie bis Wirtschaft, aber beide blieben ohne Abschluss.

Die Grünen mischten sich aber nicht nur in den häuslichen

Bereich der Bürger ein, sondern bedrohten auch ein kostbares Gut, das praktisch als Grundrecht betrachtet wird: die »freie Fahrt für freie Bürger«. Tempolimits auf Autobahnen sind in der Heimat von Porsche und BMW ein heißes Eisen. Die Basis der Grünen, die wohlhabende städtische Elite, stört sich daran nicht, aber die Wähler auf dem Land verteidigen ihre Freiheit, auf den Autobahnen zu rasen, ähnlich vehement wie die Amerikaner das Recht, Sturmgewehre zu besitzen. Die Grünen haben auch eine dunkle Vergangenheit. Unter anderem setzten sie sich in den 1980er-Jahren im Zug der sexuellen Befreiung für die Legalisierung von Kindesmissbrauch ein. Später leistete die Partei Entschädigungszahlungen an die Opfer, soweit der Verdacht auf einen Verantwortungszusammenhang bestand.[53]

Und doch haben sich die Grünen trotz der unablässigen Angriffe und ihrer schwierigen Rolle in der weithin unpopulären Regierung von Bundeskanzler Scholz in den Umfragen gut gehalten – besser als die beiden anderen Regierungsparteien. Das ist ein weiterer Grund zur Sorge für die Parteien in der umkämpften politischen Mitte Deutschlands. Letztlich ist es einfacher, über die Grünen herzuziehen, als Zukunftsentwürfe zu entwickeln, die dann abgelehnt werden könnten. Aber die Wähler sind es leid, mit billigen Tricks abgespeist zu werden, und suchen nach Alternativen.

Jahrzehntelang wurde Deutschland entweder von der CDU/CSU oder der SPD regiert, und die FDP war das Zünglein an der Waage. Diese Dynamik begünstigte die Suche nach einem Konsens und nach Kompromissen. Die Grünen haben dieses System als Erste herausgefordert, aber die politische Zersplitterung nahm nach der Wiedervereinigung zu und beschleunigte sich noch mehr unter Angela Merkel. Mittlerweile hat sie ein rasendes Tempo erreicht. Neben der AfD kämpfen jetzt das neue linke BSW unter Sahra Wagenknecht, die rechtsradikale WerteUnion und die rechtskonservativen Freien Wähler um die Gunst der Bürger. Daher müssen die früheren Garanten der deutschen Stabilität gegeneinander um die verbleibenden Stimmanteile kämpfen, womit sie ihre Glaubwürdigkeit weiter beschädigen. Wie es aussieht, kämpft zudem die FDP ums Überleben.

Angesichts der zunehmenden Fragmentierung wird die Zukunft wohl häufiger von Koalitionen unbequemer Partner geprägt sein. Eine Große Koalition aus CDU/CSU und SPD, die drei von Merkels vier Amtszeiten getragen hat, wäre ebenfalls ein Zeichen für Systemstress, aber »groß« hätte dann nichts mehr mit »großartig« zu tun. Die Unterstützung für die Sozialdemokraten ist regelmäßig hinter der AfD zurückgeblieben, während der Rechtsruck der CDU die Bündnisse mit der SPD noch schwieriger gemacht hat. Das Scheitern der Ampelkoalition lag letztlich an einer fehlenden gemeinsamen Vision. Sie funktionierte, solange Geld da war, aber sobald das Geld versiegte, verschwand die Solidarität. Die Gefahr bei zentristischen Optionen besteht darin, dass sie einen Anschein von Stabilität bieten, aber ohne den Ehrgeiz, den Deutschland braucht. Eine erneute Periode des Stillstands wie in der Ära Merkel könnte katastrophale Folgen haben und eine weitere Abkehr vom liberal-demokratischen System bewirken. Das wäre ein schwerer Schlag für Europa.

Mit all den neuen Parteien und Zentrifugalkräften, die die politische Mitte auseinanderreißen, hatte Deutschland 2024 mehr Parteien, die die Sperrklausel zum Einzug in das Parlament überschritten, als Italien. Die Zeiten einer berechenbaren Politik in Deutschland sind unwiederbringlich vorbei.

Während die etablierten Akteure herumrechten, ziehen antidemokratische Kräfte im Hintergrund ihre Fäden, damit das so bleibt. Sie versuchen, das schwindende Vertrauen in ein System, das auf so vielen Ebenen zu kämpfen hat, zu ihrem Vorteil zu nutzen.

Tag X

Schon vor der Morgendämmerung des 7. Dezember 2022 rückten Polizeikommandos in den wohlhabenden Frankfurter Stadtteil Westend ein. Polizisten bezogen Position in der Nähe des Palmengartens, um die größte Antiterroroperation seit dem Zweiten Weltkrieg in Deutschland durchzuführen. Die Sicherheitskräfte waren wegen eines Mannes gekommen, einem grauhaarigen Immobilienunternehmer mit dem grandiosen Namen Heinrich XIII. Prinz

Reuss. Vordergründig war der 71-jährige Reuss ein schillernder Weinhändler und Immobilienunternehmer, doch nebenher plante er einen Staatsstreich. Um 6 Uhr früh läuteten die Beamten an seiner Wohnungstür in Frankfurt, und gleichzeitig führten 3000 Sicherheitsbeamte Razzien in ganz Deutschland und in Nachbarländern durch. Das Ziel waren Mitverschwörer der Patriotischen Union, eines Ablegers der Reichsbürgerbewegung, deren Anhänger von einer Wiederkehr des Deutschen Reichs träumen. Waffen- und Munitionsbestände wurden beschlagnahmt und Unterlagen zur Auswertung mitgenommen.[54] Ohne Widerstand und mit versteinertem Gesicht ließ sich Reuss zur Befragung abführen. Als die Deutschen morgens die Nachrichten anschalteten, kamen ihnen die Meldungen über die nächtlichen Ereignisse ziemlich surreal vor. Ein alter Mann mit auffallenden Hosen und senffarbenem Jackett hatte nichts weniger als einen bewaffneten Umsturz geplant. Die Bedrohung durch die lange als Spinner verlachten Reichsbürger war plötzlich real geworden.

Die Vorbereitungen der Patriotischen Union mit Reuss an der Spitze waren schon seit Monaten im Gang. Bei Treffen im Jagdschloss Waidmannsheil im Thüringer Wald lauschten Reuss und andere Reichsbürger den Ausführungen von Matthes Haug, einem früheren Physiklehrer und Amateurhistoriker, der argumentiert, dass das Deutsche Reich nie wirklich aufgelöst wurde.[55] Um die rechtmäßige Ordnung wiederherzustellen, plante die Gruppe, an einem noch nicht benannten »Tag X« den Reichstag in Berlin zu stürmen und Kanzler Olaf Scholz zusammen mit anderen Führungspersonen hinzurichten. Zur Durchführung der gewagten Operation hatte die Gruppe frühere Elitesoldaten rekrutiert. Zwei von ihnen, mittlerweile in ihren 50ern und 60ern, waren früher beim KSK-Sondereinsatzkommando gewesen.[56] Ein weiterer ehemaliger Soldat hatte in der Bundeswehr als Oberstleutnant gedient.[57] Zusammen hatten sie versucht, andere Militär- und Polizeiangehörige anzuwerben.

Zur Durchführung ihres Vorhabens hatten sie Pläne des Reichstagsgebäudes aufgetrieben und mögliche Zugänge und Fluchtwege fotografiert. Sie verfügten auch über einen Vorrat von 380 Schusswaffen, 148 000 Munitionsteile und 350 Hieb- und Stichwaffen.[58] Die Gruppe verstand sich als Vorhut für das Volk, und der erste Angriff würde ihrer Überzeugung nach zu einer Welle von Überläufern aus den Reihen des Militärs und der Sicherheitskräfte führen. Die Bundesrepublik würde zusammenbrechen, und die von Reuss angeführte Übergangsregierung würde das Deutsche Reich wiederherstellen. Birgit Malsack-Winkemann, Richterin und frühere AfD-Abgeordnete, würde Justizministerin werden.[59] Alles war gründlich geplant. Ein früherer Fernsehkoch hatte sogar Lebensmittel gekauft und Küchengeräte gehortet. Er hatte auch seine Kreditkarte benutzt, um einen Campingbus zu kaufen.[60]

Den Verschwörern war jedoch nicht bewusst, dass ihnen die deutschen Sicherheitskräfte schon auf der Spur waren. Nach einem Tipp hackte das Bundeskriminalamt das Telefon von Reuss, installierte Abhörsoftware und konnte so seine Nachrichten lesen. Verdeckte Ermittler überwachten Mitglieder, unter anderem einen der früheren Elitesoldaten, der Überlebenstrainings für Rechtsextremisten durchführte. Sie nutzten das, um an ihn heranzukommen, und so begleitete ein BKA-Mitarbeiter den Verdächtigen auf einer sechsstündigen Wanderung im Fichtelgebirge.[61] Der Tod von Königin Elizabeth II. am 8. September 2022 schien einen Anlass zum Handeln darzustellen – die konspirative Gruppe argwöhnte, dunkle Mächte würden signalisieren, dass eine große internationale Verschwörung in Gang war, und drängte darauf, den Tag X Realität werden zu lassen. Doch Reuss war damit nicht einverstanden, und es gab Streit. Die weiterhin bestehenden Umsturzpläne versetzten jedoch die deutschen Sicherheitskräfte in Sorge.

Am 7. Dezember führten sie die Razzia durch. Reuss' Jagdschloss in Thüringen wurde von einer Eliteeinheit der Polizei gestürmt, das Gelände wurde mit Spürhunden nach versteckten Waffen und Sprengstoff durchkämmt. An mehreren Orten in Deutschland sowie in Österreich und Italien wurden etwa 25 Mitglieder der Gruppe verhaftet. Wegen der Verbindungen zur Bundeswehr wurde die Kaserne der Spezialeinheit in Calw in Baden-Württemberg durchsucht.[62] Die Gruppe wurde von AfD-Kreisen als »Rollstuhlrevolutionäre« dargestellt, und ein Verwandter von Reuss bezeichnete ihn lediglich als einen »verwirrten alten Mann«. Aber Thomas Haldenwang, der Präsident des deutschen Verfassungsschutzes, fand das nicht zum Lachen. Für ihn stellt die Gruppe eine eindeutige Gefahr für die Demokratie dar. Auch wenn die erfolgreiche Ermittlung zeigte, dass die deutschen Sicherheitskräfte die Lage unter Kontrolle hatten, »war diese Gefahr schon recht real«.[63] Der Vorfall veranschaulichte auch die fortschreitende psychische Labilität und Radikalisierung von Teilen der deutschen Gesellschaft.

Die zuständigen Behörden schätzen, dass es in Deutschland ungefähr 23 000 Reichsbürger und ihnen nahestehende Aktivisten gibt. Ihre Zahl hat in den letzten Jahren stetig zugenommen.[64] Eine Studie kommt zu dem Schluss, dass die offiziellen Zahlen das Problem drastisch unterschätzen.[65] Es gibt verschiedene Untergruppen mit unterschiedlichen Ansichten, aber fast alle bestreiten die Legitimität der Bundesrepublik und ihrer freiheitlich-demokratischen Verfassung. Vielmehr sind die Anhänger dieser Ideologie überzeugt, das Deutsche Reich sei immer noch die legitime Vertretung des deutschen Volkes. Viele Reichsbürger glauben, dass die Bundesrepublik kein Staat ist, sondern eine Gesellschaft mit beschränkter Haftung, die von den Alliierten nach dem Zweiten Weltkrieg gegründet wurde, und dass die Deutschen keine Bürger sind, sondern Angestellte der BRD GmbH.

Für die Reichsbürger ist der Reiz der Rückkehr zu einem deutschen Kaiserreich vage. Haug, der den historischen Kontext für die Putschisten lieferte, schlug vor, dass ein wiederhergestelltes Kaiserreich die immensen Schulden der Bundesrepublik zurückweisen könnte, um einen Neustart zu ermöglichen, obwohl er nicht näher darauf einging, was das bedeuten würde. Andere fühlen sich von der strengen Disziplin, der Hierarchie und der Macht des Kaiserreichs angezogen und lehnen die moderne Bundesrepublik als geschwächt, globalisiert und verweichlicht ab. Für einige ist die Vision eher ethnisch geprägt, sie sehnen sich nach einer idealisierten Vision eines kulturell homogenen Deutschlands. Diese Vision ist selektiv. Einerseits verherrlichen die Reichsbürger den Nationalismus, die monokulturelle Identität und die autoritären Strukturen, andererseits ignorieren sie die soziale Ungleichheit und die politische Unterdrückung im Kaiserreich. Letztlich entspringt die Bewegung einem tiefen Unbehagen am Pluralismus des modernen Deutschlands, der sich von traditionellen Vorstellungen deutscher Identität löst. Stattdessen wollen die Anhänger das Problem lösen, indem sie die Sicherheit des Autoritarismus und des Nationalismus wiederherstellen.

Auffällig ist die Altersstruktur der Reichsbürger. Während links- und rechtsradikale militante Aktivisten meist jung sind, radikalisieren sich die Reichsbürger eher im mittleren Lebensalter. Es scheint, dass diese systemfeindliche Ideologie vielfach ältere Menschen mit unüberwindlichen finanziellen Problemen anzieht.[66] Sie zeigen starkes Misstrauen gegen öffentliche Institutionen, vor allem gegen die Regierung und die Medien. Ungefähr fünf Prozent der Deutschen haben eine Affinität zur Weltsicht der Reichsbürger, was noch ein erhebliches Wachstumspotenzial der Gruppe vermuten lässt.[67] Geografisch ist die Bewegung mehr im ländlichen Raum verankert, in den ostdeutschen Bundesländern und vor allem in einigen Regionen von Bayern und Baden-Württemberg mit sinkenden Bevölkerungszahlen, wo Läden und medizinische Einrichtungen verschwinden. Viele Einwohner in diesen Gegenden fühlen sich durch die Modernisierung bedroht; die sogenannten Altparteien haben ihnen wenig anzubieten.

Angesichts des schwindenden sozialen Zusammenhalts warnen Polizei und Sicherheitskräfte vor einem wachsenden Risiko von Anschlägen extremistischer Gruppen. Reichsbürger werden als besonders gefährlich angesehen. Der Verfassungsschutz schätzt, dass rund ein Zehntel der Anhänger potenziell gewaltbereit ist, und zahlreiche Vorfälle untermauern diese Befürchtung. Im Jahr 2016 erschoss ein bayerischer Reichsbürger einen Polizisten, der ihm seine Waffen abnehmen wollte. Während der Covid-19-Pandemie im Jahr 2021 tötete ein 50-jähriger Reichsbürger den Angestellten einer Tankstelle, weil dieser ihn gebeten hatte, eine Atemschutzmaske aufzuziehen. Im April 2022 suchten Sicherheitskräfte einen Reichsbürger auf; sie hatten einen Gerichtsbeschluss, der von ihm verlangte, seine Pistole abzugeben. Als sie sich dem Gebäude näherten, eröffnete er mit einem Maschinengewehr das Feuer und verletzte zwei Beamte. Nachdem er sich nach zweistündiger Belagerung endlich ergeben hatte, fand die Polizei drei Maschinengewehre, zwei automatische Pistolen und 5000 Schuss Munition.

Wie die Mitverschwörer von Reuss haben die Mitglieder oft Verbindungen zum Militär, wo es noch mehr Sympathisanten gibt. Hunderte von Beamten in den deutschen Sicherheitsbehörden wurden wegen ihrer Verbindungen zu den Reichsbürgern und anderen rechtsextremen Gruppen durchleuchtet. Im Jahr 2020 wurde eine ganze Truppe mit rund 300 Soldaten des deutschen KSK-Sondereinsatzkommandos wegen ihrer Verbindungen zu rechtsextremen Kreisen aufgelöst. »Größere Teile dieser Szene sind zu aktiver Gewalt bereit oder äußern ihre Gewaltfantasien gegen staatliche Repräsentanz freier als früher«, sagte Generalbundesanwalt Peter Frank der *Welt am Sonntag*. »Das macht diese Personen aus Sicht des Staatsschutzes gefährlich.«

Reichsbürger sind oft auf einer Linie mit anderen Verschwörungstheoretikern wie der QAnon-Bewegung, die an ein weltumspannendes satanisches Netzwerk von Kinderschändern glaubt, und viele hängen klassischen antisemitischen Verschwörungstheorien an. Ein Reichsbürger in Wittenberg hat sich besonders viel Mühe gegeben, um die Behauptungen der Gruppe Wirklichkeit werden zu lassen. Der wegen vorsätzlicher Körperverletzung und Fahrens ohne Führerschein vorbestrafte ehemalige Karatelehrer Peter Fitzek gründete 2012 das Königreich Deutschland.[68] Es hat eine Flagge, eine Währung und eine Online-Videoplattform, KRD Tube.[69] Von den angeblichen 6000 Anhängern scheinen rund 800 tatsächliche Bürger zu sein. Das Königreich veranstaltet zur Mitgliederwerbung regelmäßig Tage der offenen Tür auf dem Gelände einer ehemaligen Fleischfabrik. Für 340 Euro bekommen Mitglieder Zugang zu Fitzeks Selbsthilfevideos mit Titeln wie »Sei dein eigener König« und »Die Macht der Gedanken Teil 1–5«. Fitzek wurde 2012 in einer Zeremonie mit Kerzen, Schwertern, Zeptern und prunkvollen Gewändern als Peter I. zum König gekrönt. Er sieht seinen Staat als humanere Alternative zur kapitalistischen Bundesrepublik. Sein Königreich hat eine 70-seitige Verfassung wie auch Läden, ein Technologiezentrum und eine Bank. Sein Gründungsdokument beschreibt den Mikrostaat als Wahlmonarchie, wobei Fitzek auf Lebenszeit gewählt ist.[70]

Wenig überraschend hat das Königreich Deutschland Verbindungen zu Rechtsextremisten, darunter einem Holocaustleugner, der bei Veranstaltungen und auch in Videos auf der Website zu sehen ist.[71]

Fitzek hat mehrere Immobilien für sein Königreich gekauft, darunter ein ehemaliges Hotel in Wolfsgrün in der Nähe der Zwickauer Mulde. Der Kaufpreis dafür betrug über zwei Millionen Euro, wovon ein großer Teil durch fünfstellige Spenden einzelner Investoren gedeckt wurde.[72] Das Gebäude, des teuer zu unterhalten ist, wird als alternatives Gesundheitszentrum und Seminargelände genutzt. Der Verfassungsschutz warnt deutlich davor, Fitzek Geld zu geben: »Von diesen Ersparnissen wird man nichts zurückbekommen. Das Geld ist weg.«[73]

Man kann solche Leute leicht als Querulanten oder verblendete Randgruppen abstempeln, doch sie machen sich erfolgreich das Zerbrechen des deutschen Sozialkontrakts zunutze. Angesichts der wachsenden Ungleichheit (mehr dazu in Kapitel 9) finden diejenigen, die gegen ein gleichgültiges und ineffektives System wettern, immer mehr Gehör. Während Deutschland für seinen Umgang mit der Covid-19-Pandemie internationale Anerkennung erhielt, erlitten die politisch Herrschenden im Land einen großen, dauerhaften Vertrauensverlust. Die mit dem schwersten wirtschaftlichen Abschwung seit dem Zweiten Weltkrieg einhergehenden Freiheitseinschränkungen bestärkten die Wahrnehmung, dass sie nicht nur totalitär, sondern auch inkompetent seien.

Insofern haben die Querdenker die Pandemie als Teil einer großen Verschwörung angesehen. Während viele Demonstrationen gegen die staatliche Pandemiepolitik friedlich waren, glitten andere ab in offene Gewalt, bis hin zum Versuch im August 2020, den

Reichstag zu stürmen. Die Bewegung flaute zwar mit dem Ende der Pandemie ab, doch sie entdeckte bald die Inflationswelle im Gefolge der russischen Invasion der Ukraine als neuen Grund, die Bevölkerung gegen die abgehobenen Eliten aufzuwiegeln. Die Sicherheitsbehörden befürchten, dass die für das Erreichen der ambitionierten deutschen Klimaziele notwendigen Einschnitte in den Lebensstandard den Verschwörungstheoretikern und antidemokratischen Gruppen weiteren Zulauf bescheren werden. Onlineaktivisten sprechen schon von drohenden »Umwelt-Lockdowns«.

Die deutschen Nationalisten sind nicht die einzige gewaltbereite Randgruppe. In Deutschland lebende türkische Nationalisten, insbesondere die rechtsextremen Grauen Wölfe, zeichnen sich durch ein homophobes, antisemitisches und autoritäres Gedankengut aus. Sie greifen kurdische Geschäfte an und bedrohen Bundestagsmitglieder, die für die Anerkennung des Völkermords an den anatolischen Armeniern zwischen 1915 und 1917 stimmten. Zudem gibt es in Deutschland nach Angaben des Verfassungsschutzes etwa 30 000 teils gewaltbereite Islamisten.[74]

Angesichts der zunehmenden Sprengkraft der gesellschaftlichen Konflikte, verbunden mit dem breiten Spektrum extremistischer Sichtweisen, scheint die demokratische Grundordnung Deutschlands vor ihrer schwersten Bewährungsprobe seit dem Zweiten Weltkrieg zu stehen. Schon 2022 zeigte eine Untersuchung der Friedrich-Ebert-Stiftung, dass eine Mehrheit der Deutschen mit dem Funktionieren der Demokratie unzufrieden ist.[75] Die Anzahl der Unzufriedenen ist bei den Menschen besonders hoch, die sich selbst als wirtschaftlich benachteiligt wahrnehmen. In der zweiten Hälfte des 20. Jahrhunderts führte das deutsche Mehrheitswahlrecht zu stabilen Koalitionen zwischen zwei Parteien und zu einer für weite Teile der Gesellschaft konsensfähigen Politik. Diese Zeiten scheinen vorbei zu sein.

Die antidemokratischen Kräfte werden in den kommenden Jahren von dem Frust der Wähler über eine zänkische, ineffektive und abgehobene politische Klasse und von den bevorstehenden wirtschaftlichen und sozialen Verwerfungen profitieren. Man dachte, die Lehren aus der Geschichte hätten Deutschland resistent gegen Extremismus gemacht, doch die Selbstgefälligkeit der Wohlhabenden und die Frustration der wachsenden Zahl der Verlierer ergeben eine explosive Mischung. Der Staat greift immer wieder rigoros gegen unerwünschte politische Meinungen durch, doch die brutale Niederschlagung von Protesten, die die bedingungslose Unterstützung der israelischen Regierung anprangern oder mit Blockadeaktionen den Schutz des Klimas fordern, führt letztlich zu verhärteten Fronten und erzeugt einen Teufelskreis, aus dem es keinen Ausweg mehr gibt. Der Präsident des Bundesamtes für Verfassungsschutz Thomas Haldenwang warnt davor, diese Entwicklungen auf die leichte Schulter zu nehmen: »Man hat sich sehr in seinem komfortablen Privatleben eingerichtet, und man nimmt nicht hinreichend wahr, wie ernsthaft die Bedrohungen für unsere Demokratie inzwischen geworden sind.«[76]

9 Angst und Isolation

»Jetzt ist mal wieder alles anders
Und was vorher war, ist heute nichts mehr wert«
PAUL VAN DYK UND PETER HEPPNER[1]

Die politische Zersplitterung Deutschlands spiegelt die sich verstärkenden Unterströmungen der Angst in der Bevölkerung angesichts des schwindenden Traums vom »Wohlstand für alle« wider. Ein kollektiver Erneuerungsprozess könnte dem entgegenwirken, aber Gemeinschaftsbildung ist etwas, mit dem die Deutschen nicht vertraut sind. Nach jahrhundertelangem Partikularismus wurde 1871 die Gründung des Deutschen Reichs proklamiert. Das Bindegewebe war anfangs dünn – es bestand hauptsächlich aus einer gemeinsamen Sprache –, und kaum hatte es sich gebildet, begann die junge Nation in einer grotesken Form der Identitätsbildung Krieg gegen alle um sie herum zu führen.

In der Nachkriegszeit wurde die Erfahrung des Nationalsozialismus in eine Vitrine gestellt, um die nationale Schande zu dokumentieren, aber als etwas vom Nachkriegsdeutschland Losgelöstes. Die eigentlichen Ursachen für die Verbrechen des nationalsozialistischen Staats wurden nicht bekämpft. Stattdessen verbot das Land Adolf Hitlers *Mein Kampf* sowie Parolen wie »Alles für Deutschland«,[2] als ob die Rolle der Deutschen und der deutschen Identität bei der Ermordung von sechs Millionen Juden einfach durch Verwaltungsmaßnahmen der Geschichte überantwortet werden könnte. Das Land hat die Lehren aus der nationalsozialistischen Vergangenheit nicht aktiv aufgegriffen, um ein anderes Identitätsgefühl als den »Blut und Boden«-Nationalismus zu definieren. Und so konnten die Ideen und Symbole der Vergangenheit ihre Macht behalten, um zu provozieren und zu spalten. Dies hat zu einem Teufelskreis geführt, denn die jüngsten Bemühungen des Staates, gegen Stimmungen wie den Nazi-Revisionismus und Anti-Israel-Demonstranten vorzugehen, wirken wie der Versuch eines Systems, primär sich selbst zu schützen und nicht die Menschen. Die Kluft zwischen dem Staat und der Bevölkerung hat sich auf beiden Seiten vergrößert, und es zeichnet sich keine Möglichkeit ab, sie zu überbrücken.

Während die demokratischen Systeme insgesamt durch den Rechtspopulismus bedroht sind, hat Deutschland grundlegende Probleme mit der nationalen Gemeinschaft, was die Situation des Landes noch prekärer macht. Auch die Franzosen haben ihre Probleme mit ethnisch gefärbtem Nationalismus, doch sie stoßen auf das brüderliche Ethos der Revolution an, und die Italiener verbindet die gemeinsame Liebe zum Essen und der Hang zum Wohlbefinden; Deutschland hingegen mangelt es an einem positiven Reservoir, aus dem es schöpfen kann.

Während die Außenwelt das Haus Deutschland als eine Bastion der Stabilität sehen möchte, sind die Bewohner zerstritten, und die Wiederbelebung alter Rituale, die lediglich verdrängt und nie ersetzt wurden, ist der komplexeste Teil der Erholung der Nation und wahrscheinlich derjenige, für den Deutschland am schlechtesten gerüstet ist.

»Sie« sind ein Problem

Um zu verstehen, welchen Risiken Deutschland ausgesetzt ist und warum es so fragil ist, muss man sich in den deutschen Kopf hineinversetzen, und die Sprache ist der Ausgangspunkt dafür. Die Deutschen halten sie auf eine Weise in Ehren, die Amerikanern unbegreiflich ist – einigen Briten schon eher, aber die meisten sind im Allgemeinen dankbar, dass sie keine anderen Sprachen lernen müssen. Das käme den meisten Amerikanern jedoch nicht einmal in den Sinn. Jedenfalls hat niemand die englische Sprache so vereinnahmt, wie Deutschland die deutsche Sprache vereinnahmt hat (wenn auch mit gewissem Input aus Österreich, der Schweiz und einigen anderen Regionen).

Wie es sich gehört, existiert eine Verwaltungsstruktur für das, was als schützenswertes Kulturgut betrachtet wird – nicht etwa als bloßes Kommunikationsmittel, das sich mit den Menschen und der Gesellschaft weiterentwickelt. Der Rat für deutsche Rechtschreibung hat 41 Mitglieder, wobei Deutschland doppelt so zahlreich vertreten ist wie Österreich und die Schweiz. Der Vorsitzende ist ein ehemaliger CSU-Politiker. Liechtenstein, Südtirol und die deutschsprachige Gemeinschaft in Belgien stellen jeweils ein Mitglied, während Luxemburg nur einen nicht stimmberechtigten Vertreter hat. Der Rat trifft gewichtige orthografische Entscheidungen und verabschiedete die umstrittene Rechtschreibreform im Jahr 1996. Wo eine Behörde ist, gibt es auch Lobbygruppen. Der Verein Deutsche Sprache ist die berüchtigtste unter ihnen. Diese Organisation mit beachtlichen 36 000 Mitgliedern setzt sich für eine puristische Form der Sprache ein und behauptet, es gebe einen »ungeschriebenen Generationenvertrag«, der durch Anglizismen und Gendersprache gebrochen werde.[3] Polemisch formuliert, will der Verein die deutsche Sprache auf dem Stand der 1930er- oder zumindest der 1950er-Jahre einfrieren. Wenig überraschend werden dem Verein nationalistische Tendenzen vorgeworfen.[4]

Da es im Deutschen männliche und weibliche Pluralformen gibt, hat es einen patriarchalen Unterton, wenn Mitarbeitende als »Kollegen« bezeichnet werden – aber die weibliche Form »Kolleginnen« wäre genauso unpassend. Und keine von beiden schließt nicht binäre Menschen mit ein. Deshalb wurde als genderneutrale Alternative versucht, beides zu verbinden. In diesem Fall könnte das »Kolleg*innen« heißen, doch verwirrenderweise werden neben dem »Gendersternchen« auch ein Doppelpunkt, ein Unterstrich, ein Schrägstrich oder ein Großbuchstabe wie in »KollegInnen« verwendet. Umfragen zufolge sind zwei Drittel bis drei Viertel der Deutschen dagegen. Manche Verwaltungen, Institutionen und Medien gendern, andere lehnen das ab. Bayern hat eine der extremsten Haltungen dazu, und die Landesregierung verbietet Verwaltungsstellen und Schulen generell das Gendern. Ministerpräsident Markus Söder ruft sogar die Bürger dazu auf, die Nutzung geschlechtsneutraler Formen zu denunzieren. Die jeweilige Haltung zum Gendern spiegelt weitgehend die politische Einstellung wider und macht deutlich, wo die Bruchlinien sind. Anhänger der Grünen sind am ehesten dafür, Unterstützer der AfD am ehesten dagegen.

Der Rat für deutsche Rechtschreibung wich bei einer Versammlung im Dezember 2023 diesem heiklen Thema aus, da eine gendergerechte Sprache eine gesellschaftliche Aufgabe sei und nicht durch Rechtschreibregeln festgelegt werden sollte. Der Duden, das deutsche Standardwörterbuch, hatte zuvor Ärger erregt, als er gegenderte Begriffe aufnahm – beispielsweise »Gästin« und »Bösewichtin« zusätzlich zu den männlichen Versionen einführte –,[5] was eine Gegenreaktion des konservativen Vereins Deutsche Sprache auslöste. Der Verein rief die »Freunde der deutschen Sprache« dazu auf, der Initiative des Duden entgegenzutreten, und untermauerte seine Position mit einer Entscheidung des Bundesverfassungsgerichts von 2018, dass sich die Bezeichnung »der Kunde« auf Menschen jeglichen Geschlechts beziehen kann. Es ist eher eine deutsche Eigenart, sich auf Institutionen und Strukturen zu berufen, um etwas so Elementares und Persönliches wie den Sprachgebrauch zu bestimmen.

Nietzsche im Original zu lesen ist jedoch selten ein verbindendes Element, nicht einmal unter Deutschen. Das Vermögen der Sprache, Spaltungen zu erzeugen, zeigt sich, wie schon angedeutet, beim Gendern. Konservative und Rechtsextreme nutzen diesen Streitpunkt, um die Gemüter zu erhitzen. Die eine Seite sieht das als notwendige Reaktion auf die patriarchalische Struktur der deutschen Sprache an, die andere als Teil einer woken Verschwörung, die nationale kulturelle Besonderheiten zugunsten einer globalistischen Agenda untergraben will. Abgesehen davon, dass sie die Emotionen beider Seiten hochkochen lässt, hat die Debatte kaum reale Auswirkungen. Man kann gendern oder auch nicht, es macht keinen wirklichen Unterschied.

Ein fundamentaleres Problem sind »Du« und »Sie«. Die beiden Anredeformen unterscheiden sich erheblich und haben keine Entsprechung im Englischen. In Australien oder Großbritannien könnte ein völlig Fremder Sie mit »mate« (auf Deutsch etwa: »Kumpel«) anreden, während Sie im Süden der USA vielleicht mit »honey« (auf Deutsch etwa: »Schätzchen«) angesprochen werden. Es ist Tradition geworden, das Gefühl der Vertrautheit zu stärken. Das ist im Deutschen nicht der Fall. Kategorisierungen und Distanz sind beabsichtigt. Das »Du« ist Freunden und der Familie vorbehalten, das »Sie« ist hingegen unpersönlich und kann einen oder viele »andere« meinen.

Jemanden mit »Sie« anzusprechen, ist wie während einer Audienz mit der Queen (und vielleicht auch ihrem Hofstaat) den Blick auf den Boden zu senken. »Eure Hoheit« ist jedoch mit klaren Statusunterschieden und einem klar definierten Machtverhältnis verbunden, wohingegen »Sie« für Busfahrer, Verkäufer oder Arbeitskollegen bestimmt ist. Es drückt keine Hierarchie aus, sondern zieht einen Trennungsstrich. Menschen im »Du«-Kreis werden mit Vornamen angesprochen, alle anderen mit Nachnamen – wenn sie überhaupt direkt angesprochen werden. Vor den Nachnamen wird das geschlechtsspezifische »Herr« oder »Frau« gesetzt, zusätzlich zu der elitären Obsession mit akademischen Titeln, die bis zum »Prof. Dr. Dr.« und darüber hinaus reichen. Zentral ist, dass die »Sie«-Leute ein Universum abstrakter Entitäten bilden und nicht als Individuen gesehen werden. Sie sind das »andere« unter uns. Das heißt, die deutsche Gesellschaft ist von vornherein zersplittert und wird dann auch nicht zusammengeflickt.

In den USA und in Großbritannien dient Small Talk dazu, schnell miteinander warm zu werden. Zugegebenermaßen neigen die Amerikaner dazu, gegenüber fast jedem eine übermäßige Vertrautheit vorzutäuschen. Die Deutschen sind im Gegensatz dazu sehr wählerisch und überlegen genau, mit wem sie ein vertrautes Verhältnis haben. Erwachsene müssen einander das »Du« anbieten. Das geschieht im Rahmen einer kleinen Zeremonie, bei der man sich mit Vornamen vorstellt. Wurde man einmal in diesen Kreis aufgenommen, gilt die Mitgliedschaft für immer und ewig. Das ist die Gruppe, die einem am Herzen liegt, und der Rest sind »die anderen«.

In Deutschland macht sich niemand die Illusion, dass das Land ein großer Geselligkeitsverein ist. Das ist zumindest ehrlich, aber die Kategorisierung der Welt in separate Gruppen führt zu der geistigen Einstellung, dass es »uns« und »die« gibt, und erhöht die soziale Interaktionsschwelle. Die Schlange im Supermarkt besteht aus Objekten, die meine Transaktion verzögern. Menschen, die im Weg stehen, können ohne ein Wort zur Seite geschubst werden, und es ist wohl kaum nötig, die Tür für »andere« aufzuhalten.

Das Schlangestehen ist ein Kampf für sich. Wenn keine klaren Markierungen vorhanden sind, bildet sich eine amorphe Menschentraube, anstatt einer ordentlichen Reihe. Nervöses Drängen beginnt, da die Sorge besteht, übersehen zu werden. Schon bald quetscht sich ein Körper vor die anderen, und wenn derjenige wegen seines Verstoßes gegen den öffentlichen Anstand zur Rede gestellt wird, täuscht er schockhafte Überraschung vor, dass hier plötzliche eine kleine Menschenmenge aufgetaucht ist, die ebenfalls einen Kaffee, einen Döner oder einen Laib Brot kaufen will. Dieses Verhalten erzeugt eine gewisse Kluft zwischen dem Einzelnen und seinen Mitbürgern. Wenn jemand für einen Sitzplatz im Zug bezahlt hat, sollte man nicht erwarten, dass er den Platz für eine ältere Person oder für ein Kind freigeben würde, damit es neben seinem Elternteil sitzen kann. Unhöfliche Menschen gibt es natürlich überall, aber das Universum in »uns« und »die« zu unterteilen, verstärkt die Gleichgültigkeit. Hin und wieder kann man in der Öffentlichkeit entgegenkommendes Verhalten beobachten, aber es ist eher die Ausnahme als die Regel.

Natürlich kann nicht jegliches unbeholfene Sozialverhalten der Deutschen auf die Unterscheidung zwischen »Du« und »Sie« zurückgeführt werden. Solche Unterschiede bei den Personalpronomen der 2. Person gibt es auch in anderen Sprachen. Ein unterentwickelter Sinn für nationale Solidarität ist aber nicht dazu angetan, soziale Trennlinien zu überbrücken und einander als Teil der gleichen Gemeinschaft zu begreifen. Sprachliche Trennlinien schlagen sich also doch ein Stück weit im öffentlichen Verhalten nieder – mit polarisierenden Konsequenzen. Einerseits kann eine relativ homogene »Du«-Blase zu einer sich selbst bestätigenden Echokammer werden. Subjektive Sichtweisen werden durch die Gruppe verstärkt und somit eher als universelle Wahrheiten wahrgenommen. Das kann dazu führen, dass sich Deutsche ermächtigt fühlen, als »Obrigkeit« aufzutreten und andere für vermeintliche Fehltritte zur Rede zu stellen (was die meisten Ausländer schon schmerzlich erfahren mussten).[6]

Andererseits kann ein Gefühl der Isolation entstehen. In einer Welt kalter, unnahbarer »anderer« ist es schwierig, sich wohlzufühlen. In Deutschland wird Fremden weniger Vertrauen entgegengebracht als in den meisten anderen Industrieländern.[7] Die Hälfte aller Deutschen befürchtet einen Verfall der Gesellschaft,[8] und ein Viertel fühlt sich einsam.[9] Besonders die Landjugend verfiel in den letzten Jahren in Pessimismus. Mehr als die Hälfte der 14- bis 29-Jährigen beklagt sich über hohen Alltagsstress, und mehr als ein Drittel fühlt sich erschöpft.[10] Die Regierung sah die Tendenz zum sozialen Rückzug immerhin als problematisch genug an, um ein Strategiepapier zu verfassen, wie dem Gefühl der Isolation entgegengewirkt werden soll (viel mehr, als darüber zu sprechen, fiel den Verfassern bisher jedoch nicht ein).[11] Es erfordert aber schon mehr als ein »Einsamkeitsbarometer«. So könnten Maßnahmen ergriffen werden, um das Gemeinschaftsgefühl zu stärken und Empathie und soziale Interaktion zu fördern. Einige Ideen hierfür diskutieren wir im letzten Kapitel.

Das Land selbst ist zwar stark merkantilistisch ausgerichtet, aber die nationale Philosophie und Kultur tragen antimodernistische Züge. Die deutsche Romantik war besonders einflussreich und neigte dazu, die Werte der Aufklärung abzulehnen. Der Protagonist in Goethes *Faust* verkaufte seine Seele für tieferes Wissen von den wahren Zusammenhängen der Welt, bevor er von Engeln gerettet wurde, und Caspar David Friedrichs Gemälde *Wanderer über dem Nebelmeer* zelebriert das geheimnisvolle Wunder der Natur. Die Romantik führte Mitte des 19. Jahrhunderts zur Entstehung der

Lebensreform, die eine Gegenbewegung zur Industrialisierung und zum Materialismus darstellte. Diese Bewegung besteht heute in der Reformhaus-Kette, der Freikörperkultur und der Begeisterung fürs Wandern fort. Sie zeigt sich auch noch in einer angeborenen Skepsis gegenüber technologischem Fortschritt und anderen Veränderungen.

Der Zusammenhang besteht darin, dass Spaltung in die soziale DNA Deutschlands eingebaut ist. Tief verwurzelte kulturelle Neigungen erzeugen Reibungen mit dem modernen Leben, die die Gesellschaft nicht ausgleichen oder überbrücken kann, weil sie zersplittert ist. Es gibt also eine innere Komplexität, die selbst in guten Zeiten unangenehme Spannungen erzeugt. Für Deutsche ist es schwer, eine gemeinsame Basis zu finden, was für Außenseiter höchst irritierend sein kann. Schauen wir uns nun an, wie sich die nationale Angespanntheit manifestiert.

Kulturkampf

Es ist nicht einfach, einer von 84 Millionen Deutschen zu sein. Es gibt keinen Konsens, was das bedeutet. Ist es nur Bach, Bratwurst und Bier? Oder ist es auch Techno, Döner und Club-Mate? Deutschland ist der Geburtsort der Reformation, des Autos und des Buchdrucks, aber welche Rolle spielt das jetzt noch? Und wenn dieses Erbe noch wichtig ist, was ist dann mit dem Nationalsozialismus? Wo fängt die Vorstellung von Deutschland an, und hört sie irgendwo auf? Wenn ja, warum? Wahrscheinlich wird dem Versuch, das eigene Land zu definieren, nirgendwo auf der Welt so viel Zeit und Energie gewidmet – und doch gelingt es nicht. Die USA waren ein Staat, der zur Nation wurde. In Deutschland hängt man der Vorstellung an, dass es schon vor der Staatengründung ein Nationalgefühl gab, weshalb die deutsche Identität rein ist und weit in die Geschichte zurückreicht. Es ist klar abgegrenzt, was dazugehört und was nicht, auch wenn die Realität die Grenzen verwischt hat.

Der ehemalige Bundespräsident Christian Wulff versuchte 2010, diese Grenzen zu verschieben. Der Christdemokrat erklärte,

Deutschland müsse sich neu definieren, nicht nur wegen der Spannungen nach der Vereinigung der beiden deutschen Staaten, sondern auch weil sich das Land weiterentwickelt habe. Es sei nicht mehr ausschließlich das Land der Müllers und Schmidts – damals hatten ungefähr 15 Millionen Menschen einen Migrationshintergrund. »Wir brauchen eine klare Haltung«, sagte Wulff zum 20. Jahrestag der Wiedervereinigung. »Ein Verständnis von Deutschland, das Zugehörigkeit nicht auf einen Pass, eine Familiengeschichte oder einen Glauben verengt, sondern breiter angelegt ist.«[12] Dann erklärte Wulff, der Islam sei wie das Christentum und das Judentum ein Teil von Deutschland.

Aus der Perspektive eines Außenstehenden schien das offensichtlich. Das Land hatte jahrzehntelang Menschen aus der Türkei und anderen muslimischen Ländern angeworben, um seine Wirtschaft anzukurbeln. In Deutschland leben mittlerweile rund 5,5 Millionen Muslime, und unter ihnen sind politische Funktionäre, Unternehmer und Weltmeister. Sie haben Häuser, Unternehmen und natürlich Moscheen aufgebaut. Von den Letzteren gibt es über 2500, von kleinen, diskret in Hinterhöfen versteckten Gebetsstätten bis zur eindrucksvollen Zentralmoschee der DITIB in Köln. Fast überall im Land gibt es Dönerbuden, wo man den von türkischen Zuwanderern eingeführten Imbiss bekommt, der mittlerweile zu den beliebtesten im Land zählt.

Und doch löste Wulffs Feststellung einen Sturm der Empörung aus. Während Kanzlerin Merkel den Standpunkt unterstützte, waren andere konservative Politiker aufgebracht und wiesen ihn zurück. Zwei Jahre später ruderte Wulffs Nachfolger Joachim Gauck, ein früherer evangelischer Pastor und Mitglied der ostdeutschen Protestbewegung, zurück und differenzierte: »die Muslime, die hier leben, gehören zu Deutschland«, aber nicht die Religion.[13] Rechtlich und administrativ gesehen leben muslimische Deutsche also in dem Land, aber sind keine »echten« Deutschen, weil der Islam ein fremder Glaube ist.

Für ein Land, das mit seiner Nazivergangenheit abschließen und die Rechte des Einzelnen und die Meinungsfreiheit gewährleisten will, ist das eine heikle Situation. Nicht nur wird systemische und strukturelle Diskriminierung gebilligt, sondern es wird auch die Vorstellung einer geschlossenen deutschen Nation vertreten. Identität ist lebendig und nicht schwarz-weiß. Natürlich gehört der Islam zu Deutschland, genauso wie die Mettwurst, Chai Latte und die Freikörperkultur. Kulturelle Inklusion kann man nicht von oben her vorschreiben, doch Deutschland versucht es immer noch.

Vor den Weihnachtsferien 2023 bezeichnete Friedrich Merz – Merkels langjähriger Gegner, der schließlich ihr Nachfolger als CDU-Vorsitzender wurde – das Kaufen und Dekorieren eines Weihnachtsbaumes als ein Merkmal des Deutschseins. Es ist tatsächlich urdeutsch. Johann Wolfgang von Goethe schrieb schon 1774 von einem mit Kerzen, Süßigkeiten und Äpfeln dekorierten Baum[14] – damals waren die USA noch eine britische Kolonie. Aber natürlich ist die Verbindung der deutschen Identität mit einem christlichen Feiertag eine problematisch enge Definition derselben. Juden, Muslime, Buddhisten und Atheisten werden ebenso ausgeschlossen wie Menschen, die Bäume lieber lebendig im Wald als tot in ihrer Wohnung sehen. Merz' kalkulierte Bemerkung war Teil des anhaltenden Kampfes, die deutsche Leitkultur zu definieren und zu verteidigen. Diese vorgeschobene Debatte suggeriert, die urdeutsche Lebensart sei bedroht. Das Präfix »Leit-« deutet auf ein Gefühl der Überlegenheit hin, aber in Verbindung mit der unverfänglichen Vorstellung von Kultur klingt es eher harmlos und nicht nach einem Bruch des ethnonationalistischen Tabus. Es läuft jedoch auf ein derartiges Tabu hinaus.

Ursprünglich prägte der deutsch-arabische Soziologe Bassam Tibi den Begriff mit dem Ziel, Deutschland zu einem auf europäischen Werten basierenden gesellschaftlichen Konsens zu bewegen, aber Merz eignete ihn sich an und gab ihm eine nationalistische Färbung.[15] Im Jahr 2000 plädierte er für eine auf Freiheit und Demokratie basierende »deutsche Leitkultur«; er sah das Grundgesetz als den »wichtigsten Ausdruck« dieser Werte und deshalb als Teil der deutschen kulturellen Identität an.[16] Der Begriff tauchte 2017 wieder auf, einige Monate nachdem der Tunesier Anis Amri einen Lastwagen in einen Weihnachtsmarkt mitten in Berlin steuerte und dabei 13 Menschen tötete und 67 verletzte. Merz' CDU-Kollege Thomas de Maizière, der damalige Innenminister, veröffentlichte zehn Thesen über die deutsche Leitkultur, die er »Richtlinien zum Zusammenleben« nannte. Zu diesen Grundsätzen gehörten harte Arbeit, aufgeklärter Patriotismus und die populistische Phrase: »Wir sind nicht Burka«, womit er abschreckende Bilder des radikalen Islam heraufbeschwor.[17]

Damit wurde der Islam letztlich in eine Ecke verbannt, und das Land verpasste die Möglichkeit, eine deutsche Version dieses Glaubens zu erschaffen. Statt einen sicheren Raum für gemäßigte Muslime zu bieten, schuf die Isolation einen fruchtbaren Boden für die Radikalisierung. Der Ägypter Mohammed Atta studierte in Hamburg, wo er in den Extremismus abglitt und dann schließlich am 11. September 2001 ein Flugzeug in das World Trade Center in New York steuerte. Der in München geborene Fritz Gelowicz konvertierte als Jugendlicher zum Islam und schloss sich später einer Zelle der Islamischen Dschihad-Union im Sauerland an. Er wurde für schuldig befunden, im Jahr 2010 Anschläge auf die Luftwaffenbasis Ramstein und andere US-Einrichtungen geplant zu haben. Gelowicz hatte drei Komplizen, zu denen auch der Deutsche Daniel Schneider gehörte.[18] Im Jahr 2016 verletzte der syrische Asylbewerber Mohammad Daleel, der Verbindungen zum Islamischen Staat hatte, ungefähr ein Dutzend Menschen bei einem Selbstmordanschlag in Ansbach, nachdem er sich der Abschiebung entzogen hatte. Solche Ereignisse haben die negative Darstellung der Religion in den Medien verstärkt[19] und den Teufelskreis der antimuslimischen Einstellungen angeheizt. In Hanau beging ein 43-jähriger Deutscher einen rassistisch motivierten Amoklauf, bei dem er neun Menschen tötete, bevor er seine Mutter und sich selbst erschoss. Schon lange davor, zwischen 2000 und 2007, hatte eine kleine Gruppe von Neonazis, der NSU, neun Zuwanderer und eine Polizistin ermordet. Diese in mehreren Regionen Deutschlands begangenen Taten hatte man zunächst mit türkischen Verbrecherbanden in Verbindung gebracht und als »Dönermorde« trivialisiert.

Zur Zeit von de Maizières zehn Thesen über die deutsche Identität gründete die Anwältin Seyran Ateş die Ibn Rushd-Goethe Moschee in Berlin, die es Männern, Frauen und nicht binären Personen erlaubte, gemeinsam zu beten und ihren Glauben zu erkunden. Es war ein Versuch, in Deutschland eine tolerante und inklusive Form des Islam zu schaffen und mit den patriarchalen Strukturen der Religion zu brechen. Aber 2023, nach Jahren des Hasses vonseiten konservativer Muslime in Deutschland wie im Ausland, bezeichnete der Islamische Staat diese Einrichtung als »Ort der Teufelsanbetung« und drohte mit einem Anschlag. Wegen Sicherheitsbedenken wurde der Entschluss gefasst, die Moschee zu schließen. »Wir fühlen uns von der Politik im Stich gelassen, die es versäumt hat, uns in die Islampolitik einzubeziehen, um auch progressiven Muslim*innen eine Stimme zu verleihen«, schrieb die Leitung der Moschee an ihre Gemeinde.[20]

Die CDU sagt, in ihrem Konzept der Leitkultur gehe es um Freiheit und Toleranz und nicht um Leberwurst und Richard Wagner. Aber wenn dem so ist, warum benutzt sie dann einen Begriff, der wie ein geflüstertes »Make Germany Great Again« klingt, mit all den furchterregenden historischen Anklängen? Um es polemisch zu sagen: weil es urdeutsch ist, Gruppen gegeneinander aufzubringen. Hetzreden sind für Merz politisch zweckdienlich. So nannte er etwa Jungen aus Zuwandererfamilien verächtlich »kleine Paschas« und unterstellte Asylbewerbern, sie kämen nach Deutschland, um sich ihre Zähne richten zu lassen, womit sie die Versorgung der Einheimischen gefährdeten. Die Christdemokraten haben das Konzept in ihrem Grundsatzprogramm verewigt: »Alle, die hier leben wollen, müssen unsere Leitkultur ohne Wenn und Aber anerkennen.« Der AfD spielt das Konzept eindeutig in die Karten, und sie geht sogar noch weiter, indem sie den Multikulturalismus zu einer »ernsten Bedrohung« der Nation als »kulturelle Einheit« erklärt.

Indem man antidemokratische Einstellungen implizit mit Zuwanderern verknüpft, kann man die Schuld an sozialen Unruhen den »anderen« Deutschen zuschieben, vor allem den dunkelhäutigen. Das Problem sind dann die Menschen, die sich nicht integrieren wollen. Damit lenkt man vom eigenen politischen Versagen ab, wie dem strukturellen Mangel an Bildungsgerechtigkeit und sozialer Mobilität. Diese Fixierung auf die »anderen unter uns« ignoriert auch in Deutschland entstandene Problemgruppen wie die Reichsbürger. Deren autoritäre Einstellungen nehmen immer mehr zu, und das nicht nur im früheren kommunistischen Osten.

Die Diskussion über eine Leitkultur schürt Ängste in dem Sinn, dass etwas bedroht ist und verteidigt werden muss. Sie wird gestützt von dem verwandten Begriff der Willkommenskultur. Diese wird von der Regierung mit dem Ziel propagiert, die Zuwanderung von gut ausgebildeten Fachkräften zu fördern. Auch in diesem Konzept geht es um Kontrolle. Deutschland öffnet die Tür und kann deshalb bestimmen. Aber in einer freiheitlichen Gesellschaft kann es keine Unterscheidung geben zwischen Mitgliedern, die wirklich zu ihr gehören, und den anderen. Und nach Jahrzehnten der Zuwanderung entwickelt sich Deutschland weiter, egal, was die Wächter der Leitkultur wollen.

Es könnte sich also lohnen, die kulturelle Entwicklung des Landes einmal unter die Lupe zu nehmen. Sie ist nicht gerade ermutigend für die Verteidiger einer althergebrachten Interpretation von Deutschland. Vieles, was man allgemein als urdeutsch ansieht, ist auf dem Rückzug, weil Vorlieben sich nun mal ändern. Das Land sollte sich also vielleicht lieber für neue Ideen öffnen, als rückwärtsgewandt zu versuchen, ein künstliches Konzept von Reinheit zu konservieren.

In der Heimat der Bratwurst sinkt der Fleischkonsum auf Rekordtiefen. Auch Bier wird seit der Wiedervereinigung immer weniger getrunken, trotz oder vielleicht gerade wegen des berühmten deutschen Reinheitsgebots von 1516, das Deutschlands »flüssiges Brot« im Vergleich zu den ausgefallenen Sorten von amerikanischen Kleinstbrauereien langweilig und eintönig erscheinen lässt. Die Schwierigkeiten damit, sich an wechselnde Vorlieben anzupassen, erklären vielleicht, warum die Deutschen weltweit zu den Völkern mit dem niedrigsten Anteil an einheimischen Gerichten auf dem Tisch gehören. Sauerbraten, Spätzle und Maultaschen sind dagegen in anderen Ländern kaum bekannt, geschweige denn auf den Speisekarten zu finden.[21] Deutsche Speisen und Getränke werden auch als weniger einzigartig angesehen. Mittlerweile sind 188 von ihnen in der EU registriert und geschützt, nachdem 2024 die Dithmarscher Gans neben sechs verschiedenen Sorten Spargel aufgenommen wurde. Im Vergleich dazu sind es 789 französische und 906 italienische Speisen. Das ist vielleicht nicht wirklich überraschend angesichts der in diesen Ländern geschätzten Kochkünste, aber Deutschland hinkt auch Griechenland, Spanien und Portugal hinterher, Staaten mit deutlich kleineren Bevölkerungen.[22] Nicht etwa wegen einer Verschwörung gegen Brot und Wurst, sondern weil sich Vorlieben ändern und die deutsche Küche in der Vergangenheit stecken geblieben ist, wie so vieles in diesem Land.

Auch in anderen kulturellen Bereichen hat Deutschland Probleme, zum Beispiel in der Unterhaltungsindustrie: Deutschland unterstützt zwar Musik, Theater und Museen mit erheblichen Beträgen,[23] doch in der internationalen Popkultur spielt es kaum eine Rolle. Abgesehen von Autos, Fußballern und Turnschuhen ist der wahrscheinlich größte Beitrag des Landes die aufgedrehte Heidi Klum, die früher für Victoria's Secret posierte und jetzt mit ihrer Tochter Werbung für Reizwäsche macht. Im Eurovision Song Contest lag Deutschland 2023 und 2022 auf dem letzten und 2021 auf dem vorletzten Platz. Ein zwölfter Platz 2024 war da schon ein überraschender Erfolg. Natürlich ist der populärste Liederwettbewerb der Welt nicht unbedingt das Highlight der musikalischen Raffinesse, aber er spiegelt doch einen gewissen Einfluss wider und zeigt, ob ein Land den Zeitgeist richtig einschätzt.

Im Gegensatz dazu ist die Technomusik in Deutschland sehr gut aufgestellt, von den Behörden wird sie aber eher gelitten als geliebt. Obwohl die Berliner Technoszene von der UNESCO als Teil des deutschen Kulturerbes anerkannt wurde, haben sich die Clubs noch nicht richtig von den Covid-Beschränkungen erholt. Und eine Reihe von Lokalen in Berlin, darunter das Watergate und die Wilde Renate, sind dem dortigen sogenannten Clubsterben zum Opfer gefallen. Die Loveparade, einst ein jährliches Pilgerziel für Raver, fiel 2004 dem wirtschaftlichen Druck zum Opfer, und der Versuch, sie in anderen Städten am Leben zu erhalten, endete 2010 in Duisburg in einer Tragödie mit einer tödlichen Massenpanik.

Techno bietet Raum für alternative Konzeptionen der deutschen Identität. Anders als in Großbritannien, wo die BBC versucht, für alle etwas anzubieten, hält sich der steuerfinanzierte öffentlich-rechtliche Rundfunk in Deutschland jedoch an die immer gleichen Formate, sendet einen stetigen Strom von Volksmusik-Galas, schwelgt in klassischer Musik und langweilt mit Dramen über Romanzen oder Dorfintrigen auf dem Land. Dazu unterhält er zwölf Orchester, acht Chöre und vier Big Bands. Es gibt zwar experimentelles Theater und Auftrittsgruppen, aber es wird wenig Energie darauf verwendet, damit zu experimentieren und so etwas einem breiteren Publikum zugänglich zu machen, obwohl Mittel dafür zur Verfügung stünden.

Die am längsten bestehende populäre Sendung ist der *Tatort,* eine Kriminalfilm-Reihe, die – entsprechend der föderalistischen Struktur der deutschen Fernsehanstalten – abwechselnd in verschiedenen Städten und gelegentlich auch in Österreich und der Schweiz spielt. Der *Tatort* steht sinnbildlich für die kulturelle Verknöcherung. Seit 1970 wird er jeden Sonntagabend zum Ausklang des Wochenendes mit dem immer gleichen Vorspann gesendet. Er wurde schon als »das letzte große Lagerfeuer« bezeichnet, an dem sich das Land versammelt, um Geschichten zu hören. Ein zugrunde liegendes Thema ist oft das deutsche Konzept der Familie, und die Polizisten (im Allgemeinen weiße Männer) sind meist ausgebrannte Einzelgänger, deren Privatleben ein Scherbenhaufen ist. Die einzelnen Folgen können moralisierend und gekünstelt oder auch slapstickmäßig und draufgängerisch sein, sodass zumindest Abwechslung herrscht. Die föderalistische Herangehensweise zeigt jedoch, wie schwierig es ist, ein Gemeinschaftsgefühl und nationale Archetypen zu schaffen. Weil die Schauplätze ständig wechseln, ist es schwierig, eine Beziehung zu den Protagonisten aufzubauen.

Bisweilen zeigt sich, wie unbeholfen die sozialen Beziehungen zwischen den Deutschen sein können. In einer Episode des *Tatort* aus dem Jahr 2024, die in München spielt, wird ein junger Polizist entführt und beinahe getötet. Nach diesem Martyrium wird er von seinen älteren Kollegen zunächst wegen seiner Unvorsichtigkeit gescholten. Dann lassen sie sich erweichen und bieten ihm das »Du« an, was zu der obligatorischen und überflüssigen Vorstellungsrunde führt (»Ich bin Franz.« – »Ich bin Ivo.«).

Da also die deutsche Sprache nicht in der Lage ist, Brücken zwischen den Menschen zu bauen, und die Ernährung und die Kultur langweilig sind, bleibt der Fußball eine der wenigen Bastionen, um die Deutschen zu vereinen. Aber auch da lief es in den letzten Jahren nicht gut. Der erste Weltmeistertitel im Jahr 1954 war ein prägendes Ereignis für die vom Krieg verwüstete Nation. Der dritte Titel kam 1990 kurz nach dem Fall der Berliner Mauer und gab dem wiedervereinigten Land die Gelegenheit, gemeinsam zu feiern. Deutschland war 2006 WM-Gastgeber, als es sich gerade von einer Phase der hohen Arbeitslosigkeit erholte und als »kranker Mann Europas« bezeichnet wurde. Obwohl die deutsche Nationalmannschaft nur den dritten Platz belegte, machte dieses Ereignis endlich das Schwenken der Deutschlandflagge wieder salonfähig und beliebt (auch wenn später Korruptionsvorwürfe die Veranstaltung überschatteten).[24] So können ein paar schlechte Turniere die nationale Seele belasten, vor allem wenn es sonst nicht viel Positives zu vermelden gibt.

Beim letzten deutschen Weltmeistersieg 2014 in Brasilien wurde die Gelegenheit verpasst, Fußball zu einem Grundpfeiler einer gemeinsamen Identität zu machen. Die Mannschaft, die in Südamerika zum Sieg stürmte – und den Gastgeber Brasilien in Belo Horizonte mit 7:1 deklassierte, bevor sie Argentinien mit Lionel Messi im Endspiel besiegte –, war eine Demonstration des deutschen Multikulturalismus. Neben dem Kapitän Philipp Lahm, einem Bayer aus München, waren Starspieler mit vielfältigem Migrationshintergrund vertreten. Miroslav Klose, der Torschützenkönig des Turniers, entstammte einer polnisch-deutschen Familie, die am Ende des Zweiten Weltkriegs aus Schlesien vertrieben worden war. Sein Sturmpartner Lukas Podolski war ebenfalls in Polen geboren. Mesut Özil, ein launenhafter Mittelfeldspieler und Star von Real Madrid, war als Sohn eines türkischen Gastarbeiters in Gelsenkirchen im Herzen des Ruhrgebiets geboren. Der in Berlin geborene Jérôme Boateng hat einen Vater aus Ghana. Toni Kroos aus Greifswald repräsentierte Ostdeutschland und gewann zahlreiche Titel als »Man of the Match«. Der Sieg des Teams über Brasilien wurde vom *Guardian* als »die Nacht, als Deutschland dem Königreich des Fußballs die Krone entriss«, beschrieben.

Aber anstatt als Bestätigung für das Potenzial der Diversität gesehen zu werden, ist der Fußball zu einer Petrischale für ethnonationalistische Auffassungen von Identität geworden. Mehrere nicht weiße Spieler der Mannschaft von 2014 hatten weiter unter Diskriminierung zu leiden. Der Co-Vorsitzende der AfD Alexander Gauland sagte, Boateng werde zwar als Fußballer geschätzt, doch als Nachbar sei er nicht willkommen. Als es für die deutsche Nationalmannschaft nicht mehr so gut lief, sah sich Mesut Özil verbalen Angriffen von Fans ausgesetzt: »Wenn wir gewinnen, bin ich Deutscher, und wenn wir verlieren, bin ich ein Migrant.« Der DFB behauptete zwar, erfolgreich gegen Rassismus vorzugehen, doch unabhängige Studien sagen etwas anderes.[25] Im Vorfeld der Europameisterschaft von 2024 machte die ARD eine Umfrage unter den Deutschen, ob sie lieber mehr weiße Spieler in der Nationalmannschaft sehen wollten. Ungefähr ein Fünftel der Befragten bejahte das. Zu Beleidigungen gegen Spieler aus ethnischen Minderheiten in der erfolgreichen deutschen U17-Fußballnationalmannschaft schrieb Boateng in den sozialen Medien: »Deutsche Jung-Nationalspieler, die nach einem Sieg bei der WM für Deutschland rassistisch beleidigt werden? Im Jahr 2023? Euer Ernst? Wann hört das jemals auf ...!?«[26]

Seit dem Sieg bei der Weltmeisterschaft 2014 hat die Männernationalmannschaft Wellen der Schadenfreude ausgelöst, als sie bei den folgenden Weltmeisterschaften frühzeitig ausschied, und der einst starken Frauenmannschaft erging es 2023 nicht besser. Der Nationalstolz erhielt einen weiteren Dämpfer, als der US-amerikanische Gigant Nike die einheimische Marke Adidas als Ausrüster der deutschen Nationalmannschaft verdrängte. Aus dem ganzen Land hagelte es Vorwürfe von Verrat. Dann folgte der Aufschrei wegen der rosafarbenen Männertrikots bei der Europameisterschaft 2024; sie waren »zu woke« für Menschen wie Björn Höcke von der AfD, der das als bezeichnend für den spirituellen Verfall Deutschlands ansah.

Selbst unerschütterliche deutsche Traditionen kommen ins Wanken. Während sich Friedrich Merz so vehement für das Aufstellen und Schmücken von Tannenbäumen einsetzte, gerieten manche Weihnachtsmärkte gerade durch Forderungen der deutschen Musikrechtegesellschaft GEMA in eine existenzielle Krise. Die Wurzeln der GEMA liegen in der Naziorganisation STAGMA, die 1933 gegründet wurde, um die einheimische Musik zu kontrollieren und jüdische und »entartete« Künstler auszumerzen. Der erste Direktor überreichte seinen Mitarbeitern gerne als Belohnung für gute Leistungen Hitlers Buch *Mein Kampf*. Die GEMA ist bekannt für ihre Kompromisslosigkeit, vor allem wegen einer langen Auseinandersetzung mit YouTube, die dazu führte, dass Musikvideos in Deutschland nicht mehr gestreamt werden durften. Sie genießt unter der sogenannten GEMA-Vermutung weitreichende Befugnisse: Wer eine Veranstaltung organisiert, muss zweifelsfrei beweisen, dass dort nur lizenzfreie Musik gespielt wird, wenn er Zahlungen vermeiden will.[27] Die GEMA ließ 2023 ihre Muskeln spielen und setzte in der Vorweihnachtszeit mehrere Dutzend Städte davon in Kenntnis, dass man ihnen für das Spielen von Weihnachtsliedern mehr in Rechnung stellen würde, weil die Flächen der Märkte größer seien als angegeben. In manchen Fällen verzehnfachten sich die Gebühren, wodurch die beliebte Tradition gefährdet war, sich bei einem Glas Glühwein mit *Stille Nacht* beschallen zu lassen.

Und als ob das alles nicht schon das deutsche Selbstbild schwer genug belasten würde, gibt es da auch noch Richard David Precht. Der Talkshowphilosoph hat eine Meinung zu jedem erdenklichen Thema, vom orthodoxen Judentum bis zu Brennstoffzellenautos, und ist dabei so nuanciert wie Reality-TV. Seine prägnante Zusammenfassung der deutschen Nachkriegsidentität lautete: »In Deutschland hat der Mercedes-Stern das Hakenkreuz ersetzt.«[28] Mit diesem Bild werden sich wahrscheinlich nicht viele Deutsche identifizieren wollen, aber welche anderen gibt es denn? Es muss sich etwas ändern, damit in Deutschland ein Gemeinschaftsgefühl entstehen kann.

Es gibt wenig Möglichkeiten, sich aktiv für ein inklusives deutsches Selbstbild einzusetzen. Traditionen, die Menschen auf eine positive Weise zusammenbringen, gibt es so gut wie gar nicht. Nationalfeiertage erschöpfen sich in salbungsvollen Reden von Politikern und geschlossenen Läden, weshalb in der Regel am Tag davor großes Gedränge im Supermarkt herrscht. Silvester wird groß gefeiert, aber ist nichts spezifisch Deutsches, und auch dieser Feiertag hat die sozialen Spaltungen aufgezeigt, da Zusammenstöße mit der Staatsgewalt meist schnell auf »schlecht assimilierte« Zuwanderer geschoben werden. Das Problem ist, dass es zu wenige gesellschaftlich geteilte Erlebnisse gibt, aus denen ein Gefühl der nationalen Zugehörigkeit entstehen kann, damit alle, und nicht nur die ethnischen Deutschen, sich als Deutsche fühlen können.

Die Antwort auf das wackelige Selbstbild der Nation ist die defensive und hohle Debatte über eine Leitkultur, die mehr Ängste auslöst, als dass sie Verbindungen knüpft. Deutschland muss das zu schätzen lernen, was es hat, und akzeptieren, dass Identität kein Entweder-oder ist. Ein Mensch kann sich deutsch und polnisch fühlen oder schwul und muslimisch sein, was eine große Stärke von Deutschland sein könnte. Ein Selbstbild ist geschichtet wie eine Schwarzwälder Kirschtorte, mit unbegrenzten Zutaten und Kombinationen. Kulturelle Werte und Konzepte zu bewahren ist wichtig, aber die besten werden von selbst überdauern. Es ist ein Problem, wenn sich die Rhetorik von der Wirklichkeit löst. Das und nicht eine Verwässerung der deutschen Kultur ist die wirkliche Bedrohung für das Land – wenn man ein Bekenntnis zur Integration abgibt und gleichzeitig Hürden dafür errichtet, Assimilation verlangt und dabei eine Inklusion verhindert, und Toleranz predigt, während man selbst intolerant handelt.

Die Tore schließen

Deutschland will eifrig beweisen, dass es aus der Geschichte gelernt hat und zu Recht wieder in die Staatengemeinschaft aufgenommen wurde. Im Mai 2019 verurteilte ein breites Parteienbündnis im Bundestag eine von Palästinensern ins Leben gerufene Bewegung mit dem Ziel, Israel durch Boykottaufrufe, den Abzug von Investitionen und Sanktionen gegen das Land zu isolieren. In einer lagerübergreifenden Zusammenarbeit, zu der es nur kommt, wenn grundsätzliche Belange auf dem Spiel stehen, einigten sich CDU/CSU, SPD, die Grünen und die FDP auf eine Resolution, die sogenannte BDS-Bewegung – BDS steht für Boycott, Divestment and Sanctions – zu verurteilen. Sie wollten damit einer ähnlichen Initiative der AfD zuvorkommen.

Die AfD hat wohl wenig Interesse daran, Israel zu schützen,[29] aber ein solches Vorgehen entkräftet Vorwürfe, eine Neonazi-Agenda zu verfolgen, und stärkt gleichzeitig die Auffassung, dass das jüdische Leben von einem importierten Antisemitismus bedroht ist. Diese Behauptung, die von offiziellen Statistiken nicht gedeckt wird,[30] soll ein Programm stützen, das gegen Zuwanderung aus muslimischen Ländern gerichtet ist. Aber selbst wenn die Ziele der AfD unlauter sein mögen, könnte sich die gesamte politische Mitte Deutschlands den Eindruck kaum leisten, den Schutz von Juden nicht ernst zu nehmen. Der Eifer, sich selbst als gut darzustellen, hat nach dem Scheitern der Wiedervereinigung an Intensität gewonnen. Der Grund: Als klar wurde, dass Ost- und Westdeutschland nicht wirklich vereint waren, musste sich das Land noch mehr als reformierter Bösewicht profilieren. Also wurde die diffuse BDS-Bewegung als antiisraelisch und infolgedessen antijüdisch abgestempelt. »Diese sich aus unserer Geschichte ergebende unendliche Verantwortung gebietet es uns, alles zu unterlassen und zu unterbinden, was antisemitisch ist oder auch nur den Eindruck erweckt, antisemitisch werden zu können«, sagte der CDU-Abgeordnete Axel Müller während der Debatte im Reichstag.

Die dort verabschiedete Resolution verglich die auf israelische

Waren geklebten »Don't Buy«-Sticker der BDS mit der nationalsozialistischen Boykottaktion »Kauft nicht bei Juden!«. Keiner der Unterstützer der Resolution schien zu bemerken, dass es zwischen einer Aktion eines totalitären Staates und Protesten durch eine lose Gruppe privater Aktivisten entscheidende Unterschiede gibt.

Ein Nazivergleich, der in die andere Richtung ging (d.h. gegen Israel gerichtet war), brachte die jüdische Schriftsteller*in Masha Gessen in Schwierigkeiten, worin sich ein beunruhigender Trend zeigt. Am 13. Dezember 2023 zog sich die Heinrich-Böll-Stiftung (eine parteinahe Stiftung der in Bremen mitregierenden Grünen, die sich der Demokratieförderung und der Bekämpfung von Diskriminierung verschrieben hat) von einer Zeremonie zur Verleihung des Hannah-Arendt-Preises für politisches Denken an Gessen zurück. Die Auszeichnung galt der Arbeit der russisch-amerikanischen Schriftsteller*in über »totalitäre Tendenzen« sowie »zivilen Ungehorsam und die Liebe zur Freiheit«. Doch als Gessen (die nicht binär ist) mit ihren Beobachtungen die Orthodoxie der deutschen Geschichtsschreibung infrage stellte, wurde sie zur Zielscheibe.

Auslöser der Kontroverse war ein Essay im *New Yorker,* in dem Gessen die »ghettoisierten Juden« in der Nazizeit mit den »belagerten Bewohnern des Gazastreifens« verglich, denen die Liquidierung drohe.[31] Das war in Deutschland ein Bruch des Tabus, Israel zu kritisieren, was mit Antisemitismus gleichgesetzt wird; und noch schlimmer wog, dass sie das Handeln der israelischen Regierung mit dem der Nazis verglich. Der Preisverleihung wurde eine solche Bedeutung beigemessen, dass sie in der prächtigen Oberen Halle im historischen Bremer Rathaus (einem UNESCO-Weltkulturerbe) stattfinden sollte, der als »schönster, repräsentativster Raum« der Stadt bezeichnet wird. Aber die Verwaltung nannte den Vergleich »unsäglich« und kündigte den Veranstaltungsort. Laut der Heinrich-Böll-Stiftung hatten Gessens »nicht akzeptable« Bemerkungen einen Dialog unmöglich gemacht, und die Stiftung sagte die Teilnahme an einer geplanten Podiumsdiskussion ab – offensichtlich ohne die Ironie darin zu erkennen.[32]

Der Aufschrei traf einen Nerv, weil er die Frage aufwarf, ob

Deutschland die Oberhoheit über die Holocaust-Erinnerungskultur besitzt. Doch Gessen ist in eine Geschichte der Verfolgung verstrickt, und das mehr als die meisten Deutschen. Die in Moskau geborene Schriftsteller*in wuchs in einer jüdischen Familie auf, die sowohl von der Todesmaschinerie der Nazis als auch von den sowjetischen antisemitischen Säuberungen betroffen war. Zudem fiel sie in Russland der Zensur zum Opfer. Gessen und das Deutschland nach dem Holocaust sollten auf der gleichen Seite stehen, wenn es darum geht, künftige Gräueltaten an Völkern zu verhindern.

Und doch schienen die deutschen Verantwortungsträger mehr Wert darauf zu legen, den Holocaust weiterhin als einzigartiges Verbrechen anzusehen. Deutschland hat seine Rolle darin gefunden, die Schreckenstaten der Nazis vor der ganzen Welt herauszustellen, aber der Hauptadressat der Erinnerungskultur ist das Land selbst. Über die zahlreichen Denkmäler und Gedächtnisfeiern hinaus hat Deutschland die Verteidigung der Existenz Israels zu einem Teil seiner modernen Staatsräson gemacht, eine Politik, die im Wesentlichen erst unter Merkel formuliert wurde. Dies drückte sich in Aktionen wie der Zahlung von je 220 Euro an mehr als 110 000 Holocaust-Überlebende in Israel aus, um sie bei der Bewältigung des Hamas-Terroranschlags in Israel am 7. Oktober 2023 zu unterstützen. Solche Bekundungen dienen der Aufrechterhaltung des Gefühls, durch die Alliierten von den Nazis »befreit« und von diesem Trauma durch regelmäßige Akte der Reue erlöst zu sein. Von Juden erwarte man, in dieses »Gedächtnistheater«[33] einzustimmen und in »der deutschen Selbstwahrnehmung, ›wieder zu den Guten zu gehören‹«, eine unterstützende Rolle zu spielen, bemerkte Max Czollek, ein in Berlin geborener Dichter, Dramatiker und Politikwissenschaftler.[34]

Aber Schuld ist rückwärtsgewandt. Dabei geht es um Sühne. Es ist nicht das Gleiche wie Verantwortung, für die es Taten und Wachsamkeit braucht, um ähnliche Verbrechen gegen die Menschheit zu verhindern. Die Konsequenz der deutschen Gedächtniskultur ist, dass »nie wieder« zu einer hohlen Tautologie wird, weil etwas geschichtlich Einzigartiges sich per definitionem nicht wiederholen kann. »Die Deutschen haben sich ein seltsames Dilemma geschaffen, das darin besteht, zu versuchen, sich des Holocausts zwar einerseits ständig sehr bewusst zu sein, sich jedoch andererseits davor zu hüten, diese Erinnerung zu nivellieren oder relativieren, indem sie sie universalisieren«, sagte Gessen und fügte hinzu, der Hauptunterschied zwischen jetzt und der Zeit vor dem Zweiten Weltkrieg sei das Wissen um Auschwitz, das als Referenzrahmen für die Verhinderung künftiger Genozide dienen könne.[35]

Die Sorge über Deutschlands Einschränkungen der Meinungsfreiheit beschränkte sich nicht auf Masha Gessen. Die BDS-Resolution forderte, mit der palästinensischen Solidaritätsbewegung in Verbindung stehenden Künstlern die Finanzierung zu entziehen, und sie hatte gravierende Auswirkungen. Im September 2019 sagte Dortmund die Verleihung des Nelly-Sachs-Preises für Literatur an die britisch-pakistanische Autorin Kamila Shamsie ab, und einige Wochen später zog sich Aachen von der Verleihung eines Preises an den libanesisch-amerikanischen Künstler Walid Raad zurück. 2020 stand der Philosoph Achille Mbembe aus Kamerun im Zentrum einer Kontroverse in Deutschland, weil er den Holocaust angeblich relativiert habe. 2022 stellte die Bundesregierung die Finanzierung der Kunstausstellung Documenta in Kassel infrage und forderte mehr Kontrolle, nachdem eine Kontroverse über ein Wandbild entbrannt war, auf dem unter anderem die Karikatur eines Juden zu sehen war. Ende 2023 stoppte Berlin die Finanzierung des Kulturzentrums Oyoun wegen angeblichem »verstecktem« Antisemitismus. Im Februar 2024 beendete das Max-Planck-Institut für Sozialanthropologie die Zusammenarbeit mit dem libanesisch-australischen Forscher Ghassan Hage wegen einer Reihe von Posts in sozialen Medien, und im April desselben Jahres widerrief die Universität Köln eine Professur für die amerikanische Philosophin Nancy Fraser, weil sie einen Unterstützungsaufruf für Palästina unterschrieben hatte. Im September 2024 folgte die Böll-Stiftung der Gessen-Affäre, indem sie einen von ihr in Auftrag gegebenen Text des in Israel geborenen Schriftstellers Tomer Dotan-Dreyfus nicht veröffentlichte, der darüber schrieb, wie Deutschland die jüdische Meinungsfreiheit unterdrückt. »Kulturinstitutionen [werden] immer mehr von Angst und Paranoia getrieben, zeigen sich anfällig für Selbstzensur und schließen in vorauseilendem Gehorsam kritische Positionen durch Nichteinladung aus«, steht in einem offenen Brief an die Bundesregierung, den mehr als 1500 Künstler, Akademiker und Kulturschaffende unterzeichnet haben, die im Land leben oder für deutsche Einrichtungen tätig sind.[36] Die bosnische Schriftstellerin Lana Bastašić schloss sich diesen Bedenken an und sagte, dass ihre Ansichten über Deutschland naiv war. »Mein großes, freies, lautes Berlin war nur insoweit frei und laut, solange seine Freiheit und Lautstärke nicht dem System widersprachen«, sagte sie der *Berliner Zeitung*.[37]

Seit den brutalen Terroranschlägen der Hamas am 7. Oktober 2023 wird die Unterstützung Palästinas zunehmend mit Antisemitismus verknüpft. Die Stadt Berlin hat das im Januar 2024 umgesetzt, indem sie die Finanzierung kultureller Einrichtungen und Aktivitäten an eine Klausel bindet, die jegliche Form von Antisemitismus ausschließt. Dafür wird die Definition der International Holocaust Remembrance Alliance herangezogen, die auch Kritik an Israel als Antisemitismus ansieht.[38] Im Endeffekt heißt das, schon die Sorge um das Leben von Zivilisten in Gaza könnte als antisemitisch interpretiert werden. Die deutsche Polizei geht massiv und bisweilen aggressiv gegen palästinafreundliche Demonstranten vor. Die jüdische Aktivistin Iris Hefets wurde im Zentrum Berlins verhaftet, weil sie allein auf einem öffentlichen Platz ein Plakat mit der Aufschrift hielt: »Als Jüdin und Israelin: Stoppt den Genozid in Gaza!« Im Oktober 2024 schlug die CDU vor, die schwedische Umweltaktivistin Greta Thunberg aus Deutschland zu verbannen, nachdem sie in Berlin an einer Pro-Palästina-Kundgebung teilgenommen hatte.

Gegen dieses Vorgehen regt sich Widerstand. Eine Gruppe namens Strike Germany ruft internationale Kulturschaffende auf, deutsche Einrichtungen wegen einer Politik zu boykottieren, die »die freie Meinungsäußerung einschränkt, insbesondere den Ausdruck von Solidarität mit Palästina«.[39] Der Instagram-Account @archive_of_silence dokumentiert Fälle, in denen die Meinungsfreiheit in Deutschland unterdrückt wird. Die amerikanische Philosophin Judith Butler hat beschlossen, das Land zu meiden. »Viele Deutsche glauben, dass die bedingungslose Unterstützung Israels der endgültige Beweis dafür ist, dass sie selbst nicht antisemitisch sind«, sagte die Forscherin, deren positive Äußerungen über die Hamas Kritik hervorgerufen haben. Wegen Butlers Positionen zu Israel und dem palästinensischen Widerstand »[sind sie] begeistert, eine Jüdin anzugreifen zu dürfen. Mit anderen Worten: Ich bin eine Jüdin, die sich die Deutschen erlauben anzugreifen oder gar zu hassen.«[40]

Der 18. Januar 2018 war der Ausgangspunkt für diese harte Linie. An diesem Tag erließ Deutschland ein Gesetz zur Ernennung eines Antisemitismusbeauftragten. Dieser Schritt war nicht zuletzt ausgelöst durch einen Anstieg von Vandalismus und Hassreden gegen Juden. Unter anderem kursierte das Video eines Mannes, der den Besitzer eines Restaurants für israelische Spezialitäten im gehobenen und kosmopolitischen Berliner Stadtteil Schöneberg anpöbelte und zu ihm sagte, er gehöre in die Gaskammer. Aber es war auch eine Reaktion darauf, dass die AfD 2017 die stärkste Oppositionspartei im Bundestag geworden war. Die Abstimmung über den Beauftragten wurde durch das gleiche breite Bündnis der etablierten Parteien befürwortet wie die BDS-Resolution ein Jahr später. Sie wurde als der letzte Baustein der deutschen Rehabilitation von der Nazizeit präsentiert. »Es ist uns gelungen, die Westbindung, die Demokratie und die Grundrechte zu verankern und unverrückbar zu machen. Es ist uns gelungen, uns mit unserer Vergangenheit auseinanderzusetzen. Was uns nicht gelungen ist, ist, das Phänomen des Antisemitismus aus der deutschen Gesellschaft endgültig zu verbannen«, sagte der FDP-Abgeordnete Stefan Ruppert während der Bundestagsdebatte.

Daraufhin ernannte fast jedes deutsche Bundesland einen Beauftragten zur Bekämpfung der Diskriminierung von Juden, womit ein riesiges Netzwerk von Bürokraten geschaffen wurde, die nach Kommentaren, Ansichten und Handlungen suchen, die als antisemitisch verstanden werden könnten. Ein Beispiel dafür ist, den

Schlachtruf für die Unabhängigkeit Palästinas »from the river to the sea«[41] – soll heißen: »Vom Jordan bis zum Mittelmeer wird Palästina frei sein«, was als antiisraelisch und oft antisemitisch interpretiert wird – auf sozialen Medien zu posten oder Petitionen der BDS-Bewegung zu unterstützen.

Felix Klein, ein Rechtsanwalt und Diplomat aus einer evangelischen Familie, wurde im Mai 2018 als neuer Antisemitismusbeauftragter des Bundes der wichtigste Mann in diesem Apparat, nachdem er zuvor im Außenministerium als Verbindungsmann für jüdische Organisationen gedient hatte. Er bezichtigte öffentlich Intellektuelle wie Mbembe des Antisemitismus und kritisierte 2024 die Organisatoren der Berlinale, weil Teilnehmer den Krieg im Gazastreifen als Genozid bezeichnet hatten. Klein hat auch die gesamte Theorie des Postkolonialismus als antisemitisch verurteilt, weil sie Israel dämonisieren wolle. Er behauptet zwar, dass Kritik an Israel erlaubt sei, doch zu seinen roten Linien gehören so verbreitete Themen wie die Bezeichnung des Landes als Kolonialmacht – wegen der Siedlungen in den besetzten Gebieten – und der Vergleich der Lebensbedingungen der Palästinenser mit denen der Schwarzen unter dem südafrikanischen Apartheidregime.[42] Die verstärkte Sensibilität hat auch dazu geführt, dass in Deutschland Antragsteller für finanzielle Förderung zu ihren Ansichten über Israel befragt werden. Das Äquivalent im Vereinigten Königreich könnte darin bestehen, Künstler oder Akademiker zu ihren Ansichten über den Brexit oder die königliche Familie zu befragen.

Diese Haltung hat wenig dazu beigetragen, die Lage zu beruhigen. Am 9. Oktober 2019, als Jom Kippur gefeiert wurde, versuchte ein bewaffneter Rechtsextremist, in Halle in eine Synagoge einzudringen. Das wurde vereitelt, doch dann schoss er wahllos auf Menschen, und es gab zwei Todesopfer. In den Wochen nach den Anschlägen der Hamas im Oktober 2023 stieg die Zahl der antisemitischen Taten um fast 30 pro Tag. In Berlin gab es einen Brandanschlag auf ein jüdisches Kulturzentrum, und ein israelisches Restaurant wurde wegen Vandalismus geschlossen und musste den Standort wechseln.

Am 7. November 2024 – also ein Tag nach dem Scheitern der Ampelkoalition – reagierte der Bundestag und verabschiedete eine weitere Resolution mit dem Titel »Nie wieder ist jetzt: Jüdisches Leben in Deutschland schützen, bewahren und stärken«. Darin wird auf eine umfassende Überprüfung der Finanzierung gedrängt, Aktivitätsverbote werden begrüßt, und es wird gefordert, »repressive Möglichkeiten« im deutschen Recht auszuschöpfen, insbesondere im Hinblick auf Asyl und Aufenthalt für diejenigen, die sich antisemitisch betätigen. Der Bundestag bekräftigte die Verwendung einer umstrittenen, weit gefassten Definition von Antisemitismus, die auch Israel schützt. Die Initiative unterstützt offen die Auffassung, dass Antisemitismus ein importiertes Problem ist, und weitet die Befugnisse des Staates aus, auch gegen jüdische Kritiker Israels vorzugehen. Die Entschließung wurde von allen etablierten Parteien sowie von der AfD unterstützt. Amnesty International schloss sich anderen Gruppen an und warnte vor der Initiative. »Die Meinungsfreiheit in Deutschland steht auf dem Spiel«, sagte Petra De Sutter, Belgiens stellvertretende Ministerpräsidentin. »Kritik an der israelischen Regierung ist kein Antisemitismus«. In Deutschland gab es jedoch kaum eine öffentliche Debatte zu diesem Thema, und das Land schränkte die Bürgerrechte stillschweigend ein.

Deutschland hat natürlich eine besondere Verantwortung, jüdisches Leben zu schützen, aber nicht nur das. Die Verbrechen der Nazis waren gegen die ganze Menschheit gerichtet, gegen die Grundsätze, die jetzt im Grundgesetz verankert sind. Doch Deutschland muss demütiger werden und seine Beschränkungen akzeptieren. Das Land hat nicht die moralische Hoheit, sich als Gedankenpolizei für alle möglichen Themen aufzuspielen, ganz zu schweigen von ethnischen und religiösen Fragen. Es muss verstehen, dass die Bestrebungen, die hässliche deutsche Geschichte hinter sich zu lassen, ihrerseits zu blinden Flecken geführt haben. Die Bemühungen bei der Antisemitismusbekämpfung dienen dem übergeordneten Ziel, sich als geläutert darzustellen. Das wiederum ist so wichtig geworden, weil es wenige andere konstruktive Ansätze für ein positives Selbstbild des Landes gibt.

Dass Deutschland Wert auf die Feststellung legt, als Nation die Nazizeit bewältigt zu haben, berechtigt nicht zu moralischer Überlegenheit. Es ist ein Niemandsland. Es bedeutet die Verweigerung der Auseinandersetzung mit den Bedingungen, die zum Holocaust und zu anderen Völkermorden geführt haben. Die nächste Bedrohung wird einen anderen Namen und eine andere Form haben – wenn also die Sicherheitsmaßnahmen nur gegen eine bestimmte, schon bekannte Bedrohung ausgerichtet sind, werden sie im Ernstfall versagen. Geschichte wiederholt sich nicht auf genau dieselbe Weise, aber Muster wiederholen sich, wenn nichts unternommen wird, um sie zu brechen. Deutschlands dogmatische Herangehensweise an seine Vergangenheit vertieft stattdessen die Bruchlinien. »Genau diese verordnete Haltung führt zu einem Backlash, und zwar nicht nur von muslimischen Mitbürgern, sondern von weißen Biodeutschen, deren alte antisemitische Klischees nun wieder hervorkommen«, sagte Susan Neiman, eine amerikanische Philosophin und Direktorin des Einstein Forums in Potsdam.[43]

Was also ist die Lösung? Zuallererst sollte sich Deutschland zurücknehmen. Es könnte eine Plattform für Diskussionen anbieten. Es könnte moderieren und vermitteln und dabei auch deutlich machen, wo es steht. Es sollte aber auch zeigen, dass es versucht, von anderen zu lernen. Der Versuch, die Debatte zu kontrollieren, ist vergebene Liebesmüh und schürt Intoleranz. Deutschland kann es sich nicht leisten, zu einer Zeit Keile in die Gesellschaft und in die Außenwelt zu treiben, in der das gebrochene Wohlstandsversprechen immer mehr Menschen dazu verleitet, Blitzableiter für ihre Frustrationen zu suchen. Diese Risiken zu überwinden ist eine komplexe Aufgabe, die damit einhergehen muss, sich seinen Fehlern zu stellen und eigene Schwachstellen zu erkennen.

Die gute Nachricht ist: Deutschland hat gezeigt, dass es neue Wege gehen kann, wenn die Bevölkerung dazu in die Lage versetzt wird.

9 Flickwerk

»Der Geist ist wie ein Fallschirm:
er kann nur funktionieren, wenn er offen ist.«
WALTER GROPIUS[1]

Das Haus Deutschland ist in der Tat in einem schlechten Zustand. Die Rohre sind undicht, der Ofen stottert, und die Nachbarschaft ist feindselig geworden. Die Treppenhäuser müssen dringend repariert werden, damit die Bewohner von unten nach oben gelangen können. Und das Schlimmste ist, dass sich die Bewohner untereinander streiten und die Solidarität, die jede Gemeinschaft braucht, um zu gedeihen, aus den Augen verlieren. Die gute Nachricht: Das Fundament ist solide. Das Haus hat noch eine gute Substanz und tatkräftige Bewohner. Der Verzicht auf Selbsttäuschungen ist auch eine Chance. Die Herausforderungen sind eine Gelegenheit für Deutschland, die Angst vor dem, was es ist oder war, zu überwinden und zu entscheiden, was es sein will.

Die traditionelle deutsche Herangehensweise an Krisen besteht darin, in Aktion zu treten, eine gezielte Lösung zu finden und dann wieder zur Tagesordnung überzugehen. Aber das wird nicht mehr funktionieren. Die Probleme, mit denen das Land konfrontiert ist, sind so grundlegend und so tief in den Versäumnissen der Vergangenheit verwurzelt, dass eine tiefgreifende Überarbeitung der Idee von Deutschland selbst erforderlich ist. Das bedeutet nicht eine neue Definition. Es bedeutet zu akzeptieren, dass es keine Definition gibt, dass Deutschland eine komplexe Mischkultur ist, die sich weiterentwickeln wird. Das Land ist so, seit sich einige kriegerische

Stämme, die nicht viel mehr als ihre Sprache verband, zusammengetan hatten, um vor über 2000 Jahren in der Schlacht im Teutoburger Wald die mächtige römische Armee zu besiegen. An dieser germanischen Vielfalt änderte sich wenig, bis sich vor etwas mehr als 150 Jahren eine Ansammlung von Königreichen, Herzog- und Fürstentümern unter der Oberherrschaft der Preußen vereinigte. Die Komplexität wuchs während des Wirtschaftswunders der Nachkriegszeit, als sich Gastarbeiter niederließen, und sie verstärkte sich nach der Wiedervereinigung. Diese angeborene Vielfalt stellt keine Bedrohung dar, sondern sollte begrüßt werden. Die Antwort kann nicht darin bestehen, abzugrenzen, was hineingehört und was nicht. Das wäre ein Rezept für eine Niederlage. Stattdessen muss Deutschland Möglichkeiten für Gemeinsamkeiten schaffen und die besten Ideen gedeihen lassen.

Die Angst vor Veränderungen zu überwinden wird eine große Herausforderung. Aber es gibt kleine Schritte, die die Deutschen unternehmen können, um die Stimmung zu ändern, ihre Aussichten zu verbessern und – was vielleicht am wichtigsten ist – ein Gefühl der Zuversicht zu schaffen.

Reparieren und neu beginnen

Deutschland hat das Potenzial, den Kurs zu ändern und neue Wege zu gehen. Das Land war schon früher der Ursprung weltverändernder Bewegungen, ob zum Besseren oder zum Schlechteren. Von der Reformation und der Aufklärung bis zum Marxismus und Nationalsozialismus war Deutschland schon immer ein Motor der Geschichte. Zudem gibt es ein leuchtendes Beispiel aus nicht allzu ferner Vergangenheit, neue Visionen zu entwickeln.

Das Staatliche Bauhaus, eine Bildungsstätte für Kunst und Design, wurde 1919 im Gefolge des Ersten Weltkriegs und des Zusammenbruchs der Deutschen Reichs gegründet. In einer Zeit der Disharmonie und des Aufruhrs entwickelte Walter Gropius, der Gründer und erste Direktor, ambitionierte Pläne, die Gesellschaft des »Neuen Menschen« zu gestalten und die »Kathedrale der Zukunft« zu errichten. Mit den Mitteln des Industriezeitalters und humanistischen Werten sollten Kunst und Design allen zugänglich werden und nicht nur den Reichen und Mächtigen dienen. Im Zentrum des Versuchs, Deutschland neu zu denken, standen Schlichtheit und Funktionalität, ein Bruch mit den Zwängen der Vergangenheit und vor allem ein Bruch mit dem rückwärtsgewandten Elitismus des Imperialismus und der Gründerzeit. »Bilden wir also eine neue Zunft der Handwerker ohne die klassentrennende Anmaßung, die eine hochmütige Mauer zwischen Handwerkern und Künstlern errichten wollte«, schrieb Gropius im ursprünglichen Bauhaus-Manifest.[2] Der Ruf wurde erhört, und ungefähr 150 Studenten meldeten sich an, fast die Hälfte von ihnen Frauen.[3] 14 Jahre später wurde das Projekt von den Nazis beendet, aber es zeigte, wozu Deutschland in der Lage war.

Die Vision des Bauhauses war grandios, aber sie beinhaltete auch Alltagsgegenstände, von Türgriffen und Lampen bis hin zu Stühlen und Teppichen. Viele dieser Elemente kamen im Haus Am Horn zusammen, einem als öffentliches Ausstellungsstück errichteten Modellhaus aus dem Jahr 1923. Es wurde trotz der immensen Schwierigkeiten durch die Hyperinflation gebaut, was im Vergleich dazu die Einschränkungen durch die deutsche Schuldenbremse trivial erscheinen lässt. Das Haus Am Horn war ein Plädoyer für ein neues Lebenskonzept. Die traditionelle Familie stand zwar noch im Zentrum, aber der Grundriss war radikal einfach und inklusiv. Er bot jedem Familienmitglied Privatsphäre. Das Kinderzimmer war das größte Schlafzimmer und bot Platz zum Spielen – ein wichtiges Element des Bauhaus-Ethos. In der Hausmitte war ein großer, offener Gemeinschaftsraum, und es gab natürlich keine Bedienstetenquartiere wie in bürgerlichen Gründerzeithäusern.

Die Schule sollte weniger einen Stil vermitteln als vielmehr eine Herangehensweise an Design und seine Rolle in der Gesellschaft. Das Ziel war, die Funktion und den Benutzer in den Mittelpunkt zu rücken. Dieses Ethos verlangte, dass Formen sich mit verändernden Nutzungsweisen stetig weiterentwickelten. Ihre reduzierte Einfachheit lebt in Dingen wie IKEA-Bücherregalen und Apple-Computern fort, aber die Studenten experimentierten auch mit Formen und Materialien, schufen dekorative Muster und nutzten auf spielerische Weise leuchtende Primärfarben.

Das Bauhaus war Teil einer großen Blütezeit der Kreativität in der freiheitlich orientierten Weimarer Republik. Diese Periode brachte neun deutsche Nobelpreisträger (darunter fünf Juden) und auch die Frankfurter Schule für kritische Sozialtheorie hervor. Es gab bahnbrechende Filmemacher wie Fritz Lang und das Agitproptheater von Bertolt Brecht, die Kabaretts in Berlin und gewagte Geschwindigkeitsrekorde auf der AVUS-Rennstrecke. Selbst die Trainingsmethode Pilates hat ihren Ursprung im Deutschland der 1920er-Jahre.[4] Dieser Energieschub zeigt, dass das Land in der Lage ist, sich neu zu erfinden, wenn man den Menschen die Möglichkeit dazu gibt.

Trotz Artikel 2 des Grundgesetzes, der im Recht auf »die freie Entfaltung seiner Persönlichkeit« das Konzept der individuellen Freiheit entwirft, regiert Deutschland in die Entscheidungen seiner Bürger hinein. Es gibt Regeln, auf welche Bäume man klettern darf, wo man mit dem Fahrrad fahren soll und wann Grillen erlaubt ist, sogar im eigenen Garten. Man glaubt, dass anständiges Verhalten reguliert werden muss, weil man dem Einzelnen nicht vertrauen kann.

Demokratie ist kein Dienstleistungsgeschäft. Es geht nicht nur darum, was man davon bekommt. Sie lebt von der Teilhabe, aber die politische Klasse muss auch beweisen, dass sie Probleme lösen kann, da das System ansonsten seine Legitimation verliert und scheitert. Für die Demokratie einzustehen kann kein Selbstzweck sein, besonders wenn die Menschen gegenwärtig von Krieg, Inflation, gesellschaftlichem Verfall und Armut bedroht sind. Um die düstere Stimmung zu heben, sind konkrete und praktikable Lösungen erforderlich, die den Bürgern einen Grund bieten, sich mit dem System zu identifizieren. Es geht dabei nicht nur um Geld. Mehr Solidarität und Gemeinschaftssinn könnten schon helfen, den Zauber des Populismus zu brechen.

Ohne tragfähige Alternativen werden die Sorgen um Gegenwart und Zukunft weiterwachsen und jene Dämonen nähren, die Deutschland in der Vergangenheit in den Abgrund geführt haben.

Kurz gesagt: Die Kräfte, die Menschen zusammenbringen, müssen stärker sein als die, die sie voneinander trennen.

Wir sind uns bewusst, dass der Aufruf zu einer Art Wiederbelebung des deutschen Nationalismus angesichts der Geschichte des Landes abschreckend klingen mag, aber wenn man das Thema meidet, überlässt man es damit anderen. Und was wir vorschlagen, ist nicht Nationalismus, sondern zivile Solidarität. Es müssen Bedingungen geschaffen werden, die es einfacher machen, sich positiv mit Deutschland zu identifizieren, um breitere Unterstützung für die bevorstehenden großen und schwierigen Veränderungen zu sichern. Es geht darum, den Diskurs über die deutsche Nation zu verändern und das zu gestalten, was sie sein könnte.

Eine Erneuerung ist überfällig. Nach dem Zweiten Weltkrieg wurde die deutsche Identität stets nur ethnisch definiert, bis in den ersten Jahren dieses Jahrtausends ein Lernprozess stattfand. Reichlich spät setzte die Erkenntnis ein, dass im Land eine Mischung von Zuwanderern und Einheimischen entstanden war, so wie auch in den meisten ehemaligen Kolonien. In den späten 1800er-Jahren besaßen die Deutschen Kolonien, die Gebiete im heutigen Tansania, Ruanda, Namibia und Ghana umfassten. Im Zuge dieser Besatzung kamen natürlich auch einige Menschen nach Deutschland und bildeten eine schwarze Minderheit. Dazu gehörten Menschen wie Theodor Wonja Michael, der 1925 in Berlin geboren wurde. Nach dem Tod seiner weißen Mutter wurde er gezwungen, Darsteller in Völkerschauen zu werden, und überlebte die Nazizeit als Kinderdarsteller. Sich als Deutscher zu identifizieren sorgte für Verwirrung und Irritation. »Schwarz zu sein ist Deutschland bis heute fremd, und wir müssen immer noch kämpfen«, sagte er der Deutschen Welle vor seinem Tod im Jahr 2019. Diese Art von ethnischer Komplexität ging der Nazizeit voraus. Die Vielfalt wurde durch die Gastarbeiter des Wirtschaftswunders beschleunigt, aber von den deutschen Verantwortlichen erst spät erkannt.

Die Erkenntnis, dass Deutschland ein Einwanderungsland und daher multikultural ist, warf Fragen auf, auf die das Land keine Antworten hatte. Und so baute sich eine Spannung zwischen Appellen für Vielfalt und der chauvinistischen Debatte über eine Leitkultur auf. Sogar die CDU, die selbst ernannte Verteidigerin der deutschen Werte, erwähnt in ihrem Programm die »Vielfalt« 16-mal, fünfmal öfter als »Leitkultur«, ohne das Wort aber mit konkreten Inhalten zu füllen. Auch der Verfassungspatriotismus ist nur ein schwacher Ersatz. Er wurde dem Osten aufgezwungen und trägt wenig dazu bei, die Solidarität unter den Deutschen zu fördern.

Hier ist ein etwas ernstes Beispiel: die Spargelzeit. Sie ist eine der wenigen deutschen Traditionen, die nicht religiösen Ursprungs sind, und elektrisiert die Menschen über sozioökonomische Grenzen hinweg. Jeder kann mitmachen – auch indem man nur zugibt, dass man die unterentwickelte und holzige weiße Variante nicht mag. Das erweckt schon Anteilnahme, oft erhält man Tipps und Tricks, wie man sie richtig zubereitet. Die Spargelsaison ist unauffällig. Sie zeigt sich an Spargelständen am Straßenrand, in Restaurants und in Lebensmittelläden, wo es Sauce hollandaise – die absolute Krönung der Saison – im Sonderangebot gibt. Dabei steht jedoch der private Verzehr im Mittelpunkt und nicht ein gemeinsames Erlebnis, und das ist ausbaufähig.

Stattdessen könnte die Spargelzeit mehr dazu dienen, Menschen zusammenzubringen, indem man sie zu einer Feier der Naturkreisläufe aufwertet – eine subtile Veränderung, die sehr gut zum deutschen Romantizismus passen würde. Jedes Jahr werden Spargelköniginnen in Dörfern wie Beelitz, Lampertheim, Schwetzingen und vielen anderen gekürt. Diese lokalen Traditionen könnte man verbinden, in einem größeren Maßstab zur Schau stellen und zusätzlich ein nationales Spargelkaiserpaar einführen. Die Saison wäre auch eine Gelegenheit, soziales Bewusstsein zu zeigen, indem Landwirte und Spargelstecher, die oft Wanderarbeiter aus Ländern wie Rumänien und Bulgarien sind, gewürdigt werden – und so die Produktion vom Hof auf den Tisch mit den Vorteilen der europäischen Solidarität verbunden wird. Und um eine Idee von unterhaltsamen britischen Backshows zu übernehmen, könnte beim »Großen deutschen Spargelkochwettbewerb« mit neuen Rezepten wie Spargelpasta, -blini und -döner das geliebte Gemüse genauso gefeiert werden wie die ethnische Vielfalt des Landes. Derlei Dinge wären vorstellbar.

Insbesondere muss man nicht auf einen Spargelzeiterlass der Regierung warten – man kann es einfach tun, wenn man sich dazu aufrafft und ein bisschen Kreativität entfaltet. Das klingt vielleicht unseriös, und zum Teil soll es das auch sein. Deutschland ist generell ein ernster Ort, und da würde ein kleiner unbeschwerter Spaß nicht schaden. Wegen seiner Geschichte sollte das Land außerdem nicht so weit gehen, Unterwerfung unter eine von oben herab definierte Leitkultur zu verlangen. Deutschland kann auch nicht die »Pledge of Allegiance«, den US-amerikanischen Treueschwur, nachahmen – ganz zu schweigen vom britischen Königshaus. Die deutsche Solidarität lässt sich mit einer Betonung von zivilen Werten stärken, ohne den »Blut und Boden«-Fanatismus wiederzubeleben. Aber ein bisschen Fahnenschwenken würde nicht schaden und könnte den rassistischen Nationalisten den Wind aus den Segeln nehmen. Bestimmte Symbole der nationalen Identität können von der Zivilgesellschaft zurückerobert werden. Die Nationalfarben Schwarz, Rot und Gold öfter und öffentlich zu feiern könnte sicher ein Teil davon sein, um dem Schwarz/Weiß/Rot der rechtsextremen Nationalisten eine sichtbare Alternative entgegenzusetzen.

Unsere nun folgenden Vorschläge skizzieren einige Ideen für Themen wie Ungleichheit, den klimaneutralen Umbau der Wirtschaft und vor allem Gemeinschaft. Es ist sicherlich keine vollständige Liste, aber es sind gut gemeinte Anregungen zum Nachdenken über Deutschland (und vielleicht können auch andere Länder die eine oder andere Idee beherzigen). Der Ansatz mag idealistisch klingen, aber das ist immer noch besser als die zynische Alternative: zuzusehen, wie alles auseinanderfällt.

Habitat für Heimat

Wie es Dorothy in *Der Zauberer von Oz* so passend ausdrückt: »Es gibt keinen besseren Ort als zu Hause.« Doch für die Mehrheit der Deutschen bedeutet Wohnraum, dass sie einen großen Teil ihres

Lohns an einen anonymen Investor oder eine Immobiliengesellschaft abdrücken müssen. Die Deutschen sind stolz auf ihr Haus, aber die meisten wohnen zur Miete und partizipieren so nicht an der Wertsteigerung von Wohneigentum, geschweige denn, dass sie die Möglichkeit hätten, sich durch Wohneigentum ein Gefühl von Wohlstand und Wohlbefinden aufzubauen. Stattdessen wird Monat für Monat Geld zum Fenster hinausgeworfen, mit dem Risiko, eines Tages vor die Tür gesetzt zu werden. Deutschland könnte mit einem Paradigmenwechsel im Wohnungswesen eine emotionale Verbindung fördern, die dem näher kommt, was Dorothy zum Ausdruck brachte. Es ist eine der größten Quellen von Alltagssorgen, da hier wirtschaftliche Unsicherheit, ungleiche Vermögensverteilung und Gefühle der Entfremdung aufeinandertreffen.

Im Land der Mieter steigen die Hauspreise wegen Wohnungsmangel, wovon einige wenige profitieren, während Millionen unter steigenden Mieten zu leiden haben. Wenn es wirtschaftlich nicht gut läuft, stehen Arbeitsplätze auf dem Spiel, und angespannte Wohnungsmärkte haben prekäre Lebensbedingungen zur Folge. Auch wenn viele Haushalte durch das Mietrecht teilweise geschützt sind, kann ein Besitzerwechsel der Wohnung oder des Wohngebäudes zur Kündigung führen, was mit großer Sicherheit einen Verlust an Lebensqualität bedeutet. Angespannte Wohnungsmärkte haben auch eine dämpfende Wirkung auf die Wirtschaft: Sie schränken die Mobilität ein, weil es so riskant ist, in eine neue Stadt zu ziehen, auch wenn dort eine bessere Arbeitsstelle lockt. Mittlerweile ist Wohneigentum wegen der hohen Preise und der hohen Kaufnebenkosten für die meisten Arbeitnehmerfamilien außer Reichweite. Daher bleibt vielen Familien nichts anderes übrig, als auszuharren und zu hoffen, dass nichts Schlimmes passiert.

Im Titel unseres Vorschlags »Habitat für Heimat« verbinden wir absichtlich das emotional besetzte deutsche Wort »Heimat« mit »Habitat of Humanity«. Diese Organisation begann in den 1970er-Jahren im US-Bundesstaat Georgia, Wohnungen für Menschen mit niedrigen Einkommen zu bauen. Sie hat seither weltweit Büros eröffnet und Aktivitäten entfaltet, auch in Deutschland. Zu dem Programm gehört, dass künftige Bewohner »Schweißkapital« beitragen, indem sie entweder anderen Freiwilligen beim Bau ihres Hauses helfen oder sonstige Tätigkeiten verrichten. Wir schlagen nicht vor, das einfach zu kopieren. Vielmehr sollte nach für Deutschland passenden Möglichkeiten gesucht werden, um neuen, auch für einfache Leute bezahlbaren Wohnraum zu schaffen.

Nichts ist grundlegender als Wohnen. Es ist ein Grundbedürfnis, für dessen Erfüllung die Bundesregierung als Teil ihrer verfassungsgemäßen Rolle in einem Sozialstaat zu sorgen verpflichtet ist. Bei 800 000 bis 1 000 000 fehlenden Wohnungen ist eine Bauoffensive überfällig. Dazu müssten neue Baugebiete ausgewiesen und die Genehmigungsverfahren vereinfacht werden, um alte Häuser abzureißen oder umzunutzen. Das könnte ein Einstieg zur Entwicklung neuer Ideen sein, wie Deutschland den Wohnungsbau vorantreiben könnte, um Angebot und Nachfrage wieder ins Gleichgewicht zu bringen. Wenn man in großem Stil dafür wirbt, könnte der Staat damit zeigen, dass er zu konkreten Taten fähig ist.

Das Programm bietet eine Hilfestellung bei der Vermögensbildung und könnte zugleich die soziale Ungleichheit bekämpfen. Die Gesellschaft würde auch indirekt davon profitieren, da zusätzlicher Wohnraum den Wohnungsmarkt entspannt. Darüber hinaus würde es die Stimmung im Land heben, denn es wäre ja ein Beleg dafür, dass Fortschritt im traditionsverhafteten Deutschland doch möglich ist, dass eine Abkehr von der notorischen deutschen Problemfixierung erfolgen kann zugunsten einer weiterführenden Lösungsorientierung.

Und so könnte es funktionieren: Für im Rahmen des Wohnungsbauprogramms gebaute Häuser erlässt der Staat die Grunderwerbsteuer für Ersterwerber, wenn sie mindestens zehn Jahre lang selbst darin leben. Wenn sie vorher ausziehen oder das Haus verkaufen, müssten die gestundeten Steuern nachgezahlt werden. So könnte Spekulation mit subventioniertem Wohnraum vermieden werden. Die Kreditzinsen könnte man von der Einkommensteuer abziehen, was derzeit nicht der Fall ist. Kaufverträge könnten auch standardisiert und vom Staat autorisiert werden, sodass man nicht mehr

1,5 Prozent des Kaufpreises an den Notar bezahlen muss. Damit könnte man für Millionen von Familien den Hauskauf erschwinglicher machen. Weil sich der Plan auf neue Eigenheime konzentriert, wäre er deutlich anders als der kontroverse »Right to Buy«-Plan in Großbritannien in den 1980er-Jahren. Beim Verkauf von Sozialwohnungen ohne gleichzeitigen Neubau ging es hauptsächlich darum, den Sozialwohnungsbestand zu privatisieren, was im ganzen Land zu höheren Mieten führte.

Um in Deutschland bezahlbare neue Eigenheime zu fördern, könnte man eine Sammlung von geprüften, standardisierten Bauplänen anlegen. Vor 100 Jahren umriss Walter Gropius im Bauhaus Ideen für einen Leitfaden, der es Planern erlauben würde, Einheiten mit verschiedenen Grundrissen zu kombinieren, um die verschiedenen Bedürfnisse von Alleinlebenden bis zu Familien unter einem Dach unterzubringen. An dieses Baukasten-Konzept anknüpfend, könnte man auf dicht bebautem Gelände nicht nur mehreren Familien Wohnraum bieten, sondern auch Gemeinschaftsräume, Mehrzweckräume und gemeinsame Außenbereiche schaffen, um die Gemeinschaftsbildung zu fördern.

Mit in Deutschland hergestelltem Brettsperrholz (CLT) könnte man leichter und nachhaltiger bauen, lokale Firmen einbeziehen und Kosten reduzieren. Regierungsgarantien sollten die Projekte absichern und die Umsetzung erleichtern, und Genehmigungen sollten eine Formalität sein. Solange grundlegende Richtlinien eingehalten werden, müssten die Behörden die Ablehnung eines Projekts innerhalb eines klar definierten Zeitraums begründen. Wenn dieser überschritten wird, wäre es automatisch genehmigt.

Selbstverständlich müsste das Programm von Anfang an digital funktionieren. Algorithmen könnten Bauträger mit interessierten Familien zusammenbringen und verfügbare Baugrundstücke finden – ein entscheidender Faktor in dicht besiedelten urbanen Gebieten. Auch künftige Nachbarn könnten Kontakt zueinander aufnehmen, unter Beachtung all der Datenschutzrichtlinien, die das Leben in Deutschland mit sich bringt.

Für den Staat hat verstärkte Bautätigkeit den Vorteil, dass sie die wirtschaftliche Aktivität und den Binnenkonsum ankurbelt. Und es macht sich gut. Wer der Regierung dankbar für sein Haus ist, hat wahrscheinlich dem Staat gegenüber eine bessere Einstellung, als wenn am Monatsende das Geld kaum noch reicht. Zu guter Letzt könnte auch das überstrapazierte Rentensystem entlastet werden, wenn der Besitz von Wohnraum wie in der Schweiz als Bestandteil der Ruhestandsplanung behandelt wird.

Natürlich stellt sich die Frage, wie das bezahlt werden soll, aber das ist kein unlösbares Problem, wie Studien über das Grunderbe (eine Art Startkapital für junge Menschen, das Aktivisten propagieren, um die Ungleichheit zu reduzieren) zeigen. Das Deutsche Institut für Wirtschaftsforschung (DIW) in Berlin rechnete es durch und kam zu dem Schluss, dass das Programm funktionieren könnte. Die geschätzten Kosten von 22,6 Milliarden Euro im Jahr, einschließlich der Anreize für den Erwerb von Eigenheimen, könnten durch Reformen der Vermögen- und Erbschaftsteuer finanziert werden.[5]

Es ist klar, dass es so nicht weitergehen kann. Während der Wohnungsmarkt hauptsächlich in der Hand des Privatsektors ist, hat die Regierung beständig die Ziele für neue Wohnungen verfehlt. Das erhöht den Druck auf das System von Jahr zu Jahr. Und jetzt sehen die Bürger bei zunehmender Wohnungsnot, wie neue Asylzentren und Flüchtlingsunterkünfte gebaut werden. Das sendet das Signal, dass die oft illegalen Neuankömmlinge mehr wert sind als die Einheimischen. Zuwanderer (vor allem leicht identifizierbare dunkelhäutige) werden immer häufiger zum Blitzableiter für aus Frustration geborene Fremdenfeindlichkeit, die keinen Unterschied zwischen legalem und illegalem Status und hohem und niedrigem Bildungsgrad macht. Diese Spannungen sind schon in Erscheinung getreten, und sie sind letztlich selbstzerstörerisch. Das Land braucht neue Arbeitskräfte, um seinen Wohlstand beizubehalten, wenn die heutige Generation 60+ in den Ruhestand geht, und diese gutenteils aus dem Ausland kommenden Menschen brauchen eine Wohnung, so wie die Einheimischen auch.

Aber abgesehen von wirtschaftlichen Bedenken und der Angst um den Ruf des Landes ist die grundsätzliche Frage, was für eine

Nation Deutschland sein will. Möchte es seinen verfassungsgemäßen Zielen gerecht werden und als Sozialstaat die Menschenwürde respektieren, oder nicht? Dafür müssten Maßnahmen ergriffen werden, die mit der Tradition brechen. Und dazu könnte sicherlich auch gehören, den technologischen Fortschritt zu begrüßen, anstatt sich mit seinem Status als digitales Niemandsland abzufinden.

Digitales Bockspringen

Bei einer Zugreise von Deutschland in die Niederlande kursiert unter den Reisenden die Scherzfrage: Woher wissen die Passagiere, dass sie die Grenze überquert haben? Das Internet funktioniert plötzlich.

Diese Stichelei zielt auf die deutsche Rückständigkeit bei der Digitalisierung ab. Diese ist nicht nur auf die mangelnde Infrastruktur zurückzuführen, die mit dem entsprechenden politischen Willen und den nötigen Investitionen zu beheben wäre. Das größere Problem ist der Mangel an Fachkenntnissen, der sich von der Politik bis in den Privatsektor durchzieht. Um das zu ändern, muss man in den Schulen anfangen. Dort werden bestenfalls rudimentäre Kenntnisse über Informationstechnologie vermittelt. In Hessen – mit der Finanzmetropole Frankfurt – sind die Staatsschulen nicht einmal verpflichtet, überhaupt IT-Unterricht anzubieten.[6] Das traditionsverhaftete Schulsystem fühlt sich dafür nicht verantwortlich. Infolgedessen ist das Verhältnis Computer pro Schüler unter den niedrigsten in der entwickelten Welt und bewegt sich auf dem Niveau armer Länder wie der Mongolei oder Usbekistan, weit entfernt von Spitzenreitern wie Österreich und den USA.[7] Bei einer Befragung gaben 180 Wirtschaftsprofessoren den deutschen Digitalisierungsbemühungen die Note mangelhaft.

Ein Kulturwandel steht an, und der beginnt am besten bei den Kindern. Während die Bildung Ländersache ist – was Reformen erschwert –, gibt es schon lange eine beliebte Initiative auf nationaler Ebene: die Bundesjugendspiele – ein jährlicher Sporttag, an dem alle deutschen Schulkinder teilnehmen. Schon seit 1951 werden sie mit dem Ziel veranstaltet, »Freude an Bewegung und sportlichem

Wettbewerb zu vermitteln«. Es gibt unter anderem Kurzstreckenläufe, Weitsprung- und Weitwurfwettbewerbe. Urkunden werden nicht nur für gute Leistungen überreicht, sondern auch für die bloße Teilnahme. Den meisten Kindern macht es Spaß, weil der Tag an der frischen Luft und außerhalb des Klassenzimmers verbracht wird, und da das Programm schon so lange läuft, können sie sogar ihre Leistungen mit denen ihrer Eltern und Großeltern vergleichen. Dieses Programm könnte als Vorbild für eine Art Bundesdigitalspiele dienen, um das Interesse auf nationaler Ebene zu wecken.

Wie bei der Sportveranstaltung wäre das Hauptziel des Digitalprogramms, das Interesse durch Aktion und Interaktion zu wecken. Sehr unterschiedliche Formate sind vorstellbar, wie eintägige Veranstaltungen oder auch eine ganze Aktionswoche, je nach Alter und Fähigkeiten. In einer eintägigen Veranstaltung könnte der europäische Referenzrahmen für digitale Kompetenzen vermittelt werden, der aus fünf Bereichen besteht: Informations- und Datenkompetenz, Kommunikation und Kooperation, Erstellung digitaler Inhalte, Sicherheit und Problemlösung. Jede Klassenstufe könnte altersgemäße Aufgaben erhalten, um ihre Fähigkeiten zu testen. In einer einwöchigen Veranstaltung könnte man einen anspruchsvolleren Crashkurs im Programmieren veranstalten. Mit einem Programm wie Scratch, einem einfachen vom Massachusetts Institute of Technology für 8- bis 16-Jährige entwickelten Programmierwerkzeug, könnten Schüler einen freundschaftlichen Wettbewerb austragen.

Statt in einem traditionellen Lehrer-Schüler-Verhältnis des Lehrens und Lernens sollte man den Kindern die grundlegenden Funktionen der Plattform (die natürlich digital und online sein müsste) zeigen und sie dann dazu ermutigen, sie auszuprobieren und zu experimentieren. Das Programm sollte auch nach der Veranstaltung für die Schüler als Safe Space im Internet nutzbar sein und es Kindern von Brandenburg bis Bremen ermöglichen, miteinander in Kontakt zu treten. Tools für Digitalkunst und Animation könnten auch eine kreative Komponente beisteuern. Insgesamt ist es eine Lehrmethode zwischen Lernen und Produktion, eine Mischung aus Arbeit und Spiel, die an das Bauhaus erinnert. Aber letztlich wird jede Herangehensweise an digitale Technologie besser als das gegenwärtige System sein. Die einzige Beschäftigung von Schulen mit digitaler Technik besteht meist darin, die Handynutzung einzuschränken.

Damit das Vorhaben klappen kann, brauchen Schulen jedoch eine angemessene Ausstattung, von Computern bis zu WLAN-Routern. Es gibt zwar Fortschritte, aber der Ehrgeiz dabei hält sich in Grenzen. Die Bundesregierung gewährte 2019 zwar Zuschüsse für den Kauf von Computerausrüstung, doch drei Viertel der Schulleitungen gaben an, dass die finanziellen Mittel nicht ausreichten, um digitales Lernen wirklich zu ermöglichen.[8] Diese Zuschüsse so lange fortzusetzen, bis die deutschen Schulen im Vergleich mit den führenden Ländern der entwickelten Welt aufgeholt haben, könnte diese Entwicklung beschleunigen.

Um dafür breitere Akzeptanz zu bekommen, sollte man diese Investition als Teil der Gemeinschaftsbildung sehen. Die Computerräume an den Schulen sollten auch für die Bevölkerung zugänglich gemacht werden und damit vor allem die digitale Kluft für benachteiligte Menschen überbrücken. In einem der reichsten Länder der Welt können sich rund 20 Prozent der ärmeren Haushalte wegen der hohen Preise keinen eigenen Internetanschluss leisten.[9] Ein Gigabyte Mobilfunkdaten kostet in Deutschland doppelt so viel wie in Italien und fast viermal so viel wie in Polen.[10]

Wenn sich die Kinder nach der Schule in den Computerräumen betätigen könnten, wäre das auch eine Möglichkeit, die Kluft zwischen den Generationen zu überbrücken und ihr Selbstvertrauen zu stärken, indem sie den Großeltern zeigen, wie man eine Suchmaschine bedient und woran man Phishingattacken erkennt. Vielen älteren Deutschen bleibt das Internet fremd, und fast ein Drittel der über 75-Jährigen war noch nie online.[11] Nur die Hälfte aller Deutschen, vielfach ältere Alleinlebende, verfügt über grundlegende Kenntnisse im Bereich der digitalen Medien. Millionen Menschen bräuchten substanzielle Kurse, zumal sie in der Regel auch gern mehr an Onlineaktivitäten teilnehmen würden. Vogelbeobachter, Pilzsucher oder Chorsänger könnten sich im realen Leben treffen und/oder auch virtuell in den Technologiezentren der Schulen, und dadurch mit mehr Menschen in Kontakt kommen. Vor allem in Kleinstädten könnten diese Räume zu Stützpfeilern des Soziallebens werden, indem sie den Zugang zur digitalen Welt für alle öffnen. Hier mehr Berührungspunkte zu schaffen könnte zur Gemeinschaftsbildung beitragen und dringend benötigte Fähigkeiten fördern. Dafür braucht man auch Power.

Alle Kraft dem Volk

Für Besucher in Weimar sind die Wohnungen von Goethe und Schiller und das Bauhausmuseum normalerweise ein Muss, aber eher selten verirren sie sich in das nahe gelegene Dorf Großschwabhausen. Die Gemeinde mit wenig mehr als 1000 Einwohnern ist kaum bekannt. Von der Architektur her gleicht Großschwabhausen Tausenden anderen deutschen Dörfern. Es gibt eine Dorfkirche aus dem 17. Jahrhundert, einige schöne alte Gebäude und viele neue hässliche. Das größte Verdienst des Ortes ist möglicherweise, dass das dortige Observatorium zur Entdeckung eines Planeten namens WASP-3c im weit entfernten Sternbild Lyra beigetragen hat.

Großschwabhausen könnte aber ein Vorreiter für ein saubereres, grüneres Deutschland sein. Die Energiegenossenschaft Ilmtal, eine Bürgerkooperative, möchte in der Gemeinde einen Windpark bauen – am Rand des Jenaer Waldes, wo anstelle einer früheren Basis der sowjetischen Raketenartillerie jetzt ein Naturreservat für Braune Langohr-Fledermäuse entstanden ist. Gemäß den Plänen der Bürgerkooperative wollen Einwohner des Ortes das Geld zum Bau des Windparks aufbringen, der mithilfe eines etablierten Unternehmens errichtet und betrieben werden würde.[12] Nach der Fertigstellung sollen die Einkünfte in lokale Projekte fließen und dringend benötigtes Geld in ein Gebiet bringen, das sich wie mehrere ostdeutsche Regionen im Niedergang befindet. Das Vorhaben erinnert an die Anfänge der Wind- und Solarenergie in Deutschland, als sich Bürgergruppen zusammenfanden, um die Energieversorgung ihrer

Gemeinden nachhaltiger zu gestalten. Doch schon bald wurde das Thema von der Großindustrie vereinnahmt und in eine abstrakte Energiewende von oben nach unten verwandelt.

Während der Merkel-Ära verlor die basisorientierte Vision an Fahrt. Die deutschen Gesetze zur erneuerbaren Energie wurden geändert, um den Wettbewerb anzukurbeln, was das finanzielle Risiko für Kooperativen erhöhte und großen Projektentwicklern und Finanzinvestoren das Feld überließ, speziell dem Energieriesen RWE. Nur drei Prozent des deutschen Stroms aus nachhaltigen Quellen kommen von Bürgerinitiativen.[13] Die finanziellen Ressourcen der Großkonzerne ermöglichen zwar den Bau von Anlagen für erneuerbare Energien, aber Deutschland sollte den Nutzen der Bürgerbeteiligung nicht übersehen. Mit der richtigen Herangehensweise könnte der Einsatz für die Klimaneutralität in den Gemeinden Unterstützung bekommen und das populistische Argument entkräften, der Kampf gegen den Klimawandel interessiere nur die reichen urbanen Eliten.

Um dem etwas entgegenzusetzen, könnte Deutschland die Schaffung eines Bürgernetzes unterstützen, die Selbstermächtigung von Kommunen fördern und die Heimatverbundenheit nutzen, eine besonders starke Sehnsucht der Deutschen nach Harmonie mit der Natur. In den nächsten 20 Jahren werden viele neue Solar- und Windparks benötigt, und so ist verstärkte Bürgerbeteiligung sinnvoll und notwendig. Es gibt Tausende neue Projekte, an denen sich Kooperativen beteiligen könnten, sodass nicht nur wenige Privilegierte die Profite der Energiewende einheimsen. Um das Heizen emissionsärmer zu machen, müssen Gemeinden Projekte wie gemeinschaftlich genutzte Erdwärmepumpen realisieren, die Wärme aus dem Boden ziehen. Kreditgarantien, die es Bürgern erleichtern, sich zusammenzuschließen, würden die finanziellen Hürden für Gemeinschaftseigentum senken. Auch bei der Entwicklung der deutschen Wasserstoffwirtschaft könnte man Möglichkeiten finden, der Beteiligung von Kooperativen einen Schub zu geben, indem zum Beispiel lokale Elektrolyseanlagen gebaut werden. Solche Initiativen würden dem Eindruck entgegenwirken, dass die

Energiewende den Bürgern von oben herab aufoktroyiert wird und man vor Ort keinerlei Nutzen davon hat, sondern nur den Anblick der riesigen Windräder und Solarparks ertragen muss, während das Geld woanders hinfließt. Das ist ein wunder Punkt in Ostdeutschland, wo es eine hohe Dichte an Windkraftanlagen gibt, der Strom und die Einkünfte aber größtenteils dem Westen zugutekommen.

Der lokale Bezug könnte mit ein wenig Fantasie weiter gestärkt werden. Der Künstler Horst Gläsker hat vorgeschlagen, Windräder bunt anzumalen, um ihr eintöniges Erscheinungsbild aufzuhübschen. Wenn man das weiterdenkt, könnten die Schulkinder in der näheren Umgebung von Windparks Designs entwerfen, zumindest für den bodennahen Teil der Türme.

Die Beteiligung von Gemeinden an der Energiewende könnte auch dem Niedergang ländlicher Kleinstädte vor allem im Osten entgegenwirken. Solche Gebiete von den üblichen Bauvorschriften für Projekte im Energiebereich zu befreien würde ihnen neue Möglichkeiten zur Wiederbelebung bieten. Hinsichtlich des Baus neuer Wind- oder Solarparks könnte man die Planungsvorschriften so anpassen, dass bestehende Industriegebiete automatisch dafür umgenutzt werden können und nur grundlegende Prüfungen von Umweltauswirkungen und Sicherheitserfordernissen stattfinden müssen.

Bei den einzelnen Haushalten könnte man an die deutsche Sparsamkeit appellieren. Statt immer mehr für die Nebenkosten auszugeben – die jetzt schon zu den höchsten in der entwickelten Welt gehören –, könnte die Regierung eine Reduktion der Ausgaben ermöglichen. Um das Problem der hohen Vorlaufkosten zu umgehen, könnten zinslose Darlehen zur Finanzierung der emissionsmindernden Modernisierungen von Wohnhäusern vergeben werden. So könnten sich auch weniger begüterte Familien ohne finanzielle Rücklagen Solardächer und Wärmepumpen leisten. Solche Systeme können den Stromverbrauch von Haushalten im Durchschnitt um 70 Prozent senken.[14] In den meisten Fällen können die Einsparungen die Kreditrückzahlungen abdecken. Studien haben gezeigt, dass deutsche Familien von eigenen Wärmepumpen oder Solaranlagen langfristig erheblich profitieren. Die wenigsten sind jedoch zu einer solchen Anschaffung finanziell in der Lage.

Eine Bürgernetz-Offensive würde nicht nur helfen, Geld zu sparen, sondern könnte auch den Diskurs über die deutschen Klimaziele verändern. Maßnahmen zum Erreichen der Nullemissionen werden zunehmend als Angriff der Eliten auf die Freiheit und die Geldbörsen der Normalbevölkerung dargestellt. Das zeigte sich in der erbitterten Debatte über das neue Heizungsgesetz und im Widerstand gegen Tempolimits auf Autobahnen. Sahra Wagenknecht zufolge würde die Energiewende die Deutschen in die Armut treiben; sie plädiert dafür, weiterhin Gas aus Russland zu importieren. Der CDU-Vorsitzende Friedrich Merz deutete an, die Bemühungen zur Emissionsreduktion würden unnötig schnell vorangetrieben.[15] Die AfD ging mit dem Aufruf an die Regierung, alle internationalen Klimaabkommen zu kündigen, noch weiter.[16] Laut Alice Weidel geht die deutsche Klimapolitik »immer zulasten der kleinen Leute«.[17]

Doch mit einigen finanziellen Maßnahmen zur Stärkung von Gemeinden könnte der Widerstand gegen Klimaschutzmaßnahmen zerstreut, die Umsetzung in Deutschland beschleunigt und gleichzeitig ein Gefühl von nationaler Solidarität erzeugt werden. Menschen müssen in die Entwicklung miteinbezogen werden, statt sie von oben herab verordnet zu bekommen. Das ist nur eine Möglichkeit, ein größeres Gefühl der Solidarität zu fördern.

Zusammen feiern!

Am 3. Oktober 1997, dem Tag der Deutschen Einheit, bemerkte Helmut Kohl wehmütig, dass er die Franzosen um den Tag der Erstürmung der Bastille am 14. Juli »immer [...] beneidet« habe, wenn sie ihre Nation mitten im Sommer feiern und »einen draufmachen« konnten. »Die Menschen freuen sich ganz einfach miteinander. Sie tanzen und singen auf den Straßen, in den Städten und Dörfern«, sagte er. »Das gefällt mir gut.« Leider gibt es so etwas in Deutschland kaum.

Der 3. Oktober ist in mehrfacher Hinsicht ein düsterer Tag für eine nationale Gedenkfeier. Zum einen ist es Herbst und daher oft grau und regnerisch. Zum anderen würdigt dieser Tag die Unterzeichnung des Einheitsvertrages zwischen dem Osten und dem Westen, einen kalten bürokratischen Akt, der keine Emotionen auslöst. Der Fall der Berliner Mauer war ein emotionales Ereignis, aber er ereignete sich am 9. November – das ist auch das Datum der Reichspogromnacht von 1938. Abgesehen von diesem äußerst unglücklichen Zusammentreffen ist die Erinnerung an die Wiedervereinigung mittlerweile getrübt und ambivalent. Die deutschen Staatenlenker tun sich mit dem Eingeständnis schwer, dass die Wiedervereinigung für Ostdeutschland eine schwere Zeit war. Ihre Aufmerksamkeit gilt mehr dem »Geschenk der Freiheit« durch den Westen, das dieser seinerseits von den westlichen Alliierten bekam, ohne etwas dafür getan haben zu müssen. Besser wäre es, den Tag der Deutschen Einheit wieder am 17. Juni zu begehen – wie zuvor schon in der Bundesrepublik bis 1990 – und der Opfer bei der Niederschlagung des Volksaufstands in der ehemaligen DDR im Jahr 1953 zu gedenken.

Auch die CDU sieht die Notwendigkeit für einen neuen Nationalfeiertag, aber sie schlug den 23. Mai als Tag der Verfassung vor. Dabei soll der Höhepunkt eine Rede zur Lage der Nation sein. Die Vorstellung, dass ein Bundespräsident oder Bundeskanzler zur Nation redet, mag für manche erhebend sein, aber es ist zweifelhaft, ob das zu dem gemeinschaftsstiftenden Ereignis wird, das sich die Partei vorstellt. Deutschland braucht in erster Linie freudige Aktivitäten und nicht weitere staatstragende Phrasen von hochgestellten Politikern.

Der Tag der Arbeit am 1. Mai ist vielversprechend und bietet mehrere Beteiligungsmöglichkeiten. Er fängt schon am Vorabend mit der Walpurgisnacht an, einem Brauchtum heidnischen Ursprungs, verbunden mit Legenden von Hexen, die im Harz um den Brocken fliegen. Indem er den Frühsommer und den Beginn neuen Wachstums ankündigt, ist er mit dem Jahreskreislauf verbunden und bietet sich als Höhepunkt der Spargelzeit an. Zu den verschiedenen Feierlichkeiten gehören Freudenfeuer und nächtliche Tänze, worauf dann am 1. Mai ein Protesttag folgt. Dieser findet nicht nur in Deutschland statt, aber das Land könnte daraus ein nationales Event machen.

Um noch eine Idee ins Gespräch zu bringen, schlagen wir demütig den 4. Juni als Nationalfeiertag zu Ehren des Eisernen Gustav vor. Das war der Geburtstag von Gustav Hartmann, einem Volkshelden aus den 1920er-Jahren, kurz bevor sich mit dem Abstieg in den Faschismus die Dunkelheit herabsenkte. Der Kutscher erlangte große Bekanntheit dadurch, dass er im Jahr 1928 mit seiner Droschke, gezogen von seinem Pferd Grasmus, von Berlin nach Paris und wieder zurück fuhr. Diese Leistung war ein Protest gegen den Vormarsch des Automobils, das begonnen hatte, Berufszweige wie den seinen zu verdrängen. Einerseits spricht daraus der typisch deutsche Widerstand gegen Veränderungen. Es ist aber auch eine Geschichte von bürgerlichem Handeln und persönlicher Überzeugung. Für ein Land, dessen Bürger oft das Scheitern fürchten, wäre der Tag des Eisernen Gustav eine gute Erinnerungshilfe, dass Erfolg relativ ist.

Gustav Hartmann konnte natürlich nicht verhindern, dass das Auto heute die Welt dominiert, aber seine Leistung gab einem Land Hoffnung, das unter wirtschaftlichen und sozialen Problemen litt. Er spielte auch eine kleine Rolle bei der europäischen Integration, da er mit seiner mit deutschen und französischen Flaggen geschmückten Kutsche in Paris eintraf und dort liebenswürdig empfangen wurde. Seine Geschichte bietet zudem genug Möglichkeiten für niederschwellige Aktivitäten, wie einfach einen Ausflug zu machen oder andere Grenzen zu überschreiten (wie die zwischen Osten und Westen), auch wenn die Grenze der Gartenzaun oder die Türschwelle eines Nachbarn ist.

Wir wollen mit diesen Ideen verschiedene Möglichkeiten zeigen, wie Berührungspunkte geschaffen werden können, die das Deutschsein erleichtern und mit positiven Emotionen verbinden. Angesichts der wirtschaftlichen, politischen und sozialen Herausforderungen braucht das Land diesen Gemeinschaftssinn. Es muss eine echte Nation werden und sich endlich von seiner völkischen

Vergangenheit und den inneren Zerwürfnissen frei machen. Alle Menschen, die zur deutschen Erfahrung beitragen, sind das Volk, und allen steht ein Heimatgefühl zu, egal ob sie in Ulm, Erfurt oder Izmir geboren wurden. Es muss sich nicht für alle Bürger gleich anfühlen, aber genug Gemeinsamkeit erzeugen, dass sie am 17. Juni die schwarz-rot-goldenen Farben zeigen und im Frühling Spargelrezepte austauschen, egal ob sie danach eine Technoparty, eine Moschee oder ein Schützenfest besuchen.

Der israelische Historiker Yuval Noah Harari beschrieb Patriotismus als Gefühl gegenüber einer Gruppe von Menschen, für die man bereit wäre, »sich besonders ins Zeug zu legen«. Deutschland sollte sich bemühen, eine solche Einstellung zu kultivieren. »So verhalten wir uns gegenüber unserer Familie, unseren Freunden, und so sollten wir uns auch gegenüber unserer Nation verhalten«, sagte der Chronist der menschlichen Erfahrungen.[18]

Schlussbemerkungen

Ein Haus für alle

» Und plötzlich weißt du:
Es ist Zeit, etwas Neues zu beginnen
und dem Zauber des Anfangs zu vertrauen. «
MEISTER ECKHART[1]

Nicht nur Deutschland hat mit einer Reihe von Krisen zu kämpfen, die das soziale Gefüge bedrohen. In ganz Europa und auch in anderen Weltregionen sind große wie kleine Länder mit massiven Veränderungen konfrontiert. Die Kindheit wird durch die sozialen Medien auf den Kopf gestellt, den Alten machen Unsicherheit und Vereinsamung zu schaffen und einst verlässliche Gewissheiten werden immer brüchiger. In der Arbeitswelt sind Festanstellungen immer öfter ein Traum aus vergangenen Zeiten, und technologische Neuerungen – von der Automatisierung bis zur künstlichen Intelligenz – werden jegliche verbliebene Stabilität vollends erschüttern. In Deutschland wie in anderen Ländern werden bestehende Wohlfahrtsmodelle wegen steigender Ausgaben für Renten und Altenpflege an ihre Grenzen kommen. Die Zuwanderung wird in absehbarer Zeit nicht nachlassen und damit althergebrachte Vorstellungen von nationaler Identität infrage stellen. Die Menschen brauchen neue Argumente, um der ethnischen Spaltung zu begegnen, die einer zerstörerischen Realitätsflucht gleichkommt.

So wie die nationalen Gewissheiten bröckeln, sind auch die globalen im Umbruch. In Europa bedroht der selbstzentrierte Populismus die europäische Integration und erschwert die Bestrebungen, autokratischen Mächten die Stirn zu bieten. China und Russland fordern die globale Sicherheitsordnung heraus, während die USA gespalten sind und darum ringen, den Sicherheitsschirm der Pax Americana aufrechtzuerhalten, unter dem ein wiederaufgebautes Deutschland Wohlstand erlangte und frei wurde. Nach 40 Jahren weitgehenden Friedens ist die Zahl der bewaffneten Konflikte rund um die Welt gestiegen, und im Osten Europas tobt ein Krieg.[2] Weit entfernt vom Ende der Geschichte, das Francis Fukuyama nach dem Kalten Krieg erreicht sah, schreibt die Menschheit weiter neue blutige Kapitel.

Die Natur steckt ebenfalls in der Krise. Die globale Erwärmung nimmt an Fahrt auf, und ihre Auswirkungen führen weltweit zu Verwerfungen. In Deutschland werden regelmäßig Hitzerekorde gebrochen, und Überschwemmungen haben bereits Hunderte von Menschenleben gekostet. Immer größere Gebiete Afrikas und des Nahen Ostens werden unbewohnbar, der Permafrost taut, und Waldbrände zerstören weite Regionen in Kanada und Russland. Seit 2008 wurden rund um die Welt etwa 400 Millionen Menschen durch Naturkatastrophen aus ihrem angestammten Lebensraum vertrieben;[3] laut Schätzungen könnte sich diese Zahl bis 2050 auf 1,2 Milliarden Menschen verdreifachen.[4] Zu einer Zeit, in der die Weltgemeinschaft zum Wohl aller zusammenhalten sollte, entwickelt sie ein zerstörerisches nationalistisches Stammesdenken.

Für Deutschland und die Welt ist es eine verstörende Zeit. Aber die Unruhe im Land bietet auch neue Möglichkeiten. Damit die Menschheit die schlimmsten Auswirkungen des Klimawandels abwenden kann, werden große Durchbrüche in Wissenschaft und Technologie nötig sein, um neue emissionsarme Produkte von Verkehrsmitteln bis zu Heizungen herzustellen. Die größte Technik- und Forschungsmacht Europas ist gut aufgestellt, um einen Beitrag zur Lösung dieser Probleme zu leisten. Wenn Deutschland endlich einmal die nötigen digitalen Kompetenzen fördert, wird der Zugang zur Arbeitswelt der Zukunft weit mehr Menschen eröffnet werden. Die Überalterung in der gesamten entwickelten Welt steigert die weltweite Nachfrage nach deutscher Medizintechnologie, die es den Menschen erlaubt, gesund und in Würde zu altern. Auch wenn die Risse in der bürgerlichen Identität des Landes dem Erstarken des völkischen Nationalismus Raum bieten, gibt es noch genug weiße Leinwand, auf der weltoffene Alternativen skizziert werden können.

Aber bevor Deutschland die Zukunft gestalten kann, muss es sich mit der unerfreulichen Gegenwart beschäftigen. Das Wirtschaftsmodell, das Arbeitsplätze und Wohlstand gebracht hat, ist im Niedergang, doch eigennützige Interessen klammern sich daran und versuchen sich, solange es noch geht, weiter zu bereichern. Es wird nicht einfach, ein neues Wirtschaftsmodell zu etablieren, aber Verzögerungen und Ablenkungen werden auch keinen neuen Wohlstand für alle generieren. Für ein Land, das die zerstörerische Kraft des Nationalismus besser als die meisten anderen Länder kennt, sind die rechtsextremen Wahlerfolge eine wahre Schande. Die Menschen zu belehren, einzuschüchtern oder einfach die Augen vor den Problemen zu verschließen wird die Ängste jedoch nicht besänftigen, die der AfD Zulauf bescheren. Stattdessen muss Deutschland seinen Bürgern ein neues Angebot machen, das alle einschließt, jedem Chancen bietet und auch das spirituelle Wohlergehen fördert.

Ein neues Deutschland während einer sozialen, wirtschaftlichen und ökologischen Krise aufzubauen wird nicht leicht vonstattengehen. Aber was ist die Alternative? Wenn man diese Probleme nicht angeht, öffnet man den völkischen Nationalisten die Tore noch weiter. Auch wenn ihr Stimmanteil bei den Wahlen schwankt, denken die hinter der AfD stehenden Kräfte langfristig, und das müssen alle demokratisch Gesinnten auch tun. Ein Schlingern in Richtung des Rechtspopulismus würde Deutschland in eine politische Krise stürzen und die wirtschaftliche und gesellschaftliche Misere verschlimmern. Die Lage würde sich aufschaukeln: Zerstrittene und schwache Regierungen haben nicht die Energie oder Macht, dringend benötigte Reformen voranzutreiben, was zu einem weiteren Verlust an Wettbewerbsfähigkeit und einem sinkenden Lebensstandard führt und die Zahl der Protestwähler weiter ansteigen lässt. Deutschland würde immer mehr mit sich selbst beschäftigt sein, und das zu einer Zeit, in der Europa und freiheitliche Demokratien seine Stimme brauchen, um die Klimaziele nicht aus den Augen zu verlieren und die Weltordnung aufrechtzuerhalten.

Die Deutschen haben viel zu gewinnen, wenn sie sich zusammenraufen: ein modernes Haus, das jeden willkommen heißt und dessen Bewohner stolz darauf sind, darin zu leben. Wie das erste Bauhaus-Musterhaus Am Horn sollte es um einen gemeinschaftlichen Ort herum errichtet werden. Die Fundamente sollten fest in humanistischen Werten verankert sein und die farbenfrohen Räume nicht für Fremde verschlossen, sondern offen für ihr bereicherndes Anderssein. Wo Dissonanzen ertönen, sollte es die Möglichkeit geben, Harmonie zu schaffen.

Trotz aller sich vertiefenden Bruchlinien hat Deutschland viel Grund zur Hoffnung. Während die Sirenenklänge der Rechtsextremen ein verstörendes Echo aus der Mitte der Gesellschaft bekommen, erheben sich andere Stimmen, um Eintracht und Inklusion zu ermöglichen. Die von der Journalistin Düzen Tekkal gegründete Initiative GermanDream unterrichtet Schulkinder über sozialen Zusammenhalt, freiheitlich-demokratische Werte sowie die Macht der Chancengleichheit und der Teilhabe. Zudem verleiht sie Preise an Menschen aus der Zivilgesellschaft, die einen besonderen Beitrag zur Integration geleistet haben. Und während Gerhard Schröder unverfroren in dem Geld schwimmt, das er mit dem Ausverkauf der deutschen Energiesicherheit verdient hat, mühen sich Gewerkschaftsführer ab, die Auswirkungen der Krise auf die Arbeitnehmer abzufedern und einen sozial gerechten Übergang sicherzustellen. Freiwillige melden sich, um bei Flutkatastrophen zu helfen, und Aktivistinnen wie Helena Steinhaus versuchen, Löcher im sozialen Netz zu stopfen. Das Ringen zwischen denen, die sich bemühen, Gemeinschaft aufzubauen, und denen, die sie zerstören wollen, wird über die Zukunft Deutschlands entscheiden.

Nachdem wir zusammengenommen etwa 30 Jahre lang in Deutschland gelebt und die wiederkehrenden Krisen und Erholungsphasen miterlebt haben, ist nun etwas Neues zu spüren. Das Land war schon immer etwas empfindlich und unbeholfen, aber jetzt kommt eine Nervosität zum Vorschein, die es vorher nicht gab.

Ein schriller Ton und eine Verzweiflung sind auf der öffentlichen Bühne wahrnehmbar. Emotionale Befindlichkeiten verdrängen die traditionelle Sachlichkeit. Der Raum für Kompromisse und sachliche Debatten ist enger geworden. Es erinnert sehr an die USA vor Trump oder Großbritannien vor dem Brexit. Aber im Gegensatz zu Deutschland haben unsere jeweiligen Heimatländer Konzepte der nationalen Zugehörigkeit, die über den politischen Diskurs hinausreichen. Diese Art von Solidarität hilft vielleicht nicht in allen Situationen, aber sie bietet in schweren Zeiten Halt. Das fehlt in Deutschland. Entzweiende kulturelle Mythen dienen als Ersatz, und deshalb befürchten wir, dass Deutschland tiefer und schneller fallen könnte als unsere Heimatländer.

Die politische Klasse scheint schlecht gerüstet, Antworten zu finden. Die herrschenden Parteien sind so auf ihre Klientel fixiert und so besorgt um ihren Status, dass sie nur wenig Kapazitäten haben, echte Lösungen zu finden. Reformen sind riskant, also versucht die Politik, so wenig wie möglich zu verändern, um keine negativen Schlagzeilen zu erzeugen. Aber die deutschen Bürger sind nicht dumm. Sie verstehen die Probleme, und viele bekommen sie jeden Monat zu spüren. Naheliegenderweise suchen sie dann anderswo nach Antworten. Das fördert Zersplitterung, wodurch weitere komplizierte politische Bündnisse im Namen der Verteidigung der Demokratie vorprogrammiert sind. Doch die Handlungsspielräume werden enger, und darin liegt der Keim der nächsten Krisen. Denn die Wirtschaft braucht jetzt große Investitionen, um ihre Wettbewerbsfähigkeit wiederzuerlangen, während dem Wohlfahrtssystem der Zusammenbruch droht.

Trotz aller Probleme und frustrierender Selbsttäuschungen glauben wir, dass die Deutschen gute Absichten haben, gleichzeitig aber ziemlich verstört sind. Sie wünschen sich so sehr, gut zu sein, doch es besteht die Gefahr, dass sie auf Abwege geraten könnten. Das wäre fatal für unsere Familien und das freiheitliche System im Allgemeinen, denn wenn das nach der Nazizeit neu aufgebaute Deutschland scheitert, kann das allen Ländern passieren.

Aus dem Blickwinkel des Exils verstand Thomas Mann Deutschland wie kein anderer. Vor seinem Flug in die Schweiz und von dort aus in die USA appellierte der Schriftsteller an das Gewissen der Deutschen, der barbarischen Ideologie der Nationalsozialisten eine Absage zu erteilen. Kurz nach dem Zweiten Weltkrieg, als die Schrecken des Holocaust noch lange nicht verarbeitet worden waren, trachtete Mann nicht nach Vergeltung gegen eine Gesellschaft, die durch ihre Gleichgültigkeit gegenüber der Barbarei seine Vertreibung mitverschuldet hatte. Stattdessen fand er verständnisvolle Worte und hatte Mitleid mit seinem Heimatland. »Letztlich ist das deutsche Unglück nur das Paradigma der Tragödie des menschlichen Lebens«, sagte er. »Und die Gnade, die Deutschland so schmerzlich braucht, meine Freunde, brauchen wir alle.«[5]

Anmerkungen

Einleitung: Ausländer rein

1 Hannah Arendt: *Von der Menschlichkeit in finsteren Zeiten, Rede über Lessing*, Piper Verlag, München, 1960, S. 41.

01 Das Haus verfällt

1 Thomas Mann: *Buddenbrooks: Verfall einer Familie*. S. Fischer Verlag, Berlin, 1909, S. 414.

2 Rede von Frank-Walter Steinmeier am 23. Mai 2024 in Berlin, verfügbar unter: https://www.bundespraesident.de/SharedDocs/Reden/DE/Frank-Walter-Steinmeier/Reden/2024/05/240523-Staatsakt-75-Jahre-Grundgesetz.html

3 Siehe zum Beispiel ein Positionspapier der AfD auf der offiziellen Website der Partei: https://www.afd.de/remigration/ (aufgerufen am 9. Aug. 2024).

4 Stiftung für Zukunftsfragen: »Zukunftserwartungen«, 29. April 2021, https://www.zukunftserwartungen.de/immer-mehr-deutsche-fuehlen-sich-als-europaeer/

5 Jochen Roose: »Begeistert, kritisch, unaufgeregt, resigniert: die Deutschen und Europa«, Konrad-Adenauer-Stiftung, Januar 2024, https://www.kas.de/documents/252038/29391852/Begeistert%2C+kritisch%2C+unaufgeregt+resigniert+-+die+Deutschen+und+Europa.pdf

6 Emal Atif: »Euro-Symbol in Frankfurt droht erneut Versteigerung«, hessenschau.de, 2. Juni 2023, https://www.hessenschau.de/wirtschaft/sponsor-abgesprungen-euro-symbol-in-frankfurt-droht-erneut-versteigerung--v1,euro-zeichen-erneut-droht-versteigerung-100.html

7 Bundeszentrale für politische Bildung: https://www.bpb.de/kurz-knapp/zahlen-und-fakten/soziale-situation-in-deutschland/61890/sozialbudget/

8 Bußgeldkatalog 2024, https://www.bussgeldkatalog.org/wildpinkeln/ (aufgerufen am 21. Mai 2024).

9 Laut dem Gesamtverband der Deutschen Versicherungswirtschaft (GDV) haben 83 Prozent aller deutschen Haushalte eine Haftpflichtversicherung.

10 Der Barbarossa-Sage nach schläft Friedrich I., Kaiser des Heiligen

Römischen Reichs, in einer Höhle im Kyffhäusergebirge in Nordthüringen. Mit seinem roten Bart, der um einen Tisch wächst, wartet er darauf, dass die Raben aufhören, den Gipfel zu umkreisen. Dann wird er ein neues goldenes Zeitalter in Deutschland begründen. Der rechtsradikale Flügel der AfD hatte sich regelmäßig in der Nähe eines Denkmals getroffen, das dem Mythos gewidmet ist.

11 Daten der Weltbank, die das Handelsvolumen in Prozent des BIP zeigen, verfügbar unter: https://data.worldbank.org/indicator/NE.TRD.GNFS.ZS?locations=DE-US-GB-CN-JP-FR

12 Siehe Artikel 79, Absatz 3 des Grundgesetzes.

13 Laut Daten der OECD aus dem Jahr 2018 würde etwa jeder dritte Deutsche bei einem dreimonatigen Gehaltsausfall in die Armut abrutschen. Seit dieser Erhebung ist das Armutsniveau drastisch gestiegen. Siehe: Paritätischer Armutsbericht 2024, https://www.der-paritaetische.de/fileadmin/user_upload/Schwerpunkte/Armutsbericht/doc/Paritaetischer_Armutsbericht_2024.pdf

14 Die Zahl des Statistischen Bundesamts nimmt das Jahr 2018 als Ausgangspunkt, als 51,8 Millionen Bürger im erwerbsfähigen Alter waren. Das ist eine Abnahme von rund zehn Prozent.

15 »Mieter soll nach 84 Jahren sein Haus verlassen«, rbb24, Abendschau am 1. November2023 um 19.30 Uhr, https://www.rbb24.de/panorama/beitrag/2023/11/berlin-mieter-84-jahre-kleinkleckersdorf-anwohner-modernisierung.html

16 Otto Langels, »Ein Moped für Armando Rodrigues de Sá«, Deutschlandfunk, 10. September 2014, https://www.deutschlandfunk.de/millionster-gastarbeiter-vor-50-jahren-ein-moped-fuer-100.html

17 Kühn-Memorandum vom September 1979, verfügbar unter: https://germanhistory-intersections.org/de/migration/ghis:document-125

18 Antifaschistisches Pressearchiv und Bildungszentrum Berlin e. V., https://www.apabiz.de/archiv/material/Profile/Heidelberger%20Kreis.htm

19 Koalitionsvereinbarung von 1982, verfügbar unter: https://web.archive.org/web/20150924040325/https://www.freiheit.org/files/288/IN5-304_Koalitionsvereinbarung_1982.pdf

20 Unabhängige Kommission »Zuwanderung«, auch bekannt als »Süssmuth-Kommission«, verfügbar unter: http://www.archivportal-d.de/item/V4MDERIXRABJFXHXP2AH67DTYU7HVEJC

21 Katja Hoyers Buch *Diesseits der Mauer* aus dem Jahr 2023 ist ein neuer und positiv aufgenommener Versuch, die ostdeutsche Geschichte aus Sicht der Menschen zu erzählen.

02 Das verhätschelte Kind

1 Bertolt Brecht, *Kinderhymne.*

2 Deutsche Dienststelle in Berlin et al.: »Die Arbeit der Suchdienste – 60 Jahre nach dem Zweiten Weltkrieg: Narben bleiben«, 2010, http://www.volksbund.de/fileadmin/redaktion/BereichInfo/Bereich Publikationen/Reihe_Allgemeine_Reihe/Erweiterungen/0100_Band_10/0%20Band10%2c Narben%20bleiben.pdf (aufgerufen am 31. Mai 2024).

3 Paul Celan, *Todesfuge,* 1948.

4 »Directive to Commander-in-Chief of United States Forces of Occupation Regarding the Military Government of Germany; April 1945«, Department of State: Foreign Relations of the United States, 1945, Bd. 3, European Advisory Commission; Austria; Germany, S. 484. Auf Deutsch verfügbar unter: https://germanhistorydocs.ghi-dc.org/sub_document.cfm?document_id=2297&language=german

5 Ebd.

6 Stuttgarter Rede (»Speech of Hope«) von US-Außenminister James F. Byrnes, 6. September 1946

7 Office of The Historian: »The Berlin Airlift, 1948–1949«, *State.gov.*, 2019, https://history.state.gov/milestones/1945-1952/berlin-airlift (aufgerufen am 12. Mai 2024).

8 »Ernst Reuters Rede am 9. September 1948 vor dem Reichstag«, Berlin.de, https://www.berlin.de/geschichte/8481767-3689745-ernst-reuters-rede-am-9-september-1948-v.html (aufgerufen am 12. Mai 2024).

9 Tempelhof Projekt: »Luftbrücke«, https://www.thf-berlin.de/geschichte/symbol-der-freiheit/luftbruecke (aufgerufen am 12. Mai 2024).

10 Truman Library: »Audio: Former President Truman on the Berlin Blockade«, https://www.trumanlibrary.gov/media/439 (aufgerufen am 12. Mai 2024).

11 Bundesregierung: »Der Weg zum Grundgesetz – Teil 1 Der Parlamentarische Rat nimmt seine Arbeit auf«, https://www.bundesregierung.de/breg-de/themen/75-jahre-grundgesetz/weg-zum-grundgesetz-1-1527924 (aufgerufen am 12. Mai 2024).

12 https://www.konrad-adenauer.de/seite/9-mai-1955/

13 Frauke Hachtmann: »Promoting Consumerism in West Germany During the Cold War: An Agency Perspective«, Faculty Publications, College of Journalism & Mass Communications, 2009, https://digitalcommons.unl.edu/cgi/viewcontent.cgi?referer=&httpsredir=1&article=1015&context=journalismfacpub (aufgerufen am 31. Mai 2024).

14 Statistisches Bundesamt: »Seit 1950 wurden in der Bundesrepublik Deutschland durchschnittlich 405 000 neue Wohnungen pro Jahr fertiggestellt«, https://www.destatis.de/DE/Presse/Pressemitteilungen/2023/06/PD23_N041_31.html (aufgerufen am 12. Mai 2024).

15 Zahlenbilder: »Pkw-Bestand in Deutschland 1950–2020 | Verkehr | Wirtschaft«, https://zahlenbilder.de/deutschland/wirtschaft/verkehr/1029/pkw-bestand-in-deutschland-1950-2020 (aufgerufen am 12. Mai 2024).
16 »John F. Kennedy: ›Die Mauer ist keine sehr schöne Lösung‹«, 24. August 2018, MDR, https://www.mdr.de/geschichte/ddr/mauer-grenze/mauerbau-proteste-kennedy-chruschtschow-100.html
17 Landesarchiv Hessen: »Der 1. Frankfurter Auschwitz-Prozess«, https://landesarchiv.hessen.de/mow/kapitel/chapter-5_de (aufgerufen am 16. Mai 2024).
18 Fritz Bauer Institut: »NS-Verbrechen vor Gericht – Eine Online-Ausstellung«, https://fritz-bauer-der-staatsanwalt.de (aufgerufen am 16. Mai 2024).
19 Fritz Bauer Institut: »Tonbandmitschnitte des Auschwitz Prozesses (1963–65)«, https://www.auschwitz-prozess.de/zeugenaussagen/Schlussworte_der_Angeklagten/ (aufgerufen am 16. Mai 2024).
20 Jürgen Wilke, Birgit Schenk, Akiba A. Cohen, Tamar Zemach: *Holocaust und NS-Prozesse. Die Presseberichterstattung in Israel und Deutschland zwischen Aneignung und Abwehr,* Böhlau Verlag, Wien, 1995.
21 »KNIEFALL ANGEMESSEN ODER ÜBERTRIEBEN?«, *Spiegel,* 13. Dezember 1970.
22 Bundeszentrale für politische Bildung: »Vor 50 Jahren: Unterzeichnung des Warschauer Vertrags«, https://www.bpb.de/kurz-knapp/hintergrund-aktuell/322405/vor-50-jahren-unterzeichnung-des-warschauer-vertrags/ (aufgerufen am 16. Mai 2024).
23 Stefan Aust: *Baader Meinhof Komplex,* Hoffmann & Campe Verlag, 1985, S. 94. Mittlerweile bestehen Zweifel, dass diese Aussage tatsächlich von Gudrun Ensslin stammt.
24 »Politische Überzeugung«, *Spiegel,* 25. Juli 1971.
25 Bundesstiftung Helmut Kohl: »Zitate zur Deutschen Einheit von Helmut Kohl«, https://www.bundesstiftung-helmut-kohl.de/helmut-kohl/zitate/deutsche-einheit (aufgerufen am 16. Mai 2024).
26 Jörg Roesler: »Mass Unemployment in Eastern Germany: Recent Trends and Responses by Workers and Policy Makers«, *Journal of European Social Policy,* 1 (2): 129–136, https://doi.org/10.1177/095892879100100204
27 Statistisches Bundesamt: »Bevölkerungsentwicklung in Ost- und Westdeutschland zwischen 1990 und 2022: Angleichung oder Verfestigung der Unterschiede?« (ohne Datum), https://www.destatis.de/DE/Themen/Querschnitt/Demografischer-Wandel/Aspekte/demografie-bevoelkerungsentwicklung-ost-west.html (aufgerufen am 31. Mai 2024).
28 SKL Glücksatlas in Zusammenarbeit mit der Universität Freiburg: »Ost- und Westregionen gleichen sich im Glück weiter an«, https://www.skl-

gluecksatlas.de/artikel/ost-west-vergleich-2023.html (aufgerufen am 4. März 2024).

29 S. Buecker et al.: »In a Lonely Place: Investigating Regional Differences in Loneliness«, *Social Psychological and Personality Science,* 12(2), 147–155.

30 BPB: »Die Kosten und Erträge der Wiedervereinigung Deutschlands«, https://www.bpb.de/themen/deutsche-einheit/lange-wege-der-deutschen-einheit/47534/die-kosten-und-ertraege-der-wiedervereinigung-deutschlands/ (aufgerufen am 16. Mai 2024).

31 Ostbeauftragter: »Elitenmonitor«, https://www.ostbeauftragter.de/resource/blob/2044590/2224378/59b5ce5f9b473cfd77688e8c94f3ebfd/elitenmonitor-data.pdf (aufgerufen am 16. Mai 2024).

32 »Netzer gegen Ballack: Der ewige Ossi«, *Frankfurter Allgemeine Zeitung,* 18. September 2003, https://www.faz.net/aktuell/feuilleton/netzer-gegen-ballack-der-ewige-ossi-1116225.html

33 Walter Bau: »Armin Laschet hält bei ›Hart aber Fair‹ Wutrede gegen Ex-DDR«, *Morgenpost,* 11. Oktober 2022, https://www.morgenpost.de/kultur/tv/article208389587/Armin-Laschet-haelt-bei-Hart-aber-Fair-Wutrede-gegen-Ex-DDR.html

34 Cathrin Gilbert und Holger Stark: »Aber das ist dennoch die einzige Chance, um den endgültigen Niedergang des Landes zu vermeiden«, *Die Zeit,* 13. April 2023, https://www.zeit.de/2023/16/mathias-doepfner-axel-springer-interne-dokumente

35 »Berlin: Wie geht es weiter mit dem Einheitsdenkmal?« Deutsche Welle, 2. Oktober 2023, https://www.dw.com/de/berlin-wie-geht-es-weiter-mit-dem-einheitsdenkmal/a-66916882

36 »The sick man of the euro«, *The Economist,* 3. Juni 1999, https://www.economist.com/special/1999/06/03/the-sick-man-of-the-euro

37 »CDU-Parteitag: Was wir vorhaben, ist ein Befreiungsschlag zur Senkung der Arbeitskosten«, Zeit Online, 23. Juli 2003, https://www.zeit.de/reden/deutsche_innenpolitik/200349_merkelcduparteitag/komplettansicht

38 Luke Harding: »Could Germany win?«, *The Guardian,* 21. Juni 2006, https://www.theguardian.com/football/worldcup2006blog/2006/jun/21/couldgermanywin

39 Samuel Brittan: »Almost a new economic miracle«, *Financial Times,* 12. April 2007, https://www.ft.com/content/290e5316-e920-11db-a162-000b5df10621

40 A. Blätte: »Reduzierter Parteienwettbewerb durch kalkulierte Demobilisierung«, in: Korte, Karl-Rudolf (Hrsg.): »Die Bundestagswahl 2009«, VS Verlag für Sozialwissenschaften, 2010, https://doi.org/10.1007/978-3-531-92494-6_14

41 Thilo Sarrazin: *Deutschland schafft sich ab,* Deutsche Verlags-Anstalt, München, 2010.

42 Zur Begründung von Christian Lindners Abbruch der Koalitionsverhandlungen siehe: Zeit Online, 20. November 2017, https://www.zeit.de/politik/deutschland/2017-11/christian-lindner-sondierung-jamaika-abbruch-fdp

03 Entlarvte Mythen

1 Friedrich Hebbel: *Durch Irren zum Glück. Tagebuchblätter von Friedrich Hebbel,* Hrsg. R. M. Werner, B. Behrs Verlag, Berlin, 1908, S. 58.

2 Wir illustrieren die Mythen mit deutschen Sprichwörtern, die oft Entsprechungen im Englischen haben und also nicht landesspezifisch sind.

3 Rede von Matthias Wissmann anlässlich der Gründung der Deutschen Bahn, Berlin, 12. Januar 1994, https://www.bundesregierung.de/breg-de/service/newsletter-und-abos/bulletin/die-bahnreform-als-entscheidender-schritt-hin-zu-einem-modernen-verkehrswesen-rede-von-bundesminister-wissmann-in-berlin-800844

4 Deutsche Bahn: »Netzzustandsbericht Fahrweg 2022«, Januar 2024, https://www.dbinfrago.com/web/unternehmen/zielbild-infrastruktur/netzzustandsbericht-12636112

5 *Focus*: »Helden der Digitalisierung: Deutsche Bahn sucht Admin für 30 Jahre altes Windows«, 31. Januar 2024, https://www.focus.de/finanzen/news/stellenausschreibung-es-ging-1993-an-den-start-deutsche-bahn-sucht-mitarbeiter-fuer-uralt-windows_id_259618469.html

6 Allianz pro Schiene: »Das Schienennetz in Deutschland«, https://www.allianz-pro-schiene.de/themen/infrastruktur/schienennetz/

7 2021 hatte die Deutsche Bahn weniger als 700 Bahnhöfe, verglichen mit 3500 im Jahr 1999. Zahlen der Allianz pro Schiene: https://www.allianz-pro-schiene.de/themen/infrastruktur/bahnhoefe/

8 Arriva wurde 2023 für eine nicht genannte Summe verkauft. Laut Medienberichten betrug der Verkaufspreis 1,6 Milliarden Euro. 2010 war das Unternehmen für 2,7 Milliarden Euro zuzüglich Schulden erworben worden.

9 Bundesrechnungshof: »Bericht nach § 99 BHO zur Dauerkrise der Deutschen Bahn AG«, 15. März 2023, https://www.bundesrechnungshof.de/SharedDocs/Downloads/DE/Berichte/2023/db-dauerkrise-volltext.pdf

10 Vgl. NahverkehrsPraxis, 19. August 2024, https://www.nahverkehrspraxis.de/evg-lokfuehrer-erklaeren-bahnreform-fuer-gescheitert/

11 *Berliner Morgenpost*: »Unruhegeist im Ruhestand – Hartmut Mehdorn wird 80«, 25. Juli 2022, https://www.morgenpost.de/berlin/article235982433/Unruhegeist-im-Ruhestand-Hartmut-Mehdorn-wird-80.html

12 Der unterlegene Bieter klagte erfolgreich wegen Einflussnahme im Ausschreibungsverfahren. Der anschließende Versuch, beide Parteien zur Zusammenarbeit zu bewegen, scheiterte.

13 Bericht des 1. Untersuchungsausschusses des Abgeordnetenhauses von

Berlin, 14. Juni 2016, https://www.parlament-berlin.de/Ausschuesse/17-1-untersuchungsausschuss-ber

14 Flughafen Berlin Brandenburg GmbH, Geschäftsbericht 2018, https://corporate.berlin-airport.de/content/dam/corporate/de/unternehmen-presse/newsroom/publikationen/geschaeftsbericht/2018-geschaeftsbericht.pdf

15 Claudia van Laak und Axel Flemming: »Das Scheitern des Hartmut Mehdorn«, Deutschlandfunk, 7. März 2014, https://www.deutschlandfunk.de/berliner-flughafen-ber-das-scheitern-des-hartmut-mehdorn-100.html

16 Nationaler Normenkontrollrat, Jahresbericht 2023, https://www.bmj.de/SharedDocs/Publikationen/DE/Fachpublikationen/2023_NKR_Jahresbericht.pdf

17 Richard Arnold, Boris Palmer und Matthias Klopfer, Brief der Bürgermeister von Schwäbisch Gmünd, Tübingen und Esslingen an Bundeskanzler Olaf Scholz, 9. Oktober 2023, https://www.tuebingen.de/Dateien/482_brief_buerokratie_scholz_anlage.pdf

18 Deutscher Bundestag, Drucksache 20/11746, 10. Juni 2024, https://dserver.bundestag.de/btd/20/117/2011746.pdf

19 Initiative Neue Soziale Marktwirtschaft: »Umfrage zur Bürokratie in Deutschland«, 19. Februar 2024, https://www.insm.de/fileadmin/insm-dms/downloads/INSM-Umfrage_Buerokratie_in_Deutschland.pdf

20 Zahlen der Initiative Neue Soziale Marktwirtschaft: »Nachhaltigkeit im Alltag der Bundesregierung«, 15. Dezember 2023, https://dserver.bundestag.de/btd/20/098/2009828.pdf

21 OECD Digital Government Index, https://goingdigital.oecd.org/en/indicator/58

22 International Institute for Management Development: »Agile governance and good access to markets boost citizens' quality of life«, https://www.imd.org/news/economics/agile-governance-and-good-access-to-markets-boost-citizens-quality-of-life/ (aufgerufen am 2. Juni 2024).

23 Äquivalent zum englischen »a penny saved is a penny earned« (ein gesparter Pfennig ist ein verdienter Pfennig).

24 2008 meldete der Vize-Chef der Schutzgemeinschaft der Kapitalanleger Bedenken hinsichtlich der Rechnungslegung von Wirecard an und wurde später wegen Marktmanipulation strafrechtlich verfolgt. 2016 erhob das Analyseunternehmen Zatarra den Vorwurf der Geldwäsche. Die Insidestory über die Entlarvung von Wirecard gibt es in Dan McCrums Buch *House of Wirecard* zu lesen.

25 Das Vorgängerunternehmen von Wirecard meldete 2001 Insolvenz an, nachdem Laptops des Führungsduos Markus Braun und Jan Marsalek

gestohlen worden waren. So konnte das Unternehmen mit einem neuen Geldgeber weitermachen.

26 Bundestag: »Beschlussempfehlung und Bericht des 3. Untersuchungsausschusses der 19. Wahlperiode«, S. 1892–1894, https://dserver.bundestag.de/btd/19/309/1930900.pdf

27 Sam Jones: »Wirecard fugitive helped run Russian spy operations across Europe«, *Financial Times*, 5. April 2024, https://www.ft.com/content/c3b50060-aa53-40fd-a698-579e8e1ae67d

28 Das Paar trennte sich 2023.

29 2011 veröffentlichte Guttenberg ein Buch über seinen Rücktritt mit dem Titel *Vorerst gescheitert*. Diese reumütige Beichte hätte den Weg für Vergebung und Rehabilitation bereiten können.

30 Bericht des Bundestags-Untersuchungsausschusses, S. 1647.

31 Bundestag: »Vertreter des Kanzleramts sagt zum Engagement für Wirecard in China aus«, 12. Januar 2021, https://www.bundestag.de/dokumente/textarchiv/2021/kw02-pa-3ua-816148

32 Wirecard-Untersuchungsausschuss, Bundestag, 17. Dezember 2020, https://www.bundestag.de/dokumente/textarchiv/2020/kw51-pa-3ua-812244

33 Bundestag: »Scholz gelobt Schaffung einer schlagkräftigeren Finanzaufsicht«, 22. April 2021, https://www.bundestag.de/dokumente/textarchiv/2021/kw16-pa-3ua-do-831934

34 In einem Bericht von August 2023 zählte der Bundesrechnungshof 29 Sondervermögen auf Bundesebene mit einem finanziellen Umfang von insgesamt rund 869 Milliarden Euro.

35 Eine Regierungskoalition mit drei Parteien gab es davor im Nachkriegsdeutschland erst einmal: unter dem ersten Bundeskanzler Konrad Adenauer von 1949 bis 1957. Danach hatten zur Regierungsbildung immer zwei Parteien ausgereicht.

36 Bundesverfassungsgericht, Urteil des Zweiten Senats, 15. November 2023, https://www.bverfg.de/e/fs20231115_2bvf000122.html

37 Merkel zitierte dieses Sprichwort, um ihre Rolle bei der Geschlechtergleichstellung in Deutschland zu beschreiben. Es ist äquivalent zum englischen »don't count your chickens before they hatch« (etwa: zähle deine Hühner nicht, bevor sie geschlüpft sind).

38 Vgl hierzu *Tagesspiegel*, 2. Januar 2023, https://www.tagesspiegel.de/politik/bizarres-silvester-video-lambrecht-ist-als-ministerin-nicht-mehr-tragbar-9113185.html

39 Kathrin Mahler Walther und Helga Lukoschat: »Bürgermeisterinnen und Bürgermeister in Deutschland 30 Jahre nach der Wiedervereinigung«, EAF Berlin, 1. Oktober 2020, https://www.eaf-berlin.de/fileadmin/eaf/

Publikationen/Dokumente/2020_EAF_Berlin_Mahler-Walther_Studie_BuergermeisterInnen_Ost_West.pdf

40 Hans-Böckler-Stiftung: »Gleichstellung und Geschlechtergerechtigkeit«, 4. März 2024, https://www.boeckler.de/de/auf-einen-blick-17945-studien-zu-gleichstellung-und-geschlechtergerechtigkeit-21085.htm

41 Der Report ist verfügbar unter: https://www.weforum.org/publications/global-gender-gap-report-2023/

42 Hans-Böckler-Stiftung: »Gleichstellung und Geschlechtergerechtigkeit«, 4. März 2024.

43 Institut der deutschen Wirtschaft: »Typische Männer- und Frauenberufe«, 3. April 2024, https://www.iwd.de/artikel/berufswahl-typisch-mann-typisch-frau-380726/

44 Clara Albrecht und Britta Rude: »Wo steht Deutschland 2022 bei der Gleichstellung der Geschlechter?« Ifo Institut, 7. März 2022, https://www.ifo.de/DocDL/sd-2022-albrecht-rude-geschlechter gleichheit-deutschland.pdf

45 Rede von Angela Merkel bei der Festveranstaltung »100 Jahre Frauenwahlrecht«, 12. November 2018, https://www.bundeskanzler.de/bk-de/aktuelles/rede-von-bundeskanzlerin-merkel-bei-der-festveranstaltung-100-jahre-frauenwahlrecht-am-12-november-2018-1548938

46 Reuters-Video von der Veranstaltung in Düsseldorf: https://www.youtube.com/watch?v=5PyrU3tkHQw&t=60s

47 Angela Merkels Geburtsname ist Kasner, und sie nahm den Namen ihres ersten Ehemanns Ulrich Merkel an, von dem sie sich 1982 scheiden ließ. Bei ihrer zweiten Ehe mit Joachim Sauer im Jahr 1998 nahm sie dessen Nachnamen nicht an. Damals hatte sie bereits eine hohe Position in der CDU inne.

48 Im März 2023 wurden etwa 1000 Männer und Frauen unter 35 Jahren über ihre Ansichten zur Maskulinität befragt. Die Ergebnisse sind verfügbar unter: https://www.plan.de/fileadmin/website/04._Aktuelles/Umfragen_und_Berichte/Spannungsfeld_Maennlichkeit/Plan-Umfrage_Maennlichkeit-A4-2023-NEU-online_2.pdf

49 Bundeskriminalamt: »Bundeslagebild Häusliche Gewalt 2023«, 7. Juni 2024, https://www.bka.de/SharedDocs/Downloads/DE/Publikationen/Jahres berichteUndLagebilder/HaeuslicheGewalt/HaeuslicheGewalt2023.html

50 UN Women Deutschland e.V.: »Gewalt gegen Frauen in Deutschland 2022«, September 2023, https://unwomen.de/gewalt-gegen-frauen-in-deutschland/

51 Vgl. hierzu: *Nie zweimal in denselben Fluß: Björn Höcke im Gespräch mit Sebastian Hennig*, Manuscriptum, Lüdinghausen, 2018, S. 115.

52 Die Leitlinien der AfD zum Schutz der »angestammten Bevölkerung«, https://www.afd.de/familie-bevoelkerung/

53 Ergebnisse verfügbar unter Afrozensus.de
54 RBB: »Nach rechtsextremen Vorfällen in Burg geht weitere Lehrerin«, 24. April 2024, https://www.rbb24.de/panorama/beitrag/2024/04/brandenburg-burg-rechtsextremismus-schule-lehrerin-geht.html
55 Die Lehrer veröffentlichten den Brief hier: https://innn.it/brandbrief
56 Benjamin Barthe: »Ghassan Abu-Sitta, le docteur qui répare les ›gueules cassées‹ du Proche-Orient«, *Le Monde*, 15. Dezember 2015, https://www.lemonde.fr/proche-orient/article/2015/12/15/ghassan-abu-sitta-le-docteur-qui-repare-les-gueules-cassees-du-proche-orient_4832621_3218.html
57 Post von Nancy Faeser auf X vom 12. April 2024, https://x.com/NancyFaeser/status/1778849826630734105
58 Die Resolution des Palästina-Kongresses ist verfügbar unter: https://palaestinakongress.de/
59 Salman Abu-Sitta: »I could have been one of those who broke through the siege on October«, *Mondoweiss*, 4. Januar 2024, https://mondoweiss.net/2024/01/i-could-have-been-one-of-those-who-broke-through-the-siege-on-october-7/
60 Interview mit Al Jazeera am 13. April 2024, https://mediaview.aljazeera.com/video/OKxehcVPZV
61 Slavoj Žižek: »Beim Einreiseverbot gegen Yanis Varoufakis wird Deutschland autoritär«, *Der Freitag*, Ausgabe 17/2024, https://www.freitag.de/autoren/slavoj-zizek/einreiseverbot-gegen-varoufakis-zizek-warnt-vor-autoritaerem-deutschland
62 Die Antworten wurden auf der Internetseite der bayerischen Landesregierung veröffentlicht: https://www.bayern.de/wp-content/uploads/2023/09/230903_FragenkatalogStMAiwanger.pdf
63 Abgesehen vom bayerischen Bedürfnis nach einer Extrawurst gibt es keinen Grund dafür, dass es zwei getrennte Parteien sein müssen.
64 »Hubert Aiwanger strebt nach Berlin«, Interview mit Michael Watzke, Deutschlandfunk Radio, 21. April 2024, https://www.deutschlandfunk.de/interview-aiwanger-hubert-bayer-wirtschafts minister-bundesvors-freie-waehler-dlf-0e855257-100.html
65 Christoph Twickel: »Das System Kahrs«, *Die Zeit*, 25. August 2022, https://www.zeit.de/2022/35/johannes-kahrs-spd-cum-ex
66 Oliver Hollenstein und Oliver Schröm: »Der Mann hinter der Cum-Ex-Masche«, *Spiegel*, 26. März 2021, https://www.spiegel.de/wirtschaft/cum-ex-hanno-berger-ist-der-mann-hinter-der-steuerraub-masche-a-bde194f7-4865-4028-9e7c-b3795560c3a9
67 Im Korruptionswahrnehmungsindex von Transparency International lag Deutschland im Jahr 2023 weltweit auf Platz 9, aber die Ergebnisse des Landes verschlechterten sich zwei Jahre in Folge.

68 NDR: »Cum-Ex Chefermittlerin spricht über ihre Kündigung«, 22. April 2024, https://www.ardmediathek.de/video/wdr/exklusiv-interview-cum-ex-chefermittlerin-spricht-ueber-ihre-kuendigung/wdr/Y3JpZDovL3dkci5kZS9CZWlocmFnLTFiNDIzNDg5LTdjYjUtNGVkZS05ZGQ2LTg0OGI2ODdiMjA4Ng

69 Post auf dem Sozialen Netzwerk X am 29. Juni 2021, https://x.com/GaryLineker/status/1409953095233290241

70 Richard Rorty: »The Unpatriotic Academy«, *New York Times*, 13. Februar 1994, https://www.nytimes.com/1994/02/13/opinion/the-unpatriotic-academy.html

04 Geborstene Rohre

1 Kraftwerk: Die Stimme der Energie. Radio-Aktivität. 1975.

2 Danish Defence Command: »Gas leak in the Baltic Sea«, 27. September 2022, https://www.forsvaret.dk/en/news/2022/gas-leak-in-the-baltic-sea/

3 NordBayern: »Bundesnetzagentur-Chef fordert Deutsche auf, nicht so oft warm zu duschen«, 13. April 2022, https://www.nordbayern.de/panorama/bundesnetzagentur-chef-fordert-deutsche-auf-nicht-so-oft-warm-zu-duschen-1.12029362

4 Wilfried Eckl-Dorna, Jana Randow, et al.: »Germany's Days as an Industrial Superpower Are Coming to an End«, Bloomberg, 10. Februar 2024, https://www.bloomberg.com/news/features/2024-02-10/why-germany-s-days-as-an-industrial-superpower-are-coming-to-an-end?sref=KeM3kOBb

5 Link zur Debatte: https://www.youtube.com/watch?v=GDtMvgpJUrI&t=2460s

6 LRT: »Russia preparing for long-term confrontation with NATO, including Baltics – intelligence«, 7. März 2024, https://www.lrt.lt/en/news-in-english/19/2216335/russia-preparing-for-long-term-confrontation-with-nato-including-baltics-intelligence

7 Jens Fey, Stefanie Wettberg: »BASF Group: Reporting on the 2022 business year: BASF shows resilience in a challenging market environment and implements measures to strengthen competitiveness«, Presseerklärung der BASF vom 24. Februar 2023, https://www.basf.com/global/en/media/news-releases/2023/02/p-23-131.html

8 Rasmus Buchsteiner, Christian Teevs: »Industrie könnte im großen Stil abwandern«, *Spiegel*, 1. Mai 2024, https://www.spiegel.de/politik/deutschland/dgb-chefin-yasmin-fahimi-industrie-koennte-im-grossen-stil-abwandern-a-4ae0a9ca-27b5-4c8a-b53f-37d43e6aa605

9 NTV: »Nord-Stream-Pipeline eröffnet«, 8. November 2011, https://www.n-tv.de/wirtschaft/Nord-Stream-Pipeline-eroeffnet-article4718011.html

10 *Manager Magazin*: »Merkel und Medwedew drehen Gas auf«, 8. November 2011, https://www.manager-magazin.de/politik/artikel/a-796460.html

11 Daniel Friedrich Sturm: »›Launige Worte‹ von Kubicki im Borchardt: Schröder feierte seinen 80. mit Gabriel, Gysi und Lüpertz«, *Tagesspiegel*, 28. April 2024, https://www.tagesspiegel.de/politik/launige-worte-von-kubicki-im-borchardt-schroder-feiert-seinen-80-mit-gabriel-gysi-und-lupertz-11585255.html

12 Jürgen Klute, Peter Kenway: »Structural Change and Industrial Politics in the Ruhr Region«, *Rosa Luxemburg Stiftung*, September 2023, https://www.rosalux.de/fileadmin/rls_uploads/pdfs/engl/9-23_Onl-Publ_Structural_Change.pdf

13 Global Carbon Project: »Share of global cumulative CO_2 emissions«, https://ourworldindata.org/grapher/share-of-cumulative-co2 (aufgerufen am 6. Mai 2024).

14 RAG Stiftung: »Ewigkeitsaufgaben«, https://www.rag-stiftung.de/ewigkeitsaufgaben (aufgerufen am 31. Mai 2024).

15 Bundesministerium für Wirtschaft und Klimaschutz: »Finanzierung des Kernenergieausstiegs«, https://www.bmwk.de/Redaktion/DE/Artikel/Energie/kernenergie-stilllegung-rueckbau-kernkraftwerke.html (aufgerufen am 31. Mai 2024).

16 »Deutsche wenden sich radikal von der Atomkraft ab«, 15. März 2011, *Spiegel*, https://www.spiegel.de/panorama/umfragen-deutsche-wenden-sich-radikal-von-der-atomkraft-ab-a-750955.html

17 Europäische Umweltagentur: »Greenhouse gas emission intensity of electricity generation in Europe«, 24. Oktober 2023, https://www.eea.europa.eu/en/analysis/indicators/greenhouse-gas-emission-intensity-of-1?activeAccordion=309c5ef9-de09-4759-bc02-802370dfa366

18 »Mehrheit ist gegen Atomausstieg«, 14. April 2023, *Tagesschau*, https://www.tagesschau.de/inland/deutschlandtrend/deutschlandtrend-3357.html

19 50Hertz Transmission GmbH et al.: »Netzentwicklungsplan Strom 2012«, https://www.netzentwicklungsplan.de/sites/default/files/2022-12/nep_2012_2_entwurf_teil_1_kap_1_bis_8.pdf

20 Bundesministerium für Wirtschaft und Klimaschutz: »Fragen und Antworten zum Netzausbau«, https://www.bmwk.de/Redaktion/DE/FAQ/Netzausbau/faq-netzausbau.html (aufgerufen am 6. Mai 2024).

21 Bergrheinfeld sagt Nein: »Übertragungsnetzausbau in der Kostenfalle – Neue Stromtrassen sind falsches Zeichen«, https://bergrheinfeld-sagt-nein.de/2024/02/24/uebertragungsnetzgausbau-in-der-kostenfalle-neue-stromtrassen-sind-falsches-zeichen/ (aufgerufen am 7. Mai 2024).

22 »Energiewende: ›Netzausbau hätte vor 10 Jahren initiiert werden

müssen‹«, Welt Nachrichtensender, 28. April 2024, https://www.youtube.com/watch?v=v8lfF8DD55E
23 Bundesverband der Energie- und Wasserwirtschaft: »Fortschrittsmonitor 2024 Energiewende«, https://www.bdew.de/media/original_images/2024/04/24/fortschrittsmonitor_2024_zCu1QX7.pdf (aufgerufen am 31. Mai 2024).
24 The Planetary Society: »How much did the Apollo program cost?«, https://www.planetary.org/space-policy/cost-of-apollo (aufgerufen am 6. Mai 2024).
25 Fraunhofer ISE: »Public Electricity Generation 2023: Renewable Energies Cover the Majority of German Electricity Consumption for the First Time«, 15. Januar 2024, https://www.ise.fraunhofer.de/en/press-media/press-releases/2024/public-electricity-generation-2023-renewable-energies-cover-the-majority-of-german-electricity-consumption-for-the-first-time.html
26 Umweltbundesamt: »Entwicklung der spezifischen Kohlendioxid-Emissionen des deutschen Strommix in den Jahren 1990–2020«, Mai 2021, https://www.umweltbundesamt.de/sites/default/files/medien/5750/publikationen/2021-05-26_cc-45-2021_strommix_2021.pdf
27 Umweltbundesamt: »Primärenergieverbrauch«, https://www.umweltbundesamt.de/daten/energie/primaerenergieverbrauch (aufgerufen am 6. Mai 2024).
28 Christoph Rauwald, Wilfried Eckl-Dorna und Monica Raymunt: »Germany's Dream of 15 Million Electric Vehicles Is Fading Away«, Bloomberg, 3. Februar 2024, https://www.bloomberg.com/news/articles/2024-02-03/germany-s-dream-of-15-million-electric-vehicles-is-fading-away?sref=ttOZ5TVM
29 »Perspektiven zur Energiewirtschaft. Zukunft des deutschen Strommarktes 2040«, e.venture, April 2023, https://e-vc.org/wp-content/uploads/e.venture_Point_of_View_Strommarkt_2040.pdf
30 »Wie teuer Strom bis zum Ende des Jahrzehnts werden könnte«, *Tagesschau*, 6. Juli 2023, https://www.tagesschau.de/wirtschaft/verbraucher/strompreis-2030-energie-100.html
31 Bundesministerium für Bildung und Forschung: »Wie H_2Mare Wasserstoff direkt auf hoher See produzieren will«, https://www.wasserstoff-leitprojekte.de/leitprojekte/h2mare (aufgerufen am 6. Mai 2024).
32 Alfred Krupp: *Krupp 1812–1912. Zum 100-jährigen Bestehen der Firma Krupp und der Gussstahlfabrik zu Essen-Ruhr*, Essen, 1912, S. 15.
33 Lothar Gall: »Krupp. Der Aufstieg eines Industrieimperiums«, Deutschlandfunk, 26. März 2021, https://www.deutschlandfunk.de/lothar-gall-krupp-der-aufstieg-eines-industrieimperiums-100.html
34 »Aufstieg zum größten Industriellen Europas«, Focus Online, 25. August

2013, https://www.focus.de/wissen/mensch/geschichte/biografien/kanonen-koenig-krupp-portraet_id_2098265.html
35 Ansgar Kretschmer: »Dunkle Zeiten für die Chemie«, 22. Dezember 2023, https://www.chemietechnik.de/markt/dunkle-zeiten-fuer-die-chemie-159.html
36 Jan Klauth: »Industriegewerkschaft kritisiert Ampel scharf«, *Welt*, 17. Januar 2024, https://www.welt.de/wirtschaft/article249543620/IGBCE-Irrlichtern-durch-die-Energiewende-Industriegewerkschaft-kritisiert-Ampel-scharf.html
37 Hitlers Ansprache an die Hitlerjugend auf dem Reichsparteitag in Nürnberg am 14. September 1935.
38 World Steel Association: »Steel Statistical Yearbook 2011«, https://worldsteel.org/wp-content/uploads/Steel-Statistical-Yearbook-2011.pdf (aufgerufen am 7. Mai 2024).
39 Bistum Essen: »Ruhrbischof stellt sich drohender Zerschlagung von ThyssenKrupp entgegen«, 20. Juli 2018, https://www.bistum-essen.de/pressemenue/artikel/ruhrbischof-stellt-sich-drohender-zerschlagung-von-thyssenkrupp-entgegen
40 Nach Bekanntgabe der Pläne von thyssenkrupp Steel Europe: Betriebsbedingte Kündigungen vermeiden und Stahlstandort Duisburg sichern, LokalKlick Online-Zeitung Rhein-Ruhr, https://lokalklick.eu/2024/04/12/betriebsbedingte-kuendigungen-vermeiden-und-stahlstandort-duisburg-sichern-entscheidung-muss-politik-aufwecken/ (aufgerufen am 12. September 2024).
41 Tina Hildebrandt und Marium Lau: »Das ist völlig inakzeptabel«. Interview mit Friedrich Merz, *Die Zeit*, 26. April 2023, https://www.zeit.de/2023/18/friedrich-merz-letzte-generation-klimaschutz

05 Geplatzter Boiler

1 Heinrich Heine, *Nachlass*.
2 Steven Barrett et al.: »Impact of the Volkswagen emissions control defeat device on US public health«, *Environmental Research Letters 10*, Nr. 11, 2015, S. 6, https://iopscience.iop.org/article/10.1088/1748-9326/10/11/114005/pdf
3 Guillaume P. Chossière et al.: »Public health impacts of excess NO_x emissions from Volkswagen diesel passenger vehicles in Germany«, *Environmental Research Letters 12*, Nr. 3, 2017, https://iopscience.iop.org/article/10.1088/1748-9326/aa5987
4 Henning Peitsmeier und Holger Appel: »VDA-Präsident Wissmann: ›Es gibt eine Anti-Diesel-Lobby‹«, *Frankfurter Allgemeine Zeitung*, 29. September 2015, https://www.faz.net/aktuell/wirtschaft/auto-verkehr/vda-praesident-wissmann-es-gibt-eine-anti-diesel-lobby-13830808.html
5 Klaus Ott und Markus Balser: »VW: So schützte Dobrindt VW vor einer

Sammelklage«, *Süddeutsche Zeitung,* 19. Oktober 2016, https://www.sueddeutsche.de/wirtschaft/verbraucherschutz-so-schuetzte-der-verkehrsminister-vw-vor-einer-sammelklage-1.3210510

6 Alexander Richter: »Schramme – der Talk: 169 Jahre Haft? Ex-VW-Manager packt in Celle aus«, 7. Mai 2023, https://www.youtube.com/watch?v=CLcyzLCLaFo

7 DRex Electronics: »How Many Semiconductor Chips in a Modern Car?«, 15. Mai 2023, https://www.icdrex.com/how-many-semiconductor-chips-in-a-modern-car/

8 David Zax: »Many Cars Have a Hundred Million Lines of Code«, *MIT Technology Review,* 2. April 2020, https://www.technologyreview.com/2012/12/03/181350/many-cars-have-a-hundred-million-lines-of-code/

9 Jens Dralle: »VW ID.3 Pro Performance 1st Max im Test: Knapp daneben ist auch vorbei«, *Auto Motor und Sport,* 27. Sept. 2020, https://www.auto-motor-und-sport.de/test/vw-id-3-pro-performance-1st-max-test/

10 Susanne Preuß: »Daimlers Wandel zur E-Mobilität hat einen Preis«, *Frankfurter Allgemeine Zeitung,* 11. September 2017, https://www.faz.net/aktuell/wirtschaft/unternehmen/daimlers-wandel-zur-e-mobilitaet-hat-einen-preis-15193787.html

11 Frik Els: »Charts: China's global electric car dominance«, *Adamas Intelligence,* 19. April 2024, https://www.adamasintel.com/charts-china-global-electric-car-dominance

12 European Federation for Transport and Environment: »One in four EVs sold in Europe this year will be made in China«, 7. Mai 2024, https://www.transportenvironment.org/articles/one-in-four-evs-sold-in-europe-this-year-will-be-made-in-china-analysis

13 Jennifer Mossalgue: »BYD overtakes VW's 15-year-run as top seller in China«, *Electrek,* 24. Januar 2024, https://electrek.co/2024/01/23/byd-overtakes-vws-15-year-run-as-top-seller-in-china/

14 »BMW-Chef Zipse warnt Politik: ›Man schießt sich ins Knie damit‹«, *Kleine Zeitung,* 9. Mai 2024, https://www.kleinezeitung.at/wirtschaft/18447769/bmw-chef-zipse-warnt-die-politik-man-schiesst-sich-ins-knie-damit

15 Der Kilometerzähler des Fahrzeugs hatte das Limit erreicht, wodurch man die tatsächlich zurückgelegte Entfernung nicht mehr klären konnte.

16 BYD: »BYD Partners With Auto Nejma in Morocco«, 22. April 2022, https://en.byd.com/news/byd-partners-with-auto-nejma-in-morocco/

17 Verband der Automobilindustrie: »Automobilproduktion«, 17. Mai 2022, https://www.vda.de/de/aktuelles/zahlen-und-daten/jahreszahlen/automobilproduktion

18 Regine Bönsch: »Mehr deutsche Pkw in China als hierzulande gefertigt«, *VDI Nachrichten*, 12. Mai 2021, https://www.vdi-nachrichten.com/technik/automobil/mehr-deutsche-pkw-in-china-als-hierzulande-gefertigt/
19 Verband der Automobilindustrie: »Beschäftigungszahlen und Beschäftigungsentwicklung«, 26. März 2024, https://www.vda.de/de/themen/automobilindustrie/marktentwicklungen/beschaeftigungszahlen-und-beschaeftigungsentwicklung
20 Miele: »Merkel: ›Mit Miele aufgewachsen‹«, Pressemitteilung vom 10. Juli 2013, https://www.miele.de/de/m/merkel-mit-miele-aufgewachsen-1054.htm
21 Eyk Hennig und Jan-Henrik Foerster: »Germany's Backbone of Family-Owned Firms Is Up for Sale«, *Bloomberg*, 9. März 2024, https://www.bloomberg.com/news/articles/2024-03-09/germany-s-backbone-of-family-owned-firms-is-up-for-sale?sref=ttOZ5TVM
22 Office for National Statistics: »UK trade: December 2023«, 2024, https://www.ons.gov.uk/economy/nationalaccounts/balanceofpayments/bulletins/uktrade/december2023
23 Michael Schwartz: »Nachfolge-Monitoring Mittelstand 2023: Trotz Nachfolgerengpass sind drei Viertel der Übergaben bis Ende 2024 geregelt«, Kreditanstalt für Wiederaufbau, https://www.kfw.de/PDF/Download-Center/Konzernthemen/Research/PDF-Dokumente-Fokus-Volkswirtschaft/Fokus-2024/Fokus-Nr.-450-Februar-2024-Nachfolge.pdf (aufgerufen am 30. Mai 2024).
24 Anja Müller und Martin-W. Buchenau: »Arbeitsmarkt: Der große Stellenabbau droht auch Familienunternehmen zu erfassen«, *Handelsblatt*, 12. März 2024, https://www.handelsblatt.com/unternehmen/mittelstand/familienunternehmer/arbeitsmarkt-der-grosse-stellenabbau-droht-auch-familienunternehmen-zu-erfassen-01/100018724.html
25 Marcello De Cecco: *The Oxford handbook of the Italian economy since unification*, Oxford University Press, 2013, S. 153.
26 Reinhold Würth: https://www.tagesschau.de/wirtschaft/konjunktur/wuerth-afd-konjunktur-deutschland-100.html
27 Brief abgedruckt in Medien wie der *Berliner Morgenpost* am 21. März 2024, https://www.morgenpost.de/wirtschaft/article241935702/Der-Anti-AfD-Brief-des-Schraubenkoenigs-im-Wortlaut.html
28 Facebook-Post des baden-württembergischen Landtagsabgeordneten Anton Baron vom 18. März 2024, https://www.facebook.com/100057968382668/posts/809015324374073
29 Sebastian Matthes und Martin-W. Buchenau: »Reinhold Würth sorgt sich um Deutschland: ›Leben in einer Vorkriegszeit‹«, *Handelsblatt*, 3. Mai 2024, https://www.handelsblatt.com/unternehmen/mittelstand/

familienunternehmer/reinhold-wuerth-sorgt-sich-um-deutschland-leben-in-einer-vorkriegszeit-01/100035872.html

30 Eurostat: »Archive: Internet Verwendung von Statistiken – Einzelpersonen«, https://ec.europa.eu/eurostat/statistics-explained/index.php?title=Archive:Internet_use_statistics_-_individuals&action=statexp-seat&lang=de (aufgerufen am 29. März 2024).

31 Odete Madureira: »World Digital Competitiveness Ranking«, IMD Business School for Management and Leadership Courses, 29. November 2023, https://www.imd.org/centers/wcc/world-competitiveness-center/rankings/world-digital-competitiveness-ranking/

32 Paperonweb: »Länderweise Statistiken zur Produktion und zum Verbrauch von Papier und Karton«, https://www.paperonweb.com/Country.htm (aufgerufen am 29. März 2024).

33 Digital Skills and Jobs Platform: »Germany: A Snapshot of Digital Skills«, 21. Juni 2023, https://digital-skills-jobs.europa.eu/en/latest/briefs/germany-snapshot-digital-skills

34 Bitkom: »82 Prozent der deutschen Unternehmen faxen noch«, https://www.bitkom.org/Presse/Presseinformation/Digital-Office-Faxen-Unternehmen (aufgerufen am 29. März 2024).

35 René Höltschi und Michael Rasch: »›In Deutschland haben wir die Selbstzweifel entwickelt bis zum Selbstzerstörerischen‹, sagt der SAP-Mitgründer Hasso Plattner«, *Neue Zürcher Zeitung*, 29. Januar 2024, https://www.nzz.ch/wirtschaft/inte-hasso-plattner-ld.1775134

36 Jan C. Breitinger, Benjamin Dierks und Thomas Rausch: »Weltklassepatente in Zukunftstechnologien«, Bertelsmann Stiftung, 3. Juni 2020, https://www.bertelsmann-stiftung.de/fileadmin/files/user_upload/BST_Weltklassepatente_2020_DT.pdf

37 Daten vom Deutschen Patent- und Markenamt, Stand: 22. Juni 2023, https://www.dpma.de/dpma/veroeffentlichungen/statistiken/patente/index.html

38 Ebd.

39 Startup Verband: »Next Generation: Startup-Neugründungen in Deutschland«, https://startupverband.de/fileadmin/startupverband/mediaarchiv/research/Next_Generation_Report/Next_Generation_Startup-Neugruendungen_in_Deutschland_2023.pdf

40 Daten von Startup Ranking, https://www.startupranking.com/countries (aufgerufen am 29. Mai 2024).

41 PwC Deutschland: »Deutscher Startup Monitor 2023«, https://www.pwc.de/de/branchen-und-markte/startups/deutscher-startup-monitor.html (aufgerufen am 28. März 2024).

42 Georg Metzger: »Gründungsstandort Deutschland: Angst vor dem

Scheitern mit besserer ökonomischer Grundausbildung kontern«, Kreditanstalt für Wiederaufbau, 7. Februar 2019, https://www.kfw.de/PDF/Download-Center/Konzernthemen/Research/PDF-Dokumente-Fokus-Volkswirtschaft/Fokus-2019/Fokus-Nr.-242-Februar-2019-Gr%C3%BCn dungsstandort-D-Angst-vor-dem-Scheitern.pdf

43 »Bloomberg Billionaires Index«, https://www.bloomberg.com/billionaires/ (aufgerufen am 29. März 2024).

44 ESMT Berlin. »ESMT Berlin: New Index Shows Increasing Bureaucracy in Germany« (aufgerufen am 12. Oktober, 2024), https://esmt.berlin/press/esmt-berlin-new-index-shows-increasing-bureaucracy-germany.

45 Länderindex Familienunternehmen, Stiftung Familienunternehmen, https://www.familienunternehmen.de/media/pages/publikationen/laenderindex-familienunternehmen-2023/3abc557b8d-1700136063/laenderindex-2022_studie_stiftung-familienunternehmen.pdf (aufgerufen am 29. März 2024).

46 Holz, Michael, and Annette Icks. Paradigmenwechsel für spürbaren Bürokratieabbau. IfM Bonn Policy Brief 03/2024. Bonn: Institut für Mittelstandsforschung (IfM), 2024.

47 »OECD-Berichte zur Innovationspolitik: Deutschland 2022: Agile Ansätze für erfolgreiche Transformationen«, *OECD Publishing*, Paris, 2022, https://doi.org/10.1787/9d21d68b-de

48 Bundesministerium für Wirtschaft und Klimaschutz: »Start-up Fahrplan steht: Kabinett beschließt erste umfassende Start-up-Strategie«, 27. Juli 2022, https://www.bmwk.de/Redaktion/DE/Pressemitteilun gen/2022/07/20220726-start-up-fahrplan-steht-kabinett-beschliesst-erste-umfassende-start-up-strategie.html

49 Steffen Klusmann und Thomas Schulz: »Deutschland wird genug Impfstoff bekommen«, Interview mit BioNTech-Gründer Özlem Türeci und Uğur Şahin, *Spiegel*, 1. Januar 2021, https://www.spiegel.de/wirtschaft/unternehmen/biontech-gruender-oezlem-tuereci-und-ugur-sahin-deutschland-wird-genug-impfstoff-bekomme n-a-00000000-0002-0001-0000-000174691195

06 Verfall der Nachbarschaft

1 Friedrich Nietzsche: *Jenseits von Gut und Böse*, C. G. Naumann, Leipzig, 1886, Viertes Hauptstück, S. 156.

2 Dresden ist ungefähr 845 km von der ukrainischen Stadt Lwiw entfernt.

3 Büro des Hochkommissars für Menschenrechte: »UN report details summary executions of civilians by Russian troops in northern Ukraine«, 7. Dezember 2022, https://www.ohchr.org/en/press-releases/2022/12/un-report-details-summary-executions-civilians-russian-troops-northern

4 Human Rights Watch und SITU: »Death at the Station. Russian Cluster Munition Attack in Kramatorsk«, https://www.hrw.org/video-photos/interactive/2023/02/21/death-at-the-station/russian-cluster-munition-attack-in-kramatorsk
5 Melanie Amann und Veit Medick: »Wie Steinmeier Selenskyj konfrontierte«, *Spiegel*, 8. Juli 2022, https://www.spiegel.de/politik/deutschland/telefonat-von-steinmeier-und-selenskyj-a-00de121e-f18b-4cae-a4ea-6f690402e10f
6 Katrin Bennhold: »The Former Chancellor Who Became Putin's Man in Germany«, *New York Times*, 24. April 2022, https://www.nytimes.com/2022/04/23/world/europe/schroder-germany-russia-gas-ukraine-war-energy.html
7 Zwischen seinen Amtszeiten als Außenminister war Steinmeier nach seiner Niederlage als Kanzlerkandidat der SPD bei der Wahl von 2009 Oppositionsführer der Partei.
8 Stefan Braun: »Steinmeiers heikles Unterfangen«, *Süddeutsche Zeitung*, 9. März 2014, https://www.sueddeutsche.de/politik/deutscher-aussenminister-in-der-krim-krise-steinmeiers-heikles-unterfangen-1.1908058
9 Frank-Walter Steinmeier: »An einer gemeinsamen Zukunft mit Russland arbeiten«, Interview mit der Zeitung *Kommersant*, 14. Februar 2014, https://www.auswaertiges-amt.de/de/newsroom/-/259876
10 »Steinmeier stellt Sanktionen gegen Moskau infrage«, *Spiegel*, 20. Dezember 2014, https://www.spiegel.de/spiegel/vorab/russland-steinmeier-stellt-sanktionen-infrage-a-1009382.html
11 Die Steinmeier-Formel wurde 2015 als Teil des Minsker Abkommens präsentiert, https://www.auswaertiges-amt.de/en/aussenpolitik/steinmeier-formula/2254244
12 Burkhard Uhlenbroich: »Steinmeier kritisiert NATO-Manöver in Osteuropa«, *Bild*, 18. Juni 2016, https://www.bild.de/politik/ausland/dr-frank-walter-steinmeier/kritisiert-nato-maneuver-und-fordert-mehr-dialog-mit-russland-46360604.bild.html
13 Christoph Giesen und Julian Hans: »Siemens und der Wolf«, *Süddeutsche Zeitung*, 22. Juli 2017, https://www.sueddeutsche.de/wirtschaft/turbinen-auf-der-annektierten-krim-siemens-und-der-wolf-1.3598019
14 Georg Ismar und Claudia von Salzen: »Ukraine-Botschafter rechnet mit Steinmeier ab«, *Tagesspiegel*, 2. April 2022, https://www.tagesspiegel.de/politik/ukraine-botschafter-rechnet-mit-steinmeier-ab--und-fordert-mehr-schwere-waffen-4320304.html
15 Robert Roßmann: »Steinmeier gesteht Fehler in Russland-Politik ein«, *Süddeutsche Zeitung*, 4. April 2022, https://www.sueddeutsche.de/politik/steinmeier-selbstkritik-russland-1.5560571

16 Die offizielle Erklärung der Ukraine war, dass es nie eine formelle Anfrage von Berlin gab.
17 Christopher F. Schuetze: »Germany draws mockery for promising 5000 helmets to help Ukraine defend itself«, *New York Times*, 27. Januar 2022, https://www.nytimes.com/2022/01/27/world/europe/germany-5000-helmets-ukraine.html
18 Josefine Fokuhl: »Berlin Has a Surprising Soft Spot for Its Soviet Memorials«, Bloomberg, 20. September 2022, https://www.bloomberg.com/news/features/2022-09-20/why-berlin-won-t-be-tearing-down-its-soviet-memorials?sref=KeM3kOBb
19 Thomas Bagger: »The World According to Germany: Reassessing 1989«, *The Washington Quarterly*, 41:4, 53–63, DOI: 10.1080/0163660X.2018.1558609
20 Interview von Martha Raddatz mit Jake Sullivan, Nationaler Sicherheitsberater im Weißen Haus, This Week, ABC News, 26. Februar 2023, https://www.youtube.com/watch?v=Tb1tP5f4mg4&t=5s
21 Anton Hofreiter und Norbert Röttgen: »Der katastrophale Defätismus des Kanzlers«, *Frankfurter Allgemeine Zeitung*, 11. März 2024.
22 Jens Plötner: »Zur Zeitenwende«, Deutsche Gesellschaft für Auswärtige Politik, 21. Juni 2022, https://www.youtube.com/watch?v=HZc3Nxsaje4
23 Simon Ziese: »Erich Vad im Interview«, *Berliner Zeitung*, 11. Februar 2024, https://www.berliner-zeitung.de/politik-gesellschaft/erich-vad-im-interview-ueber-das-schicksal-der-ukraine-wird-in-washington-und-moskau-entschieden-li.2185298
24 Siehe den Brief auf https://www.change.org/p/offener-brief-an-bundeskanzler-scholz (aufgerufen am 6. Mai 2024).
25 Handelsdaten vom Deutschen Statistischen Bundesamt.
26 Eva Högl: »Unterrichtung durch die Wehrbeauftragte. Jahresbericht 2022«, *Deutscher Bundestag*, 28. Februar 2023, S. 13, https://www.bundestag.de/resource/blob/937820/d52d8f040a6e1e3d1d4226497e498e42/jahresbericht_2022_pdf-data.pdf
27 Ebd., S. 8.
28 Ebd., S. 9, 17.
29 Sandra Ward: »›Arrogant, unfähig, nutzlos‹: CIA-Experte zerlegt deutsche Spione«, *Focus*, 11. September 2022, https://www.focus.de/politik/ausland/interview-mit-geheimdienst-experte-arrogant-unfaehig-buerokratisch-nutzlos-cia-experte-zerlegt-deutsche-spione_id_141194052.html
30 Post von Alfons Mais auf LinkedIn am 24. Februar 2022, https://www.linkedin.com/posts/alfons-mais-46744b99_du-wachst-morgens-auf-und-stellst-fest-es-activity-6902486582067044353-RZky
31 Högl, S. 6.
32 Matthias Gebauer und Marina Kormbaki: »Ein Minister zeigt Nerven«,

Spiegel, 15. Mai 2024, https://www.spiegel.de/politik/deutschland/boris-pistorius-unter-druck-ein-minister-zeigt-nerven-a-254048fe-9bec-4081-902f-6a34d59c4470
33 Jack Watling und Nick Reynolds: »Russian Military Objectives and Capacity in Ukraine Through 2024«, Royal United Services Institute, 13. Februar 2024.
34 Nach den Zahlen des UN-Hochkommissars für Flüchtlinge nahm Deutschland ungefähr 1,1 Millionen Flüchtlinge auf, Polen dagegen 1,6 Millionen, https://data.unhcr.org/en/situations/ukraine
35 Olaf Scholz: »Das ist Europa.« Rede im Rahmen der Reihe von Plenardebatten des Europäischen Parlaments, Straßburg, Frankreich, 9. Mai 2023, https://www.bundesregierung.de/breg-de/suche/rede-von-bundeskanzler-scholz-im-rahmen-der-diskussionsreihe-this-is-europe-im-europaeischen-parlament-am-9-mai-2023-in-strassburg-2189408
36 Jochen Roose: »Begeistert, kritisch, unaufgeregt, resigniert – die Deutschen und Europa«, Konrad-Adenauer-Stiftung, 5. Februar 2024, https://www.kas.de/de/monitor-wahl-und-sozialforschung/detail/-/content/begeistert-kritisch-unaufgeregt-resigniert-die-deutschen-und-europa
37 Alessandro Gasparotti und Matthias Kullas: »20 Years of the Euro: Winners and Losers«, Centre for European Policy, Februar 2019, https://www.cep.eu/fileadmin/user_upload/cep.eu/Studien/20_Jahre_Euro_-_Gewinner_und_Verlierer/cepStudy_20_years_Euro_-_Winners_and_Losers.pdf
38 Patrick Donahue: »Merkel Signals New Era for Europe as Trump Smashes Consensus«. Bloomberg, 28. Mai 2017.
39 Donald Trump bei einem Frühstückstreffen mit NATO-Generalsekretär Jens Stoltenberg am 11. Juli 2018, Clip von der Nachrichtenagentur AP, https://www.youtube.com/watch?v=9LLZBVTid4I&t=74s
40 Jacob Poushter und Sarah Austin: »The U.S.-German Relationship Remains Strong«, Pew Research Center, 17. Oktober 2022.
41 Robert Kagan: *Of Paradise and Power. America and Europe in the New World Order,* Vintage, New York, 2004.
42 Committee for a Responsible Federal Budget: »What's In the Inflation Reduction Act?«, 7. September 2022, https://www.crfb.org/blogs/whats-inflation-reduction-act
43 Glenn Plaskin: »The Playboy Interview with Donald Trump«, *Playboy,* 1. März 1990, https://www.playboy.com/read/playboy-interview-donald-trump-1990
44 »Kritik an Trump nach Bericht über Truppenabzugspläne«, Zeit Online, 6. Juni 2020, https://www.zeit.de/politik/deutschland/2020-06/usa-truppen-abzug-deutschland-donald-trump-weckruf
45 Frank Heindl: »Donald Trump hat noch nicht angerufen«, Interview mit Ralf Hechler, Bürgermeister von Ramstein-Miesenbach, Web.de, 19. Juni

2020, https://web.de/magazine/politik/donald-trump-angerufen-ramstein-fuerchtet-abzug-amerikaner-34799464
46 Stefan Nicola und Christoph Rauwald: »Bosch Quits $2.6 Billion Solar Foray in Week of Suntech Failure«, Bloomberg, 22. März 2013.
47 Irene Preisinger und Victoria Bryan: »China's CATL to build its first European EV battery factory in Germany«, Reuters, 9. Juli 2018, https://www.reuters.com/article/idUSKBN1JZ160/; siehe auch: *Tagesschau* vom 9. Juli 2018: https://www.youtube.com/watch?v=jumIPRH17Ms
48 Jost Wübbeke et al.: »Made in China 2025: The making of a high-tech superpower and consequences for industrial countries«, Mercator Institute for China Studies, Dezember 2016.
49 European Union Chamber of Commerce in China: »China Manufacturing 2025: Putting Industrial Policy Ahead of Market Forces«, 7. März 2017.
50 Jürgen Matthes: »Gegenseitige Abhängigkeit im Handel zwischen China, der EU und Deutschland«, Institut der deutschen Wirtschaft Köln, 13. Juni 2022.
51 William Wilkes: »Germany Withdraws Approval of Chinese Takeover of Aixtron«, *Wall Street Journal,* 24. Oktober 2016.
52 Janosch Delcker: »Sigmar Gabriel's mission to halt China's investment spree«, *Politico,* 1. November 2016.
53 Presseerklärung des Justizministeriums der USA, 19. Mai 2014, https://www.justice.gov/opa/pr/us-charges-five-chinese-military-hackers-cyber-espionage-against-us-corporations-and-labor
54 U. S. Trade Representative: »Findings of the Investigation into China's Acts, Policies and Practices related to Technology Transfer, Intellectual Property and Innovations«, 22. März 2018, https://ustr.gov/sites/default/files/Section%20301%20FINAL.PDF
55 Lorand Laskai: »Why does everyone hate made in China 2025?«, Council on Foreign Relations, 28. März 2018, https://www.cfr.org/blog/why-does-everyone-hate-made-china-2025
56 Max J. Zenglein und Anna Holzmann: »Evolving Made in China 2025«, Mercator Institute for China Studies, 2. Juli 2019, https://merics.org/en/report/evolving-made-china-2025
57 Victoria Waldersee: »Senior staff at auditing firm distance themselves from audit of VW's China plant«, Reuters, 13. Dezember 2023, https://www.reuters.com/business/autos-transportation/auditing-firm-distances-itself-duos-work-vws-china-plant-2023-12-13
58 Bruno Maçães: *Belt and Road. A Chinese World Order,* Hurst, London, 2018.
59 Martin Orth: »Duisburg, die China-Stadt«, deutschland.de, 22. November 2021, https://www.deutschland.de/de/topic/wirtschaft/duisburg-die-china-stadt

60 Bundesministerium für Wirtschaft und Klimaschutz: »Elmos chip factory cannot be sold to Chinese investor – cabinet blocks sale«, 1. November 2022, https://www.bmwk.de/Redaktion/EN/Pressemitteilungen/2022/11/20221109-elmos-chip-factory-cannot-be-sold-to-chinese-investor-cabinet-blocks-sale.html

61 David Baqaee, Julian Hinz et al.: »Was wäre wenn? Die Auswirkungen einer harten Abkopplung von China auf die deutsche Wirtschaft«, Institut für Weltwirtschaft Kiel, Januar 2024, https://www.econstor.eu/bitstream/10419/281995/1/1879852667.pdf

62 Rede von Außenministerin Baerbock über die Zukunft der deutschen Chinapolitik beim Mercator Institute for China Studies (MERICS), 13. Juli 2023, https://merics.org/de/veranstaltungen/aussenministerin-baerbock-zur-zukunft-der-deutschen-chinapolitik

63 Tom Hancock: »German Direct Investment in China Rose to Record in 2023«, Bloomberg, 16. Februar 2024.

07 Die zerbrochene Leiter

1 Peter Sirius (Pseudonym für Otto Kimmig): *Tausendundein Gedanken.* Lulu.com, 2021.

2 »Zahl der Superreichen in Deutschland wächst deutlich«, *WirtschaftsWoche,* 12. Juli 2024, https://www.wiwo.de/finanzen/geldanlage/vermoegen-in-deutschland-zahl-der-superreichen-in-deutschland-waechst-deutlich/29889790.html#:~:text=In%20Deutschland%20gibt%20es%20immer,nach%203000%20im%20Jahr%20davor

3 Paritätischer Armutsbericht 2024: »Armut verbleibt auf sehr hohem Niveau – Expertise zur Armutsentwicklung 2023«, https://www.der-paritaetische.de/themen/sozial-und-europapolitik/armut-und-grundsicherung/armutsbericht/#:~:text=Die%20Armut%20in%20Deutschland%20verharrt,Bundesl%C3%A4nder%20gro%C3%9Fe%20regionale%20Unterschiede%20zeigen.

4 »Vor 60 Jahren: Als in Bad Homburg ein ganzes Haus umzog«, *Frankfurter Neue Presse,* 2. November 2018, https://www.fnp.de/lokales/hochtaunus/bad-homburg-ort47554/jahren-homburg-ganzes-haus-umzog-10439835.html

5 Joachim Scholtyseck: *Der Aufstieg der Quandts.* C H. Beck, 2011.

6 *Das Schweigen der Quandts,* Dokumentarfilm aus dem Jahr 2007 von Eric Fiedler.

7 Daten zusammengestellt von Bloomberg Billionaires Index, https://www.bloomberg.com/billionaires/?sref=KeM3kOBb

8 Horst von Buttlar, »Susanne Klatten gibt Beteiligungen an ihre Kinder ab«, *WirtschaftsWoche,* 6. Juni 2024, https://www.wiwo.de/unternehmen/dienstleister/skion-susanne-klatten-uebergibt-beteiligungen-an-ihre-kinder/29835398.html

9 Die Herbert Quandt Stiftung gibt an, Kunst, Wissenschaft und bürgerschaftliches Engagement zu unterstützen, listet aber keine Projekte auf und nimmt keine Förderanträge an.

10 Christina Deckwirth, »Fragwürdige Großspenden der BMW-Großaktionäre Quandt/Klatten«, Lobby Control, 15. Oktober 2013, https://www.lobbycontrol.de/parteienfinanzierung/grossspenden-der-bmw-grossaktionaere-quandtklatten-17123/

11 Daten aus Bundestagsprotokollen von Spenden über 50 000 €, https://www.bundestag.de/parlament/praesidium/parteienfinanzierung/fundstellen50000

12 »Man fühlt sich grauenvoll und schämt sich«, *WirtschaftsWoche*, 28. September 2011, https://www.wiwo.de/unternehmen/ns-vergangenheit-der-quandts-man-fuehlt-sich-grauenvoll-und-schaemt-sich/5222268-all.html

13 *Das Schweigen der Quandts,* Dokumentarfilm aus dem Jahr 2007 von Eric Fiedler, 11:06.

14 Dietmar Student und Martin Noé, »Wer würde denn mit uns tauschen wollen?«, *ManagerMagazin,* 20. Juni 2019, https://www.manager-magazin.de/unternehmen/susanne-klatten-stefan-quandt-erstes-gemeinsames-interview-a-00000000-0002-0001-0000-000164471680

15 Julia Friedrichs und Jochen Breyer, *Die geheime Welt der Superreichen – Das Milliardenspiel,* Dokumentation des ZDF, 12. Dezember 2023, https://www.zdf.de/dokumentation/zdfzeit/zdfzeit-die-geheime-welt-der-superreichen-100.html

16 Christoph Neßhöver, Andreas Bornefeld »Das sind die 500 reichsten Deutschen«, *ManagerMagazin,* 1. Oktober 2024, https://www.manager-magazin.de/unternehmen/ranking-die-500-reichsten-deutschen-exklusive-auswertung-der-groessten-vermoegen-a-801d1d75-143a-4204-900e-8d95db52e433

17 Julia Jirmann und Christoph Trautvetter, »Der Steuersatz des typischen Multimillionärs im Vergleich zum Durchschnittspaar«, Arbeitspapier 1 zum Jahrbuch Steuergerechtigkeit 2023, 11. Dezember 2023, https://www.netzwerk-steuergerechtigkeit.de/wp-content/uploads/2023/12/Steuersatz_Multimillionaer.pdf

18 Michaela Alka und Christoph Trautvetter, »Keine Angst vor Steuerflucht«, Oxfam Deutschland und Netzwerk Steuergerechtigkeit, Juli 2024, https://www.oxfam.de/system/files/documents/oxfam_netzwerk_steuergerechtigkeit_2024_keine_angst_vor_steuerflucht_final.pdf

19 Julia Jirmann, »Der Weg zu einer gerechten Erbschafts- und Schenkungsteuer – ein Reformvorschlag«, Netzwerk Steuergerechtigkeit, 10. Oktober 2023, https://www.netzwerk-steuergerechtigkeit.de/der-weg-zu-einer-gerechten-erbschaftsteuer-reformvorschlag/

20 »29. Subventionsbericht des Bundes 2021–2024«, Bundesfinanzministerium, 6. September 2023.

21 Bundestag: »Übersicht über das Lastenausgleichsgesetz«, 26. September 2023. https://www.bundestag.de/resource/blob/974288/797ce8deed37cc0d7e6f229c4ba0383f/WD-3-107-23-WD-4-057-23-pdf.pdf

22 Thilo N. H. Albers, Charlotte Bartels und Moritz Schularick, »Wealth and its Distribution in Germany, 1895–2018« World Inequality Lab, Juni 2022, S. 4, https://wid.world/document/wealth-and-its-distribution-in-germany-1895-2018/

23 Artikel 20 des Grundgesetzes.

24 Albers et al.

25 »A Broken Social Elevator? How to Promote Social Mobility«, OECD, 15. Juni 2018, https://www.oecd.org/social/broken-elevator-how-to-promote-social-mobility-9789264301085-en.htm

26 Ludwig Erhard, zitiert in *Wohlstand für Alle – 70 Jahre Grundgesetz.* Sonderveröffentlichung der Ludwig-Erhard-Stiftung im Finanzen Verlag, Kulmbach, 2019, https://www.ludwig-erhard.de/wp-content/uploads/2023/09/Ludwig-Erhard-Stiftung_2019_Wohlstand-fuer-alle_70-Jahre-Grundgesetz.pdf (aufgerufen am 18. September 2024).

27 Europäische Kommission: »Haus oder Wohnung – Eigentum oder Miete«, https://ec.europa.eu/eurostat/cache/digpub/housing/bloc-1a.html (aufgerufen am 18. September 2024).

28 Deutsche Bundesbank: »Vermögen und Finanzen der privaten Haushalte in Deutschland: Ergebnisse der Vermögensbefragung der privaten Haushalte 2021«, https://www.bundesbank.de/resource/blob/908924/3ef9d9a4eaeae8a8779ccec3ac464970/mL/2023-04-vermoegensbefragung-data.pdf (aufgerufen am 18. September 2024).

29 Deutscher Bundestag, Parlamentsnachrichten, 25. September 2023, https://www.bundestag.de/presse/hib/kurzmeldungen-967750

30 Hans-Böckler-Stiftung: »Wohnungsnot in Deutschland – Zahlen, Fakten, Studien«, https://www.boeckler.de/de/auf-einen-blick-17945-20782.htm (aufgerufen am 18. September 2024).

31 Immowelt.de: »5 Jahre Mietpreisbremse: In fast allen Großstädten steigen die Preise weiter – plus 44 Prozent in Berlin«, https://www.immowelt.de/ueberuns/presse/pressemitteilungenkontakt/immoweltde/2020/5-jahre-mietpreisbremse-in-nahezu-allen-grossstaedten-steigen-die-preise-weiter-plus-44-prozent-in-berlin/

32 Lukas Siebenkotten: »Politik für bezahlbares Wohnen braucht Investitionen«, Deutscher Mieterbund 2024, https://mieterbund.de/aktuelles/meldungen/politik-fuer-bezahlbares-wohnen-braucht-investitionen/

33 »Schwangerenversorgung und Zugang zur Hebamme nach sozialem Status: Eine Analyse mit Routinedaten der BARMER«, NCBI 2021, https://www.ncbi.nlm.nih.gov/pmc/articles/PMC11248034/
34 Robert Koch-Institut: »Sozioökonomischer Status und Gesundheit – Datenlage, Befunde und Entwicklungen in Deutschland«, https://edoc.rki.de/bitstream/handle/176904/11674/0342-300X-2024-3-172.pdf?sequence=1&isAllowed=y
35 Marcel Fratzscher: *Verteilungskampf. Warum Deutschland immer ungleicher wird,* Piper Verlag, München, 2016.
36 Bertelsmann Stiftung: »Ländermonitoring Frühkindliche Bildungssysteme 2023«, https://www.bertelsmann-stiftung.de/de/themen/aktuelle-meldungen/2023/november/mehr-plaetze-und-bessere-qualitaet-in-kitas-bis-2030-wenn-jetzt-entschlossen-gehandelt-wird
37 Knippert, Amelie: »Kitaplatz: 5 Tipps, die Ihre Chancen deutlich erhöhen«, Praxistipps *FOCUS*, https://praxistipps.focus.de/kita-platz-5-tipps-die-ihre-chancen-deutlich-erhoehen_109000.
38 Sylvia Vogt: »Betreuungskrise in Berlin: Warum ein Berliner Vater 5000 Euro für einen Kitaplatz geboten hat«, *Tagesspiegel,* 13. Mai 2019, https://www.tagesspiegel.de/berlin/warum-ein-berliner-vater-5000-euro-fur-einen-kita-platz-geboten-hat-4641802.html
39 Friedrich-Ebert-Stiftung: »Studie: Kitas mit Kindern aus sozioökonomisch benachteiligten Familien sind vielfach mehrbelastet«, https://www.fes.de/presse/aktuelle-pressehinweise/studie-kitas-mit-kindern-aus-soziooekonomisch-benachteiligten-familien-sind-vielfach-mehrbelastet.
40 Überlastung, Stress und Erschöpfung in vielen Kitas: https://www.ash-berlin.eu/fileadmin/Daten/News/2024/2024_08_27_Aufruf_aus_der_Wissenschaft_zur_Kitakrise.pdf
41 Jan Grossarth-Maticek, Kathrin Kann und Sebastian Koufen: »Privatschulen in Deutschland – Fakten und Hintergründe«, Statistisches Bundesamt, 10. August 2020, https://www.destatis.de/DE/Themen/Gesellschaft-Umwelt/Bildung-Forschung-Kultur/Schulen/Publikationen/Downloads-Schulen/privatschulen-deutschland-dossier-2020.pdf
42 »INSM-Bildungsmonitor 2023: Die Qualität nimmt ab«, Initiative Neue Soziale Marktwirtschaft, 12. September 2023, https://www.iwd.de/artikel/bildungsmonitor-2023-die-qualitaet-nimmt-ab-596002/
43 »Der Lehrermangel in Deutschland verschärft sich«, Institut der deutschen Wirtschaft, 31. Mai 2022, https://www.iwd.de/artikel/der-lehrermangel-in-deutschland-verschaerft-sich-546423/
44 »2021 kamen 4,3 Auszubildende auf 10 Studierende, 1950 waren es noch 75,5 Azubis«, Statistisches Bundesamt 2023, https://www.destatis.de/DE/Presse/Pressemitteilungen/2023/06/PD23_N036_12.html

45 DGB-Jugend: »Der Qualitätsreport Duales Studium 2023«, https://jugend.dgb.de/ueber-uns/meldungen/studium/++co++34bb137a-5871-11ee-b351-001a4a16011a (aufgerufen am 18. September 2024).

46 Mathias Dolls, Florian Dorn et al.: »Gerechtigkeit für die Mitte?« Hanns-Seidel-Stiftung, 7. Juni 2023, https://www.hss.de/news/detail/neue-studie-gerechtigkeit-fuer-die-mitte-news10062/

47 »Mittelschicht in Deutschland leicht geschrumpft«, ifo Institut, 7. August 2023, https://www.ifo.de/pressemitteilung/2023-08-07/mittelschicht-deutschland-leicht-geschrumpft

48 OECD: »Is the German Middle Class Crumbling? Risks and Opportunities«, OECD Publishing, Paris, 1. Dezember 2021, https://doi.org/10.1787/845208d7-en

49 »Interview mit Oliver Nachtwey«, Hans Boeckler Stiftung 2016, https://www.boeckler.de/de/magazin-mitbestimmung-2744-oliver-nachtwey-ueber-schwieriger-gewordene-aufstiegschancen-6038.htm

50 Daten der Bundesarbeitsgemeinschaft Wohnungslosenhilfe e. V., https://www.bagw.de/fileadmin/bagw/media/Doc/PRM/PRM_PM_BAG_W_Pressemappe_Hochrechnung_Zahl_der_wohnungslosen_Menschen.pdf

51 OECD-Daten zur Obdachlosigkeit in Deutschland und in Großbritannien, https://webfs.oecd.org/Els-com/Affordable_Housing_Database/Country%20notes/Homelessness-DEU.pdf

52 Zahlen und Fakten bei der Deutschen Tafel e. V., https://www.tafel.de/fileadmin/media/Presse/Hintergrundinformationen/2024-06-26_TD_Faktenblaetter.pdf (aufgerufen am 19. Juni 2024).

53 Die Zivilgesellschaft springt in die Bresche, wo sie kann. Die Organisation Freiheitsfonds hat seit Dezember 2021 für die Freilassung von rund 1000 Menschen bezahlt, https://www.freiheitsfonds.de/ (aufgerufen am 23. Mai 2024).

54 »Armut in der Inflation. Paritätischer Armutsbericht 2024«, Deutscher Paritätischer Wohlfahrtsverband Gesamtverband e. V., März 2024, https://www.der-paritaetische.de/fileadmin/user_upload/Schwerpunkte/Armutsbericht/doc/Paritaetischer_Armutsbericht_2024.pdf

55 Bundestag: »Altersarmut in Deutschland«, 4. Mai 2023, https://www.bundestag.de/presse/hib/kurzmeldungen-946652

56 Der Regelsatz des Bürgergeldes für einen alleinstehenden Erwachsenen beträgt im Jahr 2024 563 € pro Monat. Zusätzliche Haushaltsmitglieder, einschließlich Kinder, erhalten weniger.

57 Guido Westerwelle: »An die deutsche Mittelschicht denkt niemand«, *Welt*, 11. Februar 2010 https://www.welt.de/debatte/article6347490/An-die-deutsche-Mittelschicht-denkt-niemand.html

58 Darunter sind 1,5 Millionen Kinder. Von den Erwachsenen sind 1,6 Millionen erwerbsfähig, 1,6 Millionen sind nicht oder nur eingeschränkt erwerbsfähig, weil sie eine Ausbildung absolvieren oder Angehörige pflegen, und 800 000 verdienen etwas Geld, wodurch die Leistungen gekürzt werden, wenn sie 100 € im Monat übersteigen.
59 Katja Belousova: »Sozialbetrug: Wie groß ist das Problem?«, ZDF, 1. September 2023, https://www.zdf.de/nachrichten/wirtschaft/sozialbetrug-clans-ausmass-100.html
60 Sebastian Dullien und Katja Rietzler: »Die Mär vom aufgeblähten Sozialstaat«, *Böckler Impuls* 4/2024, Hans Böckler Stiftung S. 6–7. https://www.boeckler.de/de/boeckler-impuls-die-mar-vom-aufgeblahten-sozialstaat-57956.htm
61 Sebastian Weiermann: »Thomas Wasilewski: Ein Bürgergeld-Empfänger wehrt sich«, *ND*, 27. März 2024, https://www.nd-aktuell.de/artikel/1166430.armut-thomas-wasilewski-ein-buergergeld-empfaenger-wehrt-sich.html
62 Benedikt Peters: »Fünf Euro, drei Mahlzeiten – und jetzt die Inflation«, *Süddeutsche Zeitung*, 9. Mai 2022, https://www.sueddeutsche.de/projekte/artikel/politik/leben-mit-hartz-iv-fuenf-euro-drei-mahlzeiten-und-nun-die-inflation-e259201/
63 Siehe Interview mit Sebastian Weiermann im *ND*.
64 Sanktionsfrei e. V. hat beispielsweise Hunderttausende von Euro an Sozialhilfeempfänger verteilt und das Bewusstsein für soziale Ungleichheit geschärft.
65 Die Stiftung Ein Erbe für Jeden schlägt 20 000 € für jeden 30-Jährigen vor.

08 Das Haus ist gespalten

1 Ludwig van Beethoven: Symphonie Nr. 9 in d-moll, op. 125. Der Text der »Ode an die Freude« wurde zwar größtenteils von Friedrich Schiller verfasst, doch dieses Textstück stammt von dem Komponisten selbst.
2 Laut der Entscheidung des Verwaltungsgerichts Meinungen vom 26. September 2019. Siehe: https://cdn.prod.www.spiegel.de/media/64a8f9a1-0001-0014-0000-000000044935/media-44935.pdf
3 Die Bundeswahlleiterin: »Endgültiges amtliches Ergebnis der Bundestagswahl 2013«, 9. Oktober 2013, https://www.bundeswahlleiterin.de/info/presse/mitteilungen/bundestagswahl-2013/2013-10-09-endgueltiges-amtliches-ergebnis-der-bundestagswahl-2013.html
4 Gemäß dem deutschen Proportionalwahlrecht muss eine Partei mindestens fünf Prozent der Stimmen erhalten, um ins Parlament einzuziehen. Die AfD erhielt bei der Bundestagswahl 2013 4,7 Prozent der Stimmen.
5 Die Bundeswahlleiterin: »Europawahl 2014«, https://www.bundes

wahlleiterin.de/europawahlen/2014/ergebnisse/bund-99.html (aufgerufen am 11. April 2024).

6 AfD Sachsen: »Wahlprogramm 2014, Langfassung«, https://programmarchiv.projekt-ergebnisse.info/media/files/sachsen-2014-.pdf (aufgerufen am 11. April 2024).

7 Frauke Petry hatte damals vier Kinder. Später kamen noch zwei weitere mit ihrem zweiten Ehemann hinzu, den sie im Dezember 2016 heiratete.

8 AfD Thüringen: »Interview mit Björn Höcke, Spitzenkandidat der AfD Thüringen«, https://www.afd-thueringen.de/thuringen-2/2014/08/interview-mit-bjoern-hoecke-spitzenkandidat-der-afd-thueringen/ (aufgerufen am 11. April 2024).

9 AfD Thüringen: »Erfurter Resolution«, März 2015, https://web.archive.org/web/20160105210808/https://www.derfluegel.de/2015/03/14/die-erfurter-resolution-wortlaut-und-erstunterzeichner/

10 Jan Sternberg: »AfD-Mann im Krankenhaus: Kalbitz verletzt Parteifreund mit Boxschlag zur Begrüßung«, *RedaktionsNetzwerk Deutschland*, 17. August 2020, https://www.rnd.de/politik/kalbitz-schlagt-afd-mann-hohloch-zur-begrussung-parteifreund-liegt-mit-inneren-verletzungen-im-krankenhaus-KFHXHWUUUZBG5BPLBNSAG2F6VM.html

11 *Der Spiegel*: »Erklärung im Wortlaut – Bernd Lucke zu seinem Austritt aus der AfD«, 8. Juli 2015, https://www.spiegel.de/politik/deutschland/bernd-lucke-erklaerung-zu-austritt-aus-der-afd-a-1042734.html

12 »Germany's eurosceptic AfD party faces split as Lucke quits«, *Financial Times*, 9. Juli 2015, https://www.ft.com/content/698b46fa-262b-11e5-bd83-71cb60e8f08c

13 Matthew Karnitschnig: »Why Germany needs the far right«, *Politico*, 5. November 2015, https://www.politico.eu/article/germanys-afd-fills-a-far-right-void-refugee-crisis-anti-immigrant-voters/

14 Bundesamt für Migration und Flüchtlinge: »Migrationsbericht 2014«, 6. Januar 2016, https://www.bamf.de/SharedDocs/Anlagen/DE/Forschung/Migrationsberichte/migrationsbericht-2014.html?nn=447198

15 *Der Spiegel*: »Syrien-Flüchtlinge dürfen in Deutschland bleiben«, 25. August 2018, https://www.spiegel.de/politik/deutschland/syrien-fluechtlinge-deutschland-setzt-dublin-verfahren-aus-a-1049639.html

16 »AfD-Vize Gauland sieht Flüchtlingskrise als Geschenk«, *Spiegel*, 12. Dezember 2015, https://www.spiegel.de/politik/deutschland/afd-alexander-gauland-sieht-fluechtlingskrise-als-geschenk-a-1067356.html

17 »Paris attack terrorists used refugee chaos to enter France, says PM Valls«, *France 24*, 19. November 2015, https://www.france24.com/en/20151119-paris-attackers-slip-refugee-migrant-crisis-terrorism

18 Landtag Nordrhein-Westfalen: »Parlamentarischer Untersuchungsaus-

schuss IV (PUA IV) der 16. Wahlperiode«, Schlussbericht, 23. März 2017, https://www.landtag.nrw.de/home/der-landtag/ausschusse-und-gremien-1/untersuchungsausschusse/fruhere-untersuchungsausschus-1/16wp-pua-iv-abgeschlossen.html
19 Ralf Bosen: »Lehren aus der Kölner Silvesternacht«, *Deutsche Welle*, 31. Dezember 2020, https://www.dw.com/de/f%C3%BCnf-jahre-danach-lehren-aus-der-k%C3%B6lner-silvesternacht/a-55980209
20 Anton Troianovski: »Afghan Migrant Shot Dead After Hatchet Attack on German Train«, *Wall Street Journal*, 18. Juli 2016, https://www.wsj.com/articles/attack-on-german-train-injures-multiple-people-1468876588
21 Counter Extremism Project: »Anis Amri: Overview«, https://www.counterextremism.com/extremists/anis-amri (aufgerufen am 11. April 2024).
22 Bundesamt für Verfassungsschutz: »Rechtsextremismus und rechtsextremistischer Terrorismus«, https://www.verfassungsschutz.de/DE/verfassungsschutz/der-bericht/vsb-rechtsextremismus/2022-vsb-rechtsextremismus_artikel.html (aufgerufen am 11. April 2024).
23 Ein Versuch, die rechtsextreme Nationaldemokratische Partei (NPD) als verfassungsfeindlich zu verbieten, scheiterte in den frühen 2000er-Jahren wegen unsauberer Ermittlungsmethoden. Bei einem weiteren Versuch 2017 beschied das Verfassungsgericht, dass die Partei zu geringe Aussichten hatte, ihre verfassungsfeindlichen Ziele zu erreichen.
24 Die Junge Alternative hat 2000 Mitglieder, die Junge Union der CDU im Vergleich dazu 100 000.
25 Simon Schnetzer, Kilian Hampel und Klaus Hurrelmann: »Trendstudie Jugend in Deutschland 2024«, E-Publikation, 23. April 2024.
26 Andreas Hövermann: »Das Umfragehoch der AfD: Aktuelle Erkenntnisse über die AfD-Wahlbereitschaft aus dem WSI-Erwerbspersonenpanel«, WSI-Report Nr. 92, November 2023, https://www.wsi.de/de/faust-detail.htm?produkt=HBS-008748
27 Andreas Tutić und Hagen von Hermanni, »Sozioökonomischer Status, Deprivation und die Affinität zur AfD – Eine Forschungsnotiz«, *Kölner Zeitschrift für Soziologie und Sozialpsychologie* 70, S. 275–294, 2018, https://doi.org/10.1007/s11577-018-0523-0
28 Roberto Heinrich: »AfD-Wähler: Herkunft, Profil und Motivation«, marktforschung.de, 15. Februar 2024, https://www.marktforschung.de/marktforschung/a/afd-waehler-herkunft-profil-und-motivation/
29 Joachim Gauck: »Keine deutsche Identität ohne Auschwitz«, Rede im Deutschen Bundestag am 27. Januar 2015, https://www.bundestag.de/webarchiv/textarchiv/2015/kw05_gedenkstunde-357044
30 Anton Troianovski: »The German Right Believes It's Time to Discard the Country's Historical Guilt«. *Wall Street Journal*, 2. März 2017,

https://www.wsj.com/articles/the-german-right-believes-its-time-to-discard-their-countrys-historical-guilt-1488467995

31 Video verfügbar unter: https://www.youtube.com/watch?v=eGFWIF34QqA (aufgerufen am 30. Mai 2024).

32 Höcke stellte in seiner Rede fest: »Im 21. Jahrhundert trifft der lebensbejahende afrikanische Ausbreitungs-Typ auf den selbstverneinenden europäischen Platzhalter-Typ.« Zitat aus der *Zeitschrift für Kulturwissenschaften* 2/2016, S. 129, https://www.uni-muenster.de/Ejournals/index.php/ZfK/article/download/1803/9Thema

33 Armin Pfahl-Traughber: »Die Neue Rechte: ideologische Auffassungen & politische Wirkungen«, Vorlesung bei der Stiftung Demokratie Saarland.

34 »Geheimplan gegen Deutschland«, *Correktiv*, 15. Januar 2024, https://correctiv.org/aktuelles/neue-rechte/2024/01/10/geheimplan-remigration-vertreibung-afd-rechtsextreme-november-treffen/

35 Ipsos: »Zufriedenheit mit dem Bundeskabinett: Habeck, Baerbock und Heil mit Zugewinnen«, 12. März 2024, https://www.ipsos.com/de-de/zufrieden heit-mit-dem-bundeskabinett-habeck-baerbock-und-heil-mit-zugewinnen

36 Christian Fuchs und Robert Pausch: »Wer organisierte die Blockade gegen Habeck?«, *Die Zeit*, 10. Januar 2024, https://www.zeit.de/politik/deutschland/2024-01/bauern-schluettsiel-habeck-rechte-demonstration

37 »Jetzt äußert sich Habeck zum Vorfall an der Fähre«, t-online, 5. Januar 2024, https://www.t-online.de/nachrichten/deutschland/id_100314586/habeck-aeussert-sich-zu-vorfall-auf-faehre.html

38 Bob Geisler: »Verdächtiger Brief: Büro von Robert Habeck evakuiert«, *Hamburger Abendblatt*, 3. Februar 2024, https://www.abendblatt.de/region/schleswig-holstein/article241570616/Verdaechtiger-Brief-Buero-von-Robert-Habeck-evakuiert.html

39 »Staatsanwaltschaft ermittelt wegen Plakat auf Bauernprotest«, *Stuttgarter Nachrichten*, 9. Januar 2024, https://www.stuttgarter-nachrichten.de/inhalt.pforzheim-staatsanwaltschaft-ermittelt-wegen-plakat-auf-bauernprotest.b23e9ddf-012b-40cc-9501-6340125b63c3.html

40 Polizei Bayern: »Steinwurf auf Wahlkampfveranstaltung«, 17. September 2023, https://www.polizei.bayern.de/aktuelles/presse mitteilungen/055493/index.html

41 Laura Cloppenburg und Kerstin Rudat: »Aschermittwoch: Ricarda Lang in Schorndorf beschimpft und bei Abreise behindert«, 15. Februar 2024, https://www.swr.de/swraktuell/baden-wuerttemberg/stuttgart/stoerer-beschimpfen-ricarda-lang-nach-politischem-aschermittwoch-100.html

42 Niedersächsisches Ministerium für Ernährung, Landwirtschaft und Verbraucherschutz: »Ministerin erstattet Anzeige wegen Hausfriedensbruchs«, 19. Dezember 2023, https://www.ml.niedersachsen.de/startseite/

aktuelles/pressemitteilungen/ministerin-erstattet-anzeige-wegen-hausfriedensbruchs-228101.html
43 Deutscher Bundestag: »Angriffe auf Parteirepräsentanten im Jahr 2023«, Parlamentsnachrichten, 1. Februar 2024, https://www.bundestag.de/presse/hib/kurzmeldungen-988578
44 CSU: »Söder: Die Grünen passen nicht zu Bayern«, 4. September 2023, https://www.csu.de/aktuell/meldungen/august-2023/soeder-die-gruenen-passen-nicht-zu-bayern/
45 »Die Grünen sind ein Sicherheitsrisiko für das Land«, Focus online, 23. September 2023, https://www.focus.de/politik/deutschland/fdp-general-dringt-auf-umdenken-in-asyl-politik-die-gruenen-sind-ein-sicherheitsrisiko-fuer-das-land_id_211349750.html
46 Sahra Wagenknecht: »Von wegen cool und öko – wie die Grünen Wirtschaft und Natur zerstören«, YouTube, 20. Oktober 2022, https://www.youtube.com/watch?v=bQNsHivR9AU&t=964s
47 »Muss man die Deutschen vor dem Verfassungsschutz schützen, Herr Maaßen? Der ehemalige Verfassungsschutz-Chef über eine Behörde ausser Rand und Band«, *Weltwoche,* 13. April 2024, https://weltwoche.de/daily/muss-man-die-deutschen-vor-dem-verfassungsschutz-schuetzen-herr-maassen-der-ehemalige-verfassungsschutz-chef-ueber-eine-behoerde-ausser-rand-und-band/
48 Merkur: »Erschreckende Zahlen: Baerbock die größte Zielscheibe für Hass im Netz – nur eine Frau kriegt noch mehr ab«, 24. Juli 2021, https://www.merkur.de/politik/baerbock-annalena-gruene-hass-facebook-social-media-spiegel-bundestagswahl-2021-berlin-90880237.html
49 »Neubauer sieht Hass gegen Aktivisten als Problem für Zivilgesellschaft«, *Die Zeit,* 18. Februar 2024, https://www.zeit.de/gesellschaft/2024-02/klimaaktivistin-luisa-neubauer-hass-drohungen
50 Martin Heller: »›Die kleinen Paschas‹ – Merz polarisiert und stellt konkrete Forderungen«, *Welt,* 11. Januar 2023, https://www.welt.de/politik/deutschland/plus243139885/Friedrich-Merz-polarisiert-bei-Markus-Lanz-Die-kleinen-Paschas.html
51 »Habeck will 500 000 Wärmepumpen jährlich«, *Tagesschau,* 29. Juni 2022, https://www.tagesschau.de/wirtschaft/waermepumpen-offensive-101.html
52 »Grüne versuchen seit Jahren vergeblich, eine Wärmepumpe in die Parteizentrale einzubauen«, *Welt,* 9. Juni 2023, https://www.welt.de/politik/deutschland/article245770810/Gruene-versuchen-seit-Jahren-vergeblich-eine-Waermepumpe-in-die-Parteizentrale-einzubauen.html
53 Die Grünen: »Aufarbeitung und Verantwortung«, https://www.gruene.de/artikel/aufarbeitung-und-verantwortung (aufgerufen am 18. April 2024).
54 »Bundesweite Durchsuchungen und Festnahmen in der Reichsbürger-

und Selbstverwalterszene«, 8. Dezember 2022, Bundeskriminalamt, https://www.bka.de/SharedDocs/Kurzmeldungen/DE/Kurzmeldungen/221208_terroristVereinigung.html

55 Haug gibt zwar zu, im Jagdschloss Waidmannsheil eine Rede gehalten zu haben, aber bestreitet, an den Umsturzplänen beteiligt gewesen zu sein. Die Untersuchungen über seine Rolle dauern noch an. Einem Bericht der ARD zufolge hatte Reuß an Haug geschrieben, um Pläne für die Post-Putsch-Regierung zu besprechen.

56 Pitt von Bebenburg: »Unter Terrorverdacht stehender ›Reichsbürger‹ suchte für Fluthilfe die Nähe zu ›Querdenkern‹«, *Frankfurter Rundschau,* 12. Juli 2023, https://www.fr.de/politik/unter-terrorverdacht-stehender-reichsbuerger-suchte-fuer-fluthilfe-die-naehe-zu-querdenkern-92397875.html

57 »Bundeswehrveteranen in zentraler Rolle bei Reichsbürger-Verschwörung«, *Die Zeit,* 25. Januar 2024, https://www.zeit.de/politik/deutschland/2024-01/reichsbuerger-anklage-bundeswehrsoldaten-raedelsfuehrer-verdeckte-ermittler

58 Generalbundesanwalt: »Anklage gegen neun Personen u. a. wegen Mitgliedschaft in einer terroristischen Vereinigung, Vorbereitung eines hochverräterischen Unternehmens sowie versuchten Mordes vor dem Oberlandesgericht Stuttgart erhoben«, 12. Dezember 2023, https://www.generalbundesanwalt.de/SharedDocs/Pressemitteilungen/DE/2023/Pressemitteilung-vom-12-12-2023-Nr-54_.html?nn=1650120

59 Generalbundesanwalt: »Festnahmen von 25 mutmaßlichen Mitgliedern und Unterstützern einer terroristischen Vereinigung sowie Durchsuchungsmaßnahmen in elf Bundesländern bei insgesamt 52 Beschuldigten«, 7. Dezember 2022, https://www.generalbundesanwalt.de/SharedDocs/Pressemitteilungen/DE/2022/Pressemitteilung-vom-07-12-2022.html?nn=1397082

60 Lea Weinmann und Ralf Wiegand: »Münchner Koch sollte offenbar ›Reichsbürger‹-Truppen verpflegen«, *Süddeutsche Zeitung,* 9. Dezember 2022, https://www.sueddeutsche.de/muenchen/muenchen-reichsbuerger-frank-heppner-koch-festnahme-1.5712872

61 Uli Rauss: »›Grüße an dich und dein Seelentier‹: Wie das BKA drei verdeckte Ermittler in die Reichsbürger-Gruppe einschleuste«, *Stern,* 25. Januar 2024, https://www.stern.de/politik/wie-das-bka-drei-verdeckte-ermittler-in-die-reichsbuerger-gruppe-einschleuste-34393538.html

62 »Bundesweite Razzia gegen Reichsbürger: Durchsuchungen auch im Bodenseekreis«, *Südkurier,* 8. Dezember 2022, https://www.suedkurier.de/ueberregional/politik/festnahmen-bei-razzia-in-reichsbuergerszene-gruppe-plante-offenbar-staatsumsturz;art410924,11389332

63 »Verfassungsschutzchef plädiert für Check bei Arbeit in Sicherheitsbehörden«, *Spiegel*, 8. Dezember 2022, https://www.spiegel.de/politik/deutschland/terrorrazzia-thomas-haldenwang-fuer-check-bei-arbeit-in-sicherheitsbehoerden-a-05e9fdc8-b6a8-4223-abf8-3d9210d44ddf
64 Bundesamt für Verfassungsschutz: »Reichsbürger und Selbstverwalter: Zahlen und Fakten«, https://www.verfassungsschutz.de/DE/themen/reichsbuerger-und-selbstverwalter/zahlen-und-fakten/zahlen-und-fakten_node.html#:~:text=Jahr%202022%20an.-,Personenpotenzial,2021%3A%2021.000)%20Personen%20zuzurechnen (aufgerufen am 27. April 2024).
65 Dominik Hirndorf: »Kein Staat, meine Regeln«, Konrad Adenauer Stiftung, 23. März 2023, https://www.kas.de/documents/252038/22161843/Kein+Staat%2C+meine+Regeln.pdf/ff69929e-a26f-b199-4188-8645a9add2f6?
66 Landesamt für Verfassungsschutz Baden-Württemberg: »Alters- und Geschlechterstruktur unter Rechtsextremisten und ›Reichsbürgern‹«, https://www.verfassungsschutz-bw.de/,Lde/Alters-+und+Geschlechterstruktur+unter+Rechtsextremisten+und+_Reichsbuergern_ (aufgerufen am 19. Januar 2021).
67 Dominik Hirndorf: »Kein Staat, meine Regeln«, Konrad Adenauer Stiftung, 23. März 2023.
68 Königreich Deutschland: »Staatsgründung«, https://koenigreichdeutschland.org/de/rechtliche-grundlage-koenigreich-deutschland.html (aufgerufen am 28. April 2024).
69 Hanna Kerwin: »›Reichsbürger‹ Peter Fitzek zu Haftstrafe verurteilt«, MDR, 14. Juli 2023, https://www.mdr.de/nachrichten/sachsen-anhalt/dessau/wittenberg/reichsbuerger-fitzek-verurteilt-haftstrafe-102.html
70 Königreich Deutschland: »Verfassung des Königreiches Deutschland«, https://koenigreichdeutschland.org/files/krd/rechtliches/Verfassung/PDF%20%20Version%20Verfassung.pdf (aufgerufen am 28. April 2024).
71 Königreich Deutschland: »Video: Volkslehrer und Lichtwerk-TV auf der KRD-Messe 2020«, https://archiv.koenigreichdeutschland.org/de/neuigkeit/video-volkslehrer-und-lichtwerk-tv.html (aufgerufen am 28. April 2024).
72 Bundesamt für Verfassungsschutz: »Das ›Königreich Deutschland‹ – Staatssimulation von Reichsbürgern und Selbstverwaltern«, https://www.verfassungsschutz.de/SharedDocs/hintergruende/DE/reichsbuerger-und-selbstverwalter/reichsbuerger-staatssimulation.html
73 »So trickst Reichsbürger Fitzek Deutschland aus«, MDR, 22. August 2022, https://www.mdr.de/nachrichten/sachsen/reichsbuerger-fitzek-koenig-deutschland-sachsen-114.html
74 Bundesamt für Verfassungsschutz: »Islamistisches Personenpotenzial«,

https://www.verfassungsschutz.de/DE/themen/islamismus-und-islamistischer-terrorismus/zahlen-und-fakten/zahlen-und-fakten_node.html#doc678982bodyText1 (aufgerufen am 31. Mai 2024).

75 Volker Best, Frank Decker, Sandra Fischer und Anne Küppers: »Demokratievertrauen in Krisenzeiten«, Friedrich Ebert Stiftung, April 2023, https://library.fes.de/pdf-files/pbud/20287-20230505.pdf

76 Georg Heil, Susett Kleine und Lisa Wandt: »Schweigende Mehrheit muss aufwachen«, *Tagesschau*, 11. Januar 2024, https://www.tagesschau.de/investigativ/kontraste/verfassungsschutz-haldenwang-rechtsextremismus-100.html

09 Angst und Isolation

1 Paul van Dyk und Peter Heppner: »Wir Sind Wir«, Re-Reflections, 2004, https://www.youtube.com/watch?v=V66cr41DNnM

2 Die paramilitärische Sturm Abteilung (SA) der Nazis nutzte diese Phrase, die auch als Beifallsruf für Nationalmannschaften hätte reinterpretiert und so ihrer entzweienden Macht beraubt werden können.

3 Die Ziele des Vereins Deutsche Sprache werden aufgeführt unter: https://vds-ev.de/verein/leitlinien/ (aufgerufen am 20. Mai 2024).

4 Ein Vorstandsmitglied des Vereins Deutsche Sprache nahm im Herbst 2023 an einem geheimen Treffen in Potsdam teil, bei dem die sogenannte Remigration von Ausländern geplant wurde.

5 Siehe den Eintrag »Geschlechtergerechter Sprachgebrauch« in der Onlineversion des *Duden*, https://www.duden.de/sprachwissen/sprachratgeber/Geschlechtergerechter-Sprachgebrauch

6 Bei der deutschen Nationalisierung spielte ein hochmütiges Überlegenheitsgefühl eine Schlüsselrolle. Emanuel Geibels Gedicht *Deutschlands Beruf* aus dem Jahr 1861 führte zur Entstehung der nationalistischen Parole »Am deutschen Wesen soll die Welt genesen«.

7 OECD: »How's Life? 2020: Measuring Well-being«, *OECD Publishing*, Paris, 9. März 2020, https://doi.org/10.1787/9870c393-en

8 Hans-Böckler-Stiftung: »Vertrauenskrise ohne Ende«, *Böckler Impuls*, Juli 2023, https://www.boeckler.de/de/boeckler-impuls-vertrauenskrise-ohne-ende-52385.htm

9 Stiftung Deutsche Depressionshilfe und Suizidprävention: »7. Deutschland-Barometer Depression«, 7. November 2023, https://www.deutsche-depressionshilfe.de/forschungszentrum/deutschland-barometer-depression/einsamkeit

10 Simon Schnetzer, Kilian Hampel und Klaus Hurrelmann: »Trendstudie Jugend in Deutschland 2024«, April 2024, https://simon-schnetzer.com/trendstudie-jugend-in-deutschland-2024/

11 Das Strategiepapier wurde am 13. Dezember 2023 vom Familienministerium veröffentlicht.

12 Christian Wulff: »Rede zum 20. Jahrestag der Deutschen Einheit«, 3. Oktober 2020, https://www.bundespraesident.de/SharedDocs/Reden/DE/Christian-Wulff/Reden/2010/10/20101003_Rede.html

13 »Gauck rückt von Positionen Merkels und Wulffs ab«, Zeit Online, 31. Mai 2012, https://www.zeit.de/politik/deutschland/2012-05/bundespraesident-gauck-interview

14 In seinem Roman *Die Leiden des jungen Werther* schreibt Goethe über die »paradiesische Entzückung« durch »die Erscheinung eines aufgeputzten Baumes mit Wachslichtern, Zuckerwerk und Äpfeln«, https://www.authorama.com/die-leiden-des-jungen-werther-89.html

15 Lene Rock: *As German as Kafka: Identity and Singularity in German Literature around 1900 and 2000*. Leuven University Press, 2019, S. 31–66, https://doi.org/10.1353/book.73555

16 Friedrich Merz: »Einwanderung und Identität«, *Welt*, 25. Oktober 2000, https://www.welt.de/print-welt/article540438/Einwanderung-und-Identitaet.html

17 Thomas de Maizière: »Leitkultur für Deutschland, was ist das eigentlich?«, *Bild*, 29. April 2017, https://www.bild.de/politik/inland/thomas-de-maiziere/leitkultur-fuer-deutschland-51509022.bild.html

18 Sajjan M. Gohel: »Germany Increasingly a Center for Terrorism in Europe«, *CTC Sentinel*, August 2011, https://ctc.westpoint.edu/germany-increasingly-a-center-for-terrorism-in-europe/

19 Laut einem Bericht des deutschen Innenministeriums von 2023 über antimuslimische Einstellungen wurde der Islam in 57 Prozent der Pressebeiträge und 89 Prozent der Fernsehberichte zwischen 2014 und 2019 negativ dargestellt, was sich mit Langzeittrends deckte. Siehe hierzu: https://www.deutsche-islam-konferenz.de/SharedDocs/Anlagen/DE/Publikationen/Studien/richter-paasch-colberg-analyse-islam-berichterstattung-in-deutschen-medien.pdf

20 E-Mail der Ibn Rushd-Goethe Moschee, https://mailchi.mp/93ebc1df665e/statement-der-ibn-rushd-goethe-moschee?e=e3082cdc1c

21 Joel Waldfogel: »Dining Out as Cultural Trade«, *Journal of Cultural Economics*, Bd. 44(2), S. 309–338, https://www.nber.org/papers/w26020

22 Die Daten stammen aus dem eAmbrosia-Register der EU, https://ec.europa.eu/agriculture/eambrosia/geographical-indications-register/

23 Im Jahr 2022 gab Deutschland 14,5 Milliarden Euro für Kultur aus, davon 4,5 Milliarden Euro für Musik und Theater.

24 Wolfgang Niersbach trat wegen fragwürdiger Zahlungen an den Weltverband

FIFA vom Vorsitz des Deutschen Fußballbundes zurück. In den Skandal war auch das Idol Franz Beckenbauer verwickelt.

25 Siehe zum Beispiel den jährlichen Bericht der Meldestelle für Diskriminierungsvorfälle im Fußball in NRW von 2022: https://medif-nrw.de/de/aktuelles/medif-nrw-medif-veroeffentlicht-ersten-jahresbericht/

26 Jérôme Boateng, Post auf X, 23. November 2023, https://x.com/JeromeBoateng/status/1727648639961518375

27 Medien, Internet und Recht: »Konzert mit Folgen – Die ›GEMA-Vermutung‹, Kontrollkostenzuschlag und Lizenzgebühren«, Urteil des Amtsgerichts München vom 24. August 2006, Az. 161 C 9132/06, http://miur.de/1233

28 Lars Haider: »Hakenkreuz-Satz: Mercedes ›fassungslos‹ über Precht-Äußerung«, *Hamburger Abendblatt,* 14. November 2023, https://www.abendblatt.de/hamburg/altona/article240575856/Richard-David-Precht-der-Mercedes-Stern-und-das-Hakenkreuz.html

29 Israel wird auf der Website der AfD nicht erwähnt, dagegen »Islam« und »Muslime« 50-mal. Die Partei sieht zwar den Islam nicht als Teil von Deutschland, erkennt aber an, dass sich manche Muslime in die Gesellschaft integriert haben, https://www.afd.de/wp-content/uploads/2023/05/Programm_AfD_Online_.pdf

30 Rund 84 Prozent der antisemitischen Vorfälle wurden 2022 der politischen Rechten zugeschrieben, so die Statistik des deutschen Innenministeriums über »Straf- und Gewalttaten im Bereich Hasskriminalität 2021 und 2022«: https://www.bmi.bund.de/SharedDocs/downloads/DE/veroeffent
lichungen/nachrichten/2023/05/pmk2022-straf-gewalttaten.pdf

31 Masha Gessen: »Im Schatten des Holocaust«, *Spiegel,* 16. Dezember 2023, https://www.spiegel.de/ausland/masha-gessen-lesen-sie-hier-eine-uebersetzung-des-umstrittenen-essays-a-778a1fd6-be54-4bc7-81dc-1d69ad4d0b42

32 Eine öffentliche Diskussion mit Gessen und dem Vorstand der Heinrich-Böll-Stiftung fand am 18. Dezember statt, zwei Tage später als geplant, wegen eines medialen Aufschreis, https://www.youtube.com/watch?v=Vb4yypPG-OE&t=595s

33 Der Begriff wurde geprägt von Y. Michal Bodemann in seinem 1996 erschienenen Buch *Gedächtnistheater: Die jüdische Gemeinschaft und ihre deutsche Erfindung.* BEBUG, Berlin, 1996.

34 Linda Mannheim: »Germany's Theater of Memory: ›Some People Already See the Flames. Others Don't Even Smell the Smoke‹«, *The Nation,* 29. Dezember 2023, https://www.thenation.com/article/culture/max-czollek-germany-theater-memory-antisemitism-interview/

35 Hanno Hauenstein: »Masha Gessen: ›In Deutschland würde Hannah Arendt den Preis heute nicht erhalten‹«, *Frankfurter Rundschau,* 15. Dezember 2023, https://www.fr.de/kultur/gesellschaft/journalistin-masha-gessen-deutschland-hannah-arendt-preis-eklat-92731175.html
36 https://nothingchangeduntilfaced.com/de/
37 Ilija Đurović, »Bosnische Autorin Lana Bastašić: ›Meine Vorstellung vom freien Berlin war zutiefst naiv‹«, Berliner Zeitung, 25. Sept. 2024.
38 Die Antisemitismus-Definition der IHRA beinhaltet das Aberkennen des Rechts des jüdischen Volkes auf Selbstbestimmung, z. B. durch die Behauptung, die Existenz des Staates Israel sei ein rassistisches Unterfangen, und Vergleiche der aktuellen israelischen Politik mit der Politik der Nationalsozialisten.
39 https://strikegermany.org/
40 Anna-Lena Scholz: »Das Unbehagen an Judith Butler«, *Die Zeit,* 24. November 2023, https://www.zeit.de/2023/48/judith-butler-israel-hamas-lebenswerk-universitaet
41 Es gab sogar Fälle, wo satirische Versionen wie »From RISA to the Spree« zu Festnahmen führten. RISA Chicken ist eine Imbisskette in Berlin, und die Spree ist der durch die Stadt fließende Fluss.
42 Felix Klein: »Hierarchien des Hasses«, *Frankfurter Allgemeine Zeitung,* 19. Februar 2024, www.faz.net/aktuell/karriere-hochschule/akademischer-antisemitismus-hierarchien-des-hasses-felix-klein-19531381.html
43 Timo Feldhaus: »Susan Neiman: ›Es ist falsch, alles nur im Licht deutscher Schuld zu betrachten‹«, *Berliner Zeitung,* 26. November 2023, https://www.susan-neiman.com/wp-content/uploads/2023/11/20231126_SN_BerlZ.pdf

10 Flickwerk

1 Alan Fletcher: *The Art of Looking Sideways,* Phaidon Press 2001, S. 129.
2 Magdalena Droste: *Bauhaus 1919–1933,* Taschen GmbH 2023, S. 33.
3 Ebd., S. 38.
4 Joseph Pilates war ein deutscher Körpertrainer. Er arbeitete nach dem Ersten Weltkrieg mit dem Tänzer Rudolf Laban zusammen und wanderte 1925 in die USA aus. Seine Technik nannte er Contrology.
5 Stefan Bach: »Grunderbe und Vermögensteuern können die Vermögensungleichheit verringern«, *DIW Wochenbericht 50,* 2021, S. 807–815, https://www.diw.de/de/diw_01.c.831678.de/publikationen/wochenberichte/2021_50_1/grunderbe_und_vermoegensteuern_koennen_die_vermoegensungleichheit_verringern.html
6 Gesellschaft für Informatik: »Hessen – Informatik in der Schule bundesweit auf dem letzten Platz, muss das sein?« https://rg-rhein-main.gi.de/

veranstaltung/hessen-informatik-in-der-schule-bundesweit-auf-dem-letzten-platz-muss-das-sein (aufgerufen am 31. Mai 2024).

7 OECD: »Number of computers per student (2022)«, *Education GPS*, https://gpseducation.oecd.org (aufgerufen am 31. Mai 2024).

8 Verband Bildung und Erziehung: »Berufszufriedenheit/Schulleitung 2024 – Digitalisierung«, https://www.vbe.de/service/meinungsumfragen/berufszufriedenheit-/-schulleitung-2024-digitalisierung (aufgerufen am 31. Mai 2024).

9 Paritätischer Wohlfahrtsverband: »Neue Studie: Armut führt zu digitaler Ausgrenzung«, 18. April 2023, https://www.presseportal.de/pm/53407/5487940.

10 Verbraucherzentrale Bundesverband: »Mobiles Datenvolumen: Deutschland im europäischen Vergleich überdurchschnittlich teuer«, https://www.vzbv.de/sites/default/files/2021-07/vzbv-MBD-Kurzpapier-Kosten%20f%C3%BCr%20mobiles%20Internet.pdf (aufgerufen am 31. Mai 2024).

11 Deutscher Familienverband: »Galoppierende Digitalisierung grenzt ältere Menschen aus«, 29. April 2024, https://www.deutscher-familienverband.de/digitale-diskriminierung-galoppierende-digitalisierung-grenzt-aeltere-menschen-aus/

12 Energiequelle GmbH: »Projekthomepage Großschwabhausen«, https://www.energiequelle.de/grossschwabhausen/ (aufgerufen am 30. Mai 2024).

13 Deutscher Genossenschafts- und Raiffeisenverband e. V.: »Energiegenossenschaften 2023«, https://www.dgrv.de/news/energiegenossenschaften-2023/ (aufgerufen am 30. Mai 2024).

14 ADAC: »Solaranlage mit Speicher: Darauf müssen Sie achten«, https://www.adac.de/rund-ums-haus/energie/versorgung/solaranlage-mit-speicher/ (aufgerufen am 30. Mai 2024).

15 »Merz: Überbewertung des Themas Klimaschutz in der Politik«, *Die Zeit*, 26. April 2023, https://www.zeit.de/news/2023-04/26/merz-ueberbewertung-des-themas-klimaschutz-in-der-politik

16 Deutscher Bundestag: »AfD fordert Aufkündigung aller Klimavereinbarungen«, *Parlamentsnachrichten*, 21. September 2023, https://www.bundestag.de/presse/hib/kurzmeldungen-966976 (aufgerufen am 30. Mai 2024).

17 Alice Weidel: »›Klimapolitik‹ geht immer zulasten der kleinen Leute«, Pressemitteilung, https://afdbundestag.de/alice-weidel-klimapolitik-geht-immer-zu-lasten-der-kleinen-leute/ (aufgerufen am 30. Mai 2024).

18 Auf X gepostetes Video vom 5. Juni 2024, https://x.com/harari_yuval/status/1798342553059893342?t=9UVFjCM423v1dxv8CoDEZA&s=08

Schlussbemerkungen: Ein Haus für alle

1 Die genaue Quelle dieses Zitats von dem deutschen Theologen, auch bekannt als Eckhart von Hochheim, ist unbekannt.

2 Richard Gowan: »Trends in armed conflicts«, in: *SIPRI Yearbook 2023*, Oxford University Press, Oxford, 2024, https://www.sipri.org/yearbook/2023/02 (aufgerufen am 2. Juni 2024).

3 Europäisches Parlament: »The concept of ›climate refugee‹ towards a possible definition«, https://www.europarl.europa.eu/RegData/etudes/BRIE/2021/698753/EPRS_BRI(2021)698753_EN.pdf (aufgerufen am 2. Juni 2024).

4 Institute for Economics & Peace: »Over one billion people at threat of being displaced by 2050 due to environmental change, conflict and civil unrest«, 9. September 2020, https://www.economicsandpeace.org/wp-content/uploads/2020/09/Ecological-Threat-Register-Press-Release-27.08-FINAL.pdf

5 Thomas Mann: »Germany and the Germans«, Library of Congress, Washington, D. C., 1945, https://babel.hathitrust.org/cgi/pt?id=uc1.b4153667&seq=5